梦 山 书 系

"梦山"位于福州城西,与西湖书院、林则徐读书处"桂斋"连襟相依,梦山沉稳、西湖灵动、桂斋儒雅。梦山集山水之气韵,得人文之雅操。福建教育出版社正坐落于西湖之畔、梦山之下,集五十余年梓行之内蕴,以"立足教育、服务社会、开智启蒙、惠泽生命"为宗旨,将教育类读物出版作为肩上重任之一,教育类读物自具一格,理论读物品韵秀出,教师专业成长读物春风化雨。

"梦"是理想、是希望,所谓"梦想成真";"山"是丰碑,是名山事业。"积土成山,风雨兴焉",我们希望通过点点滴滴的辛勤积累,能矗起教育的高山;希望有志于教育的专家、学者能鼓荡起教育改革的风雨。

"梦山书系"力图集教育研究之菁华,成就教育的名山事业之梦。

国家重点规划图书

教 育 学 丛 书
Series of Education

师范教育学

中国教育学会教育学研究会 编

总主编 叶立群
本册主编 张燕镜

责任编委 黄 济
胡德海

海峡出版发行集团 | 福建教育出版社

丛书总主编： 叶立群

丛书编委会成员： (以姓氏笔画为序)

王汉澜　王宗敏　王逢贤　叶立群　叶上雄

陈心五　陈信泰　胡寅生　胡德海　李　放

黄　济　滕　纯　瞿葆奎

丛书编委会助理： 李复新　殷忠民

丛书策划： 黄　旭

主　责　编： 沈　群

出 版 说 明

为了科学地总结我国近百年来特别是中华人民共和国成立40多年来各级各类教育的实践经验，使之系统化、理论化，努力探索各级各类教育发展的规律，建立有中国特色的社会主义教育学理论，为发展我国当前和今后的社会主义教育事业服务，我社决定出版这套丛书。

中国教育学会教育学研究会受我社的委托，主持编写这套丛书，设丛书编委会，全面负责丛书的组稿和审核。丛书编委会由教育学研究会全体常务理事任编委，理事长任编委会主任兼丛书总主编。

1990年8月、1991年10月和1992年8月，教育学研究会分别在天津、北京和沈阳召开常务理事会议和丛书编写（大纲）讨论会，与我社代表一起商讨了编写这套丛书的各项事宜，并确定了编写本套丛书的指导思想，即：以马克思列宁主义、毛泽东思想为指导，贯彻理论与实际相统一的原则；史论结合，密切结合中国国情，体现面向现代化、面向世界、面向未来的精神，符合广大教育工作者的实际需要，写出新特点、新水平。现在看来，整套丛书始终贯穿这一指导思想，完全达到了我们预期的效果。

这套丛书包括10个品种：《高等教育学》（潘懋元主编）、《中学教育学》（施良方主编）、《小学教育学》（田本娜主编）、《幼儿教育学》（郑慧英主编）、《成人教育学》（张维主编）、《职业技术教育学》（纪芝信主编）、《师范教育学》(张燕镜主编)、《家庭教育学》(邓佐君主编)、《特殊教育学》(朴永馨主编)、《教育学原理》(王道俊主编)。

本套丛书被列入"1991～1995年国家重点图书选题出版计划"。

建国以来,由全国教育学最高研究机构主持编写、地方出版社独家出版这样一套体系完整的各级各类教育学学术论著尚乏前例,由于我们水平有限,经验不足,本丛书定有不少缺点和错误,欢迎读者批评指正,以便我们改进工作。

福建教育出版社

1994年5月

再版说明

"教育学丛书"成书于上世纪90年代,由当时的中国教育学会教育学研究会主持编写,设丛书编委会,全面负责丛书的组稿和审稿。丛书编委会由教育学研究会全体常务理事任编委,理事长任编委会主任兼丛书总主编。

"教育学丛书"推出以来,受到教育学界的好评,产生了较大影响,多次重版重印。此次重版,我们对全丛书进行了认真地审读,改正个别的疏误。但是由于丛书有的作者已经离世,有的由于种种原因无法联系,有的由于年事已高,为尊重历史,尊重原作者,我们未对丛书中的数据和提法进行修订,希望广大读者鉴谅。

虽然个别提法和内容与时代有所脱节,但本丛书是著名专家的精心之作,基本内容,总体框架,核心概念等仍具有经典性,对教育、教学仍具有指导意义,许多读者有阅读研究需求,所以我们重新出版。

福建教育出版社
2013年10月

序

张承先

当前，我国正处在加快改革开放、加速现代化建设的新时期。社会主义市场经济体制的逐步建立、社会生产力的高速发展以及社会的全面进步对教育工作提出了更高的要求。教育正面临加快改革和发展，以适应社会主义现代化建设需要的紧迫局面。加强教育学的理论研究，推进教育学学科建设，为加快教育的改革与发展作出贡献，这是教育理论工作者面临的重要任务。

回顾建国以来，我国教育学理论研究与教育学学科建设获得了许多进展，但这个领域至今尚不尽如人意，仍属我国社会科学研究中一个比较薄弱的环节。就目前主要方面来说，一是教育学理论研究本身相对滞后，对我国教育发展和改革的实践发挥指导作用不够；二是教育学理论研究的某些方面在一定程度上与我国教育实践联系不够；三是借鉴和评析当今国外教育理论和实践不够。

为了改进教育学学科建设的现状，相当长一个时期以来，广大教育理论工作者作了许多改革的尝试，取得了显著成绩。在新的形势下，中国教育学会教育学研究会第三届常务理事会接受福建教育出版社的委托，主持编写一套新的《教育学丛书》。该"丛书"以具有大中专文化水平以上的各级各类教育工作者为对象。为了满足他们理论和实践两方面的需要，力图编写出一套体现"面向现代化、面向世界、面向未来"，具有一定中国特色的社会主义教育学丛书。

《教育学丛书》将从以下三方面作出努力：一是加强"丛书"的理论深度。特别强调以马克思列宁主义、毛泽东思想为指导，同时，借鉴并吸收相关学科如社会学、心理学、思维科学、系统科学的成果以丰富自己的理论基础，在着重概括我国长期以来的教改实践尤其是改革开放以来教育经验和成果的同时，注意大胆吸收和借鉴人类社会的一切优秀教育成果，努力探索各级各类教育工作的规律，力求写出一定的新意和时代特点。二是加强"丛书"的实用性。理论的阐述力图密切联系当前教改实践中的问题，包括教育观点问题和实际应用问题。三是要求行文深入浅出，以适合广大教育工作者阅读。通过以上三方面体现理论性、实践性和可读性的统一，为提高广大教育工作者的理论修养和实践能力服务。

根据《教育学丛书》的出版宗旨，该"丛书"在结构上分为两个层次，第一层次为总论部分，即"教育学原理"卷，第二层次为分论部分，包括各级各类教育学，即"幼儿教育学"卷，"小学教育学"卷，"中学教育学"卷，"高等教育学"卷，"师范教育学"卷，"职业技术教育学"卷，"特殊教育学"卷，"成人教育学"卷，"家庭教育学"卷。共为10卷。整套"丛书"实现了一般和特殊、共性与个性的结合。"丛书"中属分论的9卷，分别根据各自特殊的研究对象，探讨各自的特殊规律，以指导不同领域的教育实践。它体现了教育学随着教育实践的发展，对教育对象研究的不断深入，出现不断分化的发展趋势，也适应了我国教育实践领域不断扩大的需要。总论卷和分论各卷密切相关，前者以后者为基础，从特殊上升为一般，后者以前者为指导，寓共性于个性之中。

《教育学丛书》由中国教育学会教育学研究会的常务理事担任编委，研究会理事长担任编委会总主编，邀请国内的专家担任各卷主编。《教育学丛书》的编写与出版，体现了教育学理论工作者集体智慧的结晶，这是值得庆贺的。鉴于这套"丛书"的编写属于初次尝试，它的价值与功效尚待实践的检验，我想编者和作者都会竭诚欢迎广大教育理论和实际工作者予以评价、指正的。

1993年11月20日

目 录

第一章 绪论 …………………………………………………………… 1
 第一节 师范教育学的研究对象 …………………………………… 1
 第二节 师范教育学的产生与发展 ………………………………… 6
 第三节 师范教育学的任务与研究方法 …………………………… 15

第二章 师范教育的产生与发展 ……………………………………… 22
 第一节 师范教育制度诞生的历史背景和理论基础 ……………… 22
 第二节 世界师范教育制度的诞生及其特点 ……………………… 29
 第三节 师资培养的新阶段——定向式培养体系的形成 ………… 33
 第四节 教师的高学历化与专业化的发展 ………………………… 38

第三章 中国近百年的师范教育 ……………………………………… 47
 第一节 师范教育独立体系的创建 ………………………………… 48
 第二节 在艰难曲折的道路上发展与完善 ………………………… 52
 第三节 革命根据地和解放区的师范教育 ………………………… 65
 第四节 建设具有中国特色的社会主义师范教育 ………………… 68

第四章　师范教育的性质、特点、地位与作用 ································ 79
　　第一节　师范教育的性质与特点 ······································· 79
　　第二节　师范教育的地位与作用 ······································· 90

第五章　师范教育的体系与模式 ·· 102
　　第一节　师范教育体系与模式的历史演变 ······························· 102
　　第二节　不同体系与模式的剖析 ······································· 110
　　第三节　变革中国师范教育体系与模式的思路 ··························· 120

第六章　师范教育的培养目标 ·· 134
　　第一节　培养目标概述 ··· 134
　　第二节　师范教育的培养目标 ··· 141
　　第三节　正确执行师范教育培养目标 ··································· 153

第七章　师范学校的教师与学生 ·· 161
　　第一节　师范学校的教师 ··· 161
　　第二节　师范学校的学生 ··· 174
　　第三节　师范学校的师生关系 ··· 181

第八章　师范学校的课程与教材 ·· 185
　　第一节　师范课程概述 ··· 185
　　第二节　编制师范课程的几个理论问题 ································· 192
　　第三节　师范学校课程与教材的编制 ··································· 204

第九章　师范学校的教学与科研 ·· 214
　　第一节　师范学校的教学任务与特点 ··································· 214
　　第二节　师范学校的教学原则与教学方法 ······························· 219
　　第三节　师范学校现代化教学手段的运用 ······························· 231

    第四节　师范学校的教学评估 …………………………………… 234
    第五节　师范学校的科研工作 …………………………………… 238

第十章　师德与师德教育 …………………………………………… 243
    第一节　教师道德的本质 ………………………………………… 243
    第二节　教师道德的特征与作用 ………………………………… 247
    第三节　师德教育过程与原则 …………………………………… 251
    第四节　师德教育的内容 ………………………………………… 257

第十一章　师范学校的教育实践 …………………………………… 263
    第一节　教育实践的意义与地位 ………………………………… 263
    第二节　教育实践的任务与内容 ………………………………… 270
    第三节　教育实践的组织与管理 ………………………………… 278

第十二章　师范学校的领导与管理 ………………………………… 286
    第一节　师范学校的领导体制 …………………………………… 286
    第二节　师范学校的教学管理 …………………………………… 297
    第三节　师范学校的思想政治教育管理 ………………………… 308

第十三章　师资的职后培训及其发展 ……………………………… 316
    第一节　师资职后培训概述 ……………………………………… 316
    第二节　国外师资职后培训的确立与发展 ……………………… 329
    第三节　中国师资职后培训的确立与发展 ……………………… 333

第十四章　中国教师职后培训的实施 ……………………………… 340
    第一节　教师职后培训的地位、目标、方针与步骤 …………… 340
    第二节　教师职后合格培训 ……………………………………… 341
    第三节　教师岗位培训 …………………………………………… 348

  第四节　教师的继续教育 …………………………………………… 354

第十五章　师范教育的发展趋势 ……………………………………… 359
  第一节　探讨师范教育发展趋势的依据 ………………………………… 359
  第二节　世界各国师范教育的发展趋势 ………………………………… 365
  第三节　对我国师范教育今后发展的展望 ……………………………… 376

后记 …………………………………………………………………………… 386

第一章

绪　论

师范教育学是一门新兴的教育科学。它是教育学的分支学科之一，是整个教育科学体系中一个重要的组成部分。作为教育学的分支学科，它同教育学的理论与内容有着密切的联系，它们共同揭示着教育发展的客观规律。而作为从教育学中分化出来的一门独立学科，它又同教育学有着重要的区别，它有自己的研究对象、研究范围和理论体系，它是在师范教育这个特定的领域内，揭示着教育的规律，从而反映出自身独具的特点。本章主要探讨什么是师范教育学，师范教育学的研究对象是什么，师范教育学的产生与发展、学科性质与任务，以及如何研究师范教育学等问题。

第一节　师范教育学的研究对象

一　师范教育学的研究对象

一门学科的确立，主要取决于有没有自己相对独立的研究对象。研究对象是构成一门学科的主体与核心，学科的全部理论分析都是围绕着这一核心展开的。对于研究对象明确到什么程度和认识的深度，是这门学科成熟与发展状况的重要标志。所有学科都有自己特定的研究对象，它反映了学科自身的特殊矛盾与性质。不同学科都是在不同的侧面探索着客观世界某一现象运动与发展的规律。正是因为它们研究对象不同，所反映的客观事物的矛盾不同，才形成各个学科的不同性质和学科之间的质的区别。毛泽东同志曾说过："科学研究的区别，就是根据科学对象所具有的特殊矛盾性。因此，对于某一现象的领域所特有的某一种矛盾的研究，就构成某一门科学的对象。"①

师范教育学是以师范教育为其研究对象，是研究师范教育现象及其规律的一门科学。

师范教育现象是师范教育这一客观事物在运动发展过程中的外部表现，如实施师范教育的机构、制度、内容、措施，以及师范教育在发展中所表现出来的种种事实、问题、矛盾等；而师范教育的规律则是师范教育在发展过程中的内在的本质的联系和发展根据，是这一事物内部矛盾的对立与统一。

师范教育现象是复杂多样的。对于这些我们都比较熟悉，有些人甚至还有从事师范教育工作的经历与体验。而对于师范教育的规律与本质，并不是人们都所熟知的。这些规律又确确实实是客观存在着的，我们有任务去认识它、探索它、揭示它，以提高工作的自觉性和有效性。通过师范教育所表现出来的事实与问题，探索其矛盾与规律，这正是师范教育学的研究任务。

二 关于师范和师范教育

师范教育构成师范教育学的研究对象，因此首先应搞清楚什么是师范，什么是师范教育。

对于"师范"和"师范教育"，人们都在根据自己的理解使用这些概念，约定俗成，似乎不成为什么问题。但是，细究其科学内涵，人们的认识和解释并不完全一致。有的把"师范"理解为对师资素质的一种要求；有的把它解释成一种教育体系或制度；也有的用于说明一种教育机构，甚至把中等师范学校就简称为"师范"。这就有必要对这一概念进行探讨了。

---

① 《矛盾论》，《毛泽东选集》（合订本），人民出版社1968年版，第284页。

根据中国古籍中的解释，所谓"师范"其含义是"可以师法的模范"。[①]"师范"是从"师"引申来的。西汉扬雄在《法言·学行》中说："务学不如求师。师者，人之模范也"。而把"师范"连在一起使用的，最早见于《后汉书》，内曰："君学成师范，缙绅归慕。"[②] 这里"师范"一词，主要指对从师人员的一种要求，作为教师应该成为人们学习和师法的模范。由此，世人把教师职业的特点，概括为"学高为人师，身正为人范"。[③]

在西方，"师范"一词由法文 école normale 翻译而来。其中 normale 源于拉丁文的 norma，意指木工的规矩、标尺、图样、模型等，带有"规范"的含义，用此表示培养教师的一种专门机构，[④] 我们把它译成"师范学校"。因此，人们又逐渐把实施师范教育的学校，简称为"师范"，有时甚至就特指中等师范学校。这同我国古代"师范"一词的含义，相距甚远。

"师范"内涵的转化，同我国近代教育史上引进西方的教育经验有关。在清朝末年，一些学堂章程、教育法规、有关文章、上谕等，都把"师范"等同于师范学校或师范教育，如梁启超的《论师范》，就是谈的师范学校和师范教育。延续至今，对师范教育的概念，也有着不同的界说，有的认为是指"培养师资的专业教育"有的认为是指培养师资的一种教育制度或机构。总之，都同师资有关，同教师的素质与培养有关。而在这一点上，不同程度地反映了我国古代对"师范"一词的概述，即在师范教育上体现了社会发展对师资的需要，也含有对教师素质的基本要求。

这样，我们就不难给"师范教育"下一个定义。可以说师范教育就是一种"培养师资的专业教育"。[⑤]

师范教育一般同教师的培养、训练和提高有着直接的联系。它是一种专业性质的教育。它在师资供求关系上和培养过程中，体现出自身的矛盾与特

[①③]《教育大辞典（师范教育）》第 2 卷，上海教育出版社 1990 年版，第 3 页。
[②]《后汉书》八十下《赵壹传》。
[④]《教育大辞典（师范教育）》第 2 卷，上海教育出版社 1990 年版，第 3 页。
[⑤]《中国大百科全书·教育卷》，中国大百科全书出版社 1985 年版，第 319 页。

点。也正是在这个特定的教育领域和专业范围内,反映着教育的普遍规律。

三 关于师范教育规律

师范教育学是通过师范教育现象和师范教育发展过程中表现出来的问题和矛盾,揭示师范教育规律的科学。研究师范教育的规律是师范教育学的重要任务。

规律是什么?规律是客观事物运动发展中内在的、必然的、本质的联系。列宁说:"规律就是关系。……本质的关系或本质之间的关系"。[①] 它是独立于人的意识之外的客观存在。人们只能逐步发现它、认识它、运用它,而不能违背它、改变它或消灭它。规律的呈现或被认识,都以一定社会的发展为基础,以人类认识的深化和理论思维的发展为条件。当社会发展需要解决某些矛盾和问题,而人类的认识能力和思维发展也已经能够解决这些矛盾和问题的时候,这时某些规律的呈现就成为必然的事情。人们把事物矛盾与统一的必然联系揭示出来,形成一种科学理论或原理,指导着人们的实践。在这个意义上说,规律和科学原理是同一回事,是同一事物的不同表现形式。规律是客观存在着的一种内在的、必然的、本质的联系,而科学原理则是对这种客观存在的主观反映,它用概念、判断、命题等形式把这种内在的、必然的、本质的联系表述出来,形成对规律的理性认识,达到主观与客观的统一。

教育是一种培养人的活动。它要按照一定社会的要求培养人,并通过培养人为一定社会的发展服务。教育的发展和活动过程,同社会的发展和人的发展具有本质的联系。它既受社会发展规律的制约,又受个体身心发展规律的制约。它在同社会发展和个体发展的本质联系中,体现出自身的规律性。

师范教育是教育的一个组成部分。师范教育是通过培养教师、也就是通过培养"育人者"的活动,来为一定社会服务的。它既是一种培训师资的专业教育和事业,又是一种培养和训练师资的活动过程。因此它在宏观上同社

---

① 《哲学笔记》,《列宁全集》第38卷,人民出版社1959年版,第161页。

会的发展具有本质联系，在微观上又同教师的成长规律有关。它在同教育基本规律的联系中，体现出自身的规律性与特点。

师范教育规律反映在师资数量的发展、质量的提高和培养的过程之中。师范教育是培养"育人者"的教育。它在整个教育体系中处在一个十分重要的地位。它直接关系到教育的发展和提高，关系到科技的进步、经济的繁荣和社会的发展。如果说"科技进步、经济繁荣和社会发展，从根本上说取决于提高劳动者的素质，培养大批人才"①，那么，劳动者素质的提高和人才的培养，关键则在教师，在于发展和提高师范教育。要使教育的发展适应社会发展的要求，就必须加强师范教育的建设。建立一支有足够数量的合格而稳定的教师队伍，并使这一队伍随着社会的发展而不断扩大和提高。

由此可见，师范教育的基本规律同教育的基本规律一样，反映在两个方面，它既受社会发展规律的制约，同时受个体身心发展规律的制约。而在这两个基本规律上又具有它自身的特殊性。首先，师范教育是通过同教育整体发展的本质联系，反映着同社会发展的本质联系。直接决定师范教育发展的因素，是一定社会条件下教育事业发展的状况；师范教育也是通过影响教育的发展，对社会的发展发挥作用。这就不难理解为什么"教师"古已有之，而培训教师的师范教育在近代才开始产生。师范教育的产生反映了资本主义社会教育普及与提高的需要，它是现代学校教育发展的产物。并随着社会和学校教育进一步发展而发展。其次，是其教育对象的特殊性，反映在教育过程中，也有其自身的特点。师范教育是培养"教师"的。它的教育对象在教育过程中反映出双重身份：一方面他们是学生，处在受教育者的地位，具有学生意识；另一方面他们又是教师或将成为教师，在受教育过程中，也就要逐渐增长着作为教师的意识和基本素质。他们不同于一般学校的学生。他们将来面临的不是改造客观的物质世界，而是改造人的主观世界，是塑造人的灵魂，促进人的身心发展。因此，师范教育过程也不同于一般教育的过程。

---

① 江泽民：《在中国共产党第十四次全国代表大会上的报告》，1992年10月21日《人民日报》。

它不仅受个体发展规律的制约，要求教育者要遵循这一规律，而且还要使受教育者也懂得和掌握这一规律，学会如何遵循它，以做好未来的工作。这也不难理解为什么师范教育非常强调学术性与师范性的辩证统一，并被认为是一种规律性的体现。因为一个合格的教师不仅要具有广博的文化科学知识和精深的专业理论基础，体现出较高的学术水平；而且还必须要求他们掌握教育科学，懂得教育规律，具有较高的教育和教学能力，从而体现出较强的师范性。学术性与师范性的结合，是培养合格教师的根本保证。

第二节　师范教育学的产生与发展

一　师范教育学产生于师范教育发展的实际需要

师范教育学的产生与发展，要依据两个前提条件：一是师范教育的发展；一是教育理论的深化。

师范教育学是师范教育实践和现实的反映。它以师范教育为研究对象，只有当师范教育在发展中已积累了一定经验，并且在实践中矛盾日益明显，出现了这样或那样一些问题，需要理论予以概括与指导时，师范教育学的产生也就提到了历史日程。

师范教育作为一种社会现象和实践活动，是伴随着大工业的发展和教育的普及而产生的。尽管教师工作是人类社会最古老的一种工作，而培养和培训教师的师范教育，却是近代历史的事实。

教师是教育活动的领导者、组织者和教育者，是构成教育活动的重要因素。如果说教育是伴随着人类社会而产生的，那么在人类社会初期作为教育者的"教师"，就已经存在了。他担负着把人类在实践中积累的生产经验和生活经验传递给下一代，并把他们培养成为一定社会所需要的人的重任。在这个意义上说，有了人类社会，有了教育活动，也就有了教师（教育者），否则，社会生活的延续和年轻一代的成长，将是不可想象的。但是，在原始社会漫长的历史岁月里，教育并没有从劳动过程中分离出来，教师也不具有独立的社会职能。到奴隶社会以后,有了专门的教育机构——学校,这时教师才从广泛的教育者中分离出来,成了一种专职的工作。我国商代的甲骨文中,就已出现了"师"的字样。至周代,有了专职的官员"师氏",且有大师、小师之分。但这时的学校是"学在官府",教师也多由官员充任,他们的生活来源主要靠做官的俸禄,而不是教书的薪金。因此教师工作还没形成一种独立的职业。到了封建社会,随着学校教育的发展、私学的建立,教师工作也逐渐成为一种谋生的手段,有了专门的教师职业。

从教师职业的产生、职能的确立,可以看出古代社会的教育发展对教师的需求日益增长。但是在数千年之久的古代社会并未产生师范教育,这是由于古代社会生产发展十分缓慢,学校教育不甚发达的缘故。在以个体手工劳动为主的自然经济的社会里,生产劳动凭个人的体力与经验,而不是依靠知识与科学,劳动者的培养,通过社会上的师徒授艺、父子相传,就能满足生产力发展的要求,无需通过学校进行培养,也无需为之培养专门的教师。而学校教育多为统治者所把持,只吸收他们的子弟入学,学生数量不多,而且学习的内容又多是些伦理道德,比较简单,对教师的数量与质量的要求并不高,有德望、有学问的长者,即可从事教师工作。这样,在古代社会不论是社会上还是学校内,多是长者为师,能者为师,学者为师,或以吏为师,教育的发展还没提出对教师进行专门培养的要求,因此也就不具备产生师范教育的客观基础。

到了近代,特别是18世纪中叶在英国首先产生的工业革命,使得生产力的发展起了一个质的飞跃。大工业生产由于科学技术并入生产过程,成为重要的生产力,大大促进了生产的发展。这时的劳动者只有体力和经验已不能适应生产力发展的要求,于是培养有文化的劳动者的任务,历史地由社会转向学校。这就带来了学校教育的普及与发展,于是就需要有目的、有计划、有组织地培养大批有广博知识、掌握一定专业和教育能力的专门教师,以适应教育的发展对师资的需求。因此,师范教育的机构和制度开始萌发。师范教育的产生就成了资本主义社会历史的必然现象。随着教育的进一步发展、普及年限的提高,师范教育也有了相应的发展,出现了包括中等师范学校和高等师范学校不同层次和不同专业类别的师范教育体系。

师范教育的发展需要一种理论的指导,实践在呼唤理论,这也就孕育着师范教育学的产生。但是,需要注意的是,理论的发展从来是落后于实践,它并非由于实践的需要而能立即、及时地作出反应,这里还有一个认识过程。毛泽东指出:"然而思想落后于实际的事是常有的,这是因为人的认识受了许多社会条件的限制的缘故。"[①] 然而"客观过程的发展是充满着矛盾和斗争的发展,人的认识运动的发展也是充满着矛盾和斗争的发展。一切客观世界的辩证法的运动,都或先或后地能够反映到人的认识中来"。[②] 他说:"马克思主义者认为人类社会的生产活动,是一步又一步地由低级向高级发展,因此,人们的认识,不论对于自然界方面,对于社会方面,也都是一步又一步地由低级向高级发展了,即由浅入深,由片面到更多的方面。"[③] 由此可见,人们的认识就是这样通过实践由感性到理性,由片面到全面,由现象到本质,逐步抓住了客观事物内在的、必然的、本质的联系,得出科学的结论。这样,理论便适应着实践的需要而产生了。师范教育学的产生,也受到人们认识发展的制约。

师范教育学的产生经过了一个比较长时间的孕育过程。如果说师范教育是近代教育的产物,在资本主义发展的初期就出现了,而研究师范教育的科学,则是在现代才开始萌发的。这是师范教育进一步发展的需要。而人们的认识水平也具备了揭示师范教育某些规律的可能性。这时,师范教育的发展不仅有一定政策的扶持,而且逐渐转向了师范教育理论的指导。方针政策只有建立在科学理论的基础上,才是正确的、切实可行的,才具有相对稳定的指导意义。

在师范教育学产生以前,对师范教育实践具有指导意义的理论是"教育学"。教育学是揭示教育普遍发展规律的一门科学。人们也根据对教育发展规

---

① 《实践论》,《毛泽东选集》(合订本),人民出版社 1964 年版,第 271 页。
② 同上书,第 272 页。
③ 同上书,第 260 页。

律的认识,在研究师范教育这个特定领域的若干问题。许多教育科学工作者对国外师范教育的发展作了介绍和分析,并结合我国师范教育的实际情况进行了调查、实验和研究。人们逐渐认识到"师范教育也是一门科学",有其专门的特点与规律。这样,在改革开放的大潮中,教育在现代化建设中的战略地位日益明显,教育已成为世界各国普遍关注的"伟大希望之一","谁能把握住21世纪的教育,谁就能在21世纪处于主动地位"。教育的发展推动了师范教育的发展。师资队伍的建设与提高,已是关系到人才素质的提高,科技发展、经济繁荣和社会进步的关键。这时,师范教育学的产生已具备了广泛的客观基础,而人们对师范教育规律的认识,也具备了一定的主观条件,师范教育学作为一门独立学科开始从教育学的体系中分化出来,不同形式的师范教育学以及有关著作在20世纪80年代中期陆续问世,如《师范教育和教育科学》、《比较师范教育》、《师范教育学》、《教师学》、《教师素质学》等。

二 师范教育学是教育科学发展和分化的产物

师范教育学的产生比师范教育要晚得多。它是在比较长的时期内蕴含在教育学的理论之中,体现在国家关于师范教育或师范学校的规定、规程、决定等教育政策上。尽管在早期的国内外教育著作中,关于教师问题的论述已经很多,而且不乏精辟的、科学的论断;但是,这还不能构成具有独立研究对象和学科理论体系的师范教育学。有的著述说它是一部"教师学"则更为确切。

师范教育学的产生落后于师范教育实践,原因是复杂的。在我国如果从1897年上海南洋公学师范院的建立算起,至今将近有一个世纪的时间;而从1904年清政府颁布的《奏定学堂章程》中第一次提出《师范学堂章程》并建立了我国师范教育系统来看,也已有近90年的历史。从师范教育实践的出现到师范教育学的形成,经历了这么长的时间,主要是由于师范教育发展缓慢,教师地位不高,教育科学长期处于大教育学的形态影响了教育科学深化发展的缘故。具体说来:

首先,是由于师范教育社会地位低,发展缓慢,影响了师范教育学的发展。从理论上讲，师资队伍的建设关系到科技的进步、经济的繁荣和社会的发展，"百年大计，教育为本"，师范教育则是"根本的根本"；但在实际上，忽视教育、轻视师范教育、瞧不起教师职业的传统观念，还有相当大的影响。中华民族虽然有尊师的优良传统，但由于阶级的局限，在尊师中也饱含了浓厚的封建色彩。剥削统治者提出尊师、是出自他们"重道"的需要，推崇的多是那些亦官亦师的名师大儒，而那些童子之师，并不受重视。实际上教师的社会地位很低，待遇微薄，因而师范教育也并非贵族子弟荣进之梯，而成为贫寒子弟谋生之路，发展十分缓慢。新中国成立后，党和政府把人民教师地位提到过去没有也不可能有过的高度，但是由于经济条件的限制，或传统思想的影响，师范教育的发展并不十分理想，这也就影响了师范教育理论的研究与发展。

其次，是人们对师范教育认识上的片面性影响了师范教育学的发展。有相当一部分人还受着历史上学者为师、能者为师的影响，认为有知识、懂专业，就能当教师，无需进行什么专门训练，甚至说孔子当时并未受过师范教育，也未影响他成为万世师表。这样，师范教育并未受到应有的重视，国家的规定未得到体现，不符合学历要求的教师为数不少，其中未经师范教育培训的，更是占有较大的比例。这无疑对师范教育的发展是一种消极的影响，也间接地影响了师范教育学的形成。

第三，是教育科学较长的时间处于大教育学形态，发展比较迟缓，造成师范教育学长时间包含在教育学中，而未形成独立学科。包罗万象的大教育学，作为一般的教育原理，指导着教育实践，也指导着师范教育实践。当社会主义现代化建设进一步发展，不断对教育提出新的要求，从而师资队伍的建设同日益发展的教育之间的矛盾日益明显时，探讨师范教育的一些实际问题，研究师范教育的某些规律，也就成了教育理论中急待解决的重要任务。师范教育学的形成和从教育学的理论中分化出来，也逐步成为现实的需要。

师范教育学的出现是师范教育进一步发展的结果，也是教育科学的深入发展与分化的产物。

学科的高度综合与高度分化，是科学发展的一种规律性的表现。它体现了人类认识的深化和理论思维的提高。人类对客观世界的认识，最初只是整体地、笼统地把握世界，这种认识又局限于个体狭小的实践范围内，对客观世界的运动变化作出这样或那样的解释，很难说都是科学的认识。但是人类始终不倦地在探究着自然界和社会的奥秘。在古代社会，人们对客观世界的一切认识，都被囊括在哲学这门学科之中。哲学是人类最早的理性思维的结晶。尽管其中有许多唯心的或出自主观臆想的东西，但它是人类试图认识世界、解释世界的第一步。人们逐渐从实践中获得了真理，从整体地、笼统地认识世界进而对世界发展的某些领域或侧面进行探索，从而产生了一些分门别类的科学。这是人类认识的深化与提高。但客观世界的运动与发展是在整体的相互联系中进行的，这种科学的分化，又为人类认识客观世界的整体或相对整体的运动，提供了理论和再认识的武器，因而在科学分化的基础上，又在酝酿着科学的高度综合，又出现了不同的综合学科或边缘学科。随着认识的发展，科学在高度综合的基础上，还会产生新的高度分化。这样，人类社会实践在发展，科学也在不断地发展着。

教育科学也经历了一个综合、分化、再高度综合和高度分化的发展过程。自17世纪夸美纽斯的《大教学论》问世以来，标志着教育学作为一门独立学科开始形成。这时人们对教育的认识还是整体的、笼统的认识。这个教育学还是一个包罗万象的综合学科。在人类认识从整体到部分的逐步深入的过程，也孕育着教育科学的分化。在资本主义生产的发展和教育实践的发展过程中，教育科学也深入到教育不同的层次和领域，在理论上开始分化，出现了许多分支学科。这种分化，从19世纪中叶已经开始了，产生了诸如比较教育学、教育哲学、教育社会学、教育心理学以及实验教育学等分支学科。直到现在，逐渐形成一个庞大的教育分支学科体系。在这个学科体系中，师范教育学的产生是比较晚的。它长期孕育在教育学中，随着教育实践的需要与学科的分化，它终于从教育学中分离出来，成为一门独立的教育学科。因此，师范教育学的产生，是实践的需要，也是教育科学分化的结果。

三　师范教育学的发展与教育科学的发展密切相关

师范教育学是师范教育现实在理论上的反映。它的产生与发展同师范教育实践有关，也同教育科学的进一步发展有关。

目前，师范教育学尚处在学科的初步形成时期。如果按照一般学科形成与发展的过程来看，师范教育学也经历着萌芽时期、形成独立学科时期和进一步发展与科学化时期这样一些发展阶段。就目前来说，师范教育学则刚刚从教育学中分化出来，结束了它的萌芽时期，初步形成一门独立学科。它还有待于进一步发展和完善，还将经历一个十分艰巨的科学化的发展过程。

师范教育经过了长期的实践，在不断发展与完善的过程中，积累了宝贵的经验。这些经验中成功的、稳定的部分，已经反映在师范教育的有关政策、法令之中。人们也在根据师范教育实践中出现的某些问题进行着理论的探讨，如对师范教育的地位与作用、师范教育的培养目标、师范教育的课程与教材、师资的职后培训等问题，都有着不同的论述。这些都在某种程度上触及师范教育的本质和规律。它们都为师范教育学的构建提供了实践的和理论的源泉，为师范教育学的产生进行着准备。我们称这一时期是师范教育学的萌芽时期，是因为在这个时期它还不成其为"学"，它还没有形成比较明确的研究对象和完整的理论体系，它还仅仅是一种思想观点和经验概括，这些思想观点和经验概括或散见于一些文章、论著和政府的政策法令中，或孕育在教育学的理论体系中，还不具备一门学科的独立形态。虽然如此，这些思想观点、经验概括、政策法令，对师范教育实践已经起了极为重要的指导作用，并为师范教育学的建立奠定了基础。这个阶段在我国经历了将近一个世纪的时间。

现在，师范教育学刚刚在构建。虽说它已结束了其发展的萌芽时期，进入形成一门独立学科的阶段，而这个阶段还刚刚在起步，还有许多问题有待于进一步研究，理论体系尚有待于进一步完善，任重而道远。

值得注意的是，我们的师范教育学是建立在马克思主义方法论基础上的，这为师范教育学进一步科学和理论的发展，提供了一个正确的指导思想。师范教育学的发展肯定可以避免走某些学科在发展过程中所走过的弯路。我们相信，随着师范教育实践的发展和教育科学的发展，随着人们对师范教育研究的深入和认识的提高，师范教育学将会有比较迅速的发展。

客观事物是在相互联系、相互依存、相互制约、相互作用的情况下运动发展的，反映这些事物运动、变化和发展规律的科学，也具有紧密的逻辑联系。师范教育学是教育科学体系中的一个新的成员，它的发展同教育科学的发展紧密相关。研究师范教育学，不能不研究与其相关的其他学科，特别是教育学科，要研究它们之间的关系。这里仅就几个主要学科谈谈它们同师范教育学的建构与发展的关系。

（一）哲学与师范教育学。

哲学，是关于世界观的学问，是人们对客观世界根本观点的理论体系。哲学不仅是一种世界观，同时又是认识世界的一种方法论。在哲学中，历来存在着唯物主义和唯心主义、辩证法和形而上学两种思想的斗争。马克思主义哲学，是关于自然、社会和思维发展的最科学的概括和总结。它为人们认识客观世界提供了科学的世界观和方法论。它是其他学科的理论基础。

师范教育学是建立在马克思主义哲学基础上的。它必须遵循着辩证唯物主义和历史唯物主义的原理分析师范教育实践中的种种问题，才能得出正确的结论，才能揭示师范教育的某些规律，才能建立起师范教育学的科学体系。而师范教育学的发展，又在师范教育这一领域反映着马克思主义哲学的科学性和实践性，为马克思主义哲学提供了新的现实内容。

（二）教育学与师范教育学。

师范教育学是从教育学中分化出来的一门新兴学科，就其理论体系与内容说，它们之间有着紧密的联系。现在教育科学体系中的教育学，基本上是普通教育学，它以普通教育为研究对象，在此基础上研究教育的一般规律。这样，它又成为其他教育分支学科的基础学科，也构成师范教育学的教育理论基础。师范教育学在普通教育学的理论基础上，构建自己的理论体系，并受教育学一般原理的指导。

师范教育学同教育学的区别，在于它们的研究对象不同，研究范围不同，理论构建不同。过去师范教育学孕育在教育学中时，往往以普通教育学的原理替代师范教育学的原理,指导着师范教育实践。现在师范教育学成为一门独立学科,也并不意味着它已完全与普通教育学隔离,它在基本原理上仍然受着普通教育学的指导。它们之间在理论上有着天然的联系。

(三)心理学与师范教育学。

心理学是研究心理现象及其活动规律的科学。科学的教育学是建立在心理学,特别是脑科学的理论基础上的。心理学有其自身的发展历史。自1879年德国心理学家冯特在莱比锡大学设立第一个心理实验室,创立了实验心理学之后,不仅在心理科学发展上是一次重大的变革,同时也引起了教育科学研究上的深刻变化,导致实验教育学的出现,为教育学的进一步科学化提供了新的理论与实践的依据。

教育是以活动着的人为施加影响的对象,它离不开人身心发展规律的理解与掌握。教育学理论不少是吸收了心理学的研究成果的。师范教育学以教育学为其理论基础,也必然以心理学为自己的理论基础。师范教育学的一个重要内容,是研究如何把人类积累的知识和一定社会的思想、道德转化成学生个体的认识和思想品德,而这种转化是在外部影响下,个体内部心理机制运动与发展的结果,这就离不开心理学的指导。特别是师范教育学不仅要解决上述的"转化",而且还要根据师范教育培养目标,研究如何使师范生也能理解和掌握这种"转化"机制,以便做好未来的教师工作。这足以说明心理学在师范教育学中的重要地位。

(四)教育史与师范教育学。

教育史是研究中外从古到今各个历史时期教育实践和教育理论历史发展规律的科学。师范教育也有其产生与发展的历史。教育史的学科中就包含有师范教育的发展史。师范教育学与教育史有密切的关系。它要从教育发展的历史过程中,探讨师范教育发展的规律。在师范教育学中的"师范教育的产生与发展"一章,可以说既是师范教育学的重要内容,也是教育史的重要内容。

(五)教师学与师范教育学。

教师学也是近期出现的一门新兴学科,

教师传播人类文明，开发人类智慧，塑造人类灵魂，影响人类未来，他们在社会发展和年轻一代的成长中，具有不可估量的作用。他们的劳动，关系到人类的生存和社会的延续与发展，因此，对教师的素质与形成的研究，引起了各界人士的极大关注。教师学，就是专门研究教师的本质、特点、作用、素质结构及其成长规律的一门科学。

从教师学的研究对象来看，它同师范教育学的研究对象具有内在的联系。它们都是研究关于师资问题的科学。所不同的，教师学是研究关于教师成长的内部机制与发展规律，而师范教育学是研究关于教师成长的外部条件与培养规律的问题。教师学的研究成果要靠师范教育学予以体现，而师范教育学的研究与理论建构，又必须以教师学作为重要的科学依据。二者相互联系，相互依存，相得益彰。

第三节 师范教育学的任务与研究方法

一 师范教育学的研究任务

科学的使命，在于正确地反映社会实践，指导社会实践，为社会实践服务。因此它既要探讨科学理论的建设问题，又要解决实际的应用问题。

师范教育学的研究任务：

（一）为师范教育理论建设提供新的内容与论证。

师范教育学刚刚建立不久，在理论建构上还很不完善，理论层次不深，有许多问题尚待进一步研究解决。师范教育学当前最重要的任务，就是通过对自己学科对象的研究，不断深入地总结师范教育实践经验，揭示师范教育的特殊规律，补充最新的科学成果，使理论体系的构建和具体问题的论述，都体现出自身独具的特点。这样的理论对于师范教育实践才真正具有重大的指导意义。

目前，在理论上的一个重要问题是如何处理好师范教育学同普通教育学在理论上的交叉关系。要注意二者之间的联系，也要注意二者之间的区别。

既不能使师范教育学脱离普通教育学一般原理的指导，也不能用普通教育学的一般原理简单地代替师范教育学的原理。这就要以师范教育的实践为基础，占有大量的历史的和现实的资料，一方面就师范教育的外部关系，探索它同社会发展和各级各类教育之间的本质联系；另一方面就师范教育的内部因素，探索教师的成长过程和教育过程，确立师范教育的体制、办学模式和原则、方法，明确师范学校的性质与任务。这样才能不断地提高自身的理论深度，加速自身的科学化，巩固在教育科学体系中的科学地位，在促进师范教育的发展上，发挥更大的作用。

（二）为师范教育实践提供理论的指导。

理论来源于实践，反过来又指导着实践。检验理论是否正确和衡量理论价值的唯一标准是实践。师范教育学理论的基础与源泉是师范教育实践。它是师范教育实践的高度概括和抽象。而师范教育学存在的目的和意义，也在于去指导实践，在于改进和发展师范教育，培养和培训大量合格的师资，发挥理论的重要社会效益。

师范教育实践也急需理论的指导。掌握了理论，理解师范教育的本质和规律，工作中才可减少盲目性，增强自觉性；才可摆脱表面的、经验的局限，达到高度的理性认识；才可了解工作中成功或失败的根本原因；才可运用理论去指导实践。

（三）为制定师范教育政策提供理论依据。

教育政策是国家根据政治、经济发展的需要，为实现教育目的，以法令、决定、报告、指示等形式，对教育实践进行领导的政府文件。它建立在人们对客观认识的基础上，是见之于行动的主观能力；是一种国家法令形式的主观意志的表现。在不同历史时期的教育政策中，包括有大量的关于师范教育的政策法令。这些政策的制定，或来自师范教育经验的总结和概括，或来自对师范教育实践的考察和科学分析。它们对师范教育的发展起着导向和促进的作用。

但是，政策、法令都是由人制定的，它属于主观范畴，总要反映着人们或国家领导部门的主观认识和意志。因此，只有那些正确地、全面地反映教育实践的政策,才是科学的,具有积极指导意义的。制定教育政策必须使主观与客观达到高度的统一,要使政策超越仅仅依靠经验概括和直观判断的低级认识阶段,做到一切决策都是建立在科学的基础上,就要有充分的理论依据。

师范教育学的重要任务之一,也是为师范教育领导部门的决策和政策的实施,提供科学的依据,以保证师范教育决策的正确性、全面性、有效性和预见性,减少或避免领导部门工作上的盲目性或某些失误。

当然,政策与理论毕竟还是两个不同范畴的问题。政策的制定要依据理论,在制定过程中可以进行理论的研讨和对实践的分析;但政策一旦形成决策,就表现出强烈的指令性和强制性。因此在实践中,既不能以理论的研讨代替政策的实施,也不能以政策的规定代替理论的分析。

二 研究师范教育学的指导思想

师范教育学尚处在理论的建设时期,需要不断深入地开展对师范教育的研究,这就需要有一个明确的指导思想。

(一)必须坚持以马克思主义为指导。

马克思主义是最革命、最科学的思想体系。辩证唯物主义和历史唯物主义是一切科学的方法论基础。坚持以马克思主义为指导,才能从错综复杂的师范教育现象中,把握住本质,揭示其内在的必然的联系,得出规律性的结论。

坚持以马克思主义为指导,也才能在形形色色的关于师范教育的思想观点中,识辨其正误真伪,批判错误的思想,发扬正确的思想,为师范教育理论与实践的发展铺平道路。

坚持以马克思主义为指导,并不是把它当作一成不变的教条,而是把它看成是行动的指南,看成是解决师范教育问题、探索师范教育规律的锐利武器。要利用马克思主义的立场、观点和方法,去分析问题、解决问题,去完善师范教育理论,发展师范教育学。

（二）坚持理论联系实际的原则。

理论联系实际是我们党的优良传统，也是认识世界、改造世界的强有力的思想武器。理论来源于实践，又指导着实践。

师范教育理论是师范教育实践的科学概括和理论上的抽象，是对师范教育客观规律认识的成果。因此，研究师范教育，必须从实际出发，掌握丰富的实际资料，探讨师范教育的基本规律、基础知识和结构体系，提高对理论的理解与概括，做到理论与实际的高度统一，促进师范教育学的发展。

（三）把研究现状同研究历史和借鉴外国经验结合起来。

研究和发展师范教育学，要以现状为中心，把问题提高到理论的高度进行分析；同时，还必须注意联系历史的经验与教训，即依据过去的现实问题，来揭示师范教育的发展规律。这包括对中国和外国的师范教育发展史的研究。以研究现实为中心，并不意味着割断历史。不吸取历史的经验，也不会清楚地认识现实的问题和得出科学的结论。同样，从横向来说，以现实为中心，也绝不意味着同世界各国师范教育的发展经验隔绝。相反，要了解各国的情况，联系他们的改革经验与发展趋势，去把握那些带有共同性的问题，以提高我们的理性认识，指导我们的师范教育实践。

历史的继承性和借鉴外国先进经验，是教育科学发展的一个重要特点。我国是一个具有五千年历史的文明古国，有着悠久的教育传统和极为丰富的教育遗产，对这些宝贵的遗产必须注意批判地继承，做到"古为今用"。改革开放是我国社会主义现代化建设的基本方针，也必须注意借鉴和批判地吸取国外的先进经验，特别是师范教育的经验，做到"洋为中用"，以丰富我们的师范教育理论。这样，我们就可以把现状与历史结合起来，把国内与国外结合起来，从人类全部教育财富上，研讨教育和师范教育的规律，发展教育科学和师范教育学。

三　师范教育学的研究方法

研究教育科学的方法，有观察法、调查法、实验法、历史法、数理统计法等，这在研究师范教育学问题上，也是适用的。

（一）观察法。

观察法是一种有目的、有计划地直接感知教育现象或研究对象的研究方法。观察，一般在自然状态下进行。通过观察可以获得比较真实的、具体的有关资料，具有较高的研究价值。它是教育科学研究的基本方法之一。

观察法的运用，多在学校内部进行，在上课、课外活动以及学生的交往中进行随时随地的观察。观察要有明确的目的，要善于在纷繁复杂的现象中，找出所需要的事实和问题。目的愈明确，观察也就愈敏锐。观察中要对那些有价值的情况及时记录下来，然后进行整理、概括、分析，得出结论。观察要有计划，也要注意随机应变，排除偶发因素的干扰，防止主观片面。

采用观察法，不限于直接感知研究对象，还可在条件的允许下，充分运用一些音像资料，这可使我们的感知超越空间、时间的局限，更深入地了解实际情况。

（二）调查法。

调查法，主要是指社会调查。它所涉及的范围比较广泛，方式也比较多，可直接接触调查对象或领域，也可通过某些方式与手段间接进行了解。从而在过去、现状和未来发展趋势的总体上把握师范教育的本质和发展规律。

调查分普遍调查、抽样调查、典型调查和个案调查。一般采用谈话、问卷、测验、查阅有关资料等方式。谈话，可个别进行，也可采用调查会、讨论会进行。这便于深入了解情况。问卷，是由研究者提出要调查的问题序列，请有关人员提供书面意见，从中分析师范教育中带普遍性的倾向，以掌握某些必然联系。测验，是通过对学生进行测试而调查情况的方式。试题如果合理，在测试结果上可以了解到学生的一些真实情况。查阅资料，是间接了解情况的方式。它可以不受时间、地点的限制，而且可以得到比较广泛的信息。学生的作业、试卷、鉴定表等，教师的工作计划、总结、心得体会等，以及一些历史的资料、理论的著作和经验的总结，这都可提供我们所需要的情况。

（三）实验法。

实验法是近代科学普遍采用的研究方法。它不仅用于自然科学，也越来越多地用于社会科学。它的主要特点是严格控制条件，主动引起需要考察的现象，对结果作定量分析，且可反复验证。教育实验法，是研究者按照研究目的，有计划地创设或改变某些条件，干预或调控教育影响，以引起被试对象某些变化，观察由此产生的教育效果，找出最佳教育方案。

实验，在教育领域内，一般在教育、教学过程中进行，而不是实验室的实验。教育实验多采用"等组对照"方式，把学生分成两个对等的组，一个作为实验组，有计划地试行一些新教材、新方法等；另一个作为对照组，仍按原来的教材或方法进行教育或教学。经过一段时间，对两组的教育、教学效果进行比较、分析，找出差别与原因，作出结论或科学的判断。

实验法，不只局限于学校内部或教学过程之中，还可在更大的范围内进行。如学制的实验、领导体制改革、办学模式的实验等等。当前，在教育改革的大潮中，国内外都很重视教育实验。有的规模很大，时间很长，建立了实验学校或实验基地，采用了先进的设备和方法，很多已经取得了重要的科研成果，为教育工作和事业的发展，提供了可靠的依据。师范院校的附属学校，就是重要的教育实验基地，有的高师还单独建立了附属实验学校。应充分利用这些实验基地，推动教育科学、教育实践和师范教育学的发展。

（四）历史法。

历史法是研究社会科学的重要方法。运用历史法研究教育，就是通过教育的历史发展过程中所体现出的特点与问题，研究教育的本质，了解它发展的规律。师范教育的研究，也必须通过历史的事实，掌握各个历史时期制约着师范教育的各种因素，以及这些因素同师范教育之间的本质联系，从中考察师范教育的产生与发展规律。

历史法一般同文献法结合。要对大量的历史资料进行整理分析，从而掌握教育或师范教育的发展过程，从中就可看出教育乃至师范教育的产生与发展都不是偶然的，都有其内在的、必然的、历史的规律。

（五）数理统计法。

数理统计法是运用统计学原理研究教育问题的一种方法。分描述统计与推断统计。描述统计，是对大量的原始数据进行加工整理，根据统计原理，用表格、图形或计量，描述出数据的分布状况和整体特征。推断统计，是根据统计原理和方法，利用随机抽样取得的部分数据，进行科学推断，以得出全部数据的分布概况。

数理统计法，可把大量的实际资料和数据进行处理、统计和分类，作出定量和定性相结合的分析，从中找出规律性的东西。这种方法可以客观地反映出师范教育中带普遍性的问题。现在随着电子计算机在教育上的广泛应用，使得教育统计中的数据处理变得更加方便，可较快地看出问题，作出结论。

第二章

师范教育的产生与发展

世界师范教育是资本主义社会发展到一定阶段的必然产物。它随着社会、经济、科技和文化的发展而发展,并随着教育科学的发展而日益走向现代化、科学化、开放化和多样化。

第一节 师范教育制度诞生的历史背景和理论基础

一 资本主义工业发展需要大批有文化的劳动者

师范教育是资本主义工业发展的产物。它顺应资本主义生产发展需要而产生,伴随着现代学校教育发展而发展,并将迎接新的科学技术革命和经济的挑战和压力,与教育变革的大潮融汇一体而走向未来。它与国家和民族的命运兴衰与共,与整个教育事业和教师职业共发展、相存亡。

在原始社会里,生产力发展水平和人们生活水平十分低下。教育起源于劳动,并紧紧地结合人们的生产劳动和社会生活实践进行。家庭中的父母兄长,氏族部落的首领、长者,均有将生产劳动和社会生活经验,传递给子女及其他社会成员的责任。人人皆可受教育,也有可能成为教育者。教育没有从生产劳动过程中分化出来,因此也没有专门的教育机构和教师职业。

随着生产力进一步发展和社会剩余产品的出现，社会上出现了私有财产，出现了阶级，出现了体脑的分工。社会的分工促进了社会生产产品的增加、文化的繁荣和科学技术的发展，从而也使培养奴隶主贵族的专门教育的机构——学校开始出现。这种学校教育具有鲜明的阶级性，形成了初步的教育系统，并有了从事教育工作的教师，上有教君王世子的太傅、少傅、西周时实行政教合一、官师一体，官师氏，择优聘请。春秋战国后私学兴起，下有乡里村塾的乡先生。

随着社会生产力有了较大的提高，社会物质财富和人类文化知识、经验的日益丰富，封建的学校教育在规模上日益扩大，类型上逐渐多样，内容上更为丰富。一般的知识分子出则入仕，退而授徒。有的官吏，一面担任官职，一面教授学生。社会虽然日益懂得教育及教学的重要，认为"致天下之治者在人才，成天下之才者在教化，教化之所本者在学校"，[①]也形成了尊师、择师、重教的优良传统，但却没有将教书视为一种专门的职业，给予专业化的教育训练。

在欧洲的古代奴隶社会中，教师地位不高。"教师"（Pedagogue）一词源于希腊，意为"教仆、儿童的指导者"，是古希腊雅典陪伴奴隶主儿童学习的有文化的成年奴隶。到了封建社会，寺院和教会垄断着文化教育，办学目的是培养"上帝的永恒的天国的公民"，培养僧侣和为宗教服务的人才。在寺院学校、教会学校、主教学校中，教学内容多为宗教知识、宗教意识、神学等。所教授的一些文法、修辞学及算术、几何等，也被纳入为宗教服务的轨道。学校教师均由僧侣、神甫、教士、牧师等充任。一些民间私立学校和乡村学校中，商人、裁缝、木匠、鞋匠等均可充任教师。教师品质和学识粗劣，地位很低。这种状况在多数国家一直延续到18世纪末。

在劳动群众中间存在着另一系统的生产劳动教育，由家庭中的长者或手工业作坊中的师傅结合生产和生活进行。劳动者个人凭借体力和积累的劳

[①] 胡缵：《松滋县学纪》，转引自孟宪承等编：《中国古代教育史资料》，人民教育出版社1961年版，第340页。

第二章 师范教育的产生与发展

经验，掌握的劳动技能，即能从事和完成简单再生产的劳动，不需要设立大量的专门学校，去学习更多更深的科学知识。社会发展还没有提出培养大批有文化的劳动者的需求，知识没有发展成为一门门独立的科学，学校可以以"长者为师"、"以吏为师"、"以教士为师"等。教师不需要由专门的机构来教授科学的知识和技艺，凡有学问皆可为师，就成为封建教育的特征之一。所以，世界上在发生工业革命之前，基本上没有专门培养师资的师范教育。

随着城市阶级的崛兴和市民的增长，在12和13世纪即已开始出现了新兴的城市学校。但由于受教会的垄断，学校的数量很少，受教育的多为贵族的子弟。到了文艺复兴时期，教会在学校势力已大大削弱，神学的统治地位已被否定，教学内容扩充了许多新的学科，特别是自然学科。在教育思想中已开始提出"凡是儿童都要学习"和培养儿童在德、智、体诸方面和谐发展等这些具有民主性的普及教育的思想。到了17和18世纪，纵然资本主义在欧洲一些国家有所增长，但政治上仍由封建贵族掌握国家大权。国家办了许多小学和中等以上贵族学校，以招收特权阶级的子弟为其特征，劳动人民子弟无法涉足。而英国的教会、各种教派和宗教团体，虽然也办了大量初等和中等学校，但教育目的多为宣传宗教，影响儿童、麻痹人民。办学条件十分简陋，教师素质差、水平低，课程内容贫乏。总的看来，社会发展仍然没达到普遍设立学校，使人人接受基本教育的阶段，师范教育自然也没有提上历史日程。

18世纪下半期开始，在欧洲一些国家中先后开始了工业革命。大工业的迅速发展，使城市人口很快集中，工业产值和国民收入均成倍增长。比如，英国工业革命是从资本周转快、获利又厚的棉纺、棉织业发展和使用机器开始的。到了19世纪40年代，由于广泛采用机器和在城市中普遍建立了工厂，使工农业总产值和国民收入成倍增长。1770~1840年间，工人每一工作日的生产平均提高20倍。工人实际工资在1800~1850年间也提高一倍，至1900年又提高了一倍。曼彻斯特市人口在1700年时只有10000人，到1841年已增至353000人。① 美国资本主义的迅速发展，也表现在城市人口的骤增上。1790年美国人口不足400万，到1860年则骤增至3100多万。1820年时，美国有95％人口住在农村，而到1860年城市居民已占1/5，产业工人总数已达130多万。19世纪60年代，美国工业产品总额已占世界第二位，②到1890年，工业生产已跃居世界第一位。③从1850～1900年，工业生产增加15倍。

工业生产的迅速发展，科学技术的日益进步，"新的生产力要求生产工作者比闭塞无知的奴隶更有文化、更加伶俐，能够懂得机器和正确地使用机器"。这时资产阶级不仅需要一大批能够掌握一定的文化科学基础知识，具有读、写、算基本技能，并能使用、操纵和维修机器的劳动大军，而且也需要一批专门的科学技术人才和管理人才。此外，工业革命也推动和加速了机器在农业中的使用，科学种田也迫切需要农业工人和管理人员。这一庞大的劳动力再生产的任务，既不能再由旧式行会制度下的师傅带徒弟的手工业方式来实现，也不能只靠少数培养贵族阶级的学校来完成。因此，普遍设立现代学校，培养有文化的劳动者就成为社会发展的迫切要求。

二 普施义务教育，需要大量的合格师资

世界教育史上的义务教育始于德国。"在16世纪以前，初等学校无异于教会的附属机构。"④ 16世纪的宗教改革，促使政府当局颁布法令，强迫儿童接受宗教教育。"在1528至1794年之间的200多年里，德意志境内各公国先后颁布了14项法令以推行强迫教育。"⑤ 1619年魏玛地区颁布的学校规章中，要求境内记录所有年满6岁至12岁的男女儿童，"以便劝告拒送子女入学的家长履行其职责"，⑥ 1642年哥达的埃纳斯特公爵颁布《学校规程》，规定所

---

①②③ 林举岱等编：《世界近代史》，上海人民出版社1982年版，第113、337、510页。

④ 〔德〕弗·鲍尔生著，滕大春、滕大生译：《德国教育史》，人民教育出版社1986年版，第92页。

⑤ 赵亮宏、史习江著：《义务教育》，黑龙江教育出版社1989年版，第21页。

⑥ 同①，第92～93页。

有儿童自满5周岁起,即须入学读书,"直至学完所应学的全部知识,并经当局审查合格",方得离校。至18世纪普鲁士效法这一做法颁布了类似学规,在1763年的《普通学校规章》中,强迫5岁开始至13或14岁儿童接受教育。至1816年普鲁士儿童入学率达60%,到60年代已达95%以上。

其他欧洲国家也随着工业发展,开始了大量设置初等学校,短短几年中学校及学生数量发展很快。如,法国1838~1847年初等学校由14873所增至23761所;从1834~1848年,初等学校学生由1656828人增加到350余万人。在《费里法案》(1881)中,规定了初等教育是世俗的免费教育和实行7年的义务教育。英国于1870年颁布了《初等教育法案》,规定5~12岁儿童实行强迫入学办法。1876年新的《初等教育法案》中,又对不入学的有处罚规定,1891年议会通过实施义务教育受国库补助的免费规定,1918年才真正实行14岁以前儿童不得离校的强制教育。美国马萨诸塞州于1852年首先颁布义务教育法令,强制8~14岁儿童入学,至1889年,全国先后有25个州实行5~9年不等的义务教育,至1918年各州均已颁布法规,全面推行义务教育,年限为6~12年不等,多数州为8~9年。

发达国家从推行义务教育中先后认识到,实施义务教育需要有两个最基本条件,那就是:要有经费作为保证;要有师资作为前提。于是许多国家在伴随着大量设置初等学校、国民学校或初级中学的同时,也开始置设专门师范学校培训师资。如,丹麦在1798年丹麦学校委员会之决议中写上:若欲强制教育推行顺利,第一步须训练适任的教授人员,并在开始时,就应给予教师以专业的社会地位,以吸引社会公众对教师的尊重。这时已有不少国家开始把原来已出现的不正规的师范教育予以制度化、系统化和统一化。

三 教师职业日益成为一种专门的、科学的专业

教育是人类有目的、有计划、有组织地对受教育者传授知识和技能,培养思想和品德,发展智力、能力和体力的活动过程。进入资本主义社会以来,随着教育对象的日益扩大和复杂,随着教育学的形成与发展,以及众多的现代教育分支学科的产生与发展,已为教师从事职业提供理论上的指导和实践

的依据，促使教师工作日益成为一种专门的、科学的职业，教师也日益成为一种专业人员。

在古代教育中，纵然存在着学校教育系统、制度、机构，以及培养人的教育教学工作，但由于社会发展缓慢，教育目的比较单一，对象比较狭窄，教育内容也比较有限，方法比较机械，因此指导、培养人的工作多凭经验，鲜有科学的理论依据。

15世纪后半期，欧洲开始产生了近代自然科学，诸如，力学、天文学、机械学、物理学、生理学、动物学、植物学等。它们冲破了经院哲学的束缚，超越宗教迷信的界限，以大量实际材料和科学实验为基础，获得了广泛发展。被誉为"现代科学之父"的英国哲学家培根，向人们发出了"知识就是力量"的伟大号召。他把传授百科全书式知识作为教育的目标，开辟了近代科学教育发展道路，使学校中教学原则和方法，课程和课本均开始发生变化。此后一些伟大教育家如夸美纽斯、洛克等都开始重视事物知识，在教育目的上，以继承改造人类知识，并通过传授知识培养人，在方法上则采取注入式来训练学生。

17世纪捷克卓越教育家夸美纽斯，对当时为贵族阶级而设立的学校表示愤慨，提出："不独有钱有势的儿女应该进学校，而且所有城镇乡村的男孩和女孩，不论富贵贫贱，都应该进学校。"[①] 他还第一次提出了建立前后衔接的统一的学制，确定了"学年"的概念，发展了班级授课制，提出许多新的教育观点、教学原则和方法。他的一整套教育理论体系，为近代资产阶级教育理论体系的建立奠定了基础，并对学校教育产生了广泛而深远的影响。

法国启蒙思想家、教育家卢梭，鉴于旧教育戕害人性，违反自然，提出了"自然教育"的理论、主张教育要顺应自然，遵照儿童身心发展而因势利导，尊重儿童个性，发展他们的独立性和创造性。他的教育思想对后来的教育家裴斯泰洛齐等都有较大的影响。他的教学论成为教育理论发展史上的

---

① 夸美纽斯：《大教学论》，第47页。

丰碑。

瑞士著名教育家裴斯泰洛齐，是一伟大的教育实践家和师范教育奠基人。他的教育目标是"把每个人培养成为自由的人和在道德与文化上独立自主的人"[①]。1774年，他曾在苏黎世的新庄创办"孤儿院"，收容50多个流浪儿童、青少年，教他们读、写、算和手工艺技巧，组织他们参加田间劳动和纺纱织布，他尝试着要建立一个自给自足的工业学校。1798年他又接受瑞士政府委托，在斯坦茨开办一孤儿院，收容5~10岁儿童80名，开始了初等教育合理的、新的教学方法的研究和实验。1800年，他又与友人创办一所寄宿中学，并附设一师资训练部（也有译为师范学院）。这所师范学院闻名欧洲，各国纷纷派学生前往求教。学生学成之后，多成为本国师范教育的最早创办者。如，当时普鲁士教育当局曾送派大批青年向裴斯泰洛齐学习他的教学方法和从教精神。19世纪上半叶，一些有声望的人纷纷按裴斯泰洛齐的师训原则，建立起第一批培养师资的师范学院。裴斯泰洛齐的全部教育理论、教学原则和方法，对于改进初等教育工作和师资的培训工作，都作出了较大的贡献，对欧美各国师范教育的发展产生了深远影响。

德国著名的哲学家和教育家赫尔巴特，是第一个企图把教育学建成一门科学的人。教育学是研究教育现象、揭示教育规律的一门科学。他认为，作为教育对象的人是有其自身自然发展规律的，要想使教育教学工作更为有效，教师单有实际经验是不够的，还应有自己的科学教育作为指导。他主张建立一科学化的教育学理论体系，并且这一体系必须奠定在可靠的心理学基础之上。他在教育理论体系建设，尤其在教学论方面建设的成就超过以往的教育家。他的主要著作《普通教育学》、《教育学讲授提纲》等，已使教育学具有较为严密的体系。这对教育学逐渐从哲学中分化出来，形成一门独立的学科开辟了道路，他是近代教育学科的奠基人。日本教育家认为："把教育作为一个近代问题提出来的是洛克，通过批判的、浪漫的优秀文学作品把教育变成

---

① 〔德〕弗·鲍尔生著：《德国教育史》，第159页。

了一个强有力的思想体系的人是卢梭，而最后，在卢梭赋予的空想的基础以及裴斯泰洛齐赋予的个人经验的基础之上进一步探索其科学的基础，试图把教育研究变成一门独立科学的人却是赫尔巴特。"①

社会文化科学的发展，都是由非科学而至科学；社会上千万种职业都是由非专门化、非科学化而至专门化和科学化。在时经一个多世纪，教育学成为一种专门学问之后，又陆续出现了许多独立的有关教育学科，如，心理学、教育心理学、教学法、教育史等等。随着资产阶级教育理论的科学化、系统化、多样化，培养儿童、青少年的教育教学工作，以及办理教育、管理学校的工作，已不再是没有教育理论指导、没有教育规律可遵、不讲究科学方法的、人人都能从事的职业了。这就为教师职业的专门训练提供了科学内容和理论依据，使教师职业日益成为一种专门的、科学的事业。到了19世纪中叶，各国即先后在师范教育机构中设置了教育学、教学法、教学实习、各科教学法等科目。到了19世纪下半叶，心理学、应用心理学、儿童研究等已列入训练师资的必修科目。各国日益认识到，作为一位教师必须懂得和掌握教育规律和适应儿童身心发展的规律，必须掌握教育理论、知识和科学方法。

上述表明，世界师范教育制度的诞生、发展与完善，是由于现代工业社会飞速发展的需要而产生了现代教育，广泛地设置学校的必然结果。而科学的教育教学实践和实验，以及在此基础上形成的科学教育思想、教育理论等，既成为师资培养的客观需要，同时也是训练的重要内容。世界师范即是在这样的大背景下应运而生，并开始了它的日益制度化、科学化、专业化、现代化的漫长路程。

第二节 世界师范教育制度的诞生及其特点

师范教育机构最早出现于法国，但比较严密的、系统的、独立的师范教

---

① 〔日〕大河内一男等著：《教育学的理论问题》，教育科学出版社1984年版，第18页。

育制度则首推德国。

法国最早培训小学师资的机构可追溯到 17 世纪教会办的"教师讲习所"。1681 年法国天主教神甫拉萨尔（La Salle，1651～1719）先于兰斯（Rheims）创立第一所师资训练学校，成为世界师范学校的发端。拉萨尔与学生同住，随时给以指导和教育，然而学校只存在数月即停办了。数年后，巴黎也设了类似的培养师资机构两所，招收学生学习宗教知识和教学法，并进行班级教学的实习。1794 年法国资产阶级革命胜利后的"临时议会"通过法令，指定在巴黎设立培养小学师资的师范学校一所。次年 1 月，第一所公立师范学校于巴黎开学。1832 年国家颁布统一的师范学校系统，师范学校由州属改为隶属中央。1833 年的《基佐法案》，明确规定各省均设师范学校一所，所有小学教师必须接受师范教育训练。1879 年，国家规定各州必设男女师范学校各一所。1882 年公布义务教育法令后，师范教育又有了迅速发展。

德国师范教育萌发于 17 世纪末。1697 年，虔信派教育家佛兰克（A·H·Franckee，1663～1727）用教会捐款和私款在哈勒（Hall）首先创办一所师资养成所，也称中等师范专科学校，招收有志于担任教师或牧师工作的学生，修业 2 年，免缴学费，供给膳宿，施以师范教育，成为德国师范教育的先驱。接着在 1747 年，佛兰克学生赫克（J·J·Hecker，1707～1768）又在柏林创办柏林师范学校，训练神学和科学教师。1753 年此校改为皇家学院。

18 世纪末，由于欧洲一些发达国家，要强迫所有适龄儿童接受读、写、算（reading，writing，arithmetic，即三 R's 教育）的最基本的初等教育，于是训练师资的机构也随之陆续出现并发展起来。

进入 19 世纪，许多国家在陆续颁布义务教育法令的同时或稍后，也颁布了师范教育的法规，诸如，师范学校的设置，师资的训练，教师的考选、检定，教师资格证书的规定，以及教师的地位、工资福利待遇等。至 20 世纪第一次世界大战之前，许多国家师范教育有以下共同特点：

一 设置独立师范学校，保证大量提供师资

19 世纪中叶前后，一些国家政府通过法令和法规，要求设置国立、省立、

州立的师范学校培养义务教育师资。开始,这些规定多包括在教育基本法案、或国民教育、初等教育法案之中,至19世纪末,独立的师范教育法案陆续产生。如,普鲁士在1854年教育法中,即包括了福音师范学校、预备师范学校、单级初级师范学校三种规程。对师范学校课程与组织均作出明确规定,并要求必须按规定施教。意大利1859年的卡萨蒂教育法中即包括有关于师范教育的规定,1896年又专门颁布了师范教育法规——根图科法。其中对师范学校课程,与小学、幼儿学校的关系,以及教师合格证书考试均有规定。墨西哥于1881年之后,澳大利亚于1850年之后即都开始创办正规的师范学校。日本在1872年的学制令中规定:"邑无不学之户,家无不学之人","小学之外,另设师范学校培养小学教师",在短短6年,至1878年,全国师范学校已发展到101所。[①] 1886年、1897年又分别颁布了《师范学校令》、《师范教育令》。

二 规定较严格的入学资格

许多国家规定师范学校入学学生资格要高于普通中学,或规定入学前须经过预备学校训练(如德国、奥地利)2~3年,入学后再学习3~4年。法国规定小学毕业生须再入一补习班,或高等小学校学习至15岁,方准投考师范学校。丹麦1789年学校委员会决议中规定,师范学校修业3年。入学生须具有中学程度、一年教学经验。比利时1879年改革师范教育时规定,国立师范学校学制3年,入学及训练极严。

三 重视教师资格考核和检定,实行较严格的教师证书制度

一些国家在创建师范教育制度的同时或稍后,即随之建立了教师考核或资格证书制度,作为师范教育制度整体中的有机组成部分和提高义务教育教学质量的有力措施。比如,19世纪初,普鲁士教育大臣洪堡在着手教育改革

---

① 成有信编:《十国师范教育和教师》,人民教育出版社1990版,第163页。

时，即认识到一切教育改革的成败，教学质量的提高，均有赖于教师水平的提高。于是，他草拟了普鲁士教师资格考选饬令，于1810年颁布。饬令规定，只有通过国家考试者才能获得教师资格证书，得以任用。"这种考选制度将普鲁士中等学校教师提高到专业工作者的地位。""受过专业训练的教师从三等成衣匠和残废军人手中接管初等学校教师工作。"[①] 随着教师社会地位与专业化标准的确立，许多人开始把教职作为终身职业，而不再作为通向神职的桥梁。

法国在1808年建立中、小学教师证书制度和会考制度，并于1821年在全国正式实施。只有通过会考取得证书的人，才能担任中学最高级别的"会考教师"。这种考试是最公开的、最具竞争性的考试。凡有硕士学位及一相当的高等研究证书（大学二年考试通过），且经大学区长官证明其已有相当中小学实习成绩者，皆可应试。每年在巴黎举行一次。小学教师须经过初级、高级、专业三种证书考试。第三种专业证书考试一经通过，即可获专业证书，具有永久性小学正教员资格。

此外，英国、奥地利、比利时、荷兰、瑞士、瑞典、丹麦、意大利、美国、日本等均有教师检定制度、资格证书制度。实行这一制度有三个共同特点：第一，教师证书由国家或地方（较多由国家）颁发的是教师业务水平及教学能力的凭证，必须通过国家或一定机关（如地方或高等学校考核委员会）严格考试和实际教学能力考核才能获得。如只具有专业水平，或已获有博士学位，而未经教育训练或未经证明其具有一定教学能力者，仍然不能获得这一证书。在许多国家中，有证教师与无证教师在社会地位、工资报酬及生活福利待遇方面均有显著的差别。第二，教师资格证书的考核内容和标准，与师范教育的训练课程既有联系又有区别。初始，有的国家规定师范生通过毕业考试即可获教师资格证书。而后则越来越多国家规定，师范或其他大学毕业生考试通过，不能作为教师资格的证明，还需通过一定教学实践及专门考

---

① 〔德〕弗·鲍尔生著：《德国教育史》，第134、164页。

核后，方能取得教师资格证书。第三，教师资格证书按从事教学的程度和类别，分为若干等级和种类。

四　确立教师较高的社会地位，给予较好报酬及福利待遇

德国教师地位一向较高。一次世界大战前中学教师地位等同于教士、律师和国家官吏，除有特别情况，不得任意辞退、调迁教师。教师工资待遇优厚，并随服务年限及年龄增长而增加工资。除工资外，尚有：年功加俸、住房补助金、地方补助金、被迫辞职退休金、家属退休金等。法国过去教师待遇也比较优厚，除工资外，尚有住房津贴、地方补助费（可达工资的70～100％以上）、车费补贴、退休金、抚恤金等。有证教师另加特别津贴及褒奖。奥地利规定，文科中学校、理科中学校校长由皇帝亲任，正教员由学部大臣任命。教师工资待遇与国家优待官吏的规则相同。除工资外有年功加俸。维也纳小学教师工资自1～10级，期间有年功加俸6次。比利时国立师范学校校长及教员由国王任命；教士之师范学校校长由传教长任命。教师每年年功加俸一次，另有住房费约占工资1/10～1/2不等。瑞典教师及校长年满65岁，服务达35年，退休时可得全薪。此外，还有住房、燃料、退休、抚恤等津贴。对于一些教师还酌分住房及田地。

五　重视对师范教育投资

如增聘教师，建新校舍，改建旧设施，购置设备，改善教师工作及生活条件等。

第三节　师资培养的新阶段——定向式培养体系的形成

一　小学教师培养升格的历史背景

第一次世界大战之后，随着经济的恢复与发展，一些发达国家的教育有了巨大的变化。

（一）延长义务教育年限。

19世纪以来，虽然在许多发达国家已开始实施义务教育，但或由于认识不够、经费不足、推行不力，或由于第一次世界大战爆发等原因，多数国家义务教育终无大效。法国1911年6月资料表明，应入学而未入学儿童仍占20％。1921年法国所募集的少年兵士中，不能读和写的也占20％。[①] 美国1920年统计，10岁以上人口中不识字者占5.9％；20岁以上人口中，不识字者占7.2％；[②] 而在乡村中不识字者比例还要较高于城市。

第一次世界大战之后，许多国家把义务教育年限从初等教育阶段（6~8年），延长到初中教育阶段（9年左右）。美国在1918年重申，凡儿童未达14岁者一律不得离校，有30个州将义务教育由9年改为10年。德国在第一次世界大战后规定，小学生在接受8年义务教育之后，还需再受补习教育（或职业教育）到18岁止，皆为免费。意大利也将受义务教育儿童年龄从6~12岁，延长到6~14岁。这说明发达国家将义务教育，由初等教育阶段向中等教育初级阶段延伸已是一普遍趋势。

（二）中等教育迅速发展。

由于第一次世界大战前的接受小学义务教育的儿童，在战后已达进入中学的年龄，加以义务教育也普遍延伸到初中阶段，因此中等教育，尤其是初中教育在短期内迅速增加。如，英国在1914年全国中学有1047所，到1924年已达1301所。丹麦1920年时中学生为36150人，到1930年已增至50118人。[③] 美国1890年，中学4485所，到1926年已达24200所，增长4.4倍；而中学生从297940人增长到4053091人，增长12.6倍。

（三）教学改革花样翻新。

第一次世界大战后，一些国家的初等教育，已普遍由发展数量转到重点提高质量。它们编写新教材，实验新教法。美国在小学中普遍实行及实验新的教学制度和教学方法。诸如，教学设计法、道尔顿制、学习单元制、兴趣

[①②] 教育部编：《第一次中国教育年鉴》，戊编第10、451、440页，1933年出版。

[③] 常导之编著：《各国教育制度》下卷，上海中华书局1936年版，第360~366页。

中心制、弹性升级制等等。而在中学教学活动中比较显著的变化，则是增加许多新的课程、新的教学内容；实行选料制和学分制；使课程日益多样化，教学内容日益科学化、现代化，教育制度日益灵活化。英国高中课程的内容比战前增加了4倍。中小学课程内容的丰富多样，教学方法的花样翻新，都对中小学教师的水平和能力，提出了比以往更新更高的要求。

（四）职业教育蓬勃发展。

第一次世界大战之前，各国即有了职业教育。但由于名称分歧、领导体制混乱、任务目标不一，规格质量难以保证，数量发展缓慢，与普通中等和高等教育之间，与职业市场需求之间存在着诸多矛盾。

战后，随着经济的恢复，工商业日益发达，生产劳动日益机械化、电气化和集中化，一些国家纷纷重视对职工、对劳动后备军进行职业的训练，于是整顿和改革职业教育系统，大力扶植和发展职业教育就成为当务之急。比如，美国职业学校在一战前寥寥无几，学生职业训练多在普通中学或综合中学中，通过设置某些职业性课程进行，因此职工就业前多数没有职业准备。据1914年调查，全国职工中受过相当训练的仅占12％。于是在1917年联邦议会通过史密斯·休士法案，规定由联邦政府拨款协助各州大力推行中等农、工、商、家事等各类职业教育，并大力培养农业、商业、家政、工业诸科的教师。在1920年时，各州共有农业及工艺学校68所，到1926年，已发展到7930所。法国以前的职业学校由工、商、农等业务部门领导，至1919年颁布阿斯蒂埃法案后，才将职业技术教育变为一种国家统一管理的正规教育。按层次分为初级、中级职业教育和高等专门教育。按类别分工业、商业、农业职业教育，数量上均有较快的发展。德国一战后职业教育已成为国家义务教育系统中的一个组成部分——职业教育义务，到了20世纪30年代全德已有67％适龄青年接受职业教育，有的邦接受职业教育青年竟高达99％。

义务教育的普遍延长，中等教育的迅速发展，教学改革的不断深入，职业教育的蓬勃发展等等，所有这些不仅要求师范教育，在培养师资数量上要大力发展，培养师资品类上要多种多样，而且培养层次和质量上也要有较大提高。因此，这一时期师范教育改革与发展的两个主要特征，即是小学教师培养的升格，以及中等师范学校的普遍升格，从而开始进入以独立的、定向的培养师资为主体的新格局的时期。

二　独立的高等师范教育体系独居优势

这一时期正是许多国家独立的高等师范教育体系形成与完善，并占据辉煌位置的全盛时期。由于下面有一章专门论及师范教育的体系与模式，因此，这里只简述其发展的必然性及其局限性。

应该看到，独立高等师范教育体系的出现和发展，是师资培养进步的一个标志，同时也是师范教育发展中不可逾越的阶段。

（一）它是师范教育由低层次向高层次的过渡，是由单一类别向多样类别的扩展。

原来师范教育是以中等师范为主体，以培养单一初等学校师资为目标，这时发达国家的初等教育师资已普遍放在高等师范院校中培养；一些国家开始出现了培养职业技术教育师资的职业性、技术性师范教育机构。至第二次世界大战前后，许多国家中等师范教育已完成其历史使命，而被独立的高师教育体系所取代。新的高等师范院校是通过多种渠道建设而成，有新建的、中师升格的、中师延伸学制而后改名的、文理学院中分化而成的，等等。它的主要功绩即在于适时地为中等、初等教育培养大量的、高一级质量的师资。

（二）它是承认教师工作是一专业化工作的一个说明。

最初，培养师资存在着二元化的体系。那就是只承认小学师资需要经过职业的训练，而中学师资只需有专业知识，即可胜任。反映在一些国家的中学教师资格证书，只规定大学毕业即可从教，对职业训练并无明确要求。20世纪以来，许多国家日益认识到，教师职业也是一专业化的工作，仅有专业知识还不够，还必须具有职业的专业训练。于是中、小学师资训练融于高师统一体之中，许多国家修改了中学教师资格证书的内容要求，严格中学教师资格考试制度等，都为提高教师专业化标准打下基础。

（三）它是师范教育地位逐渐提高的明证。

在此之前，中等师范教育属国民教育体系范畴，其地位等同于中等教育，甚至还不如普通中学。而这一时期师范教育即正式纳入了高等教育体系之中，成为一个重要的类别。

三　突破封闭式师资培养体系的新尝试

任何一种教育体系、模式和制度，在其产生及发展的过程中，总有其必然性和合理性。然而当客观形势已有了显著的发展变化，而人们对原有的教育体系、模式和制度，不去变革它、改造它，反而仍一味在恪守它、强化它和完善它，则必然会产生教育"与周围环境之间的各种形式的不平衡"。独立的师范教育体制也正是如此，在客观环境还需要它的存在的时候，就已埋藏着否定它存在的潜在性因素，这是因为教育体制适应周围环境变化的速度总是过于迟缓的。因此，当许多国家都正在满怀信心地发展和完善这种独立师范教育体制时，有的国家却在这种旧体制的城垛上突破了一个缺口。

在独立的师资训练机构中，各国普遍遇到的一个最棘手的问题，就是专业学科的教育训练与教育学科训练之间的结构、比例、关系等一系列问题。第一次世界大战后，德国曾就这一问题进行过长期的、针锋相对的争论。争论的焦点是培养教师的专业教育，究竟是放在独立的师范院校，还是放在普通中学、综合大学进行为好。主张放在师范院校进行的理由是，认为专业教育不能脱离教学理论、教学原则和方法单独进行，只有将教学内容与教育方法有机结合，才能获得优良的教学效果。而主张这种教育应放在普通中学、大学进行的理由是，认为教师应具有广博精湛的文化科学知识。而师范学校诚然能满足对学生良好方法的训练及教育专业精神的陶冶，但这种训练失之封闭、褊狭，学科程度偏低已成公论，故实有将师范教育与普通教育调和的必要。两派主张势力的相当，争论的激烈，引起社会人士普遍关注。即使在德国国会内部，这一问题也曾引起过长期讨论。到了1924年10月，普鲁士邦教育部首先规定教师的专业学科训练应在中学进行，随即关闭了8所师范学校。虽然当时对于教育专业的训练还未制订切实办法，但决心突破封闭的培训体制已不可动摇。在此先后，其他邦亦根据本地区情况实验师范教育改革。培养小学师资主要就有4种状况：（1）由大学及专门院校负责专业学科教育，师范院校负责教育专业培训；或是学生学完专门学科之后到实验学校实习，或到其他学校任教，共接受训练3~5年不等；（2）特设独立师大或师院，学制多为2年；（3）仍保存旧制师范；（4）旧制已废新制未建，中学教师培养则普遍由大学实行，修业4~5年。德国这一改革，不仅提高了小学教师的培养层次，也突破了单一的、独立的、封闭的培养体系，为第二次大战后的完全开放式培养体系打下基础。

第四节　教师的高学历化与专业化的发展

一　教育领域巨大变革对师范教育的严峻挑战

当今的世界已是一个空前开放、相互依存的实体和整体。信息的迅速传播，日益频繁的接触和交流，几乎无法人为地去阻止彼此之间的影响、学习、吸收和融合。在全球范围内兴起的一场以电子信息技术为中心的新的技术革命具有综合性、群体性和突破性，其对各个领域的影响具有挑战性、强迫性。

第二次世界大战后至今，是世界性的教育发展最为迅速，而且正在进行整体性的、根本性的、突破性的变革的时期。国外人士认为它实际上经历了三个时期的历史性转变，第一个时期是50年代和60年代，随着战后的经济迅速恢复，各国各级教育都有一个成倍增长的"黄金时期"。人们对教育既"充满乐观"又"寄以巨大希望和期待"。接着从60年代下半期开始，教育又进入第二个时期，即"教育危机"时期。由于世界范围内，在新的科学和技术、经济和政治、人口及社会结构方面都"同时发生了一系列变革"，……但是比较起来，"教育体制适应周围环境变化的速度却过于缓慢，由此而产生的教育体制与周围环境之间的各种形式的不平衡正是这场世界性教育危机的实质所在"。[①] 这时人们开始发现了教育与周围环境的诸多"不平衡"、"不协

---

① 〔美〕菲利浦·库姆斯著：《世界教育危机——八十年代的新观点》，人民教育出版社1990年版，第3页。

调"、"巨大差距","逐渐感觉到教育未能带来社会经济利益方面的好处","社会团体和雇主们则喋喋不休地抱怨学校毕业生的质量令人失望"①。这时,在1967年一次国际性的会议上及时敲响了"震惊国际教育界"的"教育危机"的警钟,被认为教育进入了"令人沮丧的时期"。经过70年代人们的反思和实践,从80年代开始,教育又在向着"更为积极的第三个时期转变",这就是教育变革的浪潮风起云涌。联合国教科文组织连续提出第二个、第三个中期发展规划,各国的教改法令、法规、决定、报告纷纷出台,这一世界性教育大变革形势至今不衰。

"社会的变革迟早会引起教育的变革,而这些必然要在教师培训机构的实际工作中反映出来。"制约教师培训的教育的变革,主要有以下方面。

(一)在教育民主化、平等化的进程中,再次延长义务教育年限。

第二次世界大战之后,各国越来越认识到,培养跻身于世界科学技术前沿的高层次的"精英",培养大批具有良好品德、文化知识和技术等素质的劳动大军,已成为"除面包以外的第一要求"。因此,一些未曾实行义务教育的发展中国家,普遍实施了义务教育;而早已实行义务教育的发达国家则普遍再次延长义务教育年限。据1987年资料统计,在世界196个国家和地区中,实行义务教育的有172个,占87.7%。其中:实行6年以下义务教育的49个,占28.5%;实行7~9年义务教育的69个,占40.1%;而实行10年以上义务教育的有54个,占31.4%,比60年代增长2.6倍。

义务教育年限的延长,只说明受教育者程度的提高和受教育者数量的扩展。而一个重要的事实是越来越多的人们,不仅要求有均等的入学机会,而且还要求受教育者在比较公平、合理的资源(包括师资、财力、物力等)分配条件下接受高质量的教育。这就是将培养师资的重点,由发展数量转向提高培养层次和提高质量的基本考虑之一。

---

① 丹尼斯·劳顿:《教师作用的变化——师范教育和教师培训的结果》,《教育展望》,1987年13期,第80页。

(二) 幼儿教育蓬勃发展。

培养和提高全民族素质，迎接新技术革命的挑战，必须尽早、尽快、尽好地开发人的智力和潜能、因此，大力发展婴幼教育，已成为越来越多国家教育发展的新视角。法国80年代初，幼儿进入幼儿园、所或幼儿学校的比例，已分别达到96.9%、98.9%、90%。从1961~1984年，全世界接受学前教育的幼儿，由2467多万，增至6300万。有的国家如朝鲜、墨西哥等，已将学前一年幼儿教育作为国家义务教育体系中的"第一环节"、"最初一级"。

(三) 中等教育改革形势逼人。

国际会议认为"中等教育是整个教育体制的关键"，独占有"特殊的中间位置"。[①] 中等教育的改革令人注目。

首先，它明确双重目的和目标。即："一方面，准备接受中学后的各级各类教育；另一方面，进入积极的生活和进入社会。""中等教育既应促进个人的全面充分发展，又应培训个人适应文化、社会和经济生活。"[②] 那就是要使青少年一代在德、智、体、美等方面全面、协调地发展，具有鲜明个性并能参与社会变革，既是生活在现代社会的新型的人，而且还能够为迎接未来的挑战作好心理上、知识上、能力上的一些准备，使他们从保守型变为创造型，从单纯适应型变为开拓型、应变型，从不发展型变为比较发展型。

其次，高中阶段的教育更加多样化。

高中阶段的教育依各国不同情况而采取多种轨道、多种模式、多种形式。实行9年以下义务教育的国家多在高中阶段采用普通高中、职业高中、技术专门学校等分流分轨制；实行10年以上义务教育的国家多实行综合高中制，普通高中与职业学校联合制，高中与大学接轨、插入制等等。这些改革既照顾到学生的个人需要和可能，增长了他们对未来的适应性，同时，也是对教师类型多样化，知识综合化和能力多样化的新要求。

第三，中学课程和内容有了较大的变化。

---

① 《关于中等教育的讨论》，《教育展望》，1987年13期，第7页。
② 《第40届国际教育会议》(1986年)，联合国教科文组织出版，第15页、第50页。

目前在许多国家的中学中,已开始增加许多新兴学科、交叉学科和综合学科。如美国威斯康星州的麦迪逊东部综合高中,在1984~1985年度,为学生开设三四百门课程和讲座,其中不少属于新的综合交叉学科、应用学科和未来研究的课程。如,土壤科学、环境科学、农业综合企业、未来的农民、地球科学、生命科学、现代化学、人类难题和问题、商业美术、世界文化、美国社会的未来等。有的中学已将原来的一门门孤立的学科,综合划分为"学科领域"、"学习领域"、"核心课程",将课堂教学、自学活动、实验观察、讨论研究及运用现代化教学技术结合起来。教师由单一的分科教学发展到多科综合教学、协同教学。传统师范教育训练出来的单科教师,马上即面临一个如何补充和扩展知识、更新知识、提高各种能力的问题。

(四)终身教育兴起并迅速发展,正规教育与非正规教育日趋衔接和结合。

终身教育是一个可以上下衔接和伸缩,左右移动和结合的纵横交错的,包容正规的、非正规的、非正式的各级各类的教育和培训,随着终身教育的体系的建设,它的教育对象已逐渐扩大到社会全体成员,教育范围扩大到一个人一生发展的各种需求。因此,它不仅在数量上需要大批的教师,而且也要求教师面对社会需求,承担多种职责,发挥多种功能。

二 教师人才高学历化发展趋势

由于人的素质已成为决定个人命运、事业的关键,乃至国家和人类前途的"精髓",因此提高教师的素质也就成为各国师范教育改革和研究的一个热点。

提高教师素质的要求与措施主要有以下四个方面。

(一)要求基础教育教师接受良好的高等教育。

许多发达国家的普遍做法是将小学和幼儿教育师资,由二战前的大学两年培训,改为由高等师范院校和综合大学的3~5年的训练。有的国家还规定中小幼教师需获文、理学士学位后,或再接受一年的教育专业训练,或取得教育硕士学位,方可任教。

美国各州规定教师至少须取得学士学位，有几个州还规定必须取得硕士学位。1986年科罗拉多州宣布取消本科教育专业。学生必须取得其他专业学位或毕业证书后，再入教育专业学习研究生课程后方可任教。原联邦德国中小学教师职前培训极为严格。第一阶段需在综合大学教育系或高等师范学校学习6～8个学期，毕业时接受第一次国家考试合格者，经录用后再到指定的教师培训学院接受第二阶段的培训1.5～2.5年。培训结束后接受第二次国家考试合格后，才能成为正式教师。但还有3～5年的试用期。如考试成绩优秀，试用期可缩短为一年半。在德国大约150年的师范教育历程中，严格的、高质量的师资训练"为广大儿童接受超过国际水平的教育与教学创造了条件"。荷兰的中小学及幼儿教育教师，基本上都是要求大学本科4年毕业后，再接受一年教育专业训练。意大利要求中学教师必须持有博士学位，一般是教育博士。

（二）要求教师是"完整型"、"全能型"的人才。

一些国家认为，今日学校中的分科教学是科学分化的产物。这种教学只能培养单一学科的专家。随着科学和学科发展的整体化和综合化趋势，本世纪将结束单科师资的历史使命，要求新型教师能成为"完整型"、"全能型"的人才。基本内容是：要成为思想品德、学识和教育、教学各个方面全面和谐发展的新人；知识既渊又博，尤应注意广识博闻、多才多艺，不局限于单一学科的知识领域；既要有学识，又要具有适应时代发展要求的各种能力。

（三）要求教师掌握最新信息技术。

由于在更加广阔范围内考虑科学技术发展的需要，因此，各国普遍认为有必要将各种信息科学技术的内容，应用于和渗透于一般公众、中小学生以及研究生的科学技术教育中去。一位新型的教师，不仅是知识的传递者，而且也应是最新信息（消息、情报、指令、数据和信息）的传导者。要求教师掌握传递信息的新技术——电子计算机。

法国政府在1971年就开始进行计算机教学试点，建有"教师软件图书馆"，编制了一套计算机协助教学的程序设计语言，决定在中学中大量使用电子计算机。英国、美国在80年代的中学里已普遍配备了微型电脑，教授学生使用电脑进行文字处理、计算、统计分析和资料查询。

由于在教学中引入了微机处理，因此教师的作用就显得更为重要。他们应通观学生机上作业过程，并随时进行细致辅导，这就需要教师具有信息意识、信息技术和能力。

（四）实行更为完善、更为严格的教师考核制度和教师资格证书制度。

二次世界大战后，许多国家为教师规定资格，依据资格给予一定的社会地位和待遇。教师的社会地位、资格和待遇是逐步完善的、被社会逐步承认和逐步提高的。当前教师资格证书制度有以下特点。

1. 教师资格证书（教师证书）具有法律的约束力，成为教育法中重要组成部分。有证教师与无证教师在享受国家所规定的一些权益方面均有不少的差别。

2. 普遍扩大了教师资格证书的类别和等级，提高了教师证书的标准。将过去一般的小学教师证书、中学教师证书，扩大为幼儿园、初级小学、高级小学、初级中学、盲聋哑学校（特殊教育）、职业学校等不同类型、不同层次的证书。而在同一层次中也还划分若干等级。

教师证书内容也更为详尽，标准也有所提高，主要反映在对取得证书应修的学分总量上。师范教育课程设置一般与证书要求协调一致，以保证教师职业训练，提高教育专业训练的总学分比例。

3. 规定了教师证书的有效期限。一些国家把过去规定的一次考试合格可获得的永久证书的制度，改为有限证书制度。美国许多州规定，证书有效期限为4～5年。在此期限内教师须重修6～8个学分新的课程，才能换取新证。欲获永久性证书（终身性证书），教师须经过相当长的教学实践，证明其教学成绩优秀，并经若干次更换新证之后才行。但当前也有人建议，为鼓励人们终身从事教育，可设永久证书。

4. 教师证书制度和教师的培养培训、劳动工资、晋级升职、奖励惩罚、福利待遇等制度协调一致。

三　师范教育体系的多样化、灵活化、开放化、综合大学化

20世纪六七十年代以来，世界许多发达国家普遍将定向的、独立的师资培养体系，改为非定向的、开放的师范教育体系。同时一些国家在建设新的师范教育体系中，还注意以终身教育作为指导原则，使职前的正规师范教育与职后非正规的各种渠道、形式的教育培训，从体系上衔接起来、结合起来，从立法上予以保证。有关师范教育体系问题和在职培训问题，下面将有专章进行阐述。

四　日益重视并采取特定措施提高教师地位

为了适应社会、经济发展和国际竞争的需要，许多国家日益重视教育的地位和作用，重视采取特殊措施来提高教师的地位。

（一）重视提高教师的社会地位，造成尊师重教的社会风尚。

1966年10月，联合国教科文组织曾在巴黎举行关于教师地位的政府间专门会议，最后会议通过《关于教师地位的建议》。会议认识到"为了充分地发挥所有人民的聪明才智，以便对文化和道德继续取得进步以及社会和经济的继续发展作出必要的贡献，需要更加广泛地推行普通教育、技术教育和职业教育"。会议还看到了"教师在促进教育发展中的不可缺少的作用及其对人类和现代社会发展所作的贡献的重要性"，为保证教师"享有与上述作用相称的地位"，在13个方面提出了146条建议。建议包括："教师应自由行使公民普遍享有的一切公民权利，并应有担任公职的资格"，"教师是宝贵的专家，对其工作应予妥善安排和支持，以避免浪费其时间和精力"。还提出"应使拟任教的人员感到有足够的吸引力"、"教师的工资……与其他要求相似或相同资格的职业的工资比较起来，应待遇从优"。

这次国际会议文件提出后，许多国家根据建议的一些原则、精神，及时调整了对教师的一些政策，诸如，重新认识及重视教师的地位与作用；通过立法为教师提供良好的职前和在职培训；改善教师工作的环境及条件；提高教师的工资福利等待遇。社会注意树立尊师重教的良好风尚，有的国家规定

了教师节等。人们认为，这一会议及建议具有历史意义，使世界许多国家的教师地位有了显著的提高。

（二）提高教师的工资报酬及物质待遇。

从教育发展史来看，由于教师来源于二元化培训，因此教师地位也显然存在着差别。国民学校和初等教育学校教师来自于师范学校培养，因此教师地位和待遇在教师层次中是属于最低的。而中学教师，尤其高中教师来自大学培养，因此其地位及工资待遇显然高于小学教师。随着小学教师培养的逐步升格，基础教育教师工资开始取得一个比较协调、平衡的工资体系，而与其他同学历、同工龄的职业比较，却存在着三种状况。

1. 教师的工资报酬等高于国内同学历、同工龄的其他行业的工作人员及工人的平均工资水平。由此社会上有大批优秀人员愿意进入教师这一行业。这样，国家可以对志愿从教者择优录用，教师培养和培训标准高、要求严。教师素质好，水平高，可以保证培养出源源不断的合格的劳动后备军和各类优秀人才，推动社会经济、科技和文化等较快地向前发展。这无疑是一种良性循环的过程。这种情况的国家有德国、日本、瑞士、朝鲜等。当前采用这种做法的国家趋向增多。

2. 教师的工资报酬及物质待遇大体相同于其他同学历、同工龄的一般人员的工资，这样的国家在世界上为数不少。

3. 教师工资及其他待遇低于其他行业，甚至居于末列。因此，造成师资队伍动荡不安，优秀教师、骨干教师纷纷外流，师范优秀生源严重不足，师范教育培养质量难以坚持专业化的高标准、严要求等。所有这些均会构成对基础教育数量发展的阻碍，以及质量提高的严重威胁，造成师资——教育——社会发展等之间的恶性循环。80年代后期，国际教育会议上分析了这一状况，再次确认："如果不对教师的尊严及其在现代社会中的地位给予重新评价并对教师给予技术方面的改善，就不可能进行教学革命"，"从工资观点看，这一职业在许多国家并没有吸引力，从社会观点来看也是这样，因为在这些国家，教师这一职业在社会中的地位已经或正在处于江河日下之势"。① 会议认为："鼓励最有志于教育事业的青年人从事教师职业"，"吸引优秀人才从事教师职业"②，就应提高教师工资报酬。教师工资偏低的国家中，既有发达国家也有发展中国家。值得人们注意的是，许多国家已从本国教育的沉痛教训中猛醒。他们于80年代末以来加速改革师范教育，改善和提高所有教师工资待遇，决定要把本国基础教育办成世界上的一流教育。这些措施确实稳定住一部分优秀教师，使过去十多年来一直持续下降的师范生人数，又开始有了回升。

总之，二次世界大战之后，世界师范教育在日益多样化、灵活化、综合化、开放化和专业化。师范教育不管其体系、体制、模式、形式如何变革，都不意味着教师职业训练的削弱，更不是在取消，而是在强化和提高。随着科技发展对人才培养的高要求，各国都日益把提高师范教育质量和教师素质，放到一个举足轻重的位置上去。

---

①② 《第40届国际教育会议》，第三部分，联合国教科文组织出版，第42、60页。

第三章

中国近百年的师范教育

　　中国的师范教育是适应中国近代社会政治、经济、科技和文化发展需要，适应国民教育思潮和实践需要的产物。自创建独立的师范教育体系以来，历经了清末封建王朝、中华民国、中国共产党领导下的苏区、抗日根据地、解放区以及中华人民共和国几个不同的社会制度和不同的历史发展阶段，师范教育的体制、模式和基本制度几经更迭，尝试和实践过世界上的日德式、美式和苏式的不同师范教育制度、经验和做法，道路是曲折的，经验是丰富的，教训也是沉痛的。近百年中，许多教育界人士热衷于从理论上探讨师范教育中的若干重大问题，并在实践中积极探索，希望把它建设成为合格师资培养和培训的基地，成为基础教育乃至整个社会发展的动力。人们探讨的重要问题可归为以下几个主要方面。

　　（一）师范教育的性质和主要功能是什么？它有哪些基本规律？

　　（二）教师工作是否具有专业性和科学性？教师有无必要进行专业化、科学化的职业训练？

　　（三）中国的师范教育应采取怎样的体系和模式？独立的和非独立的师范教育体制的优劣，应如何不断变革体系与模式？

　　（四）师范院校应如何体现"学术性"与"师范性"的统一？评估师范院校办学及教学的标准是什么？

（五）各级各类师范院校的培养目标是什么？教师的合理、优化的素质与结构是什么？教师与其他同类学科专门人才之间的异同是什么？

（六）师范院校课程应如何设计？

（七）面向 21 世纪，师范教育的变革和发展趋向是什么？

由于上述问题将在以下有关章节中专门论及，故本章只就中国师范教育历史发展的脉络作一般性的概述。

第一节　师范教育独立体系的创建

一　国民教育思潮兴起，呼唤培养现代师资

中国历史悠久，开国绵远，幅员辽阔，物产丰富，人民用勤劳智慧的双手，创造了灿烂的古代文化。然而到了清代中期，政府日趋腐败，国势日衰。到了清末，已是"日之将夕，悲风骤至"危机四伏的"衰世"。这时，英、美、法、俄、日等帝国主义相继入侵、鲸吞蚕食。帝国主义的炮舰轰开了中国数千年来闭关锁国的大门，也打开了人们的眼界。统治阶层看到了在中国天朝之外，还有一些"轮船电报之速，瞬息千里；军器机械之精，工力百倍"[①]的发达国家，他们大为震惊，"深以中国军器远逊外洋为耻"。认为要想军事上"自强"，经济上"求富"，只有"取外人之长技，以成中国之长技"。而学习外国，需要人才，"培养人才实为中国自强之根本"，于是一批方言馆、水师学堂、武备学堂、实业学堂先后于各地设立。与此同时还发起了赴美、赴欧的留学教育。这些教育确为我国培养了一批掌握先进文化知识和技术的专门人才。

然而，人才教育进行了 30 多年，非但未使中国骤强，反而在 1895 年中日甲午海战中，又遭惨败。这时，主张变法维新的康有为、梁启超、严复等，

[①] 李鸿章：《筹议海防折》(1875 年)。

认为要救国只有维新,要维新必须变法,而变法之本,在于变革旧教育,普兴新学校。并认为人才教育之"收效甚微",其中一个原因,是只注重培养少数文才、政才、艺才、将才、外交之才,而不能去唤起整个国民的觉醒。主张将教育的重点放在培养广大有爱国精神,有一定文化科学知识,能够拥护国家、改造社会,在国际上立足的国民身上。康有为提出:考察泰西之所富强,不在炮械军器,而在穷理劝学。使自七、八岁,人皆入学。有不学者责其父母。"[①] 梁启超认为:今日中国"不欲兴学则已,苟欲兴学,则必须自政府干涉之力,强行小学制度始。"在中国近代史上出现的这种国民教育的思潮,是受西方国民教育、普及义务教育影响的结果,也是将中国教育向近代化方向推进的一个标志。随着1905年科举之废,一批新式的初等学堂、专业技术学堂在各州府纷纷设立。"家家言时务,人人谈西学","民智已开,不可抑遏"。

学习外国办理教育采用什么样的学制系统,是一个非常重要的问题。中国学习外国的经验,先是美欧后转向日本,所谓"远法德国,近采日本,以定学制"。[②]

二 欲兴学校,求师、聘师不如立足培养师资

办教育、兴学校,根本在于教师。然而中国自清同治元年(1862)兴办学堂以来,令人感受最深最切的是没有一支合格的师资队伍,更没有培养新师资的稳定基地。当时一些思想家、政治家和教育家力主"学必有师"、"首重师道"的思想和实践,为我国师范教育创建奠定了思想理论和实践的基础。

盛宣怀正是在他创设天津头二等学堂过程中,深感"教者既苦乏才,学者亦难精择",提出:"惟师道立则善人多"[③]"师范学堂,尤为学堂一事先务

[①] 康有为:《上清帝第二书》,《戊戌变法》(二),第148页。
[②] 康有为:《请开学校折》,《中国近代教育史资料》(上册),第153页。
[③] 盛宣怀:《筹集商捐开办南洋公学折》,《中国近代教育史资料》(上册),第153、154页。

中之先务",遂于1897年在上海创办南洋公学,内设师范院培养各级教师。他对师范生选择及训练要求极严,成为中国师范教育的发端。实业家张謇,在他一生的政治生涯及办企业的"千磨万折"之中,始终重视和支持教育。他在1902年用自己汗血浇灌出一朵奇葩——通州师范学校,成为中国师范学校之滥觞。他提出的:"一艺之末,学必有师","师必出于师范","普及有本,本在师范","教育为实业之母,师范为教育之母"[①]等思想,均具有深远意义。而梁启超对于当时许多新学堂中的教习,概用德、法、英、美等国的"大率传教之士,不学无术"或"至粗极陋"的人,直呼得不偿失。而在民间的蒙馆、乡塾中的教师,又几乎是清一色的"蠢陋野悍、迂谬猥贱"的学究们,对儿童"鞭笞觿挞"、妄施扑教、摧残儿童、贻害子弟。他对此深恶痛绝,提出:"欲革旧习,兴智学,必立师范学堂为第一义",师范是"群学之基"。这些人士重视师范教育的进步思想和创建师范的可贵探索,成为师范教育史上的宝贵财富。

三 中国早期师范教育的特点

中国创建师范教育制度时,既吸纳了世界上重视师范教育的先进经验,又总结了国内的进步师范教育思想和实践。因此,反映在《奏定学堂章程》中的有关师范教育的基本制度,虽不能说十分完备,但在许多方面也有其特色,有的做法至今仍在沿用。

（一）纵有阶段、横有类别、自成系统、独立设置。

从纵向来看分两级设置。初级师范学堂是师范教育第一级,与中学堂平行,造就高等和初等小学堂两级教员,是普及初等教育的基础。每州县必设一所,内分完全科（修业5年）和简易科（修业1年）。还可设10个月的师范传习所,设预备科和小学师范讲习所,为欲入师范学堂或欲任小学堂教员者补习学力。还设旁听生,以便"乡间老生寒儒"、"寒士"来堂观听,不发

[①] 张謇:《张季子九录·教育录》,卷一。

给毕业证书。初级师范学堂应附设小学堂一所；女子师范学堂应附设小学堂和蒙养园，作为师范生实地练习场所。

优级师范学堂为第二级，与高等学堂平行，造就初级师范学堂及中学堂教员、管理人员。各省会设立一所，定为省立。内分公共科和分类科，共修业4年。招收初级师范学堂和中学堂毕业生。但在开办之初生源不足时，可暂招无学堂省份中的举、贡生员中确有根基者。

从横向来看，有农业、工业、商业教员讲习所，附设在农、工、商大学或高等农、工、商学堂内。

（二）严格选录师范生。

为保证教师质量，规定有严格选录师范生制度。入初级师范学堂须选"品行端谨，文理优通，身体健全"的贡、廪、增、附、监生。初入学之四月以内叫试学，须"细察其资性品行实在相宜者，始准留学"。入优级师范学堂公共科学生，"须由本地府、州、县官荐举，复经本学堂考验后，始行选取入学"。入学考验既有6科的命题考试，也有面试问答，"以觇其学识气概"。已经考验准其入学的学生，还需本生邀保人"出具保结备案"，并"言明毕业后必勉力从事教职，确尽报效国家之义务"。①

（三）重视师范生品德教育、专业精神培养和专业学科训练。

在"初级师范教育总要"第一节规定，"国民之智愚贤否，实关国家之强弱盛衰；师范生将来有教育国民之重任，当激发其爱国志气，使其学成以后必当勤学诲人，以尽报效国家之义务"，"故教师范者务当化导各生，养成其良善高明之性情，使不萌邪妄卑鄙之念"。②

优级师范学堂第一年为公共科，有8种，尚有教育学、心理学。分类科共4类：以中国文学、外国语为主共13科；以地理、历史为主共12科；以算学、物理学、化学为主共12科；以植物、动物、矿物、生理学为主共14

---

① 《奏定初级师范学堂章程》、《奏定优级师范学堂章程》，《中国近代史教育资料》（中册），第673～702页。
② 《奏定初级师范学堂章程》，《中国近代教育史资料》（中册），第675、676页。

科。分类科修业3年。

优级师范学堂第三个层次，是加习科，为研究生阶段教育。其学生来源或由学堂监督在分类科毕业生中选取，或是从本国、外国高等学堂毕业者，或多年从事教职，有相当之学识经验者当中选录。

（四）规定师范生公费待遇及毕业效力义务。

中国师范教育创建时，即吸收了国外的有效做法，规定师范生享受公费待遇和毕业生效力教育义务。公费待遇包括免缴学杂费、食宿费，并酌补书籍及服装费。目的是鼓励青年从教，特别是吸引"清寒优秀子弟"献身教职。至今在我国及世界一些国家中，仍在实行对师范教育的鼓励和倾斜政策。

与师范生公费待遇相联系的，是实行师范生毕业后有为本省各州县中、小学堂、初级师范学堂教育职事效力义务的制度。初级师范学堂依公费生、自费生不同情况，义务效力年限从6年至2年不等。优级师范学堂效力义务为6年。在此期限内"不得营谋教育以外之事业，不得规避教育职事，充当京外各衙门别项差使"。如不尽教职义务，或因事撤销教员凭照者，令其缴回在学时所给学费以示惩罚。义务期满，根据情况"奖给官职"。如愿仍留教职者，若干年后积有资劳，还可受"从优奖励"。

（五）要求教员具有一定资格。

在一些规章中对教员资格亦有较高要求。中学堂及其他相当的各种学堂正教员，须由优级师范学堂中最优等、优等以及游学外洋高等师范毕业考列优等、中等并得有毕业文凭者充任。高等小学堂正教员，也只能由初级师范学堂毕业生中考列最优等、优等者，以及留学国外同等程度师范学校得有优等、中等文凭者充任。中等以下学生只能降级一等任用。

第二节 在艰难曲折的道路上发展与完善

从中华民国成立到中华人民共和国（1912~1949）诞生，历经37年。这期间风云变幻、局势动荡。先是军阀连年混战、国库空虚、民生疲蔽；以后日寇入侵、国难当头，人民颠沛流离；抗战胜利后，蒋介石又发动内战。师范教育在动荡局势下步履维艰，一度处于风雨飘摇之中。师范教育体制、模式、制度、课程以及教师管理等方面虽也有不小改革及突破，但都是在极端困难境遇下进行的。

一 "前规后随"稳步发展（1912～1922）

1912年元旦孙中山领导辛亥革命，推翻了封建王朝，在南京成立中华民国临时政府，开始对政治、经济、文化和教育进行改革。教育部通电各省，将已设立优级师范、初级师范学堂通称为学校，"与高等学校，专门学校一并开学"。文中云："顾欲兴中小学校，非养成多数教员不可。欲养成多数中小学教员，非多设初级、优级师范学校不可。……此时注重师范既能消纳中学以上之学生，复可隐植将来教育之根本，是其当务之急者。"[①] 北洋政府统治期间，军队占驻学校，军费开支浩繁，教育经费一减再减，教师地位下降。师范教育办学亦极为困难，但由于基本制度没有破坏，因此，仍然在稳步发展。

（一）师范学校分区分级进行建创，目标明确，训练集中。

1912年9月，教育部公布《师范教育令》，规定师范学校为省立，亦得设县立师范学校，还允许两县以上联合设立师范学校，以及设私立师范学校。高等师范学校定为国立，由教育总长通计全国，规定地点及校数分别设立。这说明师范学校的设置普遍升格一级，高等师范由过去省立改为国立，中等师范由过去府立改为省立。1915年为提高培训师资质量，取消了简易科。

（二）女子师范教育得以提倡和发展。

女子教育较早的倡导者有梁启超等。梁启超在1896年办的《时务报》上即鼓动女子应接受教育。女子师范教育见诸法规的则是光绪三十三年（1907年）学部奏议《女子师范学堂》39节。女子师范学堂宗旨是"养成女子小学堂教习，并讲习保育幼儿方法，期于裨补家计，有益家庭教育"。《师范教育

[①] 《教育杂志》第3年第12期，记事第87页。

令》中明确规定应设女子高等师范学校,"以造就女子中学校、女子师范学校教员为目的"。

(三)全国划分师范区,统一筹划高等师范学校。

为了统一分级筹划高等师范学校的设置,1913年将全国划分为6大师范区。每区以一省为中心将附近各省的高等师范教育行政合并办理,直属教育部管辖。6大师范区为:直隶区、东三省区、湖北区、四川区、广东区、江苏区,此外,蒙古、青海、西藏等地另行组织,新疆另划一区。按6大区设置6所国立高等师范学校,即:北京高等师范学校、沈阳高等师范学校、武昌高等师范学校、四川高等师范学校、广东高等师范学校、南京高等师范学校。1917年北京女子师范学校改名为女子高等师范学校。与此同时,有的省也建立了省级高等师范学校。1915年时已有国立及省立高等师范学校10所,学生1917人。[①]

从1912年至1922年,中等师范学校也有较大发展。学校由253所发展到385所;学生从28525人发展到43846人。[②]

(四)开展了师范教育的学术研究。

值得注意的是,这一时期师范教育的研究活动十分活跃,探讨的问题既重要又广泛,其中不乏真知灼见,至今仍有现实意义。

1911年8月11日成立了中国教育会,张元济为正会长,伍光建、张謇为副会长。同日,张謇即在北京发起并成立全国师范教育联合会,为中国近代教育史上所建的教育会下属的第一个专门教育分会。1915年6月2日,北京高等师范学校校长陈宝泉又在北京创办全国师范教育研究会,并经教育部批准立案,是中国第一个师范专门教育的学术性研究机构。师范教育联合会侧重谋求全国师范学堂办法和行政管理的协调统一,商讨与交流师范教育中的共性的方针、制度等重大问题,重在交流经验,为决策机构提供参考意见;而师范教育研究会专致力于师范教育的研究工作,从理论上求得对师范教育

---

① 陈翊林:《最近三十年中国教育史》,第313~314页。
② 《第二次中国教育年鉴》,总第1428页。

规律的统一认识。

在全国性的教育会联合会和教育行政会议上，师范教育和教师问题往往成为不可缺少的重要议题。此外，教育家们演说呼吁、著书撰文，对于师范教育提出了许多有远见卓识的研究成果及有价值的建议。主要内容集中在三个问题上：

1. 教育为立国之本，师范为教育之母。

对于师范教育论述颇丰的首推师范教育的性质、任务、地位和作用问题。

孙中山早在1912年一次讲演中即说道："中国人数四万万，……皆应受教育。然欲四万万人皆得受教育，必倚重师范"，"盖学生之学识，恒视教师以为进退，故教师之责任甚大。"① 教育界人士认为："以现代之国民之少可用者，则一线希望，不得不集注于第二代之国民，……而师范学校，即以造成此陶铸第二代之国民之人为天职者也。"② "故教育实为立国根本，……然教育之事，不能不以师范为本源，有好师范而后有好师资"，师范教育是"国民教育之母"，"教育是为了兴国家、振国风、陶铸人格"。师范教育是教育的"源泉"、"先决条件"等等。这些对师范教育的认识，可谓已达相当高度。

2. 教师责任重大，待遇理应从优。

这一时期，许多社会人士、教育工作者认识到教师对于国家民族的前途肩负着重大的神圣职责，纷纷为教师的地位及待遇而呼吁。提高教师地位，优待教师等议案已成为中央、地方各类教育会议上不可缺少的内容，在《请速颁优待小学教员规程案》、《增加小学教员薪俸案》、《优待学校教员办法案》中提出："小学教育为富强基础。……对于小学教员尤宜格外优待，以示国家重视根本教育之至意。"③ "小学教员责任之重，待遇之宜从优，尽人皆知，……就各省区现状而言，生活费用已倍于前，而小学教员之薪俸尚与十余年

---

① 孙中山在广东女子师范第二校讲演，《中国近代史教育资料》（下册），第1017页。
② 胡晋接提案：《关于整顿全国师范教育之意见书》，李友芝等编：《中国近现代师范教育史资料》（二），第610页。
③ 邰爽秋：《历届教育会议议决案汇编》，《第二届全国教育会联合会》，第6页。

前无异，长此以往，人且视教育为畏途，一前途至堪危惧。"① 可见，教师地位及待遇是贯穿我国近代教育始终的一大问题。

3. 经费为教育命脉。

近代教育以来，困扰教育的一大难题就是教育经费的短缺问题。

北洋军阀时期，横征暴敛，"旧税速速恢复，新税一一进行"，国家税"不容稍有短绌"、地方税更是漫无限制。1912～1919年间，"反动军队，沿途骚扰，兵到数日，全城遂空"，"纵横数十里无复人烟"，"农夫辍耕于野，商贾停业于市"。据文称："查八年（1919年）度预算，所有军费计占全预算之半，实支之数尚不止此，教育经费只占七十五分之一。"② 各省的教育经费从清末、民国初年的年一二百万，至1915年左右有的省已减到一二十万。经费竭蹶，各省叫苦不迭。广东省教育会文云："我粤学务衰落，为各省冠，……查清季宣统年间，我粤教育经费尚七十余万，……现查本年度教育费只22万。"③ 四川省政府拖欠学校教育经费和教员薪金，教员"日索于门"，"国立高等师范遂告停止进行，省立第一师范、第一中学等，大抵宣告展期开学"。④ 河南政府积欠学款，校长"日暮途穷"，各校教职员商议全体辞职。⑤

1922年2月北京国立北大、清华、农大、师大等八校教职员为运动教育经费独立一致罢课，发表宣言书云："教育事业不仅为一国文化之所系，亦即人类精神之所寄托者也。……近年以来，神圣之教育事业，竟飘摇荡映于此卑鄙龌龊之政治、军事之漩涡之中。"⑥ 提出教育经费应急谋独立。

显然，当时人们是将经费视为教育的"命脉"，不给教育合宜的经费，无疑是在"摧残我士类，毁伤我学校"之生命。

---

① 邰爽秋：《历届教育会议议决案汇编》，《第七届全国教育会联合会议决案》，第15页。
② 《第六届全国教育会联合会》，《教育经费独立案》。
③ 《教育杂志》第10卷（1918）8号。
④⑤ 《教育杂志》第12卷（1920年），第10号，纪事第6页。
⑥ 同上书，第14卷，（1922年），第13号，《教育界消息》，第4页。

二 从"日本式"教育到"美国式学制"(1922~1949)

1919年5月4日,中国爆发了新文化思想运动。人们对于旧思想、旧礼教、旧文化、旧道德进行了猛烈的批判,并开始了对于民主、自由、平等和科学等新思想的追求。在这时,国内一些教育界人士也发现原有的学制存在着呆滞划一、不够科学,不能照顾到"中国幅员广大,地方情形各异,而社会要求亦至繁杂"的特点等弊病,于是1920年即开始有人提出改革学校系统,采用美国学制的建议。

主张改革学制的另一原因:是第一次世界大战后,世界上国家主义教育、平民主义教育、科学教育、职业教育、儿童中心主义等教育主张的影响,以及美国杜威等教育家相继来华讲学的直接影响。

1919年4月杜威来华讲学。足迹遍上海、南京、北京等11个省份及城市,历时两年两个月,讲演百次以上,系统地宣传了他的实用主义哲学思想、平民主义教育思想、"儿童中心"的主张等等,一时成为国内大中小学校、城镇乡村"盖为标榜,并高唱入云"的口号。对中国教育的影响可谓空前。

此外,设计教学法、道尔顿实验室教学制传入中国,得到教育会联合会的倡导,并在有的中学实验。1921年美国教授孟禄,次年科学家推士来中国帮助发展"科学教育",足迹凡10省、24市、28校,影响颇大。1923年美国测量学家麦考尔来中国传播教育测验与统计方法。他拟定教育测验计划,编造各种测验量表及应用方法,组织研究班,训练高级测验人才等,仅两年时间即完成50多种测验,[1]一时国内进行教育测验与统计成为狂热。

经过国内教育界对原有教育制度的反思,加以美国教育思想、理论和经验的直接影响和传播,1922年1月公布了《学制系统改革令》。这标志着我国近代教育由"日本式教育"向"美国式学制"转变的开始。

应该说,1912~1922年的10年,是我国师范教育稳定发展的较好时期。

---

[1] 古楳:《现代中国及其教育》,第422页。

一批名扬国内外、历史悠久、独具特色的师范学校、高等师范学校多在这一时期创建和发展。许多著名的政治家、革命活动家、教育家、科学家、作家出自师范。师范学校不仅成为培养合格师资和教育行政领导人员的摇篮,而且也是革命实践的场所。

比如,湖南第一师范学校在1912~1927年间,"聚集了一批思想先进、学识渊博、师德高尚的教职员,如徐特立、杨昌济、周谷城、田汉、舒新城等"。[①] 1913~1918年毛泽东在此学习,与蔡和森等发起组织"新民学会",1920年成立马克思研究会和湖南共产主义小组。学校素有"湘省文化发源之地"、"湖南亚高学府"之称。[②] 杭州师范学校创办于1907年,鲁迅、许寿裳、马叙伦、叶圣陶、朱自清、俞平伯等名家都曾在此任教。保定师范学校创办于1909年,20~30年代,中共保定特委曾在此领导本市和河北省中部人民的爱国斗争,有"小苏区"之称。

(一)师范教育首遭摧折,元气大伤(1922~1928)。

新学制中有关师范教育的变革有以下几方面:首先,师范学校修业6年,招收小学毕业生;单设的后期师范学校年限2~3年,招收初中毕业生,培养小学师资。其次,中学6年,分初、高两级。高级中学3年或2年,实行选科制,分普通、农、工、商、师范、家事等科。第三,为补充初中教员之不足,高中酌设师范讲习所。第四,原设之高等师范学校,应于相当时期内提高程度,招收高中毕业生,修业4年,称为师范大学校。第五,大学教育科或师范大学内附设师范专修科,修业2年,补充初中教员不足。

就师范教育上述改革来看,有其合理的进步的成分。高中实行选科制,可设师范科,目的为扩大小学师资培养的渠道,实行与独立中师并存的多样的培养师资方式。而将高等师范学校升格为师范大学,目的是提高高师的地位和程度,与所有大学(医科大学除外)地位同等。但由于自从创建师范教育以来,即有过师范学校有无必要独立设置的两种截然不同的对立观点,加

[①②] 《教育大辞典》,第2卷,第100、101页。

以对高中如何设师范科，高师如何升格为师大，在要求上不够明确，思想上及做法上亦缺乏研究与准备，于是，一些省份借贯彻新学制之机，开师范、中学合并之风，取消独立高师之举，使师范教育遭受巨大摧折。

1. 破坏了独立师范教育体系，造成师范学校大量萎缩。

1912年以来，国立和省立高等师范学校在数量上逐渐扩展，质量上逐渐提高，制度上日臻完善。1915年时有高师10所，学生1917人。由于当时大学很少，故高师事实上已成为当时各省"高等教育的中心"。1918年按6大区分设的6所国立高等师范学校，在1922年10月后，除北京高等师范学校按教育部训令："极应……开始筹备"，于1923年改为北京师范大学外，其余国立沈阳、南京、武昌、广东、成都5所高师，均于20世纪20年代初至20年代末，先后改为或合并成为国立东北大学、中央大学、武汉大学、中山大学、成都大学。全国独立高师只有北京师范大学和北京女子师范大学。

中等师范学校也遭受很大破坏。

新学制颁行后，许多省即着手师范与中学并校。1923年浙江省"首开师范与中学合并之例"①。师范成为中学的一科，取消师范生公费待遇，至1925年，省立第一至第十一中学均设高中师范科或3年师范科。各县的女子师范和联立、县立师范也均改组为师范科。

继浙江省之后，广东、广西、湖北、福建、江苏、安徽、江西等省纷纷效行，许多历史悠久、基础完好的师范学校不复存在，师范教育奄奄而无生气。而中学数量却迅速增加。从1922～1928年，师范学校由385所减至236所，减少了38.7%；师范生从43846人减至29470人，减少32.8%。而同期中学由547所增至954所，增加74%；学生从118658人增至188700人，增加59%。②

由于高师改大、"师中合并，关系师范教育存废甚巨，即关系于教育事业前途亦甚巨"，至30年代初，中小学师资之恐慌，未经训练师资比重之增大

---

① 林本：《世界各国师范教育制度》，第13页。
② 《第二次中国教育年鉴》，总第1428页。

已见端倪。据1930年对27个省中小学教师统计,在651633位教师中,受过教师职业训练的人员仅占27.7%。在有的省教育会上,有人公然提倡废止师范教育,说什么:"知识阶级人尽可师,教育原理原无秘诀。"① 于是当教师无须经过专业训练却成为当时一个时尚的口号,一败中国创办师范教育以来的许多优良传统与风气。

2. 师范教育地位下降,教师地位下降。

中国师范教育曾有着一套有利于培养优良教师的制度和政策。如,师范生实行公费待遇,吸引清寒优秀子弟从事教职;严格选生制度,保证了师范教育有较为充足的生源,保证了培养质量等。而师范并入中学后,停止了师范生公费待遇,使许多清寒优秀子弟限于经济条件,无力升入师范;而优裕家庭子弟,又慑于教师生活清苦、工作艰苦,视师范为畏途。致使师范生源枯竭、学业训练日趋低落。加以教育经费日见紧缩,积欠学校经费数月甚至一年,有的学校只好"暂时停止"办理,暂缓开学,有的成为"抛戈支灶之场",教师职业无法保障、于是教师罢教、索薪甚至辞职、改行。"经营于数十年"的师范教育,大有毁于一旦之势。

3. 师范教育存废之争再次迭起。

在创建师范教育制度之前,即曾有过师范学校有无必要独立设置的争论。至《奏定学堂章程》中确定两级师范学堂独立设置后,这一争论遂告平息,但不同认识并未消除。

民国以来,随着对于旧学制的批评,否定教师职业是一种专业,须经过职业训练,否定师范教育独立存在的思潮再次泛起。这些认识有的出自改革师范教育的良好愿望,纵使论点偏颇,脱离实际,但尚可理解。而有的则是赤裸裸地表现出对于师范教育性质、地位、作用的无知,对于教育规律性的违背。省教育会议上有根本废止师范教育的提案;身居全国教育行政要人,开口、闭口就发表什么"教育并不是什么难懂的东西","教育直常识耳"等

---

① 林本:《世界各国师范教育制度》,第15页。

浅薄、无知的观点；报刊上公开刊出"师范学校，成绩不甚佳妙，大可废止"，"高等师范学校，实是大学及专门学拉的赘疣，大可割去"的文章。甚至在教育部拟的《改革我国教育之倾向及其办法》中，也提出："大学以农工医为主，并将现行师范教育一律取消。"① 在 1932 年 12 月，国民党召开的四届三中全会上，竟也有"师范教育不应另设专校，以免畸形发展之流弊"的提案内容。

然而在这一场师范教育的论战之中，热心倡导师范教育，维护独立师范教育，谋求师范发展的力量毕竟是强大的。这其中有教育界著名人士，有教师、学生的舆论，也有教育政策的导向力量。教育界认为："振兴教育，首在养成师资，……欲令中小学教育，得等齐普遍之发展，非以全力注重于师资之养成不可。"② "教育为立国之根本，而尤以小学教育为最重要。……全视教师之能否称职"。③ 1928 年 6 月，北京师范大学学生会、自治会组织一独立运动委员会，向国民党五次全会请愿，要求师大独立、增加经费、恢复公费。1929 年 2 月 2 日，北京师大全体学生向北京大学委员会请愿。请愿书中说："教育乃国家之命脉"，"师范为教育之基础"。学生沿途高呼"发展师范教育"等口号，却遭武装兵士枪刺、殴击。这一场保卫师范教育的酣战最终获胜。在各界人士的舆论压力下，国民政府于 1929 年 4 月 26 日公布《中华民国教育宗旨及其实施方针》8 条。明确："师范教育，为实现三民主义的国民教育之本源，必须以最适宜之科学教育，及最严格之身心训练，养成一般国民道德上学术上最健全之师资为主要之任务，于可能范围内，使其独立设置，并尽量发展乡村师范教育。"④

民心、教心不可违背，师范教育规律不可抗拒。此后，师范教育又有了恢复与新的发展。

(二) 复苏发展，初见成效 (1929～1937)。

---

① 天津《大公报》，1932 年 10 月 16 日。
②③ 《全国教育会议报告》乙编，第 141、142 页。
④ 教育部印行：《教育法令汇编》，第 63～65 页。

在教育宗旨及实施方针公布后，各省鉴于师中合并的失误对教育造成的损失，深感师范教育对教育、对民族的发展至关重要，大有痛改前非、迅速重建师范教育的劲头。湖南、湖北订定整理师范教育方案，创设独立之师范学校及乡村师范学校；江苏省计划三年内完成全省师范独立；江西省中学停招师范生，厥后各省闻风效尤。1928～1933年5年中师范教育重整旗鼓，恢复其独立尊严地位。学校由236所增至893所；学生从29470人增至100840人。

1932年12月，国民党第四届中央执行委员会第三次全体会议上关于师范教育作出的6项决议中有：师范学校应脱离中学而单独设立；现有之师范大学，应力求整理与改善，使其组织、课程、训育各项，均合于训练中学校师资之目的，以别于普通大学；师范学校与师范大学概不收费等。

恢复后之师范教育，不是简单地重蹈覆辙，而是有所改革及突破。

1. 师资培养体制开始多样化、灵活化与开放化。

1928年开始，一些国立和私立大学即开始参与中学师资的培养。有的大学设有教育学院，如国立中央大学、东北大学、四川大学、私立辅仁大学、复旦大学、沪江大学等。有的大学设有师范部或教育学系，如北京大学、中山大学、南开大学、浙江大学、燕京大学、金陵大学等，实行开放式培养师资做法。1937年6月颁行的《训练中学师资暂行办法》中规定：大学教育学院或教育学系学生，须选定其他学院之某一学系，或国学院其他学系作为辅系，所修之主要专门学科须在50学分以上；大学教育学院以外之各院学生，志愿毕业后为中等学校教员者，须修教育理论等教育学科12学分以上；依本法受师资训练之大学毕业生，除发给毕业证书外，另发充任中学某科教员之证明书。师范大学"另收大学及专科学校毕业生，使学一年或二年之教育学训练。……以期造成职业学校之师资"。

这一非定向的培养师资体系是开放的、灵活的，既可避免教育人才的知识狭窄，学科程度偏低的缺陷，又可为志愿从事教育的其他大学生，开辟一个职业训练的渠道。

2. 师范教育课程也有改进。

在 1933 年 10 月公布的师范学校教学科目及时数表中，增加了专门学科比重；提高实习要求，增加了时间。1934 年又规定教育科目为 6 门：教育概论、教育心理、小学教材及教学法、小学行政、教育测验及统计、教育实习，所占比重为 26.3%。

3. 乡村师范教育开始兴起。

中国 20 世纪 20 年代，有的教育界人士即开始研究乡村师范教育。余家菊 1919 年冬指出："教育的发源地是师范学校，教育的根本是师范教育"，"师范教育不改良，乡村教育将无从改进"，认为乡村教育运动的方向是创设乡村师范学校。

最先设立乡村师范学校的是江苏省立第一、二、三、四、五师范学校，分别在吴江、黄渡、洛社、栖霞山、界首设立的农村分校，以"养成适用农村生活之小学教师，指导农村教育，改进农村社会之人才"。其后，山东、河南、安徽、浙江、福建、湖北、广东等省，均开设有省立、县立、私立以及教会办的乡村师范学校。教育家陶行知 1917 年留美回国后，致力于平民教育、师范教育等。他认为，当时所办乡村师范学校与普通学校无大差别，不能适应乡村需要。新的乡村师范应"负有训练乡村教师改造乡村生活的使命"。他于 1926 年底，在南京北郊的一片荒漠土地上，建起一所试验乡村师范学校，后改名为晓庄师范学校。此后，乡村师资教育进入一个新阶段。1930 年第二次全国教育会议通过各级乡村师资训练机构的有关规定。1931 年，全国省、市、县立乡村师范约 36 所，至 1934 年发展到百所以上。[1]

（三）再度受挫，到大力推进师范教育（1937～1945）。

师范教育经过恢复已有了长足进步。至 1936 年师范学校已有 814 所，学生 87902 人。一些法规亦在逐步健全。然而师范教育刚有了发展的良好势头，即爆发了日本侵华战争。在日本占领区内的师范学校有的被侵占，一切设备"荡然无存"；有的全部停办；有的辗转搬迁，时办时停；有的地方虽保留少

---

[1]《教育大辞典》，第 2 卷，第 115～116 页。

量师范学校,也在极为困难环境下坚持课业。一年之间,师范学校减至364所(减55.3%);学生减至48793人(减44.5%)。为挽救教育和师范教育,政府当局采取了一些战时紧急措施,组织一些运动,推进师范教育的发展。

1. 急谋设置高等师范学校。

从1923年到1938年的长达15年间,中国基本没有独立高等师范院校。而同期内中学生增加2.3倍。仅靠一些大学教育学院、教育系科的有限学生,不能满足需要。中学师资短缺已成为异常尖锐的问题。因此,急速设立独立高师即成为战时"挽救教育"的重要措施之一。1938年4月通过的《战时各级教育实施方案纲要》中明确:"对于师资之训练,应特别重视,而极谋实施。……并应参酌从前高等师范之旧制而急谋设置。"[1] 1938年7月27日颁布了《师范学院规程》。规定师范学院由国家根据各地情形,可分区单独设立。也可于大学中设置,养成中等学校健全的师资。修业年限加实习定为5年。

1938年,中国第一所独立的国立师范学院于湖南蓝田设立。设有国文、英语、史地、公民、训育、数学、理化7系。从上海、重庆等地聘请的系主任及教授有:马宗霍、钱基博、高觉敷、任诚、郭一岑、陈一百、储安平、余文豪、刘佛年等。他们"不避艰险先后到达。学生亦多蹑矫担簦,徒步来院"[2]。以后又在各地分别设立独立师范学院。与此同时,国立中央大学、西南联合大学、中山大学及浙江大学中也设立师范学院。至1948年高等师范教育系统中已有:国立、省立师范学院11所;大学师范学院4所;国立、省立教育学院3所;大学及独立学院教育系28个;师范专科学校13所。[3] 已形成一个多种体制、多种模式、多种形式并存的高师教育体系。

2. 积极推进师范教育发展。

1938年5月,教育部颁布师范教育设施方案。规定师范学校发展数量及招生数字;应补充教师数量及标准;不合格及不健全之小学教员及私塾教师

---

[1] 教育部编:《教育法规》(1942),第3页。
[2] 《抗战以来的国立师范学院》,《教育杂志》,第31卷,7号,第63页。
[3] 《第二次中国教育年鉴》,总第915~917页。

的训练等。要求逐年订立计划，推进师范教育方案的实施。从1942年度起，于每年3月29日至4月4日，举行推进师范教育运动周，使全国人民了解师范教育之重要意义；重视师范教育；鼓励青年学习师范；坚定师范生教育信念等。运动周举行过7届，颇具成效，从1938~1946年，师范学校从312所增至902所，增长1.9倍；师范生56679人增至245609人，增长3.3倍。

3. 师范辅导地方教育。

从1939年到1940年，为进一步发挥师范院校的作用，协助地方教育进行改革，增进效率等，分别规定了师范学校辅导地方教育和师范学院辅导中等教育的做法。内容包括：组织辅导委员会；研究地方教育或中等教育设施及改进计划；调查师资供求；指导教育实习；开办暑期等师资培训；办理研究刊物等。

抗日战争胜利后至1949年10月，师范教育前两三年着重进行复员工作，对接收的日伪办理的师范学校进行整理，对教员进行甄审。因此师范学校及学生数量均有减缩。

第三节　革命根据地和解放区的师范教育

1921年中国共产党诞生之后，即在敌人统治力量比较薄弱，政治、经济、文化比较落后的偏远山区，建立起革命的根据地。党为了把教育大权从地主、资本家手中夺回，把为统治阶级服务的教育，改变为工农大众服务，为无产阶级建立红色政权服务的教育，制定了新的教育方针和政策。指出："工农劳苦群众，不论男子和女子，在社会、经济、政治和教育上，完全享有同等的权利和义务。""一切工农劳苦群众及其子弟，有享受国家免费教育之权。"根据免费及普及教育的需要，从1927~1948年根据地及解放区的师范教育有以下几方面的建设。

一　建立切合实际、形式多样的师范教育机构

1931年11月，中央工农民主政府成立及宣布教育方针后不久，即开始兴

办师范教育。1932年在江西瑞金创办了中央列宁师范学校，徐特立任校长。学员为各级苏维埃政府保送来的贫苦农民子弟。学习3～6个月，课程有语文、算术、地理、政治、图画、唱歌、生理、体操等。徐特立、林伯渠、瞿秋白均在校讲过课或作过政治报告。

1932～1934年间，在鄂、赣、苏、闽、浙等苏区的有关文化教育建设决议案中，均提出要迅速办理师范教育班、师范学校，以培养小学教师，各种师资训练班犹如破土之竹在茁壮生长。

抗日战争时期，各根据地的师范学校数量不仅有了发展，而且在学制、招生、课程等方面均较以往更为正规。1937年于延安成立鲁迅师范学校，广泛地训练边区乡村文化工作干部。学制半年或一二个月。1939年又在鲁迅师范学校和边区中学基础上成立边区第一师范学校，教育厅长周扬兼校长。1940年又相继成立第二、第三师范学校，并接办了绥德师范学校。

较正规的培养中等教育师资的高等师范教育有1948年华北大学下设的政治训练部、教育学院、文艺学院、研究部。其中，教育学院的任务是："专门培养中等学校之师资及其他教育干部。"内设国文、史地、教育、社会科学、外语及数、理、化等系。

二　颁布了师范教育有关法规

师范教育法规主要有两大类。

（一）各级各类师范教育机构设置。

1934年颁布了一批《高级师范学校简章》、《初级师范学校简章》、《短期师范学校简章》等。规定高级师范学校培养目标是急需的初级及短期师范学校教员、训练班教员及社会教育与普通教育的高级干部。学科有教育学、教育行政、社会政治科学、自然科学及国文文法等。修业为半年至一年。初级师范学校培养从事实际的儿童教育及社会教育的干部。修业时间为3～6个月。学习课程以小学五年课程为教授原则，有小学教授法、教育行政概论、社会教育问题、政治常识及科学常识等。从事实际问题讨论、教学实习和社会工作占30%时间。短期师范学校以迅速培养教育干部及小学教员为任务。

修业时间为 2~3 个月。课程以小学五年课程为教授原则，以小学管理法、社会教育问题为主，此外必须学习教育行政略论、政治常识及科学知识等。而小学教员训练班，则以寒暑假期间开办为原则，专收现任或将任列宁小学教员。

上述简章均为适应当时急需列宁小学师资而订，在学习年限、学生程度等方面均不够正规。

（二）有关教员的章程、条例。

为保证教师地位和物质待遇，苏维埃政府及抗日时期边区政府，均规定有优待和奖励小学教员的政策。如 1934 年中华苏维埃共和国临时中央政府公布有《小学教员优待条例》。规定"小学教员的生活费，依照当地政府工作人员的生活费；应发动群众帮助小学教员耕田，与苏维埃工作人员同等待遇"等。[①] 1939 年 8 月，陕甘宁边区教育厅公布了《奖励小学教员暂行办法》。1942 年 10 月晋冀鲁豫边区政府公布《小学教员服务暂行条例》，文中特意规定：小学教员从抗战开始，连续任职满 5 年，可获年功加俸，……增加实薪的 1/10，增至 20 年时，不得再增。如遇物价腾涨，教员薪金普遍增加时，按增加后之数额计算。[②]

1934 年中华苏维埃临时政府还批准了《红色教员联合会暂行章程》。规定联合会任务是"团结小学教员研究教授和管理儿童的方法；有组织有计划地领导儿童参加革命运动工作，并发展苏维埃小学教育事业；改良教员本身的生活，实行教员群众的互助"。[③]

三 注意教师的训练提高

在急需师资的情况下，边区政府一方面注意新师资的培养，另一方面也很注意稳定师资队伍，提高在职教师的思想水平及业务水平。对于曾在国民

[①] 陈元晖等编：《老解放区教育资料》（一），第 331~332 页。
[②] 《教育大辞典》第 2 卷，第 38~39 页。
[③] 陈元晖等编：《老解放区教育资料》（一），第 333~334 页。

党区域工作过的老教师,着重在加强思想教育,帮助他们改造人生观,为人民服务。对于从专科学校毕业的进步骨干教师,一般不抽调训练,让他们在岗位上继续发挥作用。对于文化水平不高的教师,一部分减少工作量,使他们有余暇自习,另一部分则到建设大学教育学院中等教育系培养深造。

政府重视教师的专业化问题,批评了那种教师一旦成为骨干就被拔为领导,"像割韭菜似的,长出一批就割一批,造成教师中无骨干分子,使行政上不易领导,不易推动工作"的现象。同时对于派小学教师去做打杂工作也提出批评。认为骨干被调和教师打杂是造成小学水准降低的重要原因之一。

根据地、解放区在文化、经济基础均十分薄弱,又处在敌人不断"扫荡"、"围剿"战争的艰难环境之中,而教育仍能蓬勃发展,这和政府采取重视师范教育的建设,尊重教师,不断提高教师的社会地位、学识水平,改善教师物质待遇等政策是分不开的。

第四节 建设具有中国特色的社会主义师范教育

半封建、半殖民地的旧中国虽然创建了一个较为完备的师范教育体系,但由于它几经挫折,基础比较薄弱,因此无论在方针上、学校发展数量上和教学内容上,均不能适应社会主义新中国各方面发展的需要。

新中国成立后即明确了文化教育的性质是"新民主主义的,即民族的、科学的、大众的文化教育",其主要任务是"提高人民文化水平,培养国家建设人才,肃清封建的、买办的、法西斯主义的思想,发展为人民服务的思想"。[①] 明确了"建设新教育要以老解放区新教育经验为基础,吸收旧教育某些有用的经验,特别要借助苏联教育建设的先进经验。"[②]

随着教育性质、任务、发展方针的确定,也确定了师范教育的方针任务、地位作用、体制结构等;建设各级各类独立师范教育体系;制订教学计划和

---

① 中央教育科学研究所编:《中华人民共和国教育大事记》(1949~1982),第3页。
② 同上书,第8页。

教学大纲，编订一批教材；制定有关法规；开展师范教育研究与国内外学术交流；探索师范教育的改革思路及途径等，从 1949 年至 1991 年，全日制中等师范学校从 60 所发展到 948 所，学生从 15.17 万人发展到 66.14 万人；高等师范学校从 12 所发展到 257 所，学生从 1.2 万人发展到 51.9 万（本、专科生）人。① 师范教育为新中国输送了大量的教师和其他人才，成绩是很大的。但由于国家在建设具有中国特色的社会主义经济体制，既没有现成模式可循，也没有成熟经验可鉴，长期在实行单一计划经济的体制，加上在指导思想上有着"左"的错误，因此也必然会发生过一些失误和偏差。在 1992 年中国共产党的第 14 次代表大会上提出："要从根本上改变束缚我国生产力发展的经济体制，建立充满生机和活力的社会主义新经济体制"。这对于教育来说，挑战是严峻的，任务是艰巨的。这意味着师范教育也要开始一个漫长的探索、改革和建设的历程。由于建国后师范中的目的任务、培养目标、体系模式、课程内容等均有专章分别论及，在这里只概述师范教育历史发展的主线。

建国 43 年来，中国师范教育的发展大体经历了四个时期。

一 恢复、整顿、改革、发展的 7 年（1949~1956）

建国之后百废待举。三年经济恢复后即开始第一个五年经济建设计划。在急剧变化的形势面前，师范院校的规模很小，开放式培养难以实现计划控制等，使师范教育与客观需要产生尖锐的矛盾。1946 年，中师学生与小学生之比为 1：97；高师生与中学生之比为 1：81.3。而到了 1949 年上述比例分别变为 1：160 和 1：86.3，师资供求的矛盾更为尖锐。1951 年估计，当时的最严重问题是各级学校的师资不足，"估计今后五年内缺少小学教师约 100 万人，工农业余学校缺少专业教师约 20 万人，中等学校缺少师资约 13 万人，高等学校缺少师资 1 万余人，幼儿园的教养员最少要几万人……现有的师范教育……已远不能适应现在规模的中等和初等学校师资的要求，当然更不能

---

① 《中国教育成就》（1949~1983），《中国教育统计年鉴》（1991~1992）。

应付发展的需要"。①

此外,师范教育的方针不够明确,课程设置庞杂,教材内容陈旧,观点问题较多,凡此种种,均不适应新中国培养合格人民教师的要求。需要重建新中国的师范教育体系,把恢复、整顿、改革作为重点,从中稳步发展数量,逐步提高质量。这一时期做了如下工作:

(一)确定师范教育的地位和作用、方针和任务。

1949年12月在北京召开的第一次全国教育工作会议上,确定了教育工作总方针,明确了改革旧教育方针、步骤和发展新教育的方向。会上讨论了改进北京师范大学和各地师范学校的意见。1950年5月颁布《北京师范大学暂行规程》,明确了北京师大主要任务"是培养中等学校师资(即普通中学、工农速成中学、师范学校的教员、中等技术学校的政治、文化教员),其次是培养和训练教育行政干部与社会教育干部"。1951年10月政务院颁布《关于改革学制的决定》,明确了师范学校、幼儿师范学校修业3年,招收初中毕业生或有同等学力者;初级师范学校修业3～4年,招收小学毕业生或有同等学力者。1951年第一次全国初等教育和师范教育会议上,教育部长马叙伦提出:"师范教育是整个教育建设的中心环节,师资问题如不解决,文化建设的高潮就很难到来,甚至会影响经济建设。"会议确定在巩固的基础上力求发展各级师范学校,正规师范教育与大量短期训练相结合的方针。规定每一大行政区设一所由教育部直属的师范学院;每一省和大城市设一所师范专科学校或师范学院;原有大学文学院所设教育科系,以归并与改造为原则。报刊中宣传"师范教育好比工业中的重工业,机器中的工作母机,它是国家教育建设的根本,是全部教育工作中的中心环节"。

1953年,在全国高等师范教育会议上又提出:"高等师范教育,是我们全部教育事业中一个重要环节。如果抓不紧这一环节,我们就要犯政治上的错误。……高等师范教育质量的好坏,就直接影响到青年一代的教育。"同年,

---

① 《大力稳定和发展小学教育,培养百万人民教师》,《人民教育》第3卷,第6期。

政务院在公布的《关于改进和发展高等师范教育的指示》中指出："高等师范教育是办好和发展中等教育的关键。……高等师范学校的数量和质量直接影响中等教育,影响新中国青年一代的培养,间接影响高等教育的发展和提高,也就影响国家培养建设干部的计划和国家建设计划的完成。"提出:综合大学、体育学院和艺术学院都有培养一部分中学师资的任务。

1952年下半年起至1953年,教育部根据"以培养工业建设人才和师资为重点,发展专门学院,整顿和加强综合性大学"的方针,以华北、东北、华东为重点进行全国高等院校的院系调整。高等师范院校调整原则是:每大区至少设一所师范学院;设在大学内的教育学院、师范学院均独立设置为师范学院;大学教育系科停止招生,归并于师范学院。至1953年底,经过院系调整,设置独立高等师范院校31所。

除发展正规高师教育外,还采取一些临时过渡办法解决中学教师的急需。如:招收社会知识分子;选调初中教师、小学教师给予一年短训,培养成高中和初中教师;高师本科生提前一年毕业;以专科毕业生充任高中教师等。

(二)建设苏联模式的师范教育体系。

在高等师范学校院系调整过程中,即开始学习苏联,进行教学改革。认为:"苏联整个教育体系,从思想体系到教育制度、教学内容、教学方法、教学组织都是世界上最优越的"。"我们要系统地学、全面地学、整体地学。"[①]

学习苏联教改经验第一步是制定全国统一的高等师范学校的教学计划。教育部委托北京师范大学在苏联专家直接指导下,根据苏联教育部1951年批准的教学计划,起草我国高师中国语文系、俄文系等13个系(专业)教学计划,并于1952年在各地试行。指出:师范学院的任务为培养高级中学或师范学校各科教师及同等中等技术学校普通科教师。同时按学科体系的性质,培养一、二学科专业教师,如数学系兼培养物理教师等。接着就着手编订教学大纲。1954年后先后设计及审定了理科21种科目的教学大纲和文、史科20

---

① 《关于高等师范学校教学改革的报告提纲》,《人民教育》1953年。

种科目教学大纲。以后又组织编译了苏联高师教科书，编写教材共200余种。

随着教学内容的改革，也相应地改革教学组织形式及教学方法。师范院校普遍建立了教学研究组，加强了教学工作的计划性和组织性。全国还召开了师范院校实习、招生、函授教育、助教培养一系列会议。1957年全国已有720所中师函授部，45万小学教师参加学习。

经过7年学习苏联，我国师范教育已从思想体系、教育体制、办学模式、教学计划、教学内容和方法，以及教学组织形式等，建成了全面化、系统化、制度化、网络化的苏联模式的师范教育体系，并认为这就是无产阶级思想领导的并为社会主义建设事业服务的师范教育。

（三）提高教师的地位，树立尊师风尚。

建国初期，党和政府重视提高教师的政治地位、社会地位和物质待遇，树立全社会尊师重教的良好风尚，取得显著成效。

1949年《人民日报》文章中即曾明确指出，教育工作者是工人阶级的一部分。1951年《人民教育》载文又提到："人民教师是工人阶级藉以实现其对国家领导的极其重要的助手，国家的将来在极大程度上取决于教师的品质。……教师掌握着我们后一代的儿童和青年的灵魂。因此，新中国要给教师以崇高的地位，并冠以人民教师的称号。"[①] 1952年9月，教育部发出《关于人民教师应算为革命工作人员的通报》，指出：人民教师应称为职员，是工人阶级的一部分。[②]

党和政府还重视提高教师工资和物质待遇。1952年学校教职员工资调整中，中学教职员工资增加15.5%；初等学校增加了37.4%。[③] 1956年全国工资改革中，教职工月平均工资提高了28.72%，小学教师提高了32.88%。[④] 同年，在北京中小学中提升了一批特级教师。随后各地也确定一批中小学特级教师。这一时期，各地还严肃处理了一些歧视和打击教师的典型事件。以尊师重教为荣，以轻视教师职业为耻已成为一种良好社会风尚。

[①] 《人民教育》第4卷，第1期。

[②][③][④] 《中华人民共和国教育大事记》，第66、62、160页。

师范教育通过恢复、整顿、改革和发展，已从被人轻视、鄙薄的地位，提到了"中心环节"，"国家建设的根本"，"工业中的重工业"，"机器中的工作母机"的位置上来。教师紧张局面有所缓和，高师生与中学生之比，由1：81.3缩减为1：52.3；然而小学教师由于小学生、幼儿发展过速，矛盾还比较尖锐。人们认为，在百废待兴的形势下，师范教育能奠定如此稳固的基础，为国家迅速培养了一批中小学教师，不失为新中国师范教育史上的第一个"黄金时期"。

二　探讨改革的 10 年（1957～1966.10）

1957 年至 1966 年"文化大革命"开始之前，是师范教育改革中有失误，发展中大起大落的时期。

在前一时期全盘搬抄苏联的师范教育模式之后，人们也发现它存在着体系比较封闭僵硬，培养渠道比较狭窄，教学内容相对陈旧并脱离中国实际等问题，造成师范教育一定的落后性。这时，一些教育界人士试图打破这种单一模式，改变师范教育的落后状况，走自己的师范教育路子。这本是良好的愿望和正常的现象。但由于在 1958 年后，一系列"左"的错误主张和口号使得师范教育的探索、改革，非但没有纳入正确的、科学的、实事求是的轨道，反而带来办学指导思想上的混乱，办学实践中的左右摇摆和盲目性。

1958 年在教育大革命的高潮中，高师院校和科研机关人员开始批判心理学教学中的"资产阶级方向"，把心理学说成"伪科学"。接着就在文史哲、政治、教育等领域内，开展了学术批判。这些矛头都指向教师等知识分子，挫伤广大教师的教育改革积极性。

1960 年全国召开了师范教育改革座谈会，会上夸大了师范教育中的"少、慢、差、费"，提出一些不切实际的主张及口号。认为：各级师范学校的文化科学水平都低于同级学校的水平；课程内容……脱离政治、脱离生产、脱离实际，很少反映或没有反映现代科学技术的新成就，认为强调师范特点是造成师范教育少、慢、差、费的根本原因。提出大力精简教育科目，把教育学、心理学、教学法三科合一。会上还提出了"努力使高等和中等师范学校的文化科学知识水平分别相当于综合大学和高中的程度"。由于在实际贯彻中对这一口号没有进行认真的研究和正确的理解，因此会后不久，有的省市高师纷纷向综合大学看齐。有的将原来基础完好的师范学院改成了综合大学；有的停办了师范学院；有的虽保留有师范院校的牌子，但追随综合大学的路子，搞起了高、精、尖课程和专门化；教育课程削减到历史的最低点，只成了一种点缀。其他诸如，"师范性"就是"落后性"，高师"是办好高等学校的一个毒瘤"等，这些在建国前即曾高唱过的旧调又在重弹。

鉴于师范教育指导思想上的混乱，将会危及教育基础，于是在1961年1月中共八届九中全会，提出对国民经济"调整、巩固、充实、提高"方针之后，于同年10月召开了全国师范教育会议，着重讨论了是否需要办师范教育，如何办好师范教育以及在职教师的进修提高等问题。明确指出：高等师范不是办不办的问题，而是如何办好的问题。师范教育办得好坏，对于培养我们后一代——共产主义接班人，有着深远的影响。师范院校是培养师资的主要阵地，这个阵地要坚持。1961年9月中共中央批准试行《教育部直属高等学校暂行工作条例》（草案），对于师范教育的发展速度进行了严格控制；培养目标更为明确；加强了基础课程教学及基本技能的训练；使师范教育按照自身的规律去寻求改革。

然而，由于"左"倾错误从指导思想上并未得到彻底纠正，因此，1962年后又对教育界一些代表人物进行错误的、过火的批判。比如对于"母爱教育"的讨论批判，对于凯洛夫《教育学》的批判，都直接伤害了许多教师。这一时期师范教育的道路曲折坎坷，师范教育与教育需求矛盾再次激化。从1956~1966年，高师生与中学生之比由1：52.3上升到1：73.6；中师生与小学生之比，由1：236.4上升到1：771.8。师范教育预示着潜在危机。

三　濒临崩溃的10年（1966~1976）

"文化大革命"的10年使师范教育气息奄奄、濒临灭亡。

首先，在全国范围内大砍师范院校。陈伯达说什么"师范教育是资本主义制度下产生的，师范大学要不要可以讨论"。这时高师院校与其他高校一样，开始了"并、迁、改、停"，大多数院校停止招生达 5 年之久。1965~1971 年，高师院校从 110 所减到 44 所，学生从 94268 人减至 1969 年的 16840 人。中师生从 15.5 万减至 12 万人，1969 年竟跌到 1.5 万人的低谷。

其次，篡改了师范教育培养目标。"四人帮"要师范院校培养"斗走资派的战士"，培养四大员：毛泽东思想宣传员、阶级斗争战斗员、农业学大寨的好宣传员、忠诚党的教育事业的好教员。高师招生取消选拔，入学后培养无标准，教学无计划，上课无教材。

第三，教师受到残酷迫害。

从"文化大革命"一开始，广大中小学教师即被作为"资产阶级知识分子"、"臭老九"、"资产阶级反动学术权威"、"牛鬼蛇神"等，而被批判、打倒、关押、劳改、刑讯，甚至被迫害致残致死。接着是全国教育工作会议《纪要》（1971 年），"白卷英雄"的反潮流（1973 年），对《园丁之歌》的批判（1974 年），一个"小学生日记"事件（1974 年），河南唐河县马振扶公社中学事件（1974 年）以及农村乡办小学教师下放大队等事件和斗争，无一不是把矛头指向教师。教师在政治上、精神上受到的打击和摧残令人发指。教育成了"文革"中的重灾区，师范教育又是重灾区中的重灾户。

四 在全面改革、开放中，师范教育的新发展（1977~目前）

1976 年 10 月，党领导全国人民，一举粉碎了江青反革命集团，使国家又进入一个新的历史发展阶段。1978 年 12 月，党召开了十一届三中全会，开始全面地把工作重点转移到社会主义现代化建设上来，决心把我国建设成为"现代化的、伟大的社会主义强国。"

随着工作重点的转移，召开了全国科技大会及教育工作会议等。邓小平和其他中央领导同志对教育多次作过重要指示。邓小平指出："四个现代化，关键是科学技术的现代化。……科学技术人才的培养，基础在教育。""一个学校能不能为社会主义建设培养合格的人才，培养德智体全面发展、有社会主义觉悟的有文化的劳动者，关键在教师。"1983 年 9 月 9 日，邓小平同志为景山学校题词："教育要面向现代化，面向世界，面向未来。"1985 年 5 月中共中央作出了《关于教育体制改革的决定》。文中提出:"建立一支有足够数量的、合格而稳定的师资队伍,是实行义务教育、提高基础教育水平的根本大计。为此,要采取特定的措施提高中小学教师和幼儿教师的社会地位和生活待遇,鼓励他们终身从事教育事业。""与此同时,必须对现有教师进行认真的培训和考核,把发展师范教育和培训在职教师作为发展教育事业的战略措施。"1986年,公布了《中华人民共和国义务教育法(草案)》,提出实施义务教育的关键所在是"建设一支数量足够、质量合格、结构合理并相对稳定的教师队伍"。

1992年年初,邓小平视察南方,发表重要讲话,10月党的第十四次全国代表大会上又确定了"要在我国建立适应有计划商品经济发展的计划经济与市场调节相结合的经济体制和运行机制"①。为适应这一历史转变,我国教育在纷纷寻求如何调节自身机制,摆脱困境,增强活力,改变传统办学方向和模式,迎接新的时代挑战。

16年来,师范教育在进行改革和探索中,取得了很大发展,但也遇到了许多新的难题。

(一) 恢复、重建师范教育体系。

1980年教育部召开了全国师范教育会议。重申:"师范教育是'工作母机',是整个教育的基本建设。师范教育在整个教育事业中有十分重要的地位,必须有计划按比例地发展。"中共中央书记处邀请会议代表座谈时指出:师范教育是培养人才的人才基地。向教师提出三点要求:①要努力学习和掌握比较渊博的知识;②要认真研究掌握教育科学,懂得教育规律;③要有高尚的道德品质和崇高的精神境界,能为人师表。此后,颁布与实行一些重要的新的法规、政策;探索、实践、研究、改革师范教育的新路子;设法改善师范教育办学条件,提高师范教育和教师地位和待遇等。

随着国家改革和对外开放政策的实行,在一些高师院校中开始探索如何

---

① 江泽民:《加快改革开放和现代化建设步伐,夺取有中国特色的社会主义事业的更大胜利》,1992年10月12日。

突破高师的旧有体制和模式,根据教育事业和经济发展的需要,适当地扩大培养目标等。将传统的仅仅为普通中学培养师资,适当扩大为以普通中学为主,包括职业教育、专门教育、专科教育、成人教育,以及社会教育在内的整个中等教育教师。对旧的专业进行改造,同时挖掘潜力、增设一些实用的、通用的新专业。如:应用语文、秘书、法律、电子科学技术、计算机科学、环境科学、图书情报学、城市经济管理学、旅游等专业,既为教育发展服务,也为社会各方面建设发展服务。

1979年开始,为适应中等技术学校、职业学校的发展,创设了一些独立的、专科性的、专门性的、技术性的师范学院,如艺术师范学院、民族师范学院、技术师范学院等。各高等师范院校还开办了函授、夜大、电视、广播等多种形式的教师在职培训,形成多层次、多类别、多形式的高师教育网络。

中等师范学校也是一个数量最大、类别齐全的专门教育体系。普通师范学校已颁发了《三年制中等师范学校教学方案(试行)》、《三年制中等师范学校教学大纲》、《中等师范学校德育大纲(试行)》、《中等师范学校行为规范(试行)》等一系列教学制度及规范要求。1991年还颁发了《关于进行培养专科程度小学教师试验工作的通知》,在部分省、直辖市试验小学教师由大学专科(三年)进行培养。北京、上海等城市正在进行这一试验。

(二)提高师范教育的学术水平。

随着科学技术革命的飞速发展对于未来新型教师全面素质的要求,高师院校注意提高学术水平,提高培养师资的质量。20世纪80年代后,高师实行了学位制度,大力发展研究生教育。注意开展科学研究,包括教育科学研究、基础学科研究及应用学科研究。学校根据自己基础、优势及需要设有研究所及研究中心,承担了联合国一些基金会、联合国教科文组织及国内重大科研项目,学术水平有了显著提高。此外,高师院校还与国外大学及研究机构建有学者互访、学术交流、科研合作、合带研究生、互派教师讲学、进修、考察以及各方面的协作关系,使高师进一步打开了学术眼界,活跃了学术思想。

(三)实行中小学教师职务、教龄津贴和教师考核等制度。

1985年7月,国家教委发出《关于教师教龄津贴的若干规定》,1986年颁发《中学教师职务试行条例》、《小学教师职务实行条例》。规定中小学教师从教 5 年以上者，除享受工龄补贴外，还可计算为教龄，领取教龄补贴。规定中小学均设：高级教师、一级教师、二级教师、三级教师。各级教师均有明确职责，实行教师职务聘任或任命制。任期一般为 3～5 年，并规定任职条件、待遇及对教师全面考核、职务评审的程序。

（四）师范教育面临的新挑战。

建国后 43 年，师范教育为适应我国单一的计划经济体制和模式发展的需要，已建成一套比较完备的师范教育体系、模式和基本制度。当前，我国正处在一个建立社会主义市场经济体制的新的历史时期，而原有的师范教育体系、模式与基本制度，存在着封闭性、单一性、呆滞性、不完整性等弊端，与发展市场经济对各级各类师资的需求不相适应。于是师范教育工作者呼吁改革师范教育。议论较多也最强烈的是，如何树立大师范教育的新观念，打开培养师资的新渠道。将独立的高等师范院校定向培养师资与综合大学、高等专门学院非定向培养师资结合起来；将所谓正规师范教育的新师资培养，与各种层次、各种形式的非正规师范教育的各种培训结合起来；将培养师资这一专门人才与培养相关的其他急需人才结合起来，使师范教育充满新的活力，发挥新的功能，作出更大的贡献。这一研究与探索还正在进行之中。

第四章

师范教育的性质、特点、地位与作用

师范教育是整个教育系统中的一个基本组成部分,同时又是一个具有特殊地位的组成部分,它是整个教育系统的"工作母机"。如果没有相应的师范教育的发展,整个教育事业就很难保证能够正常地运行。师范教育工作的好坏,直接关系到一个国家的整个教育工作,关系到民族的未来和国家的兴衰。所以,要想从根本上提高整个教育工作的质量和民族素质,就必须花大气力办好师范教育。而要切实办好师范教育工作,首先需要明确的一个重要问题,就是师范教育的性质、特点、地位与作用。

第一节 师范教育的性质与特点

师范教育的性质与师范教育的特点是两个既相互密切联系同时又相互区别的概念。师范教育的性质是指师范教育所具有的全部根本属性;而师范教育的特点则是指师范教育区别于其他类型教育的典型的、本质的和独具的特征。把握师范教育的性质是明确师范教育特点的基本前提,反过来,明确师范教育的特点又会进一步明确和深化对师范教育性质的认识。

一　师范教育的性质

所谓事物的性质，也就是指事物的质的规定性。它是一事物区别于它事物的根本属性。正是由于不同事物所具有的性质的不同，世界上的万事万物才表现出千差万别的姿态。事实上，对世界上任何事物的认识、分析和解决无一例外地都是首先从把握事物的根本性质入手的。因为只有把握了事物的根本性质，才能够有效地规范人们沿着特定的思路去寻求探索相应问题的恰当办法。同样的，在整个教育系统中，其中的师范教育作为一种相对独立的教育活动或教育现象，同其他事物或现象一样，也相应地有它的质的规定性，也有区别于其他事物或现象，特别是区别于其他教育活动或教育现象的本质特征。所以说，正确认识和把握师范教育的性质，进而全面了解师范教育的本质特征和内在需求，是按照师范教育的规律办好师范教育的根本前提。

概括说来，师范教育的性质通常主要表现在它所具有的师范性上。

师范性作为师范教育的最根本的性质，是由师范教育的目的和根本任务，即培养和培训各级各类学校的师资决定的。在这一任务面前，同其他各种类型教育相比较，师范教育具有着特殊的优势。其他类型的教育尽管有可能培养出有关专业的第一流的学者，但却难以培养出相应专业的优秀的合格教师。在这方面，师范教育却恰恰表现出具有一种超越其他类型教育的能力。这是因为，师范教育所培养的对象，是未来从事教育工作的教师。而他们在将来从事教育特别是教学工作时，不但要掌握所教学科及其他有关学科的丰富知识，使自己具有较高的相应文化水平和较宽的文化知识背景，知道"教什么"的问题，而且还必须全面、细致地了解学生特点和身心发展规律，具有做人的工作的能力以及科学有效地传授知识的能力，也即懂得"如何教"的问题等等。他们不但要帮助和指导学生掌握一定的知识和技能，发展相应的智力和能力，而且还要培养学生良好的思想品德和完满的个性品质。所有这一切无疑就要求教师既要能够"授业"、"解惑"，同时又要能够"传道"、育人；既要能够成为"经师"，又要能够成为"人师"，使"经师"与"人师"在自己身上实现高度的统一。所以，教师要做好教育工作，不但需要努力掌握全面系统的专业及其有关知识，而且还必须去把握学生的身心发展规律和教育工作的基本规律。只有掌握了这些规律，熟悉了每一位学生的身心发展特征和个性特点并进而按照规律办事，才有可能培养出合格的符合社会需要的社会成员来。可见，教师工作绝不是任何人或任何知识分子都能胜任的，教师是培养人、塑造人的专职人员。教师职业素养必须经由专门的机构来进行培养，这是其他类型教育所不能完成的。至于那些曾经一度流行过直至目前仍有一定市场的"只要有知识，即可当教师"、"有了高中可以不办中师，有了大学可以不办师院"、"师范性就是落后性"以及"高师应向综合大学看齐"等忽视师范教育的性质进而企图取消师范教育的观点，是不正确的。在师范教育的过程中，向学生进行系统的专业教学，确实是必要的，也是必需的，没有这个环节，学生在将来就不可能成为合格的教师；同样地，如果仅仅注重了这一点，而忽视了学生教学能力的培养与思想品德的提高，那也依然不能有助于学生在将来成为合格的、全面的和真正意义上的教师。

事实上，在关于师范教育师范性的问题上，无论是高等师范教育还是中等师范教育，都一直存在着一些争论，尤以高等师范教育为甚。纵观学术界对于高等师范教育师范性的争论，长期以来，一直占据着重要地位的观点认为，高等师范教育是一种高等教育形式，既然是高等教育，那就应当在尽可能高的程度上提高自身的学术水平，以高等教育的标准来要求自己。认为在与其他类型的高等教育相同的专业与课程上，高等师范教育应当表现出相当的学术水平，甚至要求高等师范教育应当向综合大学看齐，设立与同级其他类型高等教育完全相同的专业，开设完全相同的课程，按照完全相同的培养规格和专业标准去要求学生。

很明显，这些看法是很不妥当的。因为高等师范教育不能作高、精、尖专业人才培养的单一要求。尽管高等师范教育所设学科也应具有较高的学术水平，但它的主要任务是为中等教育培养合格的师资，故应当使学生掌握扎实、牢固、全面、系统的基础知识。实际上，作为接受高等师范教育的学生，他们除了掌握较高深的专业理论知识外，还要用相当的时间掌握一些与教学、教育活动密切相关的知识和技能。也就是说，他们不但要掌握丰富而深厚的专业理论知识，而且还要掌握一系列有效地向学生传递知识、培养学生相应的技能、品德等的方法。所以，这便决定了高等师范教育与其他类型的高等教育在本质上的不同。其他类型的高等教育，如理工科，所要求学生的是让他们掌握本专业高深的理论知识和形成与应用这些理论知识相适应的专业能力，以便做好未来的专业工作。他们未来工作的对象主要是客观的物质世界，而师范教育所培养出的教师未来工作的对象是人，是人的主观世界，这就决定了师范教育除了应当注重基础理论和专业知识的教学外，还应当注意教给学生科学地做好教学工作的方法和培养人的工作方法。在这一点上，高等师范教育与中等师范教育是完全相隔的。如果说二者之间也存在着某种差异的话，那么这种差异只能是高等师范教育和中等师范教育在相应的专业上具有着不同的学术要求，而它们在师范教育性质上，则是完全相同的。

总之，师范教育的师范性是师范教育的本质特征，坚持师范性应当成为办好师范教育的重要指导思想。它要求各级师范教育在教学计划制订、专业课程设置、师资队伍配备、教学活动安排、思想政治工作、科学研究方向、图书资料收藏以及校园文化建设等等方面，都要有助于师范生掌握相应的专业文化知识，形成教育工作能力，满足他们自我完善和个性发展的需要，努力做到各项工作始终都要紧密围绕培养与培训合格的师资这一目标和任务展开，都要体现出自己的特色。可见，师范性是师范教育的最根本性质，是师范院校的生命力之所在，忽视或削弱师范性，师范教育的培养目标都终将难以实现。

当然，强调师范教育的师范性并不意味着可以削弱或忽视师范教育的学术水平，可以不对师范教育作学术上的相应的要求，恰恰相反，教师工作的特点同时也要求教师应当具有尽可能高的学术水平。但是，绝不能以强调具有尽可能高的学术水平而抹煞了师范教育的"师范性"，把提高学术水平同坚持师范性对立起来，从而改变了师范院校的性质和培养目标。

另外，在师范教育的发展上，无论是定向型的师范教育还是非定向型的师范教育，都各自表现出了一些相应的优缺点。定向型师范教育的优点是培养目标单一，专业训练经常化和制度化，专业思想从一开始就得到确立；但缺点是学术水平在总体上较低，学生的专业面较窄，对社会适应能力较差。非定向型师范教育的优点是学术水平较高，学生的适应能力也较强；但缺点是教育的专业性较差，学生对从事教育工作的思想准备、专业准备均嫌不足，对教师工作往往不够重视，等等。因此，在以上两种师范教育类型上，不能简单地肯定一种而否定另一种。在目前来看，这两种类型正在彼此取长补短，趋于结合。例如近些年来，苏联就加强了综合大学在培养师资方面的作用，在80年代，69所综合大学中就有63所承担了培养师资的任务，对原有的师范院校则采取了加强专业训练、提高教师学术水平的做法。在美国则普遍加强了文理学院和综合大学的教育系或教育学院的教育理论及教育方法方面的课程和教育实践活动，等等。可见，就当前师范教育的整个国际形势来看，有一种鲜明的发展趋势，这便是已有的师范院校正在努力设法提高自己的学术水平，综合大学也正在努力使自己担负一定的师范教育任务。这种师范教育发展的新特征，在目前我国师范教育发展的过程中，也必须给予一定的重视。但是必须注意的是，即使在这样一种情况下，师范教育的形式无论怎样发生变化，其"师范性"和"学术性"仍是辩证统一的，相辅相成的两个方面，"师范性"仍是师范教育的本质属性，而坚持"师范性"并使之与相应的学术性结合，则是师范教育在持续发展过程中的一种规律性的反映，是需要予以注意的一个重要问题。切不可把二者对立起来，只是片面地强调一个方面。

二 师范教育的特点

不同事物的质的规定性不同，决定了不同事物通常表现出不同的征象和标志，这就是事物的特点。师范教育作为一个相对独立的教育机构和过程，也有自身的一些特点。它们是区别于其他教育机构、教育过程的根本之点。所以，要办好师范院校，提高师范教育的质量，就必须首先充分把握师范教育的特点。从总的来看，师范教育的特点主要表现在以下几个方面：

（一）注重培养学生的育人能力。

师范教育更加注重对学生全面素质和育人能力的培养，而不像其他类型的教育那样更多地注重传授有关的理论知识和培养学生运用这些知识的能力。这是因为,师范教育是一种特殊的育人的事业,它的教育对象在将来的工作是指向有思维、有感情、有独特个性品质的活生生的人。然而,其他类型的教育所培养的学生在将来的工作对象却主要是指向物,所以,师范教育所努力追求的便是使教育的对象能够掌握育人的本领。因为在这种情况下,师范教育的对象无论是通过从教师的具体示范那里习得的,还是通过自己的学习与交往所逐步形成的那些道德品质、态度体系、价值观念、教育与教学的方法、技能等等,在将来已不只是一种属于"自我"素质发展的表现,而同时也成了在广泛的范围内对自己学生发生有意识或无意识影响的巨大的潜在影响力。所以,在师范教育过程中,教师有意识地培养学生广泛的兴趣爱好和良好的道德品质,帮助学生形成和掌握科学的工作方法、价值观念与态度体系等等是非常必要和重要的。

(二) 学术性与师范性相统一。

师范教育作为一项培育合格教师的事业,它不但要注重学生的"人师"资格的训练,而且还要使学生真正具有能称得上"经师"的水平。所以,师范教育在注重自身的"师范性"的同时,还要密切注意自身的"学术性",努力使所设的学科在教学和科研上,具有相当的学术水平,特别是高等师范教育,在这方面表现得尤为明显。当然,这里所说的相当的学术水平并不只是反映在各个普通的专业上,而且还反映在教育专业上。因为未来的教师必须具备广博的文化科学知识、精深的专业基础和较高的从事教育教学工作的基本理论和能力,不然,他就不能适应未来将要从事的工作。教育理论水平的高低,也是衡量师范教育的一个重要方面,它本身也体现了师范教育的师范性与学术性的高度统一。

通常在师范教育中所强调的学术性(包括教育理论的水平),更多的是针对高等师范教育而言的,在这方面,对高等师范教育和中等师范教育的要求也是有所不同的。因为高等师范教育的培养目标是中等教育的师资,而中等师范教育的培养目标则是初等教育的师资。培养目标的层次不同决定了对高等师范教育与对中等师范教育的学术水平的要求也不同。高等师范教育的学术性不论是在专业学术水平上,还是在教育理论水平上,都比中等师范教育要高。这是因为,中等师范教育所培养出来的学生的工作对象是接受初等教育的学生,他们一般年龄都较小,心理发展水平较低,要获得的文化知识是最基础的和启蒙性的,他们通常表现出来的生理、心理特点具有很大程度的同一性,使得初等教育的教师在对他们进行教育、管理时相对比较容易得心应手。所以,中等师范学校尽管也向师范生讲授有关的教育学、心理学知识,但这类知识要求是基础性的、应用性的和比较具体的,以帮助师范生从事未来的初等教育工作,进而适应种种教育情景,以及能够解决在这个阶段所出现的种种突发情况。而且由于中师学生本身年龄还比较小,客观上需要更多的教育方法的指导,因此在中等师范学校,教育科研的要求并不高。而在高等师范教育阶段,学生未来的工作对象是接受中等教育的学生,需要对他们传授相对深层次的文化科学知识,而接受中等教育的学生伴随其生理的发育和成熟,心理上也呈现出一系列新的特点,教师在解决有关问题时常不能做到对症下药,这就要求高等师范教育应特别注意加强教育理论的教学与学术水平的提高,不但要提供给学生广博的教育理论知识,使他们了解和掌握教育规律,而且还要注意培养他们的遵循和运用规律进行教学的教育技能、教育机智以及相应的教育科研能力。事实上,在高等师范学校,教育科研问题已经作为一个重要的问题而引起了广泛的重视。可见,在教育理论的教学及其相应的学术要求方面,高等师范教育也有一个高于中等师范教育的问题。

另外,在高等师范教育的学术性问题上,要有一个正确的理解,就某些专业来说,是不是高等师范教育的学术水平就一定比其他类型的高等教育相应专业的学术水平来得低呢?如果说,仅仅从学科专业的学术深度上来看,认为高等师范教育比相应专业的其他类型的高等教育差一些的话,那么,在掌握相应专业基础知识的坚实程度、广博程度以及对为适应教学需要而组织起来的有关知识内容的掌握上,它则比相应专业的其他类型的高等教育来得高。这就是说,其他类型的高等教育更突出强调的是在一定专业知识基础上的实际操作能力以及科研能力的培养与提高,而高等师范教育则更加强调基础知识掌握的全面和深刻程度,以及如何把这些知识转化为受教育者知识和能力的培养与提高。高等师范教育相应专业科研能力的培养和学术水平的提高，虽然多是为了促进其相应的教学水平的提高服务的，但这种科研要求并不低于其他高等学校。如果从学生所具有的知识结构上看，高等师范教育所培养出来的学生除了具有坚实、广博的专业基础理论知识外，还具有相应的教育理论基础知识，如教育学、心理学、教学法等等方面的知识，而这些知识恰恰又是其他类型的高等教育所不具备的。所以在理解高等师范教育的"学术性"时，不能仅仅就某些专业的学术水平而加以断定，要全面地正确地理解它。

然而就中等师范教育而言，由于其教育对象的身心发展水平以及培养目标等不同于高等师范教育，而且它也尚属中等教育的范畴，因而它显然不能在专业的高、精、尖上下功夫，不能过分追求学术性。但是教师工作的特殊性却又需要他们具有较为广博和深刻的专业知识，所以，这也要求中等师范教育要体现出一定程度的学术水平。同高等师范教育一样，中等师范教育的学术性也主要表现在教师不仅具有较精深、广博的专业基础知识，而且还要具有一定的教育理论基础知识和初步的教育科学研究能力。这是他们的教育与教学水平得到持续不断提高的保证。只有这样才能体现出自己的特色，并出色地完成自己所肩负的历史使命。

可见，无论是高等师范教育还是中等师范教育，它们都应当具有一定的学术水平，而且这种学术水平总是要与相应的师范性相联系的。师范教育应当是师范性与学术性二者完美的统一，这恰恰是师范教育的真正特色。

（三）反映教育体系的层次性。

师范教育主要担负着为各级各类学校培养和培训合格师资的任务，教育具有层次性，师范教育也必然相应地体现出层次性的特点，以适应各级各类学校对于相应师资的需求。在目前，师范教育主要表现出中等和高等师范教育两个层次，在高等师范教育中又有专科和本科的区分。在每一个层次上，又具有不同专业性质的师范教育以及职前培养和职后培训等类型，而职前培养和职后培训还有各自不同特点。

职前培养主要是在正规的师范教育机构中进行的。这主要有各类师范学校、师范专科学校、师范学院和师范大学等等。在这些师范教育机构中，学生受到较长时间的（一般为2~4年）正规师范教育专业与职业训练。他们的所有学习与活动的安排都服从于将来所从事的教师工作这一职业。所以职前培养的师范教育通常表现出如下一些特点：在培养目标上，主要是帮助学生掌握有关从事教师工作的一系列知识、技能，获得有关从事教师职业的本领，树立社会主义的师德；在教育对象上，主要是那些尚未完全成熟的，而且没有职业经历的青年学生；在办学形式上，具有相对的单一性和稳固性，例如按照一定的教学计划，在较长时间内按部就班地进行专业知识的教学和有关活动的组织等等；就办学层次和规格来说，每个层次是相对整齐划一的，如中等师范学校培养中专层次的学生，师范专科学校培养大专层次的学生，高等师范院校则培养本科层次的学生。此外，在培养的周期上，职前培养的师范教育又具有一次性的特点等等。

然而，教师的职后培训与职前培养不同，它属于继续教育范畴。在科学技术急速发展，知识更新率日益加快，对教师素质要求不断提高的情况下，职后培训可以使教师的知识结构、智能结构迅速调整，及时适应形势的变化，对教师持续有效地发挥主导作用，不断提高教学质量意义重大。职后培训的主要特点是：在教育目标上，主要是帮助在职教师进行知识和智能上的提高和更新，并有计划地提高他们的学历水平；在教育对象上，主要是成年人和在职工作人员，他们普遍在中等或初等教育机构中有过任教经历；在办学形式上，具有开放性、灵活性与多样性的特点，有正规的、非正规的、正式的、非正式的教师职后培训机构，如建立有专门的教师进修学校、教育学院、教育行政学院，也有附设在师范院校的师资培训班或培训中心；在学习形式上，有脱产、半脱产的，也有业余、函授、电视师范学院以及远距离教学等形式；在办学层次和规格上，具有多样化特点，它的多层次和多规格，表现在教材教法过关、单科进修、短期培训、行政干部专题研讨、岗位培训、骨干教师培训，等等。另外，在办学周期上，职后培训又具有连续性和终身性的特点，这就是说，教师根据知识更新发展的要求与自身提高的需要，可以不断地多次地进入到相应的职后培训机构中去接受教育，只有这样，他们才能更好地做好相应的教育与教学工作。

（四）专业定向为培养合格的教师服务。

各级各类学校一般都具有较广泛的学科或专业范围，因此，各级师范教育必然相应地体现出一定的专业划分特点。师范教育，特别是高等师范教育的专业划分，对于提高师范生的学术水平很有意义。这为师范生相对集中精力钻研专业，进而为在将来有效地工作打下坚实的专业基础。显然，中等师范教育，则没有完全明确的专业划分，但学生在日常的学习中通常还是有所侧重的。当然，师范教育划分专业，并不就是意味着把师范生仅仅束缚在某一种专业上，它在强调对师范生进行专业训练的同时，也力主师范生尽可能地拓展自己的学术范围，发展自己广泛的有益的兴趣和爱好，这些都是作为一个优秀的教师所必须具备的。

师范教育进行专业定向，是师范教育的学术性所要求的。因为如果没有一定的专业划分，那么要提高相应的学术水平就无从做起，特别是高等师范教育，只有在进行了专业划分的情况下，无论是教师，还是学生，才有可能把精力相对集中到一个较小的范围上，从而不至于因为把面铺得过宽而分散他们的精力。同时，由于在相应专业的统一要求下，各门课程的相关性也较大，因此，学生在这些专业的学习过程中，各门课程之间彼此都能够互相促进和互相启发，这非常有助于提高师范生对于有关问题认识的加深，有利于提高他们将来的教育与教学工作能力。而且，在知识迅猛增加，知识更新周期日益缩短的时代里，一个人即使穷尽一生也只能涉猎知识长廊中的一个或几个领域，不可能拥有全部。我们从高等师范教育的对象是中等教育的师资这一点上看，显然也对学生的专业学习提出了较高的要求。这样，他们为了能够适应未来教育与教学的需要，就不能仅仅要求自己拥有广泛的知识面，还必须对自己的专业进行深入的钻研，使自己在专业范围内具有相当的学术水平和理论深度。可见，高等师范教育进行专业划分是完全必要的。中等师范教育没有完全进行专业划分，那是因为中等师范教育仍然属于中等教育的范畴，它的学生所面临的工作对象只是接受初等教育的学生，对学术性的要求不高，还属于一种基础性的教育，而且中师的学生还有接受中等教育的任务。因而一方面考虑了师范生未来的教育及教学的需要，即一个教师可以同时身兼数门课程的教学任务；另一方面也考虑了师范生自身学习和发展的需要，所以在中等师范教育阶段，还不能明确地进行专业划分，它的课程设置基本上与初等教育所设课程相对应，也设有教育学、心理学、小学教材教法等课程。这样一来，中等师范学校的学生既接受了中等普通教育，又接受了中等师范教育，这将使他们能够很好地完成他们在未来的初等学校的教育和教学任务。

（五）在教育实践中学会教育。

师范教育要求师范生不但要掌握系统的专业理论知识，而且还必须掌握从事教育工作的各种技能和艺术，获得科学地从事教育工作的各种本领。所以师范教育从一开始就特别注重学生的实践锻炼，如教学设计、教态、板书的训练、教育与教学活动的组织、教育见习、实习等等。通过以上这些实践活动，以达到锻炼学生有效地从事教育、教学工作的各种能力的目的。这是因为，教学不仅仅是一门科学，而且它还是一种艺术。科学地进行教学与教育的技能不是仅仅从书本上以及教师的讲解中就能获得的，它必定需要有学生的一系列实践环节，才能做到理论与实践的统一。从这一点来说，各级各类师范学校都应当附设中小学校作为自己的实践基地。高等师范院校应附设附属中学、小学，中等师范学校应附设附属小学，幼儿师范应附设幼儿园。它们是师范院校进行教育科学研究、教学实验、教育见习和教育实习不可缺少的基地，是锻炼师范生教育与教学的实践本领，培养师范生热爱青少年儿童的情感，树立并巩固师范生专业思想的重要场所。

重视实践环节，这是师范教育的一种内在要求。但是应当搞清楚的是，师范教育的实践活动，同其他类型教育的实践活动不同。如果说，其他类型教育的实践活动更多的是培养学生在实际工作中的具有与某种专业相应的应用能力的话，那么师范教育的实践则是通过这一环节来培养学生实际地从事教育工作的能力，使他们在这一过程中，真正地学会"教"和"育"，进而能够为将来顺利地执行教师这一工作任务打下基础，为他们能够在将来卓有成效地完成各种各样的教育与教学工作提供实践经验。

(六) 双重的专业标准。

师范院校的性质，特别是师范院校的培养目标决定了师范院校的学生同其他院校不同，它具有专业性与师范性的双重标准。这就是说师范院校学生除了学好自己的专业知识以外，还必须学好教育理论，掌握科学的教育方法和技能，否则，他们就不能算是合格的毕业生，不能成为合格的未来教师。所以在考查与衡量学生的成绩时，就必然相应地具有了双重的参照标准，这就是既要看他对专业知识的吸收、消化与掌握的程度，又要看他对教育理论的学习以及相应的教育技能的形成情况。事实上，恰恰就是在这一点上，师范教育与同级其他类型的教育才具有着明显的不同。师范教育的双重专业标准的特点使得师范教育既应当照顾到它的"学术性"，同时又应当照顾到它的"师范性"，不能在这两者之间作非此即彼的双向简单选择，而应当在两者之间力争取得协调和完满的统一。可以说，师范教育所力图达到的这样一种境界，既是未来教师工作的需要，同时也是真正体现师范教育特点的根本之所在。

第二节 师范教育的地位与作用

师范教育作为社会大系统中教育子系统的一个重要组成部分，它在整个教育事业和社会发展的过程中都发挥着巨大的作用。师范教育办得好坏，直接影响到中、初等教育的教育质量，影响到中、高等教育学生的基本素质，进而影响到未来社会成员的文化素质和科技素质。所以，科学地、正确地认识师范教育的地位和作用，不仅有助于师范教育本身的发展，有助于整个教育事业发展的进一步协调化，而且也有助于师范教育在社会发展的过程中发挥更加巨大的作用。

一 影响师范教育地位和作用的基本因素

师范教育是整个教育系统中的一个部门，同时也是社会大系统中的一个部门。师范教育的发展无时无刻不受到社会系统包括教育系统中各个有关因素的制约和影响。所以，正确地把握这些因素及其影响，是保证师范教育能够表现出自身应有地位进而发挥出应有作用的基本前提。这些因素主要是：

（一）政治。

师范教育总是要为一定社会培养师资的。它从产生的那一刻起就鲜明地表现出了它对于一定社会政治的绝对的依附性质。例如在我国，师范教育的初创，首先就是基于政治的考虑。在清朝末年，世界各国列强相继侵入我国，实行鲸吞蚕食政策，统治阶级在此情况下，提出了"变法图强"的政治主张，其中最重要的内容之一，就是废科举，兴学堂，以期通过兴学堂来培养和造就变法的人才。然而，"学堂必须有师"，于是为兴学堂，当务之急就是大力兴办师范学堂。清政府在 1904 年制订的《学务纲要》中就写到："师范学堂，意在使全国中小学各有师资，此为各项学堂之本源，兴学入手之第一义。"可见，我国清末的师范教育，就是在这种政治形势的要求下产生的。师范教育产生之后，一定社会的政治便又通过与该社会相适应的政治意识、道德规范、思想意识、价值观念、发展模式等去影响师范教育，以期在更广大的范围内去影响社会公民。这是一定社会的政治进行自我保护、自我发展的必然表现。另外，为了使师范教育更加符合政治利益的需要，一定社会的政治还会相应地在师范教育的培养目标、办学方向、办学规模、发展速度以及其中的一些微观方面的问题上直接或间接地进行干预。所以，师范教育在发展过程中，如果背离了政治的需要与要求，便必然会受到政治的强有力的干预，迫使其进行相应的调整。可见，政治对于师范教育的发展所体现出的是一种决定性的作用。如果师范教育的发展符合了政治的需要，并且能够有力地促进政治的稳固与发展的话，那么，师范教育便由于得到了政治的支持而在地位上有可能得到极大的提高；相反，如果师范教育不能适应政治的需要。或者不利于甚至威胁着政治的稳固，那么，政治力量便会阻挠甚至破坏师范教育的发展，师范教育的地位便会相应地大大降低。而且，当政治形式、政治需要发生变化的时候，为了培养相应的符合自身利益需要的社会公民，师范教育也必然会伴随着政治的不同需要而不断地发生着新的相应的变革。

（二）经济。

经济为师范教育的发展提供物质基础，没有一定的经济实力，师范教育工作就难以开展下去。当然这并不就意味着经济实力越强，师范教育的发展就一定越受重视，因为这其中还有一个社会对师范教育的认识和资金的分配问题。但是，从根本上说，师范教育的发展总是需要有一定的经济实力为之做保证。另外，经济类型也在一定程度上影响着师范教育。经济发展对于科学技术的依赖性越大，相应地，它对于社会公民的文化素质、科技素质的要求就越高，因而也就越是要求教育的进一步普及和提高，在这种情况下，作为整个教育事业"工作母机"的师范教育的地位必然就会提高，发展也必然会越发迅速。经济的发展要求社会成员都必须具有一定的科学基础知识，乃至一定的科学管理知识，它要求广大社会成员必须接受普通小学甚至普通中学的教育，这便要求建立更多的学校教育机构，培养更多的受过专门训练的合格教师，这样，以培养中小学师资为主要任务的师范学校便会应运而生，并继而会得到迅速的发展。相反地，如果社会发展对于文化与科技知识的需求不十分迫切，像古代社会那样，生产主要依靠个体的经验和体力，对于人们的文化与科技素质也没有更高的要求，那么，教育的地位与发展就要受到影响，而作为培养师资的师范教育也就不可能提到议事日程上。另外，师范教育作为一类教育活动，对经济的发展也具有重要的促进作用，只不过这种促进作用不是呈一种直接的形式表现出来，而是往往要经历很长一段时间以后，通过其他类型的教育的介入而发挥作用。所以，师范教育并不是被动地受经济的制约，它对经济有反作用力。在受经济制约的同时，又能够反过来积极地为促进经济的发展服务。

（三）社会文化。

同其他类型的教育一样，文化也是师范教育赖以进行的媒体。然而恰恰是通过师范教育，文化才能够在更大的范围内得到传播。所以，师范教育是使一定的社会文化得到传递、传播与扩展的最重要手段之一。师范教育不同于一般类型的教育，它的根本任务是培养人做教师。因而，师范教育对于文化的传播就不像其他类型的教育那样只是一次性的传播活动，而是两次性的并且是呈几何级数增长的一种不断扩展的传播活动。当然，师范教育在传播与扩展文化的同时，也能够创造出一种相应的新的文化。这是人们在掌握了全面与巩固的文化基础之后创造性工作的一种必然的文化结果。所以说，师范教育创造文化的功能也是不容忽视的。可见，如果一个社会对于文化的需要十分强烈，不但希望在更加广泛的范围内延续传统的文化，而且希望能够尽可能大量地创造出自己的新文化，那么它就会更加重视教育，并在主观上更多地偏重于发展师范教育。同时，我们还应当看到，师范教育是在一定的社会文化氛围中进行的，不仅师范教育的进行要有赖于这种相应的社会文化的中介作用，而且直接影响着人们对师范教育态度的也是人们在这种相应的社会文化中所形成的各种观念、价值观与态度等等。事实上，只有在一定的社会文化的基础上，人们才会依据于相应的观念和态度对师范教育的地位有所认识和评价，以至于使得师范教育的发展或者受到观念上的认同和促进，或者受到观念上的否认和阻抑。这反映出师范教育的发展在很大程度上受一定社会文化的制约和影响，在它的发展上，深深地体现着一定社会文化的烙印。

（四）科学技术。

科学技术的发展一方面在一定程度上改变着人们对师范教育的观念，如效率观念、科学观念等等，改变着师范教育的相应的类型；另一方面又为师范教育的实践提供了科学内容和手段，进而提高了师范教育的效率。在现代社会科学技术发展日益迅速的形势下，科学技术的发展不仅使得人们接受科学技术教育的可能性日益加大，同时也使得人们接受科学技术教育的迫切性日益增强。这就要求有更多的师范教育机构的出现，以为满足人们这样一种需要提供更大的可能。所以，科学技术越是发展，也就越是要求人们必须掌握时代所需要的科学技术知识。鉴于师范教育是整个教育事业的"工作母机"，因而这样一种形势对于师范教育的需求也就越是迫切，师范教育的发展因而也就必然会越加迅速。当然，在师范教育迅速发展的过程中，它还能够在传播、扩大科学技术的同时具有着创造新的科学技术的功能。

（五）人口。

人口的发展影响着师范教育发展的规模和速度。尤其是受教育人口的增加无疑又将会要求有相应比例数量的师资来承担起对他们的教育与教学任务，这显然需要师范教育有相应的发展。如果没有师范教育的一定发展，那么就完全不可能提供出相应数量的师资，这对所有适龄青少年儿童进行教育就只能是一句空话。另外，人口分布的特点也影响着师范教育机构在不同区域的分布状况，在人口集中的地区，入学人口的比例要大一些，师范教育机构的设置相应地就多一些；相反地，在人口比较稀少的地区，入学人口的比例要小一些，师范教育机构设置也就会少一些。而且，师范教育的发展以及由之而引起的教育的普及与提高，又可能会反过来在一定程度上影响着人们的生育观念、人口观念等等，从而使得人们更加注重人口的质量方面，做到优生、优育、优教等等。

（六）教师的社会地位。

师范教育的地位往往与教师的社会地位、生活待遇以及他们的劳动是否受到尊重分不开。教师的社会地位越高，生活待遇越好，他们的劳动越是受到尊重，人们对师范教育的追求欲望就越是强烈，师范教育的发展也就越繁荣，从而师范教育在社会中的地位就会越来越高，这便形成了师范教育发展的良性循环。在当今世界上，有些国家特别重视教师的职业，注意提高他们的社会地位，不断改善他们的生活条件，形成了良好的尊师重教的社会风尚。比如在日本，教师的社会地位就得到了极大的提高，从 1974 年到 1980 年，中小学教师就有过三次特别增加月薪，使中小学教师的月薪一般都高出同职龄的其他机关人员工资的 15%，而且他们晋级的机会也比其他机关的人员多。除此之外，他们还享有多种形式的津贴：抚养津贴、特殊勤务津贴、边远津贴、管理职务津贴、初任调职调整津贴、函授教育津贴和企业教育津贴等。因此，在日本，中小学教师已成了大学毕业生争相去做的工作。在这种形势下，师范教育受到国家的重视，倍受人们的欢迎，在数量和质量上也就有了最根本的保证；相反地，师范教育就必然会生源不足，学生质量不高，进而导致整个教育事业不断落后以至出现恶性循环的后果。

（七）各级各类教育的发展。

师范教育主要是通过培养和培训师资直接为基础教育服务的。初等教育、中等教育事业的发展要求各级各类师范教育在数量和质量上与之相适应。能做到这一点，师范教育的作用会得到很好的发挥，其地位就相应地得到提高；相反，如果各级各类教育的发展缓慢，甚至停滞，或者呈现过快过慢盲目性的发展，那么师范教育的发展也将表现出左右摇摆，其稳定地位也就不能得到保障，这势必使之难以有效地担负起为各级各类教育培养合格的比例协调的教师的任务。

（八）教育科学发展水平。

在教育科学理论没有发展或者虽然有所发展但没有引起人们的普遍重视之前，师范教育一般是不可能得到广泛发展和受到普遍重视的。因此，最早的师范教育只能是通过艺徒制的方式进行的，即由老教师采用带徒弟的办法培养新教师。这种师范教育形式不仅规模极其有限，而且质量也比较低下。因为这种艺徒制方式，只能使新教师获得一些感性的知识和个别的经验，还不能上升为理论和规律性的认识，无法具有普遍的指导意义。但随着人们教育工作经验的不断积累和发展，对教育规律有了比较深的认识，也就形成了初步的教育理论。特别是随着现代科学技术和现代教育事业的不断发展，师范教育便不得不转化成了一种极其正规的活动。在这种情况下，只是通过艺徒制的方式培养教师显然已远远不能适应新的需要。而大批新教师的培养必然需要在一定的教育科学理论的指导下进行。于是，教育理论的发展，也就成了师范教育发展的重要因素之一。教育理论来源于教育实践，又反过来指导着教育实践，并在实践中得到贯彻与发展。这样，师范教育便在教育科学理论的具体指导下，逐步地正规化、制度化、科学化，一步步地走上了科学、有效的轨道。因此，师范教育的每一项新的举措和新的创造，都鲜明地凝聚着包括师范教育理论研究在内的全部教育理论研究的成果，教育理论也在师范教育的发展中得到进一步的发展。

二　师范教育的地位和作用

师范教育是整个教育系统乃至社会系统的一个重要的部门。在当前大力强调教育事业发展的形势下，其地位越来越显得重要和突出。具体来说，师范教育的地位和作用主要表现在以下几个方面：

（一）师范教育在社会发展过程中的地位和作用。

1. 普及义务教育的实践需要大力发展师范教育。

当前，世界各国在不同程度地大力普及义务教育以期有力地促进社会发展的过程中，普遍发现的一个突出问题就是师资的问题。这是因为，在世界性的普及义务教育过程中，在师资问题上，不仅存在着数量不够的情况，而且还存在着质量不合格的现象，这在目前尤为突出。而数量不足，也在一定程度上造成教师队伍的质量不高，使得一些不合格的教师进入教育的重要岗位，严重地影响了教育的质量。因此这两方面中的无论哪一方面都在很大程度上制约着普及义务教育工作的开展。在我国普及义务教育的过程中，教师的问题有数量不足的方面，更重要的是质量不高的问题。根据 1983~1984 年 14 省、市中小学教师业务水平抽样调查结果，在全国 802 万中小学专任教师中，基本合格的只有 340 万人，占 42%。需培训及调整的教师占 58%，达 462 万人，数量很大，他们将构成今后十几年对师范教育需求的主体。[1] 1987 年，全国普通中小学教职工总数已达 989.75 万人，其中专任教师 830.4 万人，但在这些教师当中，不合格的比例却一直相当高。在这一年里，小学教师学历合格率仅为 65.6%；初中教师学历合格率仅达 30.7%；高中教师学历合格率只为 40.1%（当然，在学历合格的背后也存在着某些实际水平不合格的情况）。[2] 根据我国基础教育规划测算，2000 年全国中小学校专任教师共有 1050 万人，其中小学 640 万人，初中 324 万人，高中（含职业高中）86 万人。1987~2000 年 14 年间需补充专任教师分别为：小学 234 万人，初中 148 万人，高中 33 万人。中等专业学校需累计补充普通基础课教师 3.6 万人，中等师范学校需补充教师 1.5 万人。[3] 而根据我国师范院校及其他高等院校中与

---

[1] 《面向二十一世纪的中国教育——国情·需求·规划·对策》，高等教育出版社 1990 年版，第 132 页。

[2] 同上书，第 33 页。

[3] 同上书，第 177~178 页。

中学师资有关的专业类,现有在校生总规模已能满足需要而有余。① 所以,在我国今后一个较长的时期内,师范教育的工作应当更多地转移到接纳教师进修,即对现任教师进行职后培训工作上来。这是今后我国顺利地开展普及义务教育工作的重要保证。在师范教育应当逐步由职前培养转向在职进修的问题上,英国也有类似的认识。他们的基本做法是,在提高师资职业培训水准的同时,把更多的钱用于对毕业于50、60、70年代的老教师的在职进修上。② 1985年3月提交议会的报告,即白皮书《把学校办得更好》中明确地把加强教师在职进修作为政府的新措施之一,要求"所有教师都要定期接受在职培训","学校和地方教育当局应更系统地进行规划,使培训更好地适应教师职业需要和学校课程的需要","一项建立新的专款补助金的立法正在拟议之中,以资助地方教育当局在在职培训方面的一部分支出"。③ 可见,从总的方面来看,世界各国在经历了一段时间的数量发展之后,如今在实现师资的供需基本平衡之后,正在开始把工作的重点转向质量的提高方面。这似乎是今后一个时期世界师范教育发展的一个共同趋势。

2. 社会发展最终要依赖师范教育。

教育事业的发展能够在很大程度上促进社会的发展,而师范教育恰恰又是整个教育事业发展的"工作母机",因此,师范教育就必然是整个教育事业和社会发展的最终依靠力量。

(1) 社会科学技术的进步很大程度上要依赖于师范教育。

现代社会的发展很大程度上要依赖于本已迅猛发展的现代科学技术,所以,在这样一种形势下,人们掌握科学技术知识既是必要的,同时又是可能的。说其必要,是因为现代社会的发展要依赖于全体社会成员的广泛参与,但这只是向人们参与进而促进社会发展提出了要求,然而参与本身却并非意味着他们就一定能够有效地促进社会的发展。可见,人们要想能够有效地促

---

① 《面向二十一世纪的中国教育——国情·需求·规划·对策》,高等教育出版社1990年版,第179页。

②③ 《十国师范教育和教师》,人民教育出版社1990年版,第119页。

进社会发展,即做到有效地参与,在目前看来就必须掌握相应的科学技术知识,而且也只有掌握了这种相应的科学技术知识,人们在社会中的参与才能在最大程度上促进社会的发展。而说其可能,则是因为目前社会上已经具备了雄厚的科学技术基础,具有了向人们进行科技教育的丰富的事实和资料,同时也具有了向人们进行科技教育的多种多样的途径和手段,如各级各类技术学校、工业学校、短期技术培训班、新闻媒介等等。然而,遍览对人们进行科技教育的所有有关手段,师范教育在其中所发挥的是一种非常独特的作用。这是因为,首先,在科技教育的各种途径和手段中,科技教学是最有效的一种方式。但一般的技术学校所施教的对象大多在毕业后即参与相应的工作,也就是说,一般技术学校的传播面较小,而师范教育由于它的对象是即将作为教师的学生,因而师范院校显然能够在更大的传播面上实现科学技术的传播。如果在一般的技术学校中,向学生讲授并希望学生掌握的是一些纯粹有关技术本身的问题,如理论基础以及具体的操作、运用等方面的问题的话,那么,师范教育所力图使学生形成的则往往更多的是一种关于科学技术的意识和传播能力。针对当前科学技术发展日益迅速的事实以及学生的具体特点,培养学生形成相应的科技意识和传播能力显然比仅仅掌握一些有关的科技知识本身更为重要。可见,师范教育由于具有着较大的传播面的特点,它在现代科学技术的发展过程中发挥着一种巨大的独特作用。

(2) 现代社会经济的繁荣最终要依赖师范教育。

现代社会经济的发展与繁荣对于教育的依赖性越来越大。然而从根本上说,经济的发展对于教育的依赖最终也就是对于师范教育的依赖。这是因为,所谓教育促进经济的发展实际上也就是由教育培养出来的人才参与到经济领域当中去,并发挥作用从而促进经济的发展。教育所培养出来的人才质量,最终却恰恰是由教育他们的教师来决定的,或者说是由相应的师范教育的质量来决定的。列宁指出:"学校的真正性质和方向并不由地方组织的良好愿望决定,不由学生'委员会'的决议决定,也不由'教学大纲'等等决定,而是由教学人员决定的。"①显然,这段话尽管主要是就教师在学校的地位而言的,但它却最充分地表明了教师在全部的教育及教学过程中的主导地位。可见,经济的发展要依靠教育,办好教育的关键在于教师,而培养合格的教师则要依靠师范教育。

(3) 现代社会精神文明的建设与发展最终要依赖师范教育。

师范教育所要突出的总是它的"师范性"与"学术性"两个方面。这就是说,师范教育不仅要强调科学文化知识与专业理论传递与创造的学术水平,而且还要突出"教人做人"的人才质量问题。长期以来,世人将"师范"归结为"学高为人师,身正为人范",这真切地道出了师范教育的真正含义。所以,作为一个教师,他不但要努力使自己做好"经师",而且还要做好"人师";不但要能够"授业、解惑",而且还要能够"传道"。师范教育所培养出来的学生不但要具有较高深、渊博的科学文化知识,而且还应当具有优秀的道德品质。待这些学生将来走上教师工作岗位时,他们又会影响一大批人。这对社会文明建设必然能够发挥出巨大的作用。

同时,一定社会精神文明的状况最终也是要依赖于师范教育。首先对师范生进行教育,继而又在更大范围内加以传播而完成的。一方面,它直接影响着师范生的精神文化素质;另一方面又间接地影响着整个民族文化素质的提高。因而,一定社会精神文明的建设与发展,在很大程度上依靠师范教育,它是一定社会精神文明建设的最重要手段之一。

(二) 师范教育在整个教育事业发展过程中的地位和作用。

师范教育是整个教育事业的"工作母机",是整个教育发展的最重要基础。整个教育事业的发展与繁荣决不能没有师范教育的相应的巨大发展作为前提条件。具体来说,师范教育在整个教育事业发展过程中的地位和作用主要表现在以下几个方面:

1. 师范教育的发展与教育事业发展的规模和速度具有内在联系。

---

① 《列宁全集》,第15卷,第440~441页。

师范教育是为中、初等教育培养师资的,所以,师范教育的发展规模和发展速度直接影响着师范教育所培养出来的师资的数量;而师范生数量的多少,即为中、初等教育提供师资数量的多少,又明显地会影响着整个教育事业的发展。也就是说,整个教育事业的发展规模和速度必须充分地顾及师范教育所提供师资的数量和质量。如果整个教育事业的发展严重超出了师范教育所培养师资的可能性,那么,即使整个教育事业能够勉强运行,其教育质量也是很难得到保证的。相反。初等和中等教育发展的规模与速度,又直接制约着师范教育的发展,师范教育发展的规模与速度也必须考虑到初、中等教育发展的需要。所以,师范教育在发展的过程中,必须进行相应的规划,合理控制师范教育的发展规模与速度,使之与初等和中等学校入学人数和在学人数相适应,从而使得师范教育能够很好地适应整个教育事业的发展需要。

2. 师范教育的质量影响着未来教育事业的总的质量。

师范教育的质量如何,直接影响着相应的初、中等教育的质量高低。这是因为,教师是教育工作的真正主体,学校的教育与教学任务主要是依靠教师来完成的,而各级各类学校的教师,特别是中、小学教师,又都是由各级师范学校来培养的。他们的知识、技能、价值观念、态度体系、道德品质等等必然会相应地作用于他们的教育过程中,进而影响着学生。这样一来,较高水平的教师必然会以其较高的知识水平、文化素养、道德品质、科学的教育方法等优越条件培养出较高水平、较好素质的学生。所以,一个学校培养的学生质量如何在很大程度上取决于这个学校教师的业务水平和道德品质的状况,取决于师范教育的质量。因为学生掌握知识和形成品德主要靠教师付出相应的有意识的努力,而学校的教学大纲、各科教材等只有通过教师的辛勤劳动,才能变成对学生实际起作用的东西。

3. 师范教育的类型同教育事业的分类与体系紧密联系。

师范教育的类型取决于整个教育事业的分类与结构形式,而从根本上说,又都是取决于经济发展与结构变化对人才结构的实际需要。如普通师范教育、艺术师范教育、特殊师范教育、幼儿师范教育、技术师范教育等不同类型,都是适应着教育事业发展与分类对师资的需求而确定的。而当师范教育的类型确立以后，它又会反作用于整个教育事业的基本分类，并给予其以强有力的巩固作用。教育事业发展在结构上发生重大变化的时候，业已确立了的师范教育类型又会以某种惯性力量阻抑着教育事业的发展。在这种情况下，师范教育必须依据教育事业发展的新需要而作出相应的调整，使自己的分类结构适应教育事业由于结构上的变化对培养相应新师资的要求。于是，师范教育与整个教育事业的新的良性循环便又一次形成了。

总之，师范教育是办好整个教育事业的关键，它在社会的发展以及整个教育事业发展过程中都占有着重要的地位，起着重要的作用，它是国家教育建设的根本，是全部教育工作的中心环节。没有它，教育事业就好比是建在沙滩上的大厦，没有牢固的基础，要发展和提高是困难的，甚至是不可能的。法国前教育部长谢韦内芒指出，"当我们注视一个国家的前途时，就要致力于培养今日的教师"，这句话显然是十分深刻地揭示了师范教育在教育事业发展中和社会发展中的崇高地位与巨大作用。

第五章

师范教育的体系与模式

这一章主要探讨的是,在一定社会、一定的历史发展阶段,由师范教育的内部与外部的各级各类独立的培养师资机构,各种形式的训练师资系统所构成的彼此制约、相互配合的总的体系,以及体系内部各个子系统之间的关系问题,并探讨这一体系发展变革的动因、条件及其规律性。这属于师范教育宏观领域中一个比较重要的问题。但由于师范教育的体系是要通过独特的、具体的办学和培养模式表现出来,因此,我们在这里将体系与模式问题一并探讨。

第一节 师范教育体系与模式的历史演变

在师范教育发展过程中,从始到终贯穿着一个比较关键的问题,那就是在不同国家的不同历史发展阶段,师范教育最主要的两种体系和模式——定向式的培养体系(亦称封闭式的培养体系)与非定向培养体系(亦称开放式的培养体系)。它们有着不同的表现形式,发挥着不同的功能。时而表现为一种体系的独占;或表现为两种体系的有分有合、并行共存;或表现为此消彼长、此亡彼存。百余年来,人们对它们的存在形式及功能,不仅在认识上褒贬不一、多有歧议,即使在政策上和实践上亦受此影响而产生过左右摇摆。

探讨师范教育体系和模式的演化及变革规律性,对于我们今日认识及改革旧的师范教育体系和模式,建设新的师范教育体系和模式,十分有益。

一　独立师范教育机构的产生

师范教育的初创是以独立的师资培养机构首先展现在社会面前的。但它的体系的形成和完善,却经历了一个由非正规化、非制度化到正规化、制度化、现代化,由非独立的二元化的师范教育体系到独立的、定向的师范教育体系,再发展到非独立的、非定向的师范教育体系,这样一个漫长的、复杂的演变过程。

18世纪以后,随着现代化社会的出现,在欧洲一些发达国家中首先产生了现代学校教育的系统与教育制度。国家为实施初等教育阶段的义务教育,给适龄儿童提供读、写、算的最基础的知识与能力训练,普遍设立小学和国民学校,就开始成为一种必需的现象。因此,培养从事初等教育教学工作的教师,就成为学校发展乃至社会进步需要的当务之急。这时,在某些国家和地区中,与初等教育相随相伴的是,开始出现了一些独立的师资训练机构。它主要由两种模式演化而成。一种模式是奥地利的"师范学校"(Nomal schule)。它原是一种非独立性机构,设在一所模范中学里,为教师或候补教师提供几周或几个月的短期课程——教学法的最基本训练。一般做法是,由经验丰富的小学教师传授一些教学的技艺和经验,进行教学示范,供其他教师学习仿效。然而由于它有教学法课程,因而被称作"师范学校"。[1]

另一种训练模式是德国的"教师进修班"(Lehrer seminar)。它最初也不是一独立机构,而是因地而异,轮流在各地组织训练班,提供各种不同的讨论式课程。到了19世纪,根据上述模式而设立起来的"教师进修学校"就逐渐成为一种比较规范化和普遍化的新的培养模式,"在许多西方国家里也出人意外地被称作'师范学校'(Normal School)"。[2]它向完成小学教育的学生开

---

[1][2] 邓金主编:《培格曼最新国际教师百科全书》,学苑出版社1989年版,第69页。

放，设有"三年的理论和实践课程，实行寄宿制度，开展教学实习"。[①] 但是应该说明的是，这种培养初等教育师资的独立师范学校的出现，从行政体制看，还不是一个独立的培养体系，它只是群众性的小学或国民学校体系内的一个组成部分。从性质上看，它的地位只相当于初级职业学校教育，教师的资格证书与初中资格同等。证书"持有者不能直接从师范学校进入学院或大学"[②]。这种独立的师范学校在许多国家，经历了它的辉煌鼎盛的时期。法国师范学校在19世纪末曾达到142所，美国在1926年时各种师资训练机构达到401所。[③] 直至20世纪中叶。在许多发展中国家，独立的师范学校仍是培养初等教育师资的主要机构。

然而培养中学教育师资却是另一种完全不同的情况。在许多国家中虽然在一开始即要求中学教师必须接受完整的大学教育，但并没有将中学教师工作像初等教育教师工作那样，视为一种专门性职业，因而也没有对中学教师给予规范化的教师职业的严格训练。只是对拟从事教职的大学生在专门学科学习之外，再提供一两门心理学、教育学和教学法入门的课程。而且这些课程多由哲学系开设，在训练中也不占据重要位置。大约在第一次世界大战之前，许多国家都是停留在这样的情况中。一些国家设置的独立师范学校、师资训练学院，采取定向式培养初等教育的师资，它属于国民教育或初等教育体系之内；而大学参与的中学师资培养，采取非定向式的体系，它属于学术性的高等教育体系之内。独立的、定向的和非独立的、非定向的两种不同性质的不同体系和模式，构成了师范教育初始阶段的二元化的培养体系和模式。不过，应该看到，这时的非定向的培养体系和模式，与第二次世界大战之后，师范教育从独立化、封闭化、定向化的体系转向综合化、开放化、非定向的体系，是两种不同性质、不同功能、不同要求的体系。前者并没有师资训练的专业性机构，没有严格的专业化训练目标、计划和要求，只是在培养社会科学、人文科学人才中，为某些人附加少量的教育训练，是属于低层次、非

[①②] 邓金主编：《培格曼最新国际教师百科全书》，学苑出版社1989年版，第69页。
[③] 《第一次中国教育年鉴》，戊编，第439~440页。

规范化和专业化的训练。而后者则是师范教育适应时代的最新要求，设有专门的训练机构，具有专业化训练标准和科学化、现代化、系统化的训练的高层次非定向体系。

二 二元化培养体系和模式的汇合——独立师范教育体系的出现

上世纪末开始，由于社会和经济的发展，一些国家中的中等师范学校已开始显露出其在培养初等教育师资方面的两大弱点：学科程度低下、专业知识面狭窄。于是有些国家的社会公众在上世纪末或本世纪初纷纷呼吁变革师范教育的体系和模式。主张通过创建一些相当于高等教育的独立师范学院，或延长师范学校的培养年限，或由大学参与小学师资的培养等等方式，来提高培养小学教师的层次和质量。开始时，这些主张仅在某个国家中实行，未成为普遍的现象。到了本世纪20年代开始，欧美的许多发达国家，即普遍将小学教师的资格提高了一个等级，要求由大学或独立师范学院、师范大学培养，学制2~4年。

比如，德国的初等教育师资一向是在独立的、封闭的师范教育机构内进行培养。学生从小学毕业后即升入师范预备学校，然后再升入师范学校。学生的学习天地闭塞、环境狭窄，生活呆板乏味，与外界绝少联系。加以师范学校课程程度偏低，比小学、预备学校课程提高不大，毕业生亦鲜有接受大学及其他高等教育的机会，因此，引起了社会公众的普遍不满。1919年在联邦共和国的魏玛宪法第143章第2条中规定："在帝国范围内师范教育的基本原则是统一实行高等教育。"[1] 这为德国进行师范教育改革，中止中等师范学校揭开了序幕。1920年帝国学校会议又对宪法中上述条款做了进一步说明，指出："鉴于教师的使命相同，因此，所有教师都应有统一的职业水平。各类学校教师都应在大学培训，职业训练应包括师范教育、专业教育两部分。"[2] 此后，国民学校师资的训练开始了从中等教育向高等教育的过渡。据1928年统

---

[1][2] 成有信编：《十国师范教育和教师》，第73页。

计，德国境内的18个邦中，有12个邦已创设新的高等师范大学和师范学院，占67%；有2个邦仍保留旧的师范学校，占11%；有4个邦已废除旧师范学校，新的师范教育机构尚未建立，占22%。①

英国在1840年即在伦敦创办了第一所师范学校——巴特西教师训练学院。1870年颁布了著名的《初等教育法》后，延长了义务教育年限。许多社会公众及家长认为，由教师训练学院培养师资，无论在数量上和质量上都已不能满足要求。纷纷提出要提高小学教师的资格，要求大学参与师范教育。1904年国内建立第一所地方公立师范学院——赫里福德郡训练学院。这时，"在英国形成了由国家宏观控制，大学、地方教育当局、教会团体三方直接参与的独特的师范教育管理体系，并形成了由大学训练学院（系）、地方公立训练学院和地方私立训练学院三种不同性质的机构组成的较为完善的现代师范学校体系。"② 标志着英国现代师范教育体制与体系的建立，而独立的师资训练机构是主要形式。本世纪20年代开始，师范学院招收必须修完中等教育的学生，学习2～3年，以后又延至4年。而投考大学师范部（师范科、师范院）的学生，须先在大学其他科系学习2～3年后，才能进入师范部接受一年教育专业训练。1930年丹麦政府决定，师范学校修业4年，招收高中肄业生，并具有一年以上教学经验者。如系高中毕业生，则修业年限为2年。意大利修改了中学教师的任用资格，即大学的专门学科的学位及文凭，不再被承认作为中学教学资格证明书，中学教师还须另行通过国家考试获得教师资格证书。

从上世纪末至本世纪第二次世界大战之前这一时期，由于社会、经济及科技发展，提高了对小学教师资格的要求，提高小学教师培养层次，使得原有的培养小学师资和培养中学师资的二元化体系，逐渐从培养层次上接近，从培养方法上结合。师范教育从原有的国民教育的体系中分化出来，列入专业性、学术性学校体系。这标明社会已公认，不仅是初等教育教师职业，而

---

① 《第一次中国教育年鉴》，戊编，第458～459页。
② 成有信编：《十国师范教育和教师》，第97页。

且是整个各级各类基础教育教师的职业，都已是一种专门职业，同样需要进行职业的严格训练。

这一阶段培养中小学教师的机构及培养年限，主要有以下不同类别及状况。

1. 师范学校名称不变，但招收中学毕业生，学习年限2~4年，培养小学师资。

2. 大量的师范学校升格为独立的高等师范学院，学制2~4年，培养中、小学师资。

3. 创办独立的高等师范学院和师范大学，学制一般4年，培养中、小学师资。

4. 大学中设教育系科，以培养中学教师、校长、教育行政人员为主，也培养部分小学教师。

5. 高等专门师范学院，学制一般4年，以培养职业学校教师为主。

在以上各种培养机构中，独立的高等师范院校大有独占鳌头之势。大学参与中学师资培养模式虽依然存在，但显然已不是主要模式，更不是唯一模式。下面的美国从1920~1948年师范学院和师范学校的增减表，正说明这一体系、模式变化的特征及规律。

美国师范院校增减表

院校 \ 年份 校数	1920	1922	1924	1926	1928	1930	1941	1948
师范学院	46	80	88	101	137	144	185	250
师范学校	325	302	294	300	202	197	14	

三 师范教育体系的开放化、多样化和灵活化的发展

第二次世界大战之后，社会在飞速发展。同时又急剧变革。新的科学技术革命的出现，导致了社会的生产方式、经济结构、政治体制、人们社会关

系、生活方式乃至人们观念和思维方式等等方面的一系列巨大变革。在瞬息万变的社会中,一切新的挑战与压力,都必然无情地集中在"一种主要的和决定性的因素:人"的身上。社会已"开始承认人的因素在所有问题中占有重要的地位"①,注重对人的素质的高要求。对人进行培养教育与潜在智能的开掘,已成为各国新的思考与战略决策的重点。随着对人的巨大希望,教师无疑已成为时代挑战与压力的直接承受者。教师的"学历资格和专业能力是提高教育质量的最重要基础"②。于是,提高教师的学历要求,提高教师的专业化标准,已成为师范教育改革中的两大热点。提高教师学历指的是对基础教育教师的培养,由本科教育层次提高到研究生教育层次,或至少是本科后再进行一年教师职业训练。而提高教师专业化标准则范围比较广阔,它包括提高教师职业的专业地位,给予教师一定范围的专业自主权,以及提高教师的专业训练标准。与专业训练标准密切相连,而又长期以来争论不休的一个问题,即是师范教育训练中的学术性与师范性,二者孰主孰次、孰重孰轻、孰多孰少。而最终人们似乎统一到这样一个认识上,那就是二者需彼此兼顾缺一不可。在师范教育中的学术性同其他各类教育置于同等水平的情况下,教师职业的专业化水平要求似乎越来越受到重视。因此,再次延长师资培养的年限,集中对教师进行严格的专业训练就成为一大趋势。

时代这一新的要求标准,使原有的、封闭的、定向的培养师资的体系和模式,无论如何难以达到,旧的体系已面临进退维谷、难以为继的窘境。于是,多数发达国家已将教师的专门学科培养与其他各类专门人才培养统一起来,然后再对教师进行研究生阶段的职业教育或1~2年职业训练。而进行这种教育最有利的变革,是打破原有的封闭体系,对独立的高等师范院校开始组织上的"关停并转"。一部分高师停办,一部分高师更名为综合大学,其他高师或与文理学院合并,或并入综合大学成为附设的教育学院、师资培训中

---

① 罗马俱乐部研究报告:《回答未来的挑战——学无止境》,上海人民出版社1984年版,第14页。
② 《第40届国际教育会议》第三部分,联合国教科文组织出版,第42页。

心。将独立高等师范院校纳入整个高等教育大体系之中,并不意味着师范教育的取消,反而有利于师资培养的多类型化和高学历化。

比如,英国在1922年11月政府公布的教育白皮书《教育:扩展的框架》中,即提出了改革高等师范教育的体制,废止"地区师资培训组织",对独立的教育学院实行"关停并转"。1977年教育和科学部又宣布一批关闭的教育学院名单。至80年代中期,一所又一所的教育学院或被迫关闭,或并入综合大学、多科技术学院,而大量的则与继续教育学院合并。培养中小学师资的任务则主要落在综合大学和继续教育机构肩上。联邦德国在60年代末,已将原有的100多所师范大学中的20多所并入综合大学。在1975年政府通过的高等教育组织法案的说明中特意指出,高等师范学校与综合大学合并,是作为一个与大学连接的有机体,而不是被大学吞并。至1985年,独立的师范大学仅存11所。[①] 荷兰于1973年3月开始实施师范院校与大学的组织上合并。1977年后,所有各层次、各类型的教师,包括:学前教育教师、班级教师、科任教师、职业学校教师等的培养与培训均合并于统一的高等教育机构中进行。

纵观古今历史,横览当今世界,师范教育的体系与模式,经历了百余年的由定向式、非定向式二元化的分离体系,到定向式的一元化统一体系,再到开放化、综合化、多元化的体系的演进变革的过程。这种演进与变革,既需要有客观社会、经济、科技和文化发展的动因和契机,也要有其适宜的环境与条件作为变革的基础,同时还需要有师范教育自身具有自我调节、自我发展的机制,才能实现。

---

① 成有信编:《十国师范教育和教师》,第11页。

第二节 不同体系与模式的剖析

一 不同体系与模式的适应性与局限性

当今世界各国构成师范教育体系的有：职前新师资的培养教育与职后师资的培训；正规的学历教育、学位教育、资格证书教育；以及非正规的、非正式的各个层次、各种类型、各种形式的教育，培训和实践锻炼等。它的体系与模式主要有四种类型：

1. 以独立设置的普通师范院校、专科性师范院校、职业性和技术性师范院校、成人教育和特殊教育师范院校为主体的、定向式的培养师资的体系和模式，亦称封闭的培养体系。实行这一体系的国家有：原苏联、原东欧一些国家、朝鲜民主主义人民共和国和中国等。

2. 由综合大学、文理学院和其他专门高等院校非定向式培养师资的体系，亦称开放式培养体系。欧美多数发达国家普遍实行的是这一体系。

3. 定向式和非定向式相结合的培养体系：亚洲一些发展中国家在实行这种体系。它们在发展师范教育过程中并没有亦步亦趋地追随欧美国家的足迹，先设立大量师范学校，然后再将中师升格为独立高师，最后再取消独立高师，由综合大学培养师资，而是较快地吸收及创造一种开放式与集中式相结合的有效方式。设置阶梯式的（纵向多种学制）、放射性的（横向多类型学校、多种培养方式）多种培养机构，使中等师范学校、高等师范学校、地方培训学院、地区培训中心、各类高等院校共同承担师资培养、培训任务。甚至有的国家至今也没有经过大量设置中等和高等师范院校的阶段，而是由中等教育毕业生接受1～2年师范教育训练之后，担任小学和初中教师。大学4年毕业或3年修业后，接受1～2年教育专业训练担任高中教师。这些国家的教育学院一般不承担专门学科的训练。

4. 由独立的高等师范院校与综合大学或文理学院、高等专门学院，通过协议或其他组织形式联合培养师资的中间型培养体系和模式。欲从事教职的学生，可在攻读本科课程的同时，在指定高师院校选修规定的教育科目，取得学分和从事教职的资格；亦可在取得其他学士学位之后，到协作教育院校接受1～2年教育训练，取得教育证书或教育硕士学位。

定向式和非定向式这两种主要的培养体系和模式，因不同国家的不同历史发展阶段，而发挥着不同的作用。我们既要肯定定向式培养模式在一定历史阶段对社会的发展与教育的变革，曾起过积极作用，功不可没；同时也要承认，其在发展了的时代面前所显露出的诸多弊端，说明师范教育体系的变革，也是一永无止境的过程。

定向的、封闭的培养体系和模式，是以特设的师资培养机构为基地，以特定的培养对象、培养规格为目标，以制定统一的专门学科和教育学科培养计划，采用相同的培养方式，学习共同的内容为基本特征的。简单地说，它是一种机械对口的模式。由于它培养目标明确而集中，重视对学生的专业思想、职业道德教育，并在对学生专业科学知识及职业能力训练上均有规范性要求，因此，学生对从事教师职业的各方面的准备比较充分。表现出有较强的目的性、计划性、针对性，一定的规范性及专业性。在一个国家初始大力实施义务教育和发展基础教育的阶段，对师资有着大量需求的情况下，采用这一体系，无疑可在一个短时期内，为提供一定的师资，获得显著的效益。它对于一些以实行计划经济为主体的国家，要做到有计划、按比例地培养师资，无疑也具有一定的适应性。然而这一体系的最大弊病，在于它的自我封闭性、单一性、僵硬性与狭窄性，尤其在当前社会日趋智力化，对人才需求日趋多样化，日益要求人要具有宽厚的基础知识，要具有应变能力、创造能力，具有鲜明个性等，这种体系就更难以适应。

非定向式、开放式培养师资体系的最大优点，在于它的灵活性、多样性、主动性和适应性。它以国家和地方规定的教师任职资格、要求为依据，以可能提供的条件为基础，在综合大学或文理学院内设置专门训练机构（教育学院或教育系科），为一切愿意选择教师职业的本科生、本科后学生，乃至社会其他在业人员，提供教育学位（学士、硕士、博士）课程、教师资格证书课程和各种培训。使上述人员通过系统学习或接受职业训练，可获得从教资格、教育证书、教育学位，或提高教育专业水平和能力。

将师资放在综合大学内培养，有利的条件很多。一般说来，综合大学学术领域比较广阔，学科比较齐全，设施设备比较先进，师资力量比较雄厚。在这样一个多领域、多学科群体中培养未来各级各类师资，不仅有可能提供内容广博、学术新颖、视野开阔、丰富多彩的各类专业课程，而且对于传统教育学科的改造、建设和提高，也大有裨益。它为教育学科引入其他领域和学科的新鲜内容，最新学术成就，促进教育学科与其他学科的交叉和结合，发展综合性、边缘性、交叉性的教育学科，可大大扩大教育科学研究的范围，提高科学研究水平，而最终提高培养师资的水平和质量。尤其在科学技术迅速发展的今天和明天，"现代教育内容来源已被拓宽"，"'课程'已拥有许许多多的源泉"[1]，这些源泉正对教育内容，也对教师"产生了实实在在的压力"[2]。师范教育必须要着眼于培养知识结构更加科学化、现代化和综合化的新型教师，树立新的培养观念，增设新专业，开设新课程，吸收新内容，采用新手段。然而在国家和社会限于财力、物力和人力，既不可能迅速为师范教育提供足够的投入，良好的培养设施、设备和手段，又不忍心坐视师范教育"每况愈下"，日益拉大与其他教育之间差距的情况下，充分发挥综合大学及其他高等专门院校的师资、学术、设备优势和潜力，共同培养师资，不失为一条投资少、效益好、水平高的途径，也能较好地解决长期以来高师难以统一的"学术性"与"师范性"的矛盾问题。而对于学生来说，给予他们一段时间去思考和选择教师职业、推迟定向，或许会使他们职业的思想准备更为充分，对他们未来从事教育，未必不是不需要的。

然而，这种开放式培养体系也存在一定的缺点及局限。最主要的是体现在两个难以结合上。一是师资培养计划难以与社会、教育需求结合。这一体系的培养对象——学生的数量和来源的质量难以把握。学生是否选择教职，固然要受职业市场、劳动力市场、人才市场供求关系的制约和调节，但更多

---

[1][2] 拉藤克·维迪努：《教学内容发展的全球展望》，教育科学出版社1992年版，第6页、第117页。

的则要受国家和社会所确定和保障的职业地位、职业政策和职业导向的影响，此外学生个人价值取向、志愿、兴趣和爱好等，也是不可忽视的因素。二是专业学科的教育难以与教育的实际需要结合。

二 体系与模式变革的依据和所需的条件

师范教育体系与模式的变革，需要有客观的社会、经济、科技和文化发展作为其主要依据及动因，同时也需要有教育自身的观念更新，以及教育理论和教育实践的发展为其动力。当主客观均有了一种变革的强烈要求和愿望时，也还需要一定的资源、条件、环境作为其变革的物质基础。如果外部、内部的变革需要和变革条件尚未达到协调一致，而强行变革，这种变革将是步履艰难的，也往往会是虚弱的和不稳固的。反之，如果新的社会、经济要求和新的教育价值观念这两种主要因素都已具备，而仍迟疑徘徊，步履蹒跚，不予变革，也会坐失良机，失去发展的生命力。

开放式培养体系的确立，需要有以下主要因素。

（一）社会飞速发展，需要一代新人。

当前社会的日益现代化、多样化和速变化，是师范教育体系和模式变革的首要依据和强大的驱动力。

21世纪是高科技领域产生巨大飞跃和开拓的时代，也是世界经济全面繁荣，社会变革更为广泛、更为深刻，同时又会充满矛盾的时代。未来社会所需要的不仅仅是少数的英才，而且还需要大批具有良好思想品德、知识、能力和技术，具有鲜明个性与丰富情感，富有创造力，并能有效参与社会变革和创造的、全面和谐发展的一代新人。尤其在当前，由于科技的迅速发展，带来了经济结构、产业结构和职业结构的频繁变化，一个人在自己的一生中，有可能进行职业岗位的多次转换及流动，需要扮演多种角色。终生只束缚在一种职业上的现象，在今后的社会里将不多见。同样，在新的时代里。教师也要承担多种职责，扮演多种角色。他们需要从一个课堂知识传授者的权威角色，转变为对学校学生以及社会广泛接受教育的对象进行学习的指导者、引导者和辅导者，是教育改革和教育管理的参与者、实践者和探索者，是学校、家庭和社会的联络者和协调者。教师一生既是一名学者、一名教育者，也可能又是一名生产者、设计工作者、研究工作者或管理工作者。师范教育除去要为未来新型教师提供职业上的必要专业训练之外，还须考虑到他们未来职业的转换，尽可能给予他们一些通用性的、实用性的、基础性的和复合性的理论、知识和能力的培养，以使他们有朝一日在职业转换中也会具有主动性和竞争力。师范教育体系与模式变革，不可能不受到这种社会发展的强大力量的驱动。

（二）基础教育发展重点由数量的扩展，转向质量的提高。

一般说来，当义务教育、基础教育还处于数量上的大力扩展的阶段，不大量设置独立的师资培养机构，则难以满足社会和教育发展的需求。而当这些教育具有一定规模与基础时，大量需求师资的阶段已经过去，师资只需在自然减员、合理流动、轮流培训、质量更替方面进行常态补充，这时国家对于师资培养的重点即会由发展数量转向提高质量。如果再由大量的独立师范院校定向培养师资，即会出现"人满为患"、"教师失业"的现象，同时也会在提高培养质量方面受到限制。迫于形势变化，逐步取消独立师范院校，而改由综合大学、高等专门院校开放式培养师资，即成为合乎潮流、水到渠成的选择。

比如，原联邦德国在第二次世界大战后，由于人口出生率不断下降，使在校生逐年减少，班级规模缩小，教师需求量也日渐减少。因此，在进入70年代时即开始出现了师范毕业生供大于求、学校教师失业的现象。到1977年，失业教师已达6000人，半失业者达20000人。这时如果继续办理大量的独立高师，无疑更会增加师范毕业生谋职困难，提高教师的失业率。因为师范生与综合大学毕业生相较，无论在质量及适应能力方面，都还缺乏一种竞争力。正是在这样一种形势下，国家通过法令将师范大学并入综合大学之中。同样，英国是从1965年开始，人口出生率逐渐下降，到1977年已降到战后最低点。学龄儿童的减少，显得教师相对过剩。1981年，参加职前培养的全日制学生已从114000人降至60000人。① 因此，压缩师范教育规模，就和关闭大量独立高师，发展综合大学培养师资的功能，变革师范教育体系与模式结合进行。虽然这种变革也经历了一个漫长而痛苦的整顿和改组过程，但它只能作这种选择，别无出路。

（三）教师职业要具有一定的吸引力与竞争力。

变革独立师范教育体系，除去有社会的、教育的需求作为客观的依据和动因之外，还需国家和社会采取特殊行动，制定种种对教师职业有吸引力和竞争力的特定政策作为物质保证。这样才能确保取消定向式，发展开放式的培养体系。这时仍会有充足的、良好师范生源攻读师范专业，仍能留得住、稳定住学校中优秀的骨干教师安于和乐于从教，能够吸引到社会优秀人员中的一部分进入教师行列，才能使教育事业蒸蒸日上，并能保持较高的质量和水平。

要使教师职业具有吸引力和竞争力，需要我们提高教师的职业地位，全社会树立起尊师重教、支持教师职业的良好风尚；需要提高教师的工资报酬和物质福利待遇；需要为教师提供良好的教学专业环境、条件和学习进修的机会；需要给教师一定的专业领域的职业自由和学术自由等等。这样，才能保证教师工作真正成为一种令人羡慕、令人尊敬，并能引人献身的职业。学生投考大学选择何种专业，固然是以个人的兴趣、爱好、特长为重要的出发点，但是，不能忽视未来职业的专业地位和待遇，它们也在起着强有力的导向作用。1966年10月，联合国教科文组织在巴黎举行关于教师地位的各国政府间特别会议，讨论通过《关于教师地位的建议》文件，其中明确地提出："在影响教师地位的诸要素中，应格外重视工资。因为如同其他专门职业一样。除工资以外的其他要素，诸如给予教师的地位或尊敬、对教师任务重要性的评价等等，都很大程度上依赖于教师的经济地位"，"应比支付给需要类似的或同等的资格的其他职业的工资较优为有利"。② 美国卡内基教育和经济

---

① 成有信编：《十国师范教育和教师》，每103页。
② 《教育大辞典》第2卷，第130页。

论坛"教育作为一种专门职业"工作组的报告《国家为培养 21 世纪的教师做准备》中提出"教学工作必须提供能与其他专业相竞争的工资、福利和工作条件","提高教师工资是吸引和留住我们在教学工作中所需要的人才的绝对前提","教师应对下列事情有决策权或起码能有较大影响。如,教材和教学方法的选择,教职人员的聘用,学日的组织安排,学生的作业,学校顾问的聘用,以及物资的分配使用等问题"。① 如果上述最基本的职业地位、职业利益、职业自主权不得保证,一旦取消了定向的师资培养体系,则青年学生和社会青年的优秀分子会视教职为畏途,学校也很难稳定教师队伍,留住优秀的骨干教师。事实上,国际教育会议已做过这样的估计,那就是"教师这一职业在社会中的地位已经或正在处于江河日下之势"。"训练有素的教师","一定比率的教师的流失而愈加严重","主要原因是受到一些待遇较高的职业的吸引"②。

（四）整个高等教育共同参与创建师范专业。

定向式培养师资体系与模式的消失,并不意味着师范教育的消亡,而是在更新意义上、更高层次上和更大范围上的一次变革、发展和提高。这就需要整个高等教育共同致力于师范教育的专业基础性建设。

当前,在国际性的教育会议上以及许多国家的师范教育改革政策中表明,社会各阶层人士已达成了这样一个共识:那就是承认"教育是国家命运的关键。各个国家和民族在世界上彼此所处的地位,在很大程度上取决于教育",③认识到教师是整个"教育体制的柱石",教育质量的高标准来自于教师的高素质和高标准。因此,强烈呼吁师范生要"把教学当成终身职业","成为国家未来的栋梁,负起促进国家繁荣,保证人人享有机会,维护我们民主制度的

---

① 国家教育发展与政策研究中心编:《发达国家教育改革的动向和趋势》（第二集）,人民教育出版社 1987 年版,第 353、313、314 页。

② 《第 40 届国际教育会议》第三部分,第 45 页。

③ 教科文组织总干事萨拉戈萨在第 42 届国际教育会议上的开幕词。

责任"①。

建立一支素质优良的教师队伍，必须保证给予未来教师以高标准的专业教育和训练，它包括三个最基本的条件。首先，师范教育必须找到最好的专家、科学家和教师任教。师范教育的教师需要专业学科及教育科学俱优，并能具有一定的教师职业的科学实践，这样才能既是人师，又为人范。

其次，要建设先进的、科学的、高水平的教育科学和课程，建立一套严密的、科学的、不可替代的、符合现代化要求的教学体系。长期以来，师范教育存在着训练水平偏低，办学和教学条件、手段等落后这一事实。这除去有客观上提供资源不足这一重要因素之外，就师范教育自身的因素以及其内部的运行、调节机制来看，也存在着两大致命的弱点：一是教育学科由于受传统的教育观念及原有的学科体系的长期束缚，对于新的科学知识和技术发展成就，对于其他学科的演变及成就缺乏敏感性，尤其在内容的吸收和变革上存在一定的惰性，致使内容比较狭窄、陈旧和落后；二是训练师资还没有完全建立起一套社会公认的，类似训练律师、医师、工程师那样高标准、高效益的、严密而科学的教学体系。要提高培养师资质量，必须从根本上改造及建设教育学科，建设现代化的教学体系。在开放的培养体系中，应把建设教育学科和教学体系视为整个高等教育义不容辞的责任。教育学科要注意吸收和融合其他社会科学、自然科学和科学技术，诸如社会学、经济学、人类学、人才学、管理学、生理学、心理学、未来学，以及信息论、控制论、系统论等的最新的学术和技术成果。将教育学科和教学体系的建设，放在多领域、多学科群体中进行，有利于教育学科日益走向科学化、现代化、综合化、边缘化和多样化，有利于教学体系的日益科学和成熟。

第三，要为培训师资提供现代化的、先进的教学设施、设备、实践场所和技术手段。这对改进教与学的过程，发展学生的个性，促进学生学习积极性、主动性和高效性起很大的支持作用。然而长期以来，在社会和人们当中

---

① 国家教育发展与政策研究中心编：《发达国家教育改革的动向和趋势》（第二集），第369页。

第五章　师范教育的体系与模式

似乎形成了一种片面的、陈旧的观念，那就是认为对于培养以物质生产为对象的各种专门人才，诸如工程师、农艺师等，似乎应该提供良好的设备和技术，因为这种人才的高质量可为社会短期内获得显著的经济效益，而对于培养以教育、发展未来的希望——青少年为对象的教师这一专门人才，却似乎无需先进的物质条件和手段，只需从书本到书本。只以现代社会所需的信息技术为例，由于计算机的应用范围已从生产、管理领域，进入到人们生活领域的方方面面，将信息观念、信息知识和技术引入对青少年的教育教学之中，为青少年在21世纪的信息社会中生存与发展作好准备，已是当前世界基础教育课程和教学改革的一大特征。那么作为向青少年传授、传播信息观念、知识、技术的未来教师，必须在设施设备和技术手段先进、环境优良的师范教育中，接受严格的训练，这已不是难以理解的事情。同样，人类生存环境中的种种难题，已在向人类步步逼近。为使年轻一代在未来肩负起保护环境、创造良好环境的责任，也需要为他们提供环境教育。使用先进的视听设备和手段，对于培养师资、培养青年一代增加"教育行动的效果具有无限的潜力"[①]。

由上述可见，师范教育体系与模式由定向走向非定向，是有其发展变革的规律性。如果违背这一规律，人为地强行变革或阻碍变革，都会破坏师范教育发展，动摇教育的基础，这在中外师范教育史上是不乏例证的。

日本在第二次世界大战之后，社会公众及教育界人士看到了战前所形成的一套单一的、封闭式的独立师范教育体系存在着国家统制性、闭锁性、准军事性等弊端，造成培养出来的师资文化修养低、知识面窄，眼界狭隘，只知盲从，缺乏民主和创造精神。他们一致认为须改革旧的师范教育体系与模式，提出了四种不同主张：（1）取消独立的培养师资的师范院校，由综合大学和单科大学培养师资；（2）设置教育大学，培养普通教育师资，兼负教育研究任务；（3）设立专科学校与教育大学并存，师范学校升格为学制3年的

---

① 联合国教科文组织：《第三个中期规划（1990～1995）》，第68条。

教育专科学校，将高等师范学校和文理科大学改为教育大学；(4) 专门师范教育机构必须存在和持续下去，认为"即使在将来，师范学校名称不存在了，但是教师培养部门，一定要以某种形态绝对地存在下去"。在社会舆论强烈主张师范教育改革，然而又存在着认识分歧的情况下，1947年至1949年，教育刷新委员会连续通过几个法案，指出："现有的培训教师的诸学校，认为适当者可改为学艺大学。"① 提出：从幼儿园到高中的教师，一律由新制大学培养。根据这些精神，日本全国的55所师范学校和46所青年师范学校，纷纷合并与升格，改为新学制下的学艺大学或综合大学的学艺学部和教育学部。废止了由师范学校培养师资的做法，实行开放式培养师资的体制。

然而，在实行这一开放式的体系之后，人们又逐渐发现这种体系的主要问题，即是在少数的综合大学及文理学院中还可以保证培养师资的质量，而占73%以上的私立文理学院及短期大学中，专业科目过于单一化，教师的职业训练科目又不够丰富，质量不高，没有附属的实习学校和适宜的实践场所，实际上相当数量的学校不具备培养师资的基本条件，不能保证培养教师具有教育工作者的责任感和献身精神，热爱儿童的思想情感，以及必需的教育理论、知识和能力。从1971~1978年间，日本各政党、各社会团体、教育界人士相继提出种种改革培养师资的建议，终于在1978年、1981年相继设立了上越、兵库、鸣门等教育学院，学制4年，设本科和研究生教育，使非定向式与定向式培养师资的体制并存。

三 中国师范教育体系与模式的变革

在中国师范教育史上，曾实践过定向式与非定向式两种不同的体系与模式，既有成功的经验，也有沉痛的教训。

在清末民初师范教育初创时期，采用的是日本定向式培养体系与模式。师范学校纵有层次、横有类别、独立设置、自成系统，为中国初等与中等教

---

① 成有信编：《十国师范教育和教师》，第165~168页。

育发展立下了汗马功劳。1922年实行学制改革，学习吸收了"美国式教育"。《壬戌学制》规定：师范教育分两级设置。后期师范学校年限2～3年，招收初中毕业生。高级中学设师范科。原设立之高等师范学校，应于相当时期内提高程度，称为师范大学校。

与其他一些国家有类似之处，那就是在20年代先后，一部分社会公众及教育人士已发现了师范教育学科水平低下等弊端，因此曾引发了我国师范教育史上第一次废止与保留独立师范教育体系的激烈论争。在一部分人强烈要求取消师范院校的思潮下，借贯彻新学制之机，一些省份先后实行将师范并入中学。短短四五年间，师范学校减少了39%，学生减少了33%，损失惨重。而当时按六大师范区先后设立起来的7所国立高等师范学校，除北京国立高师改为北京师范大学外，其余均在三四年间分别改名为综合大学，或与其他大学合并。从20年代中至30年代后期，有长达十几年之久，中国的中等教育师资主要由综合大学或文理学院采用开放式的办法进行培养。但由于全国综合大学的教育系科招生有限，因此，30年代时中学师资的恐慌已成为异常尖锐的问题。抗日战争开始后，为"巩固国本"、"挽救教育"，国民党政府又急谋设置独立的师范学院和附设于大学的师范学院、教育学院，因此形成了定向式与非定向式并存的体系与模式。

第三节　变革中国师范教育体系与模式的思路

一　现存体系与模式的两难困境

中国当前的师范教育体系与模式，是在建国初期以学习苏联的定向的培养师资的体系为原型，而建设起的单一的、独立的培养中小学师资的体系和模式。80年代以来，随着社会的改革开放和经济、科技的发展，师范教育在层次上纵向延伸、在类别上横向拓展，大力发展研究生教育，培养高等学校教育学科师资、教育科学研究人员和其他高级专门人才。创建了一批外语、艺术、体育等专科性师范学院，以及专门性的、职业技术性的师范学院，如民族师范学院、职业技术师范学院等。从形式上看，除全日制师范院校外，还发展了利用电视、广播、教学卫星、视听技术、函授自学等媒体和形式的成人师范院校。它比建国初期的师范教育，无论在对象、规模、层次、类别、形式等方面均有很大发展变化，不可同日而语。

然而，应该看到的是，尽管以上变化是可喜的，但它毕竟还只是封闭体系内的量的扩展和质的提高，还没有达到体系和模式上突破性变革。还没有从国家法令上、政策上保证建设一个定向和非定向相结合的大师范教育体系。

当前我国已"开始了一场新的革命"[①]，正在寻求建立一个充满生机和活力的社会主义市场经济体制的目标模式，实现从单一僵硬的计划经济的体制向灵活多样的社会主义市场经济体制的转轨。这一社会历史性的变革，必然会引起一系列相应的体制改革和政策调整。企业要转换经营机制，积极试点股份制；要建立和发展金融市场、信息市场、技术市场、劳务市场和人才市场等；政府要转变职能等等。由此也会引起人们的社会关系、生活方式、价值观念和思维方式的一系列变革。各个领域、各行各业呼唤教育能为之培养出一代具有良好思想品德、时代观念，具有坚实文化科学知识基础并具有创造力的一代新型劳动者。教育面临前所未有的挑战与压力。在这些挑战与压力面前，原有的教育观念、教育体系、体制、制度、模式、结构、内容和方法，显露出诸多的局限性和不适应性。社会的变革迟早会引起教育领域的一系列变革和体制上、政策上的调整。在1993年2月公布的《中国教育改革和发展纲要》中提出：在90年代全国基本普及九年义务教育，大城市市区和沿海经济发达地区积极普及高中阶段教育；要提高教师素质，提高教育质量，把提高劳动者素质，培养初、中级人才摆到突出的位置等等。面对社会日趋现代化，经济市场化，面对对教育、对师资的高要求，我们原有的师范教育体系和模式，难以完全担负起此历史重任，它的弊端和局限性日益明显，表现在：

[①] 江泽民在中共十四大会上的报告，《人民日报》，1992年10月12日。

(一) 单一性和不完整性。

从培养渠道来看，不管是普通教育师资，还是专科性、专门性、职业性、技术性师资的培养，其主渠道都是来自独立设置的普通师范院校，以及专科性、专门性、职业性师范院校。大有"师出一门""师资专营"的味道。

在 1952 年时，国家颁布的《关于高等师范学校的规定》中曾经指出"综合大学有培养一部分中等学校师资的任务"。这已说明，独立的高师院校虽然是培养中等学校教师的主体，但并不是全体，其他高等院校也应负有一部分培养师资的任务。然而事实上，在 1953 年高等院校的院系调整之后，原附设于综合大学中的教育学院或师范学院、教育系科，均已调整出去，或并入其他师范院校，或成立师范学院。此后，在综合大学或其他院校中再没有建立专门的教育学院或教育系科，而这些学校，从事教职也是学生毕业分配时的一种职业去向。这种做法，一方面淡化了教师职业的专业性，似乎任何人只要有学识，无需经过职业训练，就自然可以成为教师；另一方面又强化了"师出一门"的定向体系与模式的封闭性、僵硬性和不完整性。至今综合大学及其他高等院校，除承担某些特定的、委托代培的、临时性的师资培养任务之外，国家并没有从法规上、政策上，以及机构的建制上去赋予和保证整个高等教育都兼负培养基础教育师资的责任。这一单一渠道的狭窄的培养体系已面临进退维谷的两难困境。

首先，它难以满足普及九年义务教育，经济发达地区积极普及高中教育，大中城市基本满足幼儿接受教育，广大农村积极发展学前一年教育，大力发展职业教育，成人教育等各级各类教育近期内各种师资的数量需求。

其次，它也难以适应基础教育的发展。基础教育的改革已在全面铺开，并逐渐深化。全面贯彻教育方针，全面提高教学质量，转变教育思想，调整中学教育结构，调整课程结构，更新教学内容，改革教学方法，着重培养学生思维力、创造力等等，这些均需教师具备更高的素质，付出比过去更多的劳动的量和值，这也要扩大教师编制及配备教育教学的各种辅助人员。

第三，它不利于教师的继续提高。现有教师无论从学历合格、教学质量合格要求来看，都还有一段距离，每年都需要抽出一定比例的教师接受在职培训。并且从时代发展来看，教师一次性的学历合格并不能保证终生都能适应社会飞速发展的需要。即使本科毕业生也仍需多次接受知识更新、扩大学术视野、提高能力的教育。

第四，在当前的第三次商潮之中，由于教师社会地位、工资报酬和物质待遇，尚不足以具有对教师和社会成员的吸引力，因此令人担忧的教师的大量流失仍有增无减，难以遏制，教师的补员问题成了急待解决的问题。这些都显露出师范教育单一体系的局限性。

从现有的师资培养能力看，1991年，全国共有培养新师资的各级各类师范院校1273所，同年毕业生49.5万，[①] 尚不能满足基础教育发展的需求。如不尽速开辟师资培养的新渠道，突破定向的培养体系，则会严重影响着基础教育数量发展和质量的提高。

（二）封闭性及狭窄性。

独立的、定向的师范教育，长期在自我封闭的、分离分隔的、狭窄的系统内对学生进行培养训练、教育实践、定向分配、教育教学，接受继续教育、再任职、再受教育……如此循环往复，很少与社会各个领域、各个阶层广泛接触和与其他教育系统沟通、联系与结合，造成学生眼界闭塞、狭窄，基础知识不够宽厚，适应能力较差，极不利于学生未来在教育系统内部的工作以及到教育系统外部的流动和职业转换。

（三）呆板性和停滞性。

目前，我国独立的师范教育体系之中，职前的新师资培养和职后的在职培训是两条并进的，彼此不相沟通、交叉和结合的轨道。它从体制上分属不同的领导机构；从培养计划上还做不到彼此上下衔接、互换和认定学分、彼此承认学历资格，使所谓正规的职前培养与非正规的职后培训，不能构成师范教育的有机整体，成为—师资终身教育的连续化过程。全日制高师虽然也举办了一些各种形式的在职教师培训学校、培训班，但它仍是互不交叉的双

[①] 国家教委计划建设司：《中国教育统计年鉴》（1991～1992），人民教育出版社1992年版，第22、48页。

轨制。全日制正规教育不能通过提供公开教育课程、学士学位和硕士学位课程，使所有在职教师根据个人不同基础和需要，通过学分积累制办法获得教师任职资格、学士学位或硕士学位。这使得许多本科毕业生在从事教职之后，即或已通过自修、听课、研究和教学实践，证明已达到了研究生层次的水平，也无法取得硕士学位，得不到国家的承认。这种僵硬的培养体制，遏制了广大教师在职提高的积极性，也不利于优秀人才脱颖而出，同时还会造成正规研究生教育这一渠道人员的拥挤。

（四）分割性。

我国的师范教育体制是按中央、地方、国务院各部委、省（市、自治区）局委隶属关系构筑起来的。各个地方、各个部委、局委在所辖范围内都有自己的基础教育系统，都需要各级各类师资。于是纷纷建立起各层次、各类型的、自成系统的独立师范院校。结果，虽然为本地区、本部门提供一定数量的师资，但却也形成了一个"条块分隔、各自为政"的新的封闭系统。出现了学校、专业重复设置，资源分散投入，规模大小极不均衡。有的同一城市中有几所同类或相近的师范院校和专业，而有的院校规模过小，甚至质量粗劣，难以达到质量要求，办学效益及适应性较差。在学生的培养及分配上，更囿于部门所有制束缚，不能适时地、有效地根据市场需求、师资需求，主动调节自身机制，调整专业设置，以及互通有无，调整教师余缺。这在当前国家资源有限而师资需求量又很大的情况下，确是投资上的一种浪费。而且当前由于产业结构的变化，带来职业岗位的频繁并、分、增、减、撤的情况下，如果追随职业教育的大发展，再大量增设职业、技术类师范院校的话，将更会导致师资培养上的"保护主义"，加剧培养体系的封闭性、僵硬性和分割性；也会使培养出来的师资，一旦在未来职业中需要流动与改行时，缺少一种应变能力，缺乏主动性与竞争性。

二 确立新的师范教育的种种观念

从总体上看，阻碍师范教育进步与提高，固然有历史的、社会的、物质方面的制约因素，但最关键的因素，仍然属于师范教育自身体系、体制、制度等方面的弊病。师范教育,必须能够自我检讨、自我评价、自我重新认识、自我发动,必须顺应时代新潮流,加速变革步伐,谋求自身的发展、完善,创建新的体系与模式。

创建新的师范教育体系是一个较长时期的、艰苦的开拓、探索、实践的复杂过程。从当前来看,它急需观念上的大力更新,实践中的大胆探索,资源上的适量投入。

考虑当前建立新的师范教育体系与模式,既不能在强大的社会压力与驱动力面前表现出束手无策,也不应受现实的政策和现存体系的束缚和困扰。在我国近百年的师范教育历史发展过程中,不管是在旧中国的半封建、半殖民地经济形态下,还是在新中国实行单一计划经济的体制下,定向式师范教育体系和模式长期占据着主导地位。人们受这种传统师范教育观念的束缚过久过深,加以历史上的教训,因此在谈到变革师范教育体系和模式时,总还有一部分人疑虑困惑、心有余悸。欲变革体系首先须转变观念,破除传统思想的束缚,确立四个新的观念。

(一)破除束缚,确立时代观念。

要破除计划经济体制下传统师范教育思想的束缚,确立师范教育体系必须适应发展市场经济需要的时代观念。

应该看到,我国当前社会和经济的全面变革,是"一场新的革命",它"不是原有经济体制的细枝末节的修补,而是经济体制的根本性变革"[1]。社会和教育的改革和发展,已"对教师提出了新的更高的要求"[2]。可以说,师范教育体系变革的社会的、经济的、教育的动因已经具备,而变革的契机也已出现。这时就要善于利用动因,抓住机遇,大胆变革和探索。这既不同于20年代时,在社会生产力发展水平很低的情况下,一味地脱离国情、盲目照搬发达国家取消独立师范教育机构的错误做法;也不同于1958年后,在"左"的错误思想指导下,竞相攀比综合大学,急于求成,取消师范的行动。这是

---

[1] 江泽民:《在中共第14次全国代表大会上的报告》。
[2] 《中国教育改革和发展纲要》。

在新的历史时期寻求建立新的师范教育体系与模式的明智的选择,因为封闭、僵化、停滞是没有出路的。

(二)破除"专营"思想,确立开放观念。

要破除师资必须由师范院校"专营"的思想,确立整个高等教育都参与培养师资的开放观念。

二次世界大战后的一个明显趋势,即是师范教育的概念已经在不断变化和扩大。它一方面既表现在独立师范院校的社会服务和对象范围的日益扩大化、多样化和灵活化上,同时亦表现在越来越多的综合大学、文理学院、专门学院等热心于培养师资方面。这一事实告诉我们,只要坚持教师必须经过职业训练这一基本原则和标准,那么,建立各种形式的师资培养机构,通过各种渠道和方式,来培养各个等级、各个类别、各个学科师资的教育,都是实际意义上的师范教育,都应属于师范教育大系统之中的一部分。师范教育已不是独立的师范院校培养师资的专用术语。这一历史性的、带有根本性的变革,不仅可以大大缓解师资供求的尖锐矛盾,减轻师范院校难以承载的巨大压力,而且也是师范教育发展史上不可逾越的必经阶段和不可违背的必然规律。

(三)破除单一思想,确立大有可为观念。

要破除师范院校单一的培养师资的思想,确立师范大有可为的价值观念。

这一观念与上一观念的主要区别,在于前者主要解决的是,培养师资可以是师范院校的主要责任,但更是全社会、全高等教育的责任。而后者着重明确的是,在新的形势下,不框定师范院校的培养目标和任务,应发挥师范院校优势和多种功能,在基本完成培养师资的任务下,在更大的范围内体现自身的价值。这一观念的确立,对师范教育积极主动地调整自身的运行和发展机制,充满活力和生机,为社会多作贡献十分有益。

首先,经过近百年建设起来的一批师范院校,尤其是一批历史悠久,具有一定规模、学科和研究基础良好的师范大学,理应与其他大学一样发挥多种功能。它们可以根据自身的专业优势和学科特点,根据社会人才市场、职业市场的需要,突破单一培养目标,在培养师资之外也培养其他急需人才,不应将培养师资与培养其他相近人才之间划出一条截然的鸿沟。其次,师范院校也可将其自身投入经济建设的主战场。与企业、科研机构、社会文化团体建立横向联系,与企业建立教学—科研—生产联合体,接受企业交给的实际研究课题,为企业的科技发明创造、新产品研制、传统生产工艺的改造、为科技转化为生产力服务,成为企业的一个支柱力量。第三,还可以利用综合智力的优势,为国家、地方政府、社会团体、企事业单位等作出决策和解决疑难问题服务;为社会各个领域提供咨询服务,提供人员培训和继续教育,有助于实现社会教育化和学习化社会。这就是高等师范教育的教学科研与服务的三结合。师范教育变革体制和模式,实现从定向式培养到非定向式培养的积极发展和过渡的本身,就是在充分证明,师范教育不仅能够继续生存,而且还具有强大的生命力。

(四)破除界限,确立终身教育观念。

要破除正规教育与非正规教育之间的某些严格的思想界限,确立终身教育的观念。

自从1967年世界性教育会议上经过讨论,在《世界教育危机:系统分析》一书中提出"非正规教育"、"非正式教育"这些术语后,各国在教育发展和教育改革过程中,已开始使正规教育和非正规教育之间的某些严格界限趋于模糊和淡化,"非正规教育更多的是部分时间的、时间较短的、内容局限于特定学习者能很快使用的专门的实践类型的知识和技能,内容具有内在的灵活性,能迅速适应随时出现的新的学习需求",[①]它日益受到重视。人们认为,严格区分正规教育与非正规教育,从某种意义上说,是不同的人才质量观与学历观的一种反映。正规教育实行的是选拔制和淘汰制,对层层选拔上的学生施以一定规范化的教育。接受过这种教育人们的"学历",也就成为一个人谋职、任职、晋职的资格和基础。而在当前,世界新的人才质量观的发展趋势是重人品、重水平,不重文凭;重能力、重实力、重创造力,不重形

---

① 〔美〕菲利浦·库姆斯:《世界教育危机——八十年代的新观点》,第25页。

式上的学历。在水平、能力、业绩和效绩面前人人平等，要为社会各类人员提供一个公平、合理的竞争和展现自己才能的机会和环境。这也需要在师范教育内部，确立一种比较客观的、相对公平合理的、多元化的评价教师水平、能力和终身学习成果的标准，克服正规教育的封闭化与非正规教育的学历化、规范化两种倾向，将两种教育彼此衔接与结合，形成师资培训的纵向连续化与横向社会化的终身教育体系。

三　建设新的师范教育体系的若干思考

建设新的师范教育体系的目标是：定向式与非定向式培养体制并存，体系开放、灵活、多样，层次与规格明确，地区分布合理，专业结构协调、优化。使师范教育从封闭化、半封闭化转向开放化；从单一化、划一化转向多样化、弹性化；从僵硬化转向灵活化；从分割化转向结合化。消除师范教育与社会经济发展、职业活动变化之间的脱节；与其他教育之间的隔绝；教师职前培养与职后培训之间的障碍；师范教育内部各子系统之间的不协调等等。凡是具备培养师资条件的，并实际上已在进行培养任何层次和类别师资的高等、中等教育，均可构成上下衔接、彼此结合、相互联系的大师范教育体系。

（一）独立的普通师范院校要由封闭逐步走向半开放、开放。

从我国国情出发，独立的师范院校在一定时期内仍需保留，但要加速改革开放的步伐。改革发展的重点应是：控制增加数量，重点提高质量，积极改造和拓宽专业，改革课程结构、内容体系，提高办学效益。

本世纪内要有计划、有步骤、有重点地发展独立高师的数量，尤其要严格控制人口密集地区和城市中由于地方、部门所有制所造成的高师院校和专业的重复设置、分散投资的状况。有基础的高师可通过改革挖潜、扩大招生、调整专业等方式调剂教师余缺。师资培养可以实行地区化，但不应划地为界，过分强调师资地方化、"哪来哪去"。这在改革开放的新形势下，不利于教师的流动交流、扩大眼界、丰富知识、增进阅历和提高教学质量，也不利于教师参与公平合理的学术竞争和鼓励优秀人才脱颖而出。

这类高师要从封闭式培养，逐渐转向有限开放、部分开放，最终实现全面开放。设公开讲座、公开学分课程、学士和硕士学位课程、教师资格证书课程，采用弹性学习制、课程注册制、科目注册制、学分积累制、自学考试制等方式，使在职教师、社会成员通过选学课程、积累学分，以及一定的考核、考试和评审等程序，取得学士或硕士学位，取得教师资格或晋升高一级职务资格。这类开放性课程可以是全日制、半日制、部分时间制、夜间制、假期制等等。

（二）独立高师应大胆实践多种培养模式。

独立高等师范院校应改变四十年一贯制，实验和实践多种培养模式。妥善处理基础学科、专业学科与教育学科之间的比例和结构关系，前后排序和彼此配合、相辅相助之间的关系。不妨实践以下三种不同模式。

1. 混合训练模式。

在四年中对基础学科、专业学科、教育学科混合训练。这是几十年一贯沿用的模式。这种模式的改革需要抓住两个关键：一是要改造传统的孤立分科的专业设置，拓宽专业口径，增设一些教育发展中急需的新专业，一些通用性、实用性、复合性专业；二是要寻求一个基础学科、专业学科和教育学科这三大部类学科之间的合理的比例和优化的结构。根据原有高师课程结构的偏向来看，似应加宽加厚基础学科，适当加强教育学科及实践，减少专业学科的比重。

2. 二段训练模式。

学生入学后，分系分专业先集中学习基础学科和专门学科三年或三年半，用最后半年或一年专门进行教师职业训练，包括学习教育理论、知识、教法、教育技术，进行参观、见习、实习等。其最大优点在于保证各自训练的集中性和规范性，避免混合训练中的相互干扰、顾此失彼，甚至轻视教育专业训练的倾向。

3. 三段训练模式。

学生入学后先不分系和专业，按大文科、大理科划分，用一年多一点时间专门集中进行基础学科训练，包括社会科学课、自然科学课、文化艺术课、语言工具课、体育课等。至第二年上学期可分系开始交叉安排专业课，至最后半年或一年专门进行教师职业训练。这一模式最大优点在于学校可统一设置基础课,提供专门师资和统一开放的教学设施和设备。打破过去各系追求大而全、小而全、成龙配套,造成课程重复,教师编制过大,投资分散和效益不高的局面。

(三)实验开放式培养模式。

全国可按大行政区,首先选择那些历史悠久、基础完备,学科比较齐全,设施比较先进的综合性师范大学,改名为综合大学,实践开放式培养师资的体系。可根据需要下设文、理、教育、管理、经济、外语、艺术、体育等学院。教育学院的任务有五:①为本校各院系的欲从事教职的学生,提供教育理论、知识、教育技能等基本科目,规定出应选教育科目的学分;②为本校其他院系或其他高等院校本科毕业生,提供半年至二年的不同层次、不同形式的教师职业训练,培养师范专科学校师资及经济发达地区的高中师资;③提供3~5年的研究生阶段的硕士和博士学位教育,培养高等学校师资及高一级层次的教育研究人员、管理人员等;④为社会上欲进入教师职业或进行职业转换的人员,提供一年左右的教师职业训练,使他们取得教师资格或获取合格证书;⑤为各级各类在职教师提供不同需要的、丰富多样的继续教育科目,以使他们更新知识、扩大学术视野,提高能力和水平。

(四)适当发展职业技术师范学院。

独立的职业性、技术性高等师范学院,在近期内可适当发展数量,但要调整专业,提高教学质量和办学效益。

职业技术师范学院的出现,是社会分工和教育进一步发展对于专门性师资大量需求的结果。然而由于职业类别纷繁复杂,职业岗位分化、综合变化万千,社会既不可能追随职业岗位的无穷变化,去增设越来越多、分工越来越细的专业性、技术性、职业性的师范学院,也不可能依托普通高等师范院校去培养各种技术性、职业性师资。因此,一定时期内还需要有控制、有重点地发展数量,设置一些专业覆盖面广、通用性、实用性、适应性、迁移性较强的专业。但最终各类专业技术师资和职业师资,不是靠这类高师培养,而是由各专业性高等院校实行开放式体制进行培养。在同一地区和城市之中,应尽量发挥高等专门学院和综合高师的一部分作用与潜力,调整那些专业设置重复、学科水平低下、知识狭窄、规模小且效益低的职业高师和专业。最终将减少乃至取消职业、技术性高师,将各级各类基础教育的师资培养,放在整个高等教育同一水平层次之上。

（五）充分发挥在职教育系统培训师资的作用。

师范教育体系的改革,要以终身教育思想作为重要的指导原则,将教师职前培养与教师职后培训上下衔接和彼此结合起来,使教师的培养提高贯穿全人生,遍及全社会。

中央和地方,高等学校和研究机构均可以视不同情况,设立独立的或附属的教育学院、教师进修院校,以及形式灵活多样的师资培训中心、教师之家、教师暑期学校、教师俱乐部等,以各种形式培训和提高在职教师。其中,教育学院应是全面培训在职教师的主要基地。从我国当前看,它的主要任务有以下几个方面。

1. 尽快对那些学历不合格的,或学历合格而学识和教学水平难以称职的教师,限期进行系统的和单科的补课和培训,使这些教师尽快达到形式上和实际上均能合格的要求。

2. 对那些已往学历合格的教师,应着眼于提供门类繁多、灵活多样的继续教育科目,包括专业学科、教育学科、新学科及科技、学术等讲座,使在职教师不断获取新知识,发展自己的能力,或取得新的、更高一级的教师资格或职务。

3. 为其他行业已毕业的大学生和社会广泛成员提供教育训练,使他们通过接受训练能够达到教师资格的要求,进入和转入教师这一行业。

4. 基础完好,学科相对齐全、教学水平较高、师资队伍比较雄厚的教育学院,也可以经过国家鉴定和评审程序,提供学士学位和硕士学位教育,培养高层次的师资;但不应一味追求"正规化教育"、"高学历教育"。它的大量的基本任务,也是它的生命力和活力所在,则是提供各个层次、各种渠道、各种形式、各种类型、各种需要的课程,进行职后培训。正如我国有的教育学院的总结体会中所说,办理教育学院的基本特征是:"高等教育的规格,师范教育的性质,成人教育的特点,在职培训的职能。"这类院校应是与正规的学校师范教育上下衔接、彼此联系、互为补充、相得益彰的统一师范教育体系内的不完全相同功能的教育。

(六)建设师资培训的服务性、共享性的设施。

从当前及未来发展看,从少投资多收益来看,国家和地方应为师资培训建设共同享用的设施,如:图书馆、教育情报资料中心、实验中心、电教技术中心、文化活动中心、教师之家等。这些设施应是服务性的、非盈利性的,是教师进行学术研讨、学术交流、教学展览、观摩等活动的场所。它的优点在于集中投资、社会共享、大面积受益。

(七)将培养师资的责任放在整个高等教育肩上。

当前,急需打开培养师资的渠道,使各类高等教育逐步建设教育机构,尽可能承担一些培养师资的责任。这是一个必需的,也是可行的措施,是实行开放式培养师资体系的关键。

首先,在一些大的省区和大城市中,将有的基础较好、学科齐全的综合大学中高等教育研究所、室,改建为教育学院或教育系科。教育学院在建制上虽与其他各院地位相同,但它的特点在于面对整个大学各个学院,为各院系的本科生及本科后学生,提供选学教育科目和教育实践的培训。亦可单独招收本科毕业生,进行硕士和博士学位教育,成为培养师资及进行教育科学研究、教育咨询服务的基地。

其次,高等工、商、农、医、语言、政法以及艺术、体育等专门院校,有条件的也可创设教育和心理教研室,通过下述办法为各类基础教育培养师资。①提供最基本的教育科学概论、心理学概论以及教学法课程,供学生选学取得规定的学分,取得从教资格。②在各系科中选拔一些本人自愿且适宜作教师工作的本科毕业生,给予半年左右的集中教育专业训练,补充中学师资。对于接受过1~2年训练的学生可授予教育学士学位(即第二学位)。③举办师资班,期限3个月至1年不等。

上述开放式的培养体系和模式,虽不易做到对师资培养的计划控制,但可以通过若干年实践,去求得一个学生选择教师职业的性向概率,这对我们分析研究问题，制定提高教师职业地位的特定政策十分有益。我们在变革师范教育中，必须要迈出这历史性的一步。

应该看到的是，建设一个这样的体系和模式，是一个长期奋斗的过程。需要政府各个部门、各个方面的大力支持，需要有一批高等院校肯于积极开拓，大胆实践。但只要确定一个比较共同的认识和奋斗目标，并随着我国社会主义市场经济的不断建立与完善，随着政府职能的转变，有计划、有步骤地实现这一目标，也绝不是十分遥远、难以企及的事情。

第六章

师范教育的培养目标

教育的根本问题是培养什么人的问题，首先要确立的是教育的培养目标。教育的整个工作也都是围绕着实现培养目标而展开的。师范教育的培养目标，是培养合格的人民教师，是对未来教师的培养规格与要求。它是师范教育工作的根本依据。在前几章里所探讨的关于师范教育的发展、师范教育的性质、师范教育的体系与模式等，都无不同师范教育的培养目标有关，而以后各章又关系到培养目标的贯彻与实现。因此有必要就师范教育的培养目标有关理论与实践的问题，作进一步的探讨。

第一节 培养目标概述

一 什么是培养目标

在培养目标问题上，我们经常遇到诸如教育目的、教育目标、培养目标、教育方针等相关的概念。这些概念的内涵，都是表明培养什么样人的问题，但它们之间又不完全相同，既有联系，又有区别。

培养目标，是培养人才的一种预期的结果，规定着人才应该达到的质量与规格。它体现了一定社会政治经济的发展对人才的基本要求，也是教育活动所追求的最终目的。

教育目的，也称培养目标或教育目标。但教育目的指的是一个国家教育的总的培养目标，是对人才培养的总的要求。它从一定社会政治经济发展的总体和宏观上规定着所需人才的质量与规格，构成整个教育工作的方向和依据。目的性是教育的本质属性，没有目的的教育是不存在的。可以说整个教育工作都是在完成着一定的教育目的。所以，在这个意义上，我们经常说教育目的是教育工作的出发点，又是教育工作的最终归宿。我国社会主义的教育目的，是培养能坚持社会主义方向的"德、智、体全面发展的建设者和接班人"。

培养目标与教育目的不同之处，是它不仅有总的培养目标（即教育目的），而且还有不同层次、不同类别教育的具体的培养目标。各级各类教育都有自己特定的培养人才的目标、规格与要求。例如中等普通教育属基础教育，它是为高一级学校培养合格的新生和为生产部门培养合格的劳动后备军；中等专业教育和高等教育，都属于专业教育，前者是培养一定规格的中级技术和专业人才，后者是培养高级专门人才、工程师、学者和专家。师范教育也属于专业教育，它是培养教师的；而师范教育的培养目标，又有各级各类师范教育不同的教师的规格与要求。培养目标具有明显的层次性；甚至不同专业、不同学科，都有其培养人的标准，它们具体反映在这些专业和学科的教学计划和教学大纲之中。

这些不同层次的、具体的培养目标，既与教育目的有区别，又与教育目的有紧密的联系。它们之间的关系，是总目标与具体目标的关系，一般与特殊的关系，指导与被指导的关系。教育目的是制定具体培养目标的根据，而具体培养目标又是教育目的在一定教育范畴的具体体现。没有各层次的培养目标，教育目的就无法实现；而具体的培养目标如果脱离教育目的的指导，也会使人才的成长偏离社会所要求的方向。所以，各级各类教育在制定培养目标时，既不可用总的培养目标简单地代替各自的培养目标，也不可使自己的培养目标脱离总的培养目标的原则规定。师范教育的培养目标体现了自身的培养任务和对教师的培养规格，但无论哪一级或哪一类师范教育所培养的教师,都必须是能坚持社会主义方向的德、智、体全面发展的人才。

那么,什么是教育方针呢?教育方针,在旧社会多称"教育宗旨",也是同培养目标、教育目的等有紧密联系的概念。教育方针是国家教育总政策中的重要组成部分。它确定着教育工作的总的方向和指导思想,含有教育目的,也提出了实现教育目的的基本原则或途径。教育方针一般要解决三个问题,即为什么培养人,培养什么样的人和怎样培养人。可见,教育方针同教育目的有着内在的联系。我国的教育目的大多包含在不同历史时期的教育方针之中,对整个教育工作具有指导意义。我国于1993年2月发布的《中国教育改革和发展纲要》中提出当前的教育方针是:"教育必须为社会主义现代化建设服务,必须与生产劳动相结合,培养德、智、体全面发展的建设者和接班人。"①《纲要》指出,教育改革和发展的根本目的是提高民族素质,多出人才,出好人才,各级各类学校要认真贯彻这一方针,努力使教育质量在90年代上一个新台阶,为21世纪的经济发展,做好人才准备。

培养目标是关系到人才质量、教育质量和社会主义现代化建设的重大问题。师范教育的培养目标又是解决师资质量的问题,是教育质量和培养国家建设人才的根本,是全面提高教育质量,多出人才,出好人才的前提条件。明确师范教育的培养目标及其相关的理论问题,是十分重要的。

二 培养目标受社会发展制约

培养目标受社会制约,是教育发展的一个重要规律。教育总是为一定社会培养人才,它同社会的发展有着本质联系。它受社会发展的制约,又反过来通过培养人才为社会的发展服务。教育同社会发展的联系,集中反映在教育的培养目标上。培养什么样的人,要考虑一定社会生产力发展的需要,也要考虑一定社会生产关系的性质与要求,就是说,培养目标的制定,既受生产力的制约,又受一定生产关系的制约,自古至今,历来如此。

---

① 《人民日报》,1993年2月27日。

社会主义教育的培养目标受社会主义政治与经济的决定。在我国现行的教育方针中明确规定，教育必须为社会主义现代化建设服务，必须与生产劳动相结合，培养德、智、体全面发展的建设者与接班人。它反映了我国教育的性质。

我国师范教育的培养目标，即根据教育方针的要求，培养忠诚于社会主义教育事业的德、智、体全面发展的人民教师。

在师范教育还没有作为一个独立的教育范畴产生的时候，也谈不到它自身的培养目标。但是，教师这个职业，是自古以来就有的，因此也就有了社会对教师的不成文的要求，要求教师必须是忠君尊儒、德高望重、饱学经书的人。唐朝韩愈则进一步提出教师的规格，即要具有能够完成"传道、授业、解惑"任务的学识和能力。到了近代，师范教育产生以后，也有了明确的师范教育培养目标，这一培养目标反映了社会制约性，反映了不同社会对教师的培养要求。

三　培养目标的基本内容

一般说来，培养目标由两部分内容构成。第一部分，是标明教育要培养什么样的人，即培养何等职能的社会成员。这方面，我国教育总的培养目标是培养社会主义现代化的建设者和接班人，而具体到各级各类教育，又有从事不同社会职业的人才目标，如培养工程师、技术员、医生、理论工作者、农艺师、教师等等。师范教育的培养目标是培养教师，各级各类师范教育又有培养大学教师、中学教师、小学教师、幼儿教师、职业技术教师，以及文科、理科、艺术、体育等专业教师的区别。第二部分，是规定了所培养的人才应具备的素质与要求，包括政治素质、道德素质、文化与专业知识素质、能力素质、身体素质，以及个性品质等。而这些素质，在各级各类教育的培养目标中，又有程度上、内容上的不同要求。我国总的培养目标的规格要求是德、智、体全面发展，这是对所有教育对象的统一要求，各级各类学校还得根据自身的培养任务与教育对象的实际情况，制定出德、智、体的具体的培养要求与规格。

培养目标这两方面的内容，反映着教育的两大基本规律，即教育同社会发展的本质联系和教育同人发展的本质联系。培养目标一方面体现受社会制约，另一方面还必须适应不同年龄阶段学生身心发展的特点与规律。培养目标的实现，也就是把社会要求通过教育活动转化为学生个体素质的过程，是目标社会化与目标素质化的辩证统一。

我国的教育方针关于培养目标的基本点是：

（一）我们培养的是社会主义的劳动者。

劳动者、建设者、接班人等，在广泛的意义上，都具有相同的内涵，都是为社会主义现代化建设服务和为巩固社会主义制度而做出贡献的人才。劳动者是相对剥削者而言的。它表明了我国培养目标的社会主义性质和我们所培养人才的社会地位与社会价值。

培养劳动者，是我国培养目标的核心。它同一切剥削统治阶级的培养目标有着本质的区别。自古以来，剥削统治者都是把少数本阶级的子弟培养成官吏和不劳而获的寄生虫。资本主义社会虽然提出了培养劳动者的任务，但这劳动者实际上是被奴役的奴隶，是"既能替资产阶级创造利润，又不会惊扰资产阶级的安宁和悠闲"[①]的恭顺和能干的奴仆。而我们所培养的劳动者，是国家的主人，是社会主义建设的基本力量，是有社会主义觉悟的有文化的新型劳动者。他们既包括以从事体力劳动为主的有文化的广大的工人和农民，也包括以从事脑力劳动为主的、与工农相结合的广大的知识分子。

这种新型的劳动者主要的特征是德才兼备、体脑结合。德才兼备、又红又专、"有社会主义觉悟有文化"、"有理想、有道德、有文化、有纪律"等，是我国培养人才的根本要求；体脑结合、理论与实践统一、既能动脑又能动手，是我国各级各类建设人才的重要特征。在社会主义社会，体脑对立已不复存在，但还存在着体脑差别，还有社会分工。这种分工已不是旧时的分工，而具有了新的性质。不论是从事体力劳动或从事脑力劳动的，都是在不同程

[①] 《列宁选集》第4卷，第346页。

度上体脑结合的劳动者。以体力劳动为主的劳动者，是与脑力劳动结合的有社会主义觉悟的有文化的工人和农民；以脑力劳动为主的劳动者，也是不脱离体力劳动的、与工农相结合的知识分子、学者和专家。随着生产的发展和教育程度的提高，还必将逐步缩小体脑之间的差别，使劳动者在智力与体力结合上，达到更高的水平。

（二）我们培养的是德、智、体全面发展的人。

德、智、体全面发展是我们培养各种人才的基本规格。我国的教育目的就是依照社会主义的方向，促进受教育者在德、智、体诸方面得到主动的、生动活泼的发展。

学生，作为个体来说，都有其内在的发展需要，都具有德、智、体、美等发展的因素和机制。教育，事实上就是按照一定社会的要求促进这些因素的发展，使之外化为德、智、体、美等现实品质和素养。从学生的发展来说，这些素质与机制都是一样的，它不分阶级，不分社会，古今中外，人人如此。所以很多教育家、政治家在谈论教育目的时，也都是从这些素质结构和内在发展的要求出发，或重在德的发展，或重在智的要求；或主张和谐发展，或主张全面发展；在内容上或提德、智、体，或提德、智、体、美，或提德、智、体、美、劳或德、智、体、美、群等等，各不相同，仁者见仁，智者见智。但是，值得注意的是，个体的这些素质与机能，只是其发展的一种物质前提与可能性，至于发展成什么样的德、智、体、美等现实品质，则完全取决于环境的影响和教育的作用。正是在个体实践过程中，使这些外部影响同内部因素得以结合，推动了个体的发展。这些德、智、体、美等因素在发展中也就融进了社会的要求与内容，并形成现实的德、智、体、美等素养与品质。尽管历史上在议论教育目的时，都同人的内部因素发展有关，但对这些因素表现为什么样的品质，却有着明显的差别。不同的阶级都提出符合本阶级要求的培养规格。由此可见，个体素质的发展同社会影响的结合，是一种规律性的表现，它们是不可分割的。

我国社会主义教育目的是培养"德、智、体全面发展的建设者和接班人"，这个德、智、体的全面发展从内容上说，体现了社会主义性质与要求。

我们培养的是能坚持社会主义方向的，德、智、体全面发展的建设人才。

（三）我们培养的是具有鲜明个性的建设者。

个性，在心理学上，是指个体经常表现出来的、稳定的心理倾向性和心理特征。既包括人们共同的、典型的心理特征，也包括人与人之间不同的、个别的心理倾向与特点。它构成一个人整体的心理面貌。所以，个性就是指人的个别性，是每个个体的人自身特性的总和。它体现了个体在发展中的共同性与差异性的统一，共性与个性的统一。

人的全面发展，正是人的个性的全面发展。马克思关于人的全面发展的学说，就包含了个性的充分、自由发展的内容。

过去，我们在一个比较长的时期里，把人的全面发展同个性发展对立起来，排斥受教育者独立个性的培养，把发展个性视为资产阶级自由化倾向或个人本位主义，只能按全面发展的统一要求去塑造每一个受教育者，造成"千校一面"、"千人一面"，学校办得没有特色，人的个性受到压抑，个体的才能难以发挥，事实上这也损害了他们的全面发展。所以必须把全面发展与个性发展结合起来，个性发展要以全面发展为前提，全面发展则寓于个性发展之中。我们的原则是，在全面发展的统一要求下，使每个人的个性都得到充分的、自由的发展。我们培养的建设人才，应该是具有鲜明个性的人。

全面发展与个性发展相结合，是制定我国教育目的的重要指导思想。强调发展人的个性，不仅是个体内在的发展需要，同时也是社会发展的要求，是当前时代的要求。个性发展的多样性，既受个体素质差异性的制约，又受社会需求多元化的决定。20世纪中期以来，随着世界经济与科技的高速发展，国际社会出现了民主化、多元化、信息化、高技术化、高质量化等现代社会发展的新特征。这些变化也对人的个性发展提出了更高的要求，重视个性发展，提高人的素质，培养和发展人的主动性、自主性、独特性和创造性等新的品质，成了各国确定培养目标的重要内容。

强调发展个性，也必须同资产阶级的个人本位主义或个性自由化划清界限。个性的形成与发展，实质上是在主体的内因与外因交互作用下，不断使社会因素个体化和个体因素社会化的过程。我们所谈的个性品质，不是一种抽象的个性特征的表现,而是这些个性特征饱含了共产主义的理想、道德和世界观。无论是个人的兴趣与爱好、才能与特长,或是开创性、坚韧性、自主性、进取心等等,都是为了一个伟大的目标,那就是为实现社会主义现代化而斗争。

第二节 师范教育的培养目标

师范教育的培养目标是培养教师,这是毫无疑义的。而培养什么学校的教师,这些教师应具备什么素质,为什么要具备这样一些素质,这都是确定师范教育培养目标所要研究的问题。

一 高等师范教育的培养目标

(一)高等师范教育培养中等教育的师资。

高等师范教育在我国师范教育体系中,乃至在整个教育事业中,都占有十分重要的地位。明确高等师范教育的培养目标,具有重要的理论意义和实践意义。

关于高等师范教育培养目标,在我国师范教育初建的时候,就有了明确的规定。在清末的《奏定优级师范学堂章程》中第一节就指出:"设优级师范学堂,令初级师范学堂毕业生及普通中学毕业生均入焉,以造就初级师范学堂及中学堂之教员管理员为宗旨;以上两种学堂师不外求为成效"。[①] 当时的优级师范学堂即现在的高等师范学校,初级师范学堂即现在的中等师范学校。《章程》规定优级师范学堂以培养中师和中学的教师、管理人员为目标,而且指出这两种"学堂师"应由优级师范学堂培养而不外求。

民国元年(1912)5月,明令改京师优级师范学堂为北京高等师范学校,并规定"高等师范学校以造就中学校、师范学校教员为目的"[②]。在以后有关

---

① 舒新城编:《中国近代教育史资料》(中册),人民教育出版社1961年版,第690页。
② 同上书,第709页。

师范教育的章程与规定中,也都重申或充实了这一培养目标。

在不同的历史时期,对于培养教师的规格,提出了不同的要求。根据清政府学部所颁布的教育宗旨"忠君、尊孔、尚公、尚武、尚实",培养教员则重"人伦道德"、"经学大义"、"学力所长";对培养教育管理员则要求"有德望"、"明教理"、"通晓学务"。民国期间,国民政府提出的教育宗旨是着重进行"四维"(礼义廉耻)、"八德"(忠孝仁爱信义和平)之教育;又根据民国教育"须立于民国之地位,而体验其在世界、在社会有何等责任,应受何种教育"的精神,提出的教育宗旨是:"注重道德教育,以实利教育、军国民教育辅之,更以美感教育完成其道德"[①]。由此,对师范教育培养目标的具体要求是:(1)"谨于摄生,勤于体育",以培养健全的精神和健全的身体;(2)陶冶性情,锻炼意志,富于美感,勇于德行,以充任教员的要务;(3)"明建国之本原,践国民之职分",养成爱国尊法的教员;(4)"尊品格而重自治,爱人道而尚大公",以养成独立博爱之教员;(5)"明现今之大势,察社会之情状,实事求是,为利生之人,而勿为分利之人",以培养趋重实际的教员;(6)"究心哲理而具高尚之志趣",以培养世界观与人生观;(7)"于受业之际、悟施教之方",以掌握教学方法;(8)"切于将来之实用",以掌握教材;(9)"锐意研究,养成自动的能力"[②]。

(二)社会主义高师的培养目标。

新中国成立后,高等师范教育培养中等教育的师资,这一点与过去是共同的,而在培养目标的规格要求上,则与过去有着本质的区别。同时,在培养目标所适应的范围上,也有了新的变化。

高等师范学校培养中等教育的师资,其范围是比较广泛的,既包括普通中学的师资,也包括工农速成中学和中等师范学校的师资,甚至还为其他中等专业学校培养普通课的教师。中等专业学校的专业教师,则由综合大学或专门学院负责培养。随着各类高等师范教育的发展,中等专业学校专业教师

[①] 熊明安:《中华民国教育史》,重庆出版社1990版,第24页。
[②] 同上书,第30~31页。

的培养，也逐渐得到相应的解决。

可以看到，高等师范教育是面向整个中等教育，这一点在国家制定的有关师范教育的文件中，逐步有所体现。

1950年1月17日，教育部在《关于改革北京师范大学的决定》中规定："北京师范大学的任务主要是培养中等学校师资，其次是培养和训练教育行政干部。这些教员和干部应该能够掌握马列主义、毛泽东思想的基本内容和进步的教育科学与技术，以及有关的专门知识，并具有为人民服务的专业精神。"① 这是建国后首次明确高等师范学校的培养目标与培养规格。

1951年8月，在教育部召开的第一次全国初等教育和师范教育会议上，马叙伦部长的开幕词又进一步指出："高等师范学校的任务是培养普通中学、工农速成中学、师范学校的师资以及其他中等专业学校普通课的师资。"②

1952年7月，教育部颁发试行《关于高等师范学校的规定（草案）》，其中规定：高等师范学校的任务是培养中等学校的师资。并明确了这些师资的培养要求，即"根据新民主主义教育方针，以理论与实际一致的方法，培养具有马克思列宁主义和马克思列宁主义与中国革命实际相结合的毛泽东思想的基础、高级文化与科学水平和教育的专门知识与技能、全心全意为人民教育事业服务的中等学校师资。"③

1953年12月11日，政务院公布由周恩来总理签发的《关于改进和发展高等师范教育的指示》中提到"综合大学有培养一部分中等学校师资的任务"，"体育学院和艺术学院亦有培养一定数量的中等学校体育、音乐和美术师资的任务"。这一文件还指出："高等师范学校本身的师资问题是办好和发展高等师范教育的关键"。"为了适应今后高等师范教育的发展需要，凡有条件的高等师范学校，都应有计划地大力培养新师资。中央教育部须根据今后

---

① 《中华人民共和国教育大事记（1949～1982）》，教育科学出版社1984年版，第13～14页。
② 《人民教育》1951年第3卷，第6期。
③ 同①，第61页。

第六章 师范教育的培养目标

高等师范学校发展的需要,制定培养研究生和助教的具体计划,交有关高等师范学校执行,以解决高等师范学校的师资问题";并说"综合大学、其他高等学校及科学研究机关亦应负责培养高等师范学校的一部分师资"。[1]

在后来的历次师范教育会议和发布的法规、指示中,都进一步强调高师的培养目标,并随着国民经济的发展与人才需求上的变化,在中等教育师资的素质要求上,也作了重要补充。1980年6月27日,中共中央书记处邀请出席全国师范教育会议的部分代表进行座谈,会上肯定了师范教育的作用与重要地位,并对教师提出三点要求:(1)要努力学习和掌握比较渊博的知识;(2)要认真研究掌握教育科学,懂得教育规律;(3)要有高尚的道德品质和崇高的精神境界,能为人师表。[2] 这些要求也成了制定各级各类师范教育培养目标的重要依据。

1981年4月16日,教育部颁发了《高等师范院校四年制本科文科三个专业教学计划(试行草案)》,其中对高等师范学校的培养目标,做了具体的规定,它带有普遍的指导意义。原文为:

> 高等师范院校本科的基本任务是培养中等学校师资;具体要求是:
>
> 热爱中国共产党,热爱社会主义;努力学习马列主义、毛泽东思想的基本原理,逐步树立辩证唯物主义和历史唯物主义观点;具有爱国主义、国际主义精神和共产主义道德品质;坚决执行党的教育方针政策,忠诚党的教育事业,自觉地为社会主义现代化建设服务。
>
> 掌握本专业所必需的基础理论、基本知识和基本技能;尽可能了解与本专业有关的科学新成就;获得科学研究的初步训练;具有一定的分析问题和解决问题的能力;掌握马克思主义的教育理论,具有从事中学教育和教学工作的初步能力;能用一种外国语阅读本专业的外文书刊。

---

[1] 李友芝等编:《中国近现代师范教育史资料》(三),[内部资料],第948页。
[2] 《中华人民共和国教育大事记》,第584页。

具有健全的体魄。①

在高等师范教育中还有一个师范专科的层次，设师范专科学校以培养初中教师。师专的培养目标，也见诸政府各有关师范教育的文件之中。1954年，教育部在《关于师范专科学校暂行教学计划的几点说明》中明确师专的培养目标，"按照学制，师专是培养初级中等学校师资的场所"，其中又提到，"由于高师本科毕业生远不能供应高级中等学校师资的需要（而且为了解决高师本身的师资问题，本科毕业生须留下相当大的一部分做研究生和助教），师专毕业生中有相当大的一部分需分配作高中师资。过去几年是如此，今后若干年内这种情况还是不能避免的。因此师专培养目标的问题便发生了：是培养初中师资呢或是兼着培养高中师资？"该文就此明确指出："按照学制的规定，师专的任务就是培养初中师资。从长远着想，师专也应该以初中师资为其培养目标的。……师专的教学计划就应该根据这个培养目标来制订。"② 1980年10月，在教育部发出的《关于大力办好高等师范专科学校的意见》中又指出：高等师范专科学校是为地方教育事业服务的，主要任务是为本地区初级中学培养合格的教师。并要求必须提高师专的教学质量。③

（三）高师培养目标的执行情况。

在不同的历史时期，尽管政治经济的背景不同，而对高等师范教育的培养目标在于培养中等学校教师，这一点却有着相同的规定。但是，由于师范教育价值观的不同，以及社会发展对师范教育要求上的提高，在人们理解和执行高师培养目标上，也出现了不同的看法。这也就是师范教育发展史上的学术性与师范性之争。这一争论的焦点，集中反映在对高师培养目标的理解与贯彻上。

这个问题涉及师范教育的性质与办学方向，也在一定程度上影响着培养

---

① 《中国近现代师范教育史资料》（三），第1194页。
② 同上书，第1003～1004页。
③ 《教育大事记》，第595页。

目标的实现。这需要有一个正确的认识和指导思想，才可在贯彻执行高师培养目标上不走弯路或少走弯路。

关于这个问题，前面有关章节在理论上进行了分析。在这里仅就问题的产生过程，作一阐述。这也可以看出高师在贯彻执行培养目标上，曾走过一段曲折的道路。

最早对高师传统的培养目标提出异议的，是中国近代教育家蔡元培先生。民国初年，在他担任第一任教育总长的时候，曾提出停办优级师范学堂的主张，认为这类学堂"科学程度太低"，应逐年停办，"中学师资以大学毕业再修教育学充之"。1922年，在他主持下制定的《壬戌学制》中，也反映出这种观点，认为以前设立的高等师范学校"程度不高"，提出"依旧制设立之高等师范学校，应于相当时期内提高程度。收受高级中学毕业生，修业年限四年，称为师范大学校"[①]。这是酝酿已久的"高师改大"正式见诸政府文件。同年11月即成立了北京师范大学筹备委员会，进行将原"北京高等师范学校"改为"北京师范大学校"的工作。1923年7月，国立北京师范大学校正式成立。当时全国共有6所高师，除北京高师升格为师范大学外，其余5所高等师范学校（武昌高师、沈阳高师、南京高师、广东高师、成都高师）也都先后改为或并入普通大学，[②] 具有师范性质的，仅存北京师范大学这一所高师。

全国解放后，50年代初期，以苏联为样板，建立了我国师范教育的新体系。为解决过去高师片面强调提高学术水平而脱离中学实际的问题，提出了"面向中学"的口号，强调高等师范教育必须结合中学实际。这一口号及其实施，对于明确师范教育的培养目标，坚持师范教育的性质与特点，巩固师范生的专业思想，确起了积极的作用。但是，又由于过分强调高师要面向中学，把高师学生学习的内容局限于中学课程的范围，变成是中学课程的重复、加宽与延伸，致使高师院校培养的人才在文化科学水平和专业基础上，低于同级其他大学的学生；同时，也造成高师培养目标范围的缩小，使得培养目标

---

① 《北京师范大学校史》，北京师大出版社1982年版，第68页。
② 同上书，第69～70页。

只体现中学的需要，与中学对口，而忽视了其他中等学校师资的需求，形成培养目标的单一与僵化。因此，从 1958 年开始，人们对高师要"面向中学"的指导思想，提出了批评。1960 年 4 月，教育部在河南新乡召开的师范教育改革座谈会上，就 1953 年以来师范教育的"少慢差费"现象进行了讨论，对师范教育改革的方向、原则，交流了情况与意见。会上有人认为"高师院校面向中学必然要降低水平"，"师范性就是落后性"，提出高师必须改革，要像综合大学那样办理高师。甚至有人提议"高师可以与综合大学合并"等等，从此又出现了"向综合大学看齐"的口号。在这次座谈会形成的文件中，对师范教育水平低和少慢差费的原因作了分析，认为主要原因是由于我们对党的社会主义建设总路线，对毛泽东教育思想，以及对我国的教育方针认识不深，贯彻不力。提出改革的意见主要有：(1) 关于培养目标问题，仍然坚持培养中等学校的教师，但在红与专的要求上有所提高；不应把培养中等学校教师同培养科学研究工作者和实际工作者对立起来，而应把三方面的要求统一起来。(2) 关于学制，高师院校本科一般仍为 4 年；个别学校或专业，根据需要，经过批准，可以实行 5 年制，也可少于 4 年；师范专科一般仍为 2 年。(3) 关于专业设置，高师本科，有条件的可根据需要增设新的专业和适当分设专门组，以求适当拓宽专业范围。(4) 关于课程，应该精简集中教育课程，以教育学为主，把心理学和教学法同教育学结合起来进行教学；也可分开设置，但教学时间以不超过 80 小时为原则；师范院校的教育实习可以取消，必须把时间节约下来，用于提高文化科学水平，学生可进行见习和课外社会活动。(5) 关于科研，高师院校应该大力开展科学研究工作，包括国民经济中提出的课题、基础理论和尖端科学技术的研究，以及教育科学的研究。①

从此，又展开了高师培养目标和办学方向上的师范性与学术性的争论。1961 年 10 月，教育部在北京召开全国师范教育会议，讨论了是否需要办师范

---

① 《中国近现代师范教育史资料》（四），第 1330～1334 页。

教育，如何办好师范教育等问题。会议指出：高等师范不是办不办的问题，而是如何办好的问题；师范院校是培养师资的主要阵地，这个阵地要坚持；高等师范学校"面向中学"这个特点不能取消，但要在政治思想水平和文化科学知识方面要求更高一些，基础知识应宽一些，厚一些，并应相当于综合大学同科的水平；此外，还应掌握专门的教育理论知识和技能技巧，加强业务训练，教育实习安排6~8周，教育见习经常进行。[①] 会议要求"两个口号"今后不一定再提，要进一步总结两阶段经验，既要面向中小学实际，又要提高质量，把广大师生引向正确的方向，更好地掌握办师范的规律。[②]

"文革"以后，随着新的历史时期国民经济的发展，两个口号的争论又重新提了出来。1980年6月，在教育部召开的全国师范教育工作会议上，就如何认识和解决师范落后问题，又有所争论。有的同志主张把重点师范大学和综合大学"打通"，"融合起来"，"打破师范框框"。许多同志不同意这种意见，认为并不是有了科学文化知识就可以成为教师。一个好教师，还必须懂得教育理论，掌握教育科学。会议认为，这个争论早在50年代末60年代初就已存在，并且在1961年的全国师范教育会议上已作了分析和结论。十几年来，对这个问题在认识上并未完全一致。在新的历史时期，重新统一认识非常重要。[③] 会议总结了30年来师范教育工作的经验，进一步明确了师范教育在整个教育事业中的重要地位。会议指出，师范教育的基本任务是培养教师，成为输送合格师资的巩固阵地。也正是在这次会议上，中共中央书记处邀请部分代表座谈，指出了师范教育的重要性和提出了对广大教师的三点要求。[④]

从以上可以看到，高等师范教育在明确培养目标、端正办学方向上，曾走过一段曲折的道路，现在正朝向既要坚持师范性，又要提高办学水平和开拓培养目标范围与要求，加强师范毕业生适应能力上继续前进。现在面临的

---

① 《中华人民共和国教育大事记》，第299页。
② 《中国近现代师范教育史资料》（四），第1337页。
③ 同上书，第1384~1385页。
④ 同①，第584页。

一个突出问题是如何根据师范性与学术性辩证统一的指导思想,明确高师的培养目标,使之得到更好的贯彻。

二 中等师范教育的培养目标

(一)中等师范教育培养小学和幼儿师资。

我国中等师范学校包括普通师范、幼儿师范、外语师范、少数民族师范等,它们的主要任务是培养小学教师和幼儿教师。

关于中等师范教育的培养目标,开始在清末《奏定初级师范学堂章程》中,即有明确规定:"设初级师范学堂,令拟派充高等小学堂及初等小学堂二项教员者入焉。"① 光绪三十三年(1907)颁布的《女子师范学堂章程》中又规定:"女子师范学堂,以养成女子小学堂教习,并讲习保育幼儿方法,期于裨补家计,有益家庭教育为宗旨。"②

民国初年(1912),教育部公布《师范教育令》规定"师范学校以造就小学校教员为目的","女子师范学校,以造就小学校教员及蒙养园保姆为目的"③。1932年国民政府在《师范教育法》中又指出"师范学校,应遵照中华民国教育宗旨,及其实施方针,以严格之身心训练,养成小学之健全师资"④。在以后的国民党政府关于师范教育的文告中,都进一步明确这一培养目标,并对小学师资的具体要求,作了某些补充或修订。

(二)社会主义中等师范学校的培养目标。

新中国成立后,沿用了过去中师培养小学教师的培养目标,但在规格要求上与过去有着质的区别,并赋予培养目标以马克思列宁主义的指导思想。

1952年7月16日,教育部颁布试行《师范学校暂行规程(草案)》,其中规定:"师范学校的任务是根据新民主主义教育方针,以理论与实际一致的方法,培养具有马克思列宁主义和马克思列宁主义与中国革命实际相结合的毛泽东思想的初步基础,中等文化水平和教育专业的知识、技能,全心全意为

---

①② 《中国近现代师范教育史资料》(一);第13页。
③④ 同上(二),第156、325页。

人民教育事业服务的初等教育和幼儿教育的师资"①。1956年5月29日,教育部正式颁发了《师范学校规程》,废止了1952年公布的《师范学校暂行规程(草案)》。新《规程》对中师培养目标做了重要修订,其中规定:"师范学校的任务是培养具有社会主义的政治觉悟、辩证唯物主义的世界观、共产主义的道德、中等文化水平与教育专业知识技能、身体健康、全心全意为社会主义教育事业服务的初等教育和幼儿教育师资"。②

在50年代末60年代初出现的师范性与学术性之争,同样也冲击着中等师范教育。同时,在"文革"期间,中师也遭遇到与其他中等专业技术学校同样的命运,幼师被砍掉,普师也所剩无几。"文革"以后,1980年8月22日,教育部发出《中等师范学校规程(草案)》和《关于办好中等师范教育的意见》。在《规程(草案)》中规定:"中等师范学校的任务是培养具有社会主义觉悟、辩证唯物主义世界观、共产主义道德品质,从事小学或幼儿教育工作必备的文化与专业知识、技能,热爱儿童,全心全意为社会主义教育事业服务,身体健康的小学、幼儿园师资。"③ 在《意见》中进一步指出:中等师范教育担负着培养小学、幼儿园师资的任务,要坚持这个办学方向,努力把中等师范学校办好;《意见》还要求迅速恢复幼儿师范教育,办好民族师范学校,逐步做到少数民族小学,由合格的民族教师任教。④

到80年代后期,对中师培养目标的规格上,又有了新的变化。国家教委于1987年4月28日专门颁发了《中等师范学校培养目标(初稿)》,其中规定:"中等师范学校的培养目标是:培养具有为祖国社会主义现代化建设而奋斗的远大理想、社会主义道德品质、良好师德、热爱教育事业、求实创新精神,从事小学教育工作必备的知识和技能,一定的艺术修养和健康体魄的全面发展的小学教师。"这培养目标的规格体现了社会主义现代化与个性发展的要求。

---

①② 《中华人民共和国教育大事记》,第61、168页。
③ 同上书,第588页。
④ 同上书,第589页。

（三）关于中师培养目标层次性问题。

如果说在高师培养目标问题上，曾出现过师范性与学术性之争，那么在中师的培养目标问题上，也同样有类似的争论，即师范学校应不应该培养"学科尖子"。这反映了对师范生的培养规格上的不同认识，曾在80年代后期，展开了一次比较广泛的讨论。中等师范学校的任务是培养"合格的"小学教师，这一点是无甚争议的。问题是中师还要不要或能不能培养一些"优秀的"小学教师，或"创造型"的小学教师，出一些"学科尖子"，却有不同的看法。

一种意见认为，鼓励师范生冒尖、优化，是实现中师培养目标的一个具体措施。在新的历史时期，为了适应改革开放的新形势，需要打破封闭僵化的培养模式，开创中师教育的新局面，提高师范生的水平和成才率。主张在教育改革的总形势下，面对地区差异、学校差异和学生个性发展的差异，可以根据学校自身的实际情况，对不同水平的学生采取不同的培养措施，提出不同的培养要求，使中师培养目标的内涵与社会主义经济发展相协调，培养更多的学科尖子，更好地推动小学教育的发展。

另一种意见认为，为了实现中师的培养目标，师范学校教育都必须面向全体学生，使他们都得到全面发展，成为合格的小学教师。学校的主要任务是提高师范生成才的"合格率"，而不是追求什么"尖子率"。认为鼓励培养尖子，必然会冲击正常的教学秩序，造成大批师范生单纯追求高分，而淡化了争取成为一名合格小学教师的职业观与道德观，这是在落实中师培养目标上制造了人为的障碍，影响培养目标的实现。

这一争论，是在坚持中师统一培养目标基础上的关于培养规格的分歧，实质上是中师培养要求有没有层次性的问题。也就是在中师培养目标问题上如何认识和处理全面发展与个性发展的关系、打好基础与学有所长的关系、一般与特殊的关系。这一讨论，对探索师范教育的规律，如何把中师办得更有活力，更富特色，更好地适应小学教育发展的需要，是十分有益的。讨论基本倾向于中师的培养目标应该具有层次性，既要面向全体学生，又要从实际出发，对不同的学生提出不同的要求，在达到合格的基础上，争取培养出一些尖子学生。

培养目标的层次性,是在统一要求基础上的高层次发展,培养多层次、多规格的小学教师。一般有下述层次与规格要求:

1. 合格的小学教师。其要求是:热爱小学教育工作,热爱儿童;有扎实的语文、数学基础知识和较宽的知识面;具备小学教师的教学能力、语言表达能力、动手能力、艺体能力、管理能力和自学能力;并具健康的身体。

2. 优秀小学教师。对部分有条件的师范生,在合格标准的基础上,提出一些特殊的要求:对教育事业有深厚的感情和高度的事业心;有较高科学文化水平和扎实的基础知识;有广泛的兴趣与素养,能胜任多科教学工作;有相当强的教育教学能力,并能运用教育理论总结自己的工作经验;有良好的身体素质和从事艺术、体育活动的能力。

3. 创造型小学教师。在具备优秀教师条件的情况下,对个别尖子学生,应加强培养,使之在毕业前充分显露出其独特的天资与创造才能。他懂得教育教学规律并善于理论联系实际,有较高的教育机智;具开拓性,能开创新局面,有较强的组织管理才能;勤于学习,勇于创新,敢于向传统的教育观念挑战,能总结和不断创造出新的教学经验,注重提高教育质量。

应该说,优秀小学教师、创造型小学教师,在校学习期间,大多是初露头角,显示出较强的潜能,具备了一种超群的条件。对这些学生应给予特别关注,精心培养,为其成为一名优秀的或创造型的小学教师奠定良好的基础。一名真正优秀的、创造型的教师,是在工作以后通过自身的教育实践逐步形成的。通过实践锻炼,合格的小学教师有可能成为优秀教师,优秀教师也有可能成为独具特色的创造型教师;但是,又不是所有的合格教师都可能成为优秀的或创造型教师。所以,中师的培养目标应有多层次的规格,基点还是定在"合格"的标准上,在完成培养合格小学教师任务的基础上,尽可能多为国家提供一些优秀的、创造型的小学教师的苗子。

三 其他师范教育的培养任务

全国师范教育已经形成培养各级各类学校师资的师范教育体系。各级各类师范教育，都具有自身明确的培养目标与规格要求。

从层次上看，有中等师范教育，主要培养小学教师；有高等师范教育，主要培养中等学校的教师，有的还兼有培养教育行政干部和对在职教师、教育干部进行继续教育的任务；在高等师范教育中，又分师范专科、师范学院或师范大学，前者负责培养初中教师或重点小学教师，后者培养高中和中师的教师；而在某些重点师范大学设有研究生院（或部、处），负责培养高师本身的师资或重点中学和中等师范学校的师资。在 50 年代初期，在中师层次内还曾有过简易师范学校，负责培养初等小学的师资；随着小学的普及与提高，简易师范也随之取消。

从类别上看，中师除普通师范外，还有幼儿师范、外语师范、民族师范，它们分别培养幼儿园师资、小学外语师资和民族小学师资。民族小学教师的特点，是适应民族小学的需要，能用民族语言进行教学。在高师，除普通高师外，还有体育、艺术、职业技术等师范专科或师范学院，负责培养这些专业的教师。有些综合大学、专门学院，也有培养一些中学、中专、职业中学等某些学科或专业教师的任务。有些综合大学或专门学院就兼有师范教育的性质，如河北大学、河南大学、宁夏大学、体育学院、民族学院等。

以上属于教师的职前培养，另外还有教师的职后培训机构，如教育学院、教育行政学院、教师进修学校以及广播电视师范学院等。它们也是师范教育体系中的重要组成部分，负责培训各级各类师资。还有的高等师范学校，也承担了培训在职教师和教育工作者的任务。有的重点高等师范学校还设有高等学校教师培训中心，负责培训非师范专业毕业的高校教师，使他们在教育理论与实践上得到学习和提高的机会。

第三节　正确执行师范教育培养目标

师范教育培养目标的制订，反映了我国政治经济与教育事业发展的客观需要，就其内容来说，有一个发展、完善、充实、提高的过程；在今后，还将随着科技的进步和社会的发展，有新的变化。但是，培养目标一经确定和颁布，就具有相对的稳定性，并具指令性的作用，成为师范教育的重要依据，各级各类师范学校必须认真研究，贯彻执行。要正确地贯彻执行这一培养目标，还必须在贯彻中有一个明确的指导思想，那就是从教育理论的高度来认识，从社会和教育的实际出发，既有坚定的原则性，坚持培养目标的基本精神，又要有一定的灵活性，不机械地、抽象地、教条地对待和贯彻，以期培养目标的基本要求更好地实现。

正确执行师范教育培养目标，应注意处理好以下几个问题：

一　面向现代化，充分发挥师范教育的职能

从实际出发，实事求是，是马克思主义一贯倡导的科学态度。面向现代化，是面向我国最大的实际。要使师范教育适应现代化建设的需要，还必须注意从我国的国情出发。我们要建设具有中国特色的社会主义，社会主义现代化是我们一切事业奋斗的方向，而我国的基本国情，则是我们一切工作的出发点。

我国国情的基本特征是：第一，我国是一个社会主义国家，这是决定我国一切工作，包括教育工作、师范教育工作的性质和方向的基础；第二，我国社会主义发展还处在初级阶段，就是说，国民经济发展的起点低，生产力总体上还比较落后，而且发展很不平衡，国民经济的发展呈现了典型的二元结构，即"一部分现代化工业，同大量落后于现代水平几十年甚至上百年的工业，同时存在；一部分经济比较发达的地区，同广大不发达地区和贫困地区，同时存在；少量具有世界先进水平的科学技术，同普遍的科学技术水平不高，文盲半文盲还占人口近四分之一的状况，同时存在"。[①] 这种二元结构，形成生产力发展上的多层次、多元化；同时也决定了培养人才的多层次、多规格。师范教育也必须考虑这个现实，在培养目标上体现出一定的灵活性，以充分发挥师范教育的各种职能，适应教育事业发展对教师工作的多种需求。

---

① 《中国共产党第十三次全国代表大会上的报告》（1987），《半月谈》1987 年第 21 期，第 8 页。

首先，要适当拓宽培养目标。师范教育是培养各级各类学校的师资，这一主要任务是由师范教育的性质决定的，任何时候都必须明确这一点，不然，就会改变师范教育本身的性质。但就师范教育的职能说，主要是培养教师，除此还应肩负起培养教育行政人员和其他教育工作者的任务。而这一点也是在师范教育产生时的一些《章程》中就已明确了的，高师培养中学教师、其他中等学校普通课教师和学校管理人员；中师培养小学教师和幼儿教师，等等。但是，有一个时期，我们把师范教育的培养目标仅仅局限于培养教师这一任务上，甚至在高师又仅局限于培养中学教师，提出"面向中学"的口号，强调专业与课程设置要与中学对口，造成师范教育质量的下降，与社会需要脱节。因此，在指导思想要解决从广泛的意义上来理解师范教育任务，适当拓宽培养目标的范围。

早在20年代初期，陶行知就曾提出要树立"大师范"的教育观。他说："我们应当有广义的师范教育——虽然培养的人以教员为大多数，但目的方法并不以培养教员为限"。他主张"教育界要什么人才"，师范教育"就该培养什么人才"；教育界人才需要哪些知识、技能，师范学校就相应教哪些知识、技能；"谁在那里教就教谁"这种理解是非常广泛的。它可使师范教育积极主动地适应教育发展的需要。

其次，要坚持从事教师工作或其他教育管理工作的人，必须接受师范教育的培训。现在国家有关师范教育会议的文件中，曾规定综合大学、其他高等学校及科学研究机关亦具有负责培养部分师资的任务。但是，并不是掌握了某一专业的知识，就可以充任教师。他们必须再经过一定的教育培训，方可进入教师岗位。

有的同志主张要明确一般高校都应负有培养师资的任务（特殊性的学校除外），要打破现行师范教育体制的局限性，充分利用各高校的师资和设备条件，广开培养师资的渠道，扩大师资来源；而这些教师必须是经过教育专业训练的。在教育专业训练上，提出4种方案：(1)有条件的高校，可建立教育系或教育教研究室（所），开设几门必修教育课程；(2)将分配做教师的大学毕业生先集中起来进行短期培训；(3)大学生分配到岗后，先在老教师指导下进行见习，而后再任实职；（4）在实践中学习，边干边提高。最后一种方案是不得已而为之的，应尽量避免。总之要进行教育培训。

也有的同志主张培养目标制度化，凡是从事教育工作的，必须取得相应的师范教育学历。认为教育行政部门的工作者，应当具有高师教育系毕业的水平。

第三，要扩展培养目标的规格与要求，培养师范生从事教育工作的多种职能。未来的教师如果只会从事教学工作，传授某一学科的知识，已是远远不够的了。他还应具有促进学生身心全面发展的能力，应具有某些组织管理才能，懂得电化教学设备和使用的能力，具有艺术的、体育的、文娱的才华，乃至对家庭、对社会进行联系和处理实际问题的能力等。他能扮演多种角色，承担多种职责，发挥多重功能，能够适应教育工作在发展过程中的变革与需要。

现在值得忧虑的是教师职能的单一化、专业化，师范学校在贯彻培养目标上对扩展学生的能力的锻炼，不够有力；教育实习的任务局限性很大，且时间短，意义不大；师范生毕业后对超出某些范围的工作或事务，或茫然无知，或无能为力。虽然，在市场经济的冲击下，要求人才的规格在提高，竞争能力增强，师范学校也注意了培养学生一专多能，教师的职能在日趋扩大，只能承担单一任务的教师在逐渐减少，但是，还应进一步明确这一指导思想，巩固这一趋势，推动这一趋势。

二 面向未来，提高人才的质量

提高人才的质量，是当前时代的需要。在这世纪之交的伟大历史时刻，迅猛发展着的新技术革命，给生产和社会生活带来了巨大的冲击和变革。一个显著的时代特点，即是科技的进步、经济的繁荣和社会的发展，从根本上说都取决于提高劳动者的素质，取决于人才的质量。教育面临的重大任务，就是迎接时代的变革与挑战，要考虑到90年代和未来经济发展对人才素质的要求，提早为21世纪做好人才准备。那么师范教育则更要为未来教育的大发展，提早准备好高质量的教师。这就需要在贯彻师范教育培养目标时，要有未来的观点、质量的观点。

教育的培养目标，就是根据社会要求，对受教育者身心素质结构和功能水平发展的一种设计和要求。"目标素质化"已成为当前教育改革的重要问题。它要求以发展人的素质为出发点，以全面提高人的社会功能为最终目的，最大限度地挖掘人的潜能，提高人的社会活动效益。同样，贯彻师范教育培养目标，也应该把提高师范生的素质和人才质量，放在重要的地位。他们不仅应具有广博而精深的知识和专业素养，而且还应有较强的思维能力、实践能力和创造才能。这样他们在教育工作中，才能适应经常发生的变革，并具有主动开创新局面的精神与素质。

目标素质化和目标社会化是辩证统一的。它反映了社会发展与个体发展的共同要求与不可分割的联系。社会的进一步发展，必然对人才的质量提出更高的要求。由此可见，60年代在高师培养目标上的两个口号的争论，80年代在中师培养目标上对提高质量的要求，都不是偶然的，是师范教育发展的过程中，对适应社会需要的一种规律性的反映。

追求提高人才的质量，是教育发展的基本趋势。问题是对"质量"到底如何理解？这也存在着不同的看法，反映在培养目标上，有专才与通才之争。所谓专才，是指培养纵向型人才，专业单一，方向明确，学习时间比较集中，在专业的深度上掌握得较好，能够较快地解决一些急需的人才。但他们知识面较窄，应变能力较差，不能适应急剧变化和发展着的生产和科学技术的需求。因此，在培养目标上，又多重视通才教育。所谓通才，是指培养横向型人才。他们学习的面比较广泛，有较宽厚的文和理的基础知识，掌握一定的临近专业，活动领域较大，适应能力和应变能力较强，能对急速变革的社会及时作出反应和选择，社会效益较高。我们主张是专才教育与通才教育结合，在专的基础上博，在博的基础上求深，专而不死，博而不杂。这就是我们的人才质量观。尤其是师范教育更应坚持这一人才观。教师的工作是塑造人灵魂的工作，复杂而艰巨。教师只有具有丰富的文化科学知识和精深的专业基础，才能满足学生学习的需要，才能解决学生的有关疑难问题，促进他们更全面地发展。

三　坚持全面发展，克服工作上的片面性

培养德、智、体全面发展的建设者和接班人，这是教育工作总的培养目标，也是制订和执行师范教育培养目标的基本依据和指导思想。

在人的全面发展中，德、智、体诸因素是相互联系、辩证统一的。在贯彻培养目标上，必须注意坚持全面发展，合理地安排学校各项工作，不可偏废。我们在执行培养目标上出现的一些问题或失误，往往反映在对德、智、体各因素之间的辩证统一关系认识不足，只看到各因素之间矛盾的一面，而忽视了它们之间联系的一面，因而不是重视了智育，从而忽视了德育和学生的健康，就是抓了德育，又把智育放在了次要的地位，造成全面发展各部分教育的失误，影响了学生的全面发展。

回顾过去，在贯彻培养目标上，主要是德育与智育之间摇摆得比较厉害。50年代，在强调提高教学质量，坚持学校工作必须以教学为主的时候，人们错误地把教学与智育等同起来，从而产生了"智育第一"的思想，在工作上放松了德育与劳动教育，从而使中小学毕业生升学与就业的矛盾日益尖锐。1957年以后，批判了这种倾向，加强了思想政治教育和劳动教育，结果又出现轻视智育、忽视知识的倾向，劳动安排得过多，冲击了正常的教学秩序，以实践和经验代替了系统知识的学习，影响了人才的成长。发展到"文革"期间，又是政治运动对教学的冲击，甚至不学习知识，停课闹革命，整整贻误了一代人的成长。"文革"以后，拨乱反正，随着党的工作重点的转移，也逐渐恢复了正常的教学秩序，重视了智育的地位和作用。在新技术革命蓬勃发展和改革开放的大好形势下，人们越来越清楚地看到实现四个现代化，关键在发展科学技术，而科学技术的发展，基础在教育。加强智育，开发人的智力，是当前刻不容缓的时代要求。在批判了过去"以阶级斗争为纲"的情况下，由于思想上的片面性，人们又把注意力集中在智育上，从而又忽视了德育，使学生受到一些资产阶级思想的侵袭和社会上一些消极因素的影响。从学生中间的一些问题看，思想政治工作薄弱了。人们从反思中，又感到加强德育的重要性，在新的历史时期，人们思想异常活跃的情况下，更应重视

德育，以确保学生发展的方向。于是又提出了"德育为首"的口号。什么是"德育为首"？如何正确理解与贯彻？鉴于过去的经验教训，人们又有了新的忧虑。

可以看出，几十年来，在学校工作上，德育与智育经历了几次大的摇摆，究其原因是在执行教育方针，贯彻培养目标上，全面发展的指导思想不够明确，在关键时刻出现了顾此失彼的现象。

当然，工作总是不能四平八稳的。它总要针对实际的问题而突出某个重点，没有重点也就没有发展。事物是在矛盾中发展的。这种发展是其矛盾对立统一的过程，表现为由不平衡到平衡，再产生新的不平衡，进而达到新的平衡，由此循环上升与发展。不平衡是绝对的，平衡则是相对的。在教育工作中也是如此，在德育、智育等工作中出现某些不平衡现象，是不足为奇的。重要的是，要及时发现，及时调整，使之达于平衡，使我们的工作不走弯路或少走弯路。调整的目的在于使学生得到全面发展。这种调整绝不能超过一定的限度，使工作不经过平衡和相对的稳定，就马上产生新的不平衡，从这一极端又走向另一极端。这样，必然造成工作在原地摆来摆去，而不能发展和前进。我们在德育与智育上的摇摆，在一定程度上体现了这种走极端的现象，造成工作上的失误，贻误了时间，影响了社会主义建设。

德育与智育的摇摆，固然有其客观原因，教育总是要受社会制约的，形势的变化，党的中心工作的转移，都会影响到教育。一般在党的中心工作表现为维护和巩固无产阶级政权，强调以阶级斗争为纲的时候，教育的阶级斗争工具的职能就表现得较为突出，学校往往会强调德育，为这一阶级斗争服务；而在党的中心工作转移到生产建设上的时候，教育的生产斗争工具的职能也就突出出来，上升到主要的地位，学校往往会更加重视智育，为生产建设培养高智能的建设人才。可以说，这是教育发展的一个规律。但是，遵循这一规律，并不意味着学校在德育或智育工作上一定要走极端，不是在这个重要时，那个就不重要了。所以，在德育与智育上这种不正常的摇摆，还有其主观原因，那就是指导思想上的片面性，缺乏辩证的全面发展的观点。

贯彻师范教育的培养目标，也必须树立和坚持全面发展的指导思想，全面安排学校的工作，克服工作上的片面性。既要结合实际，突出重点，又不要使我们的工作偏离培养目标的总的方向。在培养范围上可以拓宽一些培养任务，但绝不能忽视为各级各类学校培养师资的这个中心任务。在培养目标规格上，可以针对实际需要或某些错误倾向，强调德的发展或强调智的发展，但这是在全面发展基础上对工作的一种调整，目的是使师范生能够获得全面发展，不可由此而偏离全面发展的方向。这样，我们才能培养出德、智、体全面发展的合格的教师乃至优秀的教师。

第七章

师范学校的教师与学生

教师与学生是构成教育活动的两个重要因素,是教育过程中的一对主要矛盾,二者的对立统一,形成教育活动的运动与发展。教师是教育过程的主导者,是对学生实施教育的主体;而学生是教育的对象,是教育影响能动的接受者,是自身学习的主体。教师有目的有计划地对学生——受教育者施教,以自身的教育活动影响、引导受教育者的全面发展;而受教育者在教师的指导下,通过自己的努力学习,接受教育并获得发展。

在师范教育中,教师和学生的活动都是围绕培养合格的教师这一中心任务而展开的。教师通过教育培养未来的教育工作者,而学生通过学习准备成为教师。师范学校的教师与学生在完成这一任务的过程中构成师范教育培养与成长、教与学的特殊矛盾关系。

第一节 师范学校的教师

一 教师劳动的一般性质

教师是从事教育教学工作的专业人员,其基本任务是教书育人,是在学校教育环境中传递与传播人类科学文化知识,促使学生在德、智、体等方面得到和谐全面的发展。

教师随着学校的出现而产生,教师作为专门从事教育工作的人员,在培育人才和对人类文明成果的继承和发展起着重要的作用。"教师是太阳光下最光辉的职业",是开启人类精神宝库的金钥匙,是培育新一代的"灵魂工程师",是人类每一代人的直接培育者。在我国古代的《周礼》中就有"师者,教人以道者之称也"[①] 的说法。

教师具有重要的社会功能。"师者,人之模范也。"[②] "国家兴,必贵师而重傅,贵师而重傅,则法度存;国将衰,必贱师而轻傅,贱师而轻傅,则人有快,人有快则法度坏。"[③] 17世纪捷克教育家夸美纽斯说过:"对于国家的贡献,哪里还有比教导青年和教育青年更好更伟大的呢?"[④] 教师辛勤培育每一代人,使每一个人都达到文化化和社会化。因此,教师在社会发展和人类进步中起着重要的作用。

教育是培养人的实践活动。教师所从事的是复杂的具有专业性质的劳动。他向受教育者传递人类积累的科学、文化、政治、经济等各方面的知识和进行思想品德教育,把新生一代培育成现代社会所需要的人才。教师的专业实践活动,与其他部门的劳动形式相比具有不同的特点。

首先,教师劳动对象是能动的主体。教师的专业实践的对象是具有主体性的学生。这根本不同于其他劳动的对象诸如自然客体或者任何形式的物质材料。教师工作的对象——人——受教育者具有独特的身心发展规律,有着丰富的精神世界和独特的个性结构,具有自主性、独立性和创造性。这一特点决定了教师的劳动必须遵循教育规律和学生身心发展的规律,了解学生的不同个性特征,因材施教,使学生在德、智、体等方面得到全面发展。因此,这是一项复杂而细致的专业劳动。

---

① 《十三经注疏》,中华书局,1979年影印本,(上卷),第701页。
② 扬雄,《法言·学行》。
③ 《荀子·大略》。
④ 夸美纽斯:《大教学论》,人民教育出版社1984年版,第4页。

其次，教师劳动手段具有主观性特点。教师劳动具有一定的手段，但不同的是，在其他劳动中，劳动者与劳动手段是分离的；而在教育劳动中，教师与教育手段是融为一体的，就是教师本身具备的知识结构、世界观和个性心理特征，以及他的教育机智、教育技能等等个人品质，它们都构成了教育学生的一种手段。教师的劳动就是以自己的道德品质、知识才能，通过语言、行为和教育活动对学生施加影响，感染和育化对象的。教师发挥主体的能动性和创造性，把他本体的精神整体外在化，实现教育劳动的对象化、个性化和现实化。教师劳动手段的主观性说明教师的精神（个性、道德、情感、意志、智慧等）具有巨大的教育性。教师"工作的对象是正在形成中个性最细腻的精神生活领域，即智慧、感情、意志、信念、自我意识。这些领域也只能以同样的东西即智慧、感情、意志、信念、自我意识去施加影响"。[1] 教师工作的这一特点要求教师不断地改造主观世界，提高自身的素质，完善自我修养。这是教师劳动的本质所决定的。

第三，教师劳动过程具有艰巨性。在教育过程中，教师要使对象得到全面和谐的发展，他必须首先掌握、理解和协调各种教育的影响，并作出正确的判断与选择，必须把各种教育影响，各种教育价值，把知识及其包含的意义、情感、思想等等"转化"为劳动过程的内在因素，然后进一步"转化"为学生个体的发展。实现这两个转化，教师就必须把握教育运动的规律，认识教育对象身心发展的节奏性，自觉地调节教育活动，使教育影响深入学生的精神世界。教师既要考虑自己如何教，又要考虑学生如何发展；既要认识自己，又要认识学生。他必须通过启发、引导学生，使学生能动自主地接受教育，改造自己的主体世界，获得自我教育和自我提高的能力。因此。教育需要教师具有更高的才智和教育艺术，需要教师在教育过程中，付出艰巨的劳动。

另外，教师的劳动不仅涉及学生身心的健康发展，同时影响到国家的进

---

[1] 苏霍姆林斯基：《给教师的一百条建议》，天津人民出版社1981年版，第4页。

步和繁荣。因此,教师的劳动承担道德责任和社会责任。

第四,教师劳动效果具有滞后性。教师劳动的这一特点,首先是由教育培养人周期长的规律决定的。人的成长和发展是一个长期的过程,不论从学生掌握知识的过程看,还是从学生道德、思想、个性品质的发展过程来看,都是长期复杂的过程。"一年之计,莫如树谷;十年之计,莫如树木,终身之计,莫如树人。"[1] 教师培养学生,要付出长期艰巨的劳动。因此,教师劳动的成果的表现具有滞后性,教师劳动的社会效果,则需要教育对象的社会实践的成果间接地表现出来。

随着现代科学技术的发展、社会的进步,以及教育事业和教育科学的发展,教师的劳动日益科学化和专业化。现代教育因而要求教师具有完整的知识结构和技能结构,具有良好的心理品质和职业修养,要求教师掌握现代化的教学手段和新型的教育技术,具有正确的教育观与学生观,并且能够在教育实践中研究教育,不断地创新。因此,现代教育要求教师必须接受长期的专业训练。从世界范围看,各个国家都在普遍提高教师的专业水平,对教师的专业劳动提出高标准的要求。在一些发达国家,中小学教师是由通过严格选拔、培训和考核的大学本科生担任。在我国,中小学教师也实行了合格证书制度,反映了我国教育对教师的要求日益走向专门化和科学化。现代教师只有经过严格的专门培训,才能掌握教育活动的专业理论和专业技能,才能成为教育专家。

因此,现代教师是经过系统科学的专门培训的。师范教育担负着教师的选拔、专业培训和专业考核的任务,它在职前和职后两个方面对教师进行专业培训,以提高教师的专业知识结构和专业技能结构,从而提高教师的专业劳动水平。师范教育是基础教育的母机,是培养教育人才的基地,在教育系统中占有重要的地位。师范院校的教师是未来教师的教师。如果说,提高基础教育水平,提高教育质量和全民的文化素质,关键在于有一支高水平的师

---

[1] 《管子·权修》。

资队伍，在于高质量的师范教育，那么高质量的师范教育关键则在于高水平的师范院校的师资队伍。

二 师范学校教师的地位和作用

师范教育承担着整个学校教育的师资队伍的培养，因此，师范教育在教育事业中占有重要的地位。"师范教育就好比工业中的重工业，机器中的工作母机，它是国家建设的根本，是全部教育的中心环节。"[①] 教育是立国之本，立人之本，维系着民族的未来，师范教育是整个教育大厦的基础，因此，师范教育关系到民族的兴衰和国家的存亡。人民教育家陶行知曾说过："师范学校负培养改造国民的大责任，国家前途的盛衰，都在他的手掌之中。"[②] 师范教育培养出来的"小学教师之好坏，简直可以影响到国家的存亡和世运之治乱。"[③] 由此可见，师范教育不仅是教育事业发展的根本，而且也是整个国家民族发展和兴旺发达的根本。

师范学校教师的质量决定着师范教育的质量。师范教师是师范教育组织、实施和执行的主体。高水平的师范学校的师资队伍，对办好师范教育具有重要的作用。师范教师的科学文化修养、知识结构、科学研究能力和教育教学的示范能力，直接影响到未来教师的素质。依靠合格的师范教师，才能提高师范教育的质量，才能培养出高水平的教师。

师范学校每个教师都是一本活的"教育学"。由于承担着培养未来教师的任务，师范教师在师范教育的各个环节、各个方面、各个阶段都对师范生起着影响作用，师范教育的教育作用基本上是由师范教师在教学艺术、教学风格、教育机智、教学语言等方面体现的。教育任务不仅通过知识传授而且也是通过以上方面完成。师范生作为未来的教师，他们在师范院校中不仅仅学习科学文化知识，而更重要的是学习如何教育，如何教学的技能。这在师范

---

① 《人民日报》1951年10月13日。
② 《陶行知全集》第一卷，第166页。
③ 同上书，第五卷，第219页。

教育中不是通过几门课程就能获得的，更主要的是通过师范教师本身的教育教学活动而获得的。师范教师对师范生的培养作用不仅通过知识传授过程而完成，而且也通过自身的教育实践活动的主体示范作用而实现。师范教师不只是知识传授过程的中介者，而且更重要的是师范教育得以完成的主体，是师范教育的教育功能的直接的实践者。离开师范教师的教育实践的主体作用的发挥，师范教育的目标就不可能完成。

师范教师在师范教育中的主体地位是通过教育活动而实现的。师范教师的教育活动对师范生的成长起着直接的示范作用，师范教师是师范生"学习教育"活动的直接的引导者、启迪者和培育者。他的具体的教育实践活动直接影响着师范生未来的教育行为。师范教师直接决定着未来人民教师的素质。从这个意义上说，师范教师在整个教育中具有举足轻重的作用，在整个教育体系中处于关键的地位。

三　师范学校教师教育实践活动的性质

师范教育是围绕着师范教师的教育实践活动而展开的。师范教师是师范教育活动的主体，他的教学教育实践活动的主要目的是培养未来的人民教师，这是与一般教师的任务区别所在，因此，师范教师的具体的教育实践活动又具有其自身的特点：

（一）师范教师教育活动的示范性和感染性。

师范教师是未来教师的培育者。他的教育实践活动不仅仅是传授专业知识，而更重要的是教会师范生"学会教育"。师范教师的任务主要体现在他的教育实践活动中，他的教育教学实践活动本身具有强烈的榜样作用和示范意义，对师范学生未来的教育活动具有很强的感染性。

师范教师的教育实践活动对完成师范教育的任务具有直接的作用，对师范生形成完成教育工作的综合素质有直接影响。如果师范教师的教育教学实践没有体现出教育科学所揭示的教育法则，或者与教育原则相违背，或者教育艺术水平不高，都会对师范生产生不良影响。所以师范教师的教育活动的各个方面，不论是指导思想、教育观念，还是教育操作技能、道德修养、个性品质、情感和态度以及知识结构、行为方式等等，都对师范学生的思想、道德、人格以及教育技能起着重要的榜样作用。师范教师本身的教育实践活动所表现的主体性特征，在一定意义上决定着师范教育质量的高低。因此，师范教师要在道德品质、个性结构、知识结构等方面提高自己，并且还应提高自己的教育科学理论水平，使之直接体现在自己的教育实践活动中，起到积极的示范作用。

（二）教育实践活动的创造性。

现代教育与现代社会紧密结合。现代教育在科学技术革命和产业革命的影响下，飞速发展，在社会发展中的作用更加显著。现代教育在教育结构、教育内容、教育方法、教育形式等方面发生的迅速变革，要求教师具有未来思想，具有预见事物发展的洞察力和解决新问题、创造新教育和新事物的能力。这些都说明教师工作的特点具有高度的复杂性和创造性。

师范教师不仅是教育科学思想的体现者，而且也是教育科学思想的创新者。师范教师的教育实践活动是教育科学与实践的统一，是理论与实践的统一，因而师范教师的工作更富于创造性。他应具备探索最优化的教育和教学方式的能力，应该灵活地、创造性地应用教育科学理论。师范教师的教育实践活动对未来教师的教育实践活动具有强烈的示范作用，如果师范教师墨守成规，生搬硬套、不求创新，就不会培养出创造性的未来教师。创造性是师范教师教育实践活动的主要特性。只有不断地探索和创新，才能完成培养现代教师的任务。

教育既是一门科学，又是一种艺术，二者都是在创造中完成的。说它是科学，是指它有规律可循，有一定的原则和方法。说它是艺术，是指这些原则和方法不是刻板硬套的公式，必须针对具体情况灵活地、创造性地应用。师范教师的教育活动要表现教育科学与艺术的统一，师范教师的创造性直接决定着未来教师的创造性素质。

（三）师范教师活动的传导性。

师范教师的教育实践活动对师范生掌握现代教育科学理论和教育艺术具有传播性和指导性。师范生在校期间要掌握教育科学理论和教育教学技能，这更多的是通过教师的教育活动而获得的。师范教师的教育实践活动比知识理论具有更强的传导性。师范生通过课堂上教师的教育活动，耳闻目睹、潜移默化，受到教师的教育艺术的感染，直观地学习和掌握了专业知识、教育理论和教育艺术。因此，师范教师是一本"活"的"教育学"，这本"教育学"对师范生的职业准备和教育生涯具有重要的指导意义。师范教师必须不断地进行教育科学和教学艺术的探索，把先进的教育理论和方法"内化"为自己的教育的能力，体现在自己的教育活动之中，用自己活动影响和指导学生。同时，在教育实习活动中，师范教师的指导性也体现在对师范生教育实践技能与活动的指导上。

四　师范学校教师的素质

素质是指社会实践的主体在进行社会实践时所具备的主观条件，是一个人内外品质的总和。人的素质可以分为自然素质、心理素质，即生理特点、心理因素（情感、意志、个性等组成的个体心理品质），也可按照内容分为道德素质、智能素质、身体素质等等。主体的素质是主体投入社会实践活动中的重要变量因素，它一方面反映了主体在认识世界、改造世界的实践活动能力，另一方面反映了主体的世界观。因此，主体的素质对社会实践活动具有强烈的影响作用，主体的素质水平的高低直接决定着他的社会实践的成败。

教师的素质，是教师进行教育实践活动必备的主观的品质结构，它是教师作为教育实践主体的各种素养的有机统一体。教师的素质必然受社会对人才素质、民族素质的要求的制约，同时与教师的工作职能和特点有关。教师工作的任务以及教师的地位和作用都要求教师具有较高的合理的素质结构。

提高教师的素质对教育的发展、对国家的发展和进步具有重要的现实意义。教育作为开发人的潜能、提高人的素质、形成人的主体结构的主要手段，在现代化建设中成为决定性的因素。对一个国家和民族来讲，真正落后的不是技术的落后，而是人的素质的落后。国家要发展，民族要进步，就必须全面地提高国民的素质。要提高国民素质，关键在于教育，而教育职能的发挥取决于教师的素质。教师的素质直接影响着国民的素质。如果不提高教师的素质，不仅影响教育的发展，而且也关系到国家与民族的前途。

教师的素质的形成，关键在于提高教师的职前培养水平，这有赖于师范教育质量的提高。师范教育是形成教师综合素质的基础阶段，因此，对于教师综合素质的结构的形成具有重要的作用。师范教育职能的发挥关键在于师范教师的素质，师范教师的素质与未来教师的素质具有直接的相关性。

（一）师范教师素质的综合结构。

1. 师范教师的道德品质结构。

师范教师的道德品质受社会总体的道德规范的制约和决定，同时又为师范教师的教育实践活动所制约所要求，它是个人道德品质修养和职业道德修养的综合表现。总体说来，师范教师的道德品质素养的内容包括以下几个方面：

（1）敬业乐业忠于职守。

师范教师的职责是培育未来的教师，师范教师必须热爱师范教育事业，献身于师范教育。敬业乐业，这是师范教师必备的最基本的道德品质，是完成师范教育任务履行自己职责的重要保障。每一个人民教师都应当热爱教育事业，忠于职守，兢兢业业，矢志不移，为教育事业作出贡献。

（2）严谨治学，孜孜以求。

师范教师不仅要有广博的科学文化知识，而且还应该学有专长。师范教师治学严谨，学识渊博，热忱教学，精心施教，才能培养出优秀的师范生。因此，师范教师应该孜孜以求，学而不厌，进行专业学科的探索和教育艺术的探索，更新自己的知识结构和扩展自己的能力，不断创新、不断改革，提高自己的教育艺术水平，这是师范教师道德修养的一个重要内容。

（3）热爱学生，诲人不倦。

热爱学生，诲人不倦，这是教师必备的道德品质。著名文学家托尔斯泰曾说过："如果一个教师把热爱教育事业与热爱学生相结合，他就是一个完美的教师。"① 师范教师应该关心、理解、尊重和信任学生，并且严格要求学生，对学生耐心开导，循循善诱，热情关怀，诲人不倦，在自己充满爱的教育活动中让师范生感受到教育爱的价值和意义。

（4）以己为范，为人师表。

师范教师的教育实践活动具有重要的示范和指导作用。因此，师范教师在各方面都要以己为范，为人师表，不仅日常行为举止要以身作则，而且教育实践活动本身要规范化和科学化，要起到示范作用。师范教师教育实践活动的范例，对师范生掌握教育科学和教育艺术具有不可替代的作用。师范教师无论何时何地，都要在自己的道德品质、学识才能、言语谈吐、生活方式和举止风度诸方面，以身立教，为学生作出表率；而且，师范教师应该具有正确的教育观、良好的教学风格和教学态度，具有科学的管理方式和有效的教育技能，从各个方面以己为范，为人师表。

2. 现代师范教师的知识结构。

现代师范教师的知识结构是由广博的哲学文化科学知识，精深的专业学科知识和全面系统的教育科学知识和心理科学知识等有机构成的统一体。

（1）广博的科学文化知识。

师范教师应该全面发展，具有广博的文化科学知识，在哲学、文学、艺术、历史、体育等方面具有较高水平的修养，同时还应了解当代科学技术的最新知识、最新发展，了解自然科学知识，这样才能适应现代教育的综合化需要。师范教师具有广博的综合的科学文化知识，才能激发学生的兴趣，开阔学生的视野，培养学生各方面的情趣和满足他们多方面追求知识的要求，才能引导学生在德、智、体美等诸方面的和谐发展。

（2）精深的专业学科知识。

师范学校的教师，必须精通所教学科的基础知识、基本理论，并掌握相应的研究技能与方法，应该了解本门学科发展的历史与现状、现代最新成果、

---

① 转引自严缘华等译：《教师道德》，华东师大出版社1982年版，第22页。

学科发展趋势、社会功能以及与邻近学科的关系。教师的专业知识要达到系统性、全面性和灵活性，才能满足学生掌握专业知识的需要。

（3）全面的教育科学知识和心理科学知识。

师范教师教育实践活动的任务和性质要求他们必须掌握全面系统的教育科学知识和心理科学知识，并且自觉地创造性地应用到教育实践中去，形成创造性的教育艺术。教育工作是复杂而富有创造性的，教育科学知识和心理科学知识体现教育规律和学生身心发展规律，能够帮助教师分析解决教育问题，减少教学工作的盲目性，提高教学效果与工作效益。自觉地运用这两方面的知识是教育成功的必要条件。

师范教师的教育实践活动是教育科学的活的演示过程，是教育科学创造性应用的最优表现，因此，应该全面地符合教育科学和心理科学所揭示的规律，从而为师范生起到良好的示范作用，所以师范教师应该有较高水平的教育科学和心理科学素养。

3. 师范教师的能力结构。

（1）师范教师的教育认识能力。

教育认识能力包括认识教育过程，认识学生的成长规律、个性特点的能力，以及理解教材的能力等，这是教师实施教育的基础。如果教师不能有效地认识学生的个性特点、成长发展的特征，不能认识每一阶段教育活动的性质、教师的教育活动就不能成功。师范教师应该具有较高的教育认识能力，并且应该总结教育认识的方法和经验，一方面可以直接地传播给师范生，提高他们的教育认识能力，另一方面可以提高自己的教育实践活动的质量和效率。

（2）教育设计组织能力。

教育设计组织能力包括对教育活动的总体构想能力、教育目标群的设计能力、教育计划与方案的设计能力、加工教育内容的能力和课程组织能力、设计教育方法和教育策略的能力，以及对教育过程进行调整运筹的能力、创设教育情境的能力等等。师范教师的教育活动的性质决定了师范教师应该具有较强的教育设计能力。

(3) 教育组织管理能力。

组织管理能力是教育活动中不可缺少的，组织管理能力包括组织和管理学生的能力，组织和管理课堂教学的能力，激发和引导学生活动的能力，维持教育秩序的能力，组织学生多样的课外活动和社会实践活动的能力，协调各种教育影响的能力等。

(4) 教育交往能力。

教育活动是在教师与学生的交往过程中完成的，没有师生的交往关系，就没有教育，教育的交往能力包括语言表达能力、课堂双向交流能力、师生关系、同事关系协调能力等。

教师在各种交往中，要做到真诚、合作、尊重、信赖、团结、帮助、关心，这样才能形成积极的交往关系，发挥教育的效率。

(二) 师范教师的现代观念。

在现代社会里，由于科学技术的高度发达，社会结构发生了革命性变化，社会发展的节奏不断加快，教师的社会角色和任务也发生了很大的变化。这就要求现代社会中的每个教师在观念上适应现代社会的迅速变革，做到职能角色的多样化。师范教师要赶上时代精神的步伐，适应现代社会、现代师范教育的要求，就必须具有现代意识。

1. 师范教师应具有开放意识。

师范教师能够勇于接受现代新理论新思想，吸收人类文明的一切优秀成果，同时立足社会面向世界，这样才有可能在现代化的教育和社会中，成为一名现代化的教师。

2. 师范教师应具有未来意识。

教育是面向未来的。师范教师是为明天的教育事业培养教师，因此，师范教育是超前性的。师范教师只有积极地关心人类社会的未来，关心祖国的未来，关心学生的未来，关心教育的发展，才能把握教育发展的大趋势，才能使自己在教育实践活动中超前地适应未来教育发展的要求，才能不断地寻求变革，追求进步。

3. 师范教师要有开拓意识。

现代教育的发展要求师范教师必须成为勇于开拓、不断进取，富有创造精神的人。师范教师的教育实践活动是他进行教育科学、教育艺术研究和探索的体现，他的课堂永远是一个教育实验室。

4. 有科学态度和科学精神。

现代社会的高科技化要求师范教师具有科学的态度和科学的精神。一方面能科学地进行教育实践活动，勇于使用教育新技术新方法，创造性地进行教育实验，另一方面能正确地把握科学与人类、科技与进步、科学和未来的关系，具备科学知识和科学精神，能科学地进行教育和进行科学教育。

5. 师范教师要具有教育智慧。

教育智慧并不是指教师顺利进行教育活动的各种能力与技能，也不是指教师所具有的各种教育机智。教育智慧是一种基础性的观念，对教师的教育活动起着引导和规范的作用。教师具备了教育智慧，可以不断地探寻和回答以下几个方面的问题：(1) 怎样看待教育。什么是教育；教育的理想、教育的目的是什么；人的精神发展与教育具有什么关系；教育与生活的关系如何；教育与训练的区别如何；当前教育的价值取向是怎样的；等等，这些可以归结为教师的教育观。(2) 怎样看待学生。学生有没有独立的个性和自由；学生发展包含着哪些方面；教育机会均等、教学民主化的意义是什么；等等，这些问题可以归结为教师的学生观。(3) 怎样看待人生。人生的意义是什么；教育所启迪的人的生活方式是什么；教育与人生的关系是怎样的；人如何在教育中领悟生活的意义；教育如何赋予学生生活的智慧；等等，这类问题可以归结为教师的人生观与生活观。(4) 怎样看待教师。一个教师应该做些什么；教师的威信何在；社会对教师的期望是什么；理想的教师应该具有怎样的形象；等等，这类问题可归结为教师的"教师观"。

教育智慧可以使教师在教育工作中遵循一条方向更为明确的道路，知道什么是自己应该坚持的，什么是自己应该反对的，可以使教师养成一种思维方式，对社会对自己的教育信念、理想以及教育方式进行严肃认真的反思。这种思维方式还使他们对所教内容、所使用的方法进行反思，使他们对自己的教育活动采取理智的分析批判改进的态度；使他们形成与学生的积极的教育关系，为学生的人生选择和发展、专业思想的巩固提供有益的帮助和指导。从这些方面看，教师具备教育智慧是非常有意义的。[①]

第二节 师范学校的学生

一 师范生是师范教育的主体与客体的统一

任何教育过程都是教育者（教师）和受教育者（学生）双方共同活动构成的。在教育过程中，单独强调某一方的决定作用，或者没有双方共同的双向交往和参与，就不能实现教育活动或达到预期的教育目标。师范学生是师范教育的对象，同时师范生又是通过积极主动的学习活动而接受师范教育的主体。师范教育的目标、教育内容、教育情境以及教师的教育活动都作用于学生的学习活动，都是为培养合格的师范毕业生服务的。

师范生作为师范教育的对象，是由师范教育的性质和任务以及师范生将要从事的教育专业劳动决定的。师范生必须接受师范教育的培训，因为师范学生是将要从事教育教学工作的，还缺乏教育工作所必需的基本知识和技能，在各方面还没有达到作为一个合格教师的要求，而师范教育作为未来教师的职前培养过程，它塑造着师范生综合的素质结构。师范学生通过接受师范教育的专业培训，获得从事教育工作的知识和"教育能力"。

由于师范生即将从事的教育工作具有较强的实践性，师范教育是通过师范生的学习活动和教育实习活动实现培训目的的。因此，师范生既是师范教育的对象，又是学习活动和教育实习活动的主体。师范教师是教育目的、教育计划的体现者和实施者，同时又是师范教育活动的组织者和指导者。师范生的学习活动和实习活动是在师范教师的指导教育下进行的，又是师范教师教育活动的基础。没有师范生作为主体的积极能动的学习活动，师范教育的

---

① 金生鈜：《教育智慧：二十一世纪教师必备素质》，《高等师范教育研究》，1992年第四期。

目标就不能实现。因此，在师范教育中，师范生既是接受师范教育的客体，又是学习活动的主体，是主客体的统一。

师范生在师范教育过程的基本使命是接受培养和训练，形成合格教师所需要的素质结构，因而是处于被塑造被养成的客体对象地位，这是不能否认的事实。但同时，作为能动的积极从事学习活动的师范生，他们并不是被动接受教育影响，而是通过有意识有目的的学习过程而获得从事教育的知识和能力。师范生作为获得教育实践能力的主体，师范教育的目标、计划以及方式方法都必须通过师范生的主体活动而实现。

强调师范学生的主体性，并不是否定师范教师在师范教育中的主导地位。师范生从事未来的教育工作，并不仅仅是通过学习有限的教育科学知识就能胜任的，而更重要的是具有教育工作所需要的综合的素质结构。如果师范生仅仅掌握了一大套理论知识，但不具备教育的能力，他也不可能完成未来的教育任务。所以当代社会发展要求师范教育要重视能力的培养。因此，师范生的学习、训练及实习活动占主要地位，因为只有通过师范生的学习活动以及训练的实习活动本身，才能提高师范生的能力素质，离开了"活动"，师范生就不能获得专业能力和教育技能，就不可能形成教育经验和教育机智，也不可能具备教育智慧。从这个意义上看，师范生的受训活动是主体与客体地位的统一。

二 师范学生在基础教育中的地位和作用

师范学生是即将走向教育工作的人员，他们的未来工作的方向主要是去中小学任教，或参与教育行政管理工作。师范生素质的高低，直接影响着基础教育的质量与基础教育事业的发展。因此，师范生是教育事业潜在的生产力，在基础教育中具有重要的作用。

师范生是未来的教师，未来教育的命运就操在他们的手中。师范教育培养的师资不合格，教育事业的发展就没有依靠，国家的兴旺发达就没有希望。

"师范学堂为教育造端之地,关系至重。"[①] "欲教育普及国民而不求师则无导,故立学校须从小学始,尤须先从师范始。"[②] 师范教育培养着基础教育的师资,师范生因而是未来教育的主力军。师范生的数量与质量直接关系到基础教育发展的规模、水平与质量,关系到国民素质的提高,关系到国家的现代化建设的进程。

在我国,从师范教育诞生到现在,经历了艰难曲折的发展过程,但是我国的师范教育特别是建国以来的师范教育,取得了举世瞩目的巨大成就,为中华民族的教育事业造就了数以百万计的师资。这些师范毕业生直接或间接地促进着中国的政治、经济、文化、教育、科学的发展,推动着中国社会的发展和进步,为中华民族的繁荣昌盛作出了巨大贡献,对世界的文化教育、对人类的进步和发展,产生了深远的影响。

三 师范生职业定向的社会化

师范教育是一种高层次的职业教育,它有明确的职业定向的特征,这就使得师范生的社会化是一种职业角色的社会化,不论是中师的学生,还是高师学生都处于职业社会化过程中,而且也处于教育科学、教育艺术、教育技能的学习过程中。师范教育是依据学生身心发展的规律,给予师范专业的教育与影响,从而促使其社会角色的转化。在这一过程中,师范学生逐渐了解自己在教育结构、社会结构中的地位,领悟并遵从社会和群体对他们即将从事的职业角色的期望,掌握角色技能。师范教育对师范生的社会化的根本宗旨就是培养合格的教育工作者,使师范生获得作为社会的教育成员所具备的知识、技能、态度和行为方式等等。因此,师范生的社会化就是接受师范教育的专业培养,获得教育专业工作所需的素质,成为社会所期望的高质量的

---

① 张之洞:《筹定学堂规模次第兴办折》,《张文襄公全集》,文海出版社1966年版,第3915页。
② 张謇:《师范学校开校演说》,《张季正九录·教育录》卷1,中华书局1931年铅印本,第16页b面。

教育人才。

师范生社会化的内容如下:

(一)职业目标的社会化。

师范学生通过师范教育,形成关于教育的意义、教育的价值、学生的发展、人生观等正确的教育观和学生观,也就是形成教育智慧,作为规定自己活动的价值规范。

(二)专业知识的社会化。

师范生必须掌握从事教育工作必备的广博的科学文化知识、精深的专业知识,以及高水平的教育科学理论的修养。通过这方面的社会化,师范生获得扎实的综合的系统化的知识结构。

(三)专业角色技能的社会化。

师范生在师范学校中学习并获得各种与教育角色相关的能力和技能,而且只有这些能力真正在教育实践活动中得到转化和体现时,才意味着师范生教育角色能力社会化的实现。师范生的专业学习和教育实习,对师范生的角色技能的社会化有着重要的作用。

(四)道德品质的社会化。

师范学生的世界观、人生观、价值观和道德品质(包括职业道德)的形成是师范生社会化的重要内容,这是作为教师的角色性质对师范生道德素养的直接要求。师范学校的学生的道德品质的社会化还包括热爱学生、敬业乐业的职业情感,为教育工作负责、为学生成长负责的责任感,包括生活规范、道德规范、法律规范、社会习惯等的社会化。

(五)职业角色意识的社会化。

这也是师范生社会化的一个重要内容。教师角色的认识包括师范生对自身目前所承担的角色的认识和对未来所从事的专业角色的认识,还包括对社会期望值的认识。这是师范生进入即将从事的专业的关键。师范生有了正确的角色认识,才能积极地从事专业学习,接受社会对教师这一角色的期望。这是师范生职业态度与专业意识的重要组成部分。

(六)职业参与意识的社会化。

师范学生在有了正确的社会角色的认识之后，积极地为了将来的社会角色而训练自己的角色技能，积极地投入到专业学习之中，为将来从事的教育工作进行设计安排，进入角色预演状态，努力实现社会对师范生的期望。师范生有了强烈的职业投入意识和参与意识以后，才能获得较高水平的素质结构，才能发展完善自身，顺利地进入角色，在较短的时间内完成由学生角色向工作角色的转变，完成角色变迁。师范学生经历着两次较大的角色的变迁，一次是从一般学生到师范生的变迁，另一次是从师范生到教师的变迁。第一次的变迁意味着社会生活目标的职业定向，这无疑是一次重要的角色改变，对师范生接受师范教育的状态以及专业学习都有极大的影响。第二次变迁意味着师范生由学生角色向人才角色、工作角色的过渡，这也是师范生适应教育工作的一个关键的转折点。师范教育对师范生的角色认识和职业参与意识的培养，对师范生顺利地进行角色变迁具有重要的作用。这是培养高质量的师范毕业生的关键。

师范生的角色认识能力与角色投入意识的培养受社会价值取向的影响。当社会尊重教师、尊重知识、重视教育时，就有利于师范生获得合理的角色认识，有利于师范生的角色迁移。当社会不重视教育、不尊重教师，教师的地位和待遇都不高时，师范生很难在主观上积极主动地完成角色转化，师范学生的职业意识就不强，仅仅凭师范学校的专业思想教育很难实现师范生角色的积极转换。

师范学生在职前的社会化对师范生的素质构建具有重要影响，因此，师范学生的职业定向的社会化一定要全面化、平衡化，结合角色技能与角色态度的社会化而展开全面的师范教育。这就要求师范教育向社会开放，向教育开放，使师范生参与社会工作和教育工作，在现实的参与活动中锻炼自身，提高自身的素质结构。

四 合格的师范学生的素质培养

师范教育是根据社会发展和教育发展的需要来培养师范学生的素质结构的。师范生的素质结构取决于现代社会对于理想教师的期望，以及教育科学对理想教师的认识。我们认为,合格的师范毕业生,不仅要有良好的道德素质、知识智能结构,而且还应该具有积极健康的人格,具有现代教育所需要的现代精神和现代观念。前面,我们已经涉及了师范生专业素质的培养。在这里,我们从以下几个方面论述师范生综合素质的培养。

(一)师范生健康的人格特征的培养。

教育心理学研究材料表明,教师健康的人格对教育效果有显著的影响,教师的热情、豁达、开放、乐观、宽容、同情、自重、鼓励、合作、勤勉、诚直、民主、富于想象等人格特征能够获得学生的积极的态度和情绪的支持以及社会的信任,能够使教师公平地对待学生,尊重学生,尊重自身,能够使师生关系融洽,使教育活动富有创造性和建设性。① 教师的教育对象是处于成长期的积极活泼的学生,同时,教育是师生之间的积极交往活动,因此教师的人格特征对学生个性发展具有重要的作用,并且具有很强的教育意义。因此,师范生必须敦品砺行,培养健全的人格,师范教育应该把品格教育放在中心地位。

(二)师范生的社会参与意识的培养。

在现代社会里,教师不仅是学校的教育工作者,而且也是社区教育工作者。教师应该积极参与学校所在社区的政治、文化、社会、经济等活动;师范教育的目标不仅在于培养学校教师,而且也应该把师范生培养成社会教育、民众教育的工作者。师范生要有较强的社会参与意识,要认识社会问题,促进社区教育发展和社区文化进步。这是现代社会教育化和现代教育社会化的必然趋势。师范生要学会分析社会现象和解决社会问题,要有为公共事务和社会发展负责的习惯和态度,关心社区教育发展,改造社区教育弊端,实现教育的理想。

(三)师范生进取精神的培养。

现代社会和教育要求教师具有不断求知、锐意进取的精神,而且教师求

---

① 邵瑞珍等编著:《教育心理学》,上海教育出版社1983年版,第265页。

知进取的精神本身就是学生学习的楷模，对学生的学习起着积极的作用。因此，师范教育要培养师范生不断求知、锐意进取、积极向上的精神。有了这种精神，师范生不论在任何岗位都会不断地充实自己、提高自己。这是提高师范生素质的关键。

（四）师范生积极理智地处理一切事务的能力的培养。

每个人在社会中承担着各种不同的角色，教师也不例外，他面临着许多社会事务、家庭事务、教育事务、个人事务等。教师要在现代社会中成功地参与各种活动，处理好各种社会关系，就必须具有理智地分析判断各种问题和解决问题的能力，必须具有冷静、沉着、机智的头脑。教育是一种复杂艰巨的事业，教育本身需要教师具有理智处理一切事务的能力。师范生在职前培养中应该受到这方面的培养。

（五）师范生健康生活习惯的培养。

教师的积极向上、健康和谐的生活习惯对于学生的优良品质的养成具有积极的作用，所以师范生不仅要有身心两方面健康生活的知识，而且要在生活中工作中实践和应用，首先自身做到身心健康发展，这是积极地指导学生身心健康发展的关键。师范生有了积极健康的工作生活习惯，才能获得健全的人格，才能为人师表。

（六）师范生关心意识、合作意识的培养。

现代社会的发展，要求教师关心世界和平，关心生态环境的保护，关心人类平等自由、互爱的权利，关心学生的发展成长，要求教师要善于合作，团结，共同努力。在现代社会里，合作精神和关心意识是重要的素质。因此，21世纪教育的主题是"学会关心"。师范生一定要学会关心，学会合作。

（七）师范生教育技能的培养。

理想的教师要了解教育传播的原理与技术，要具有选择教材、安排组织管理教学的能力，要了解学生身心发展的规律，并且具有正确地评价学生学业成就的技术，要有灵活多样的教育机智。师范教育要重视能力的培养，培养师范生有较高的教育工作能力。

许多研究材料表明，教师的表达能力、组织能力、诊断学生学习困难的能力以及他们行为的条理性、系统性、合理性与教学效果具有较高的相关。①

（八）师范生专业信念的培养。

教师必须深信教育工作的神圣与伟大，并了解教育工作对社会发展和青少年成长的意义和价值。教师坚定的信念是教师敬业乐业的动力，贫富不移、不折不挠地追求真理是教师必备的专业精神。合格的师范毕业生必须具有专业信念和专业精神，师范教育应把培养师范生的专业精神和专业信念作为主要任务之一。

（九）师范生教育爱的培养。

教育是一份无私奉献的爱，通过教育爱，教育才能深入学生的精神世界，使学生的心灵和谐地发展。一个人若无爱护和友爱之心，便没有作教师的资格，"爱护儿童"、"爱心"是教师基本的职业态度与情感。培养师范生的爱心、助人为乐的奉献精神，是师范教育培养教育爱的主要内容。

第三节　师范学校的师生关系

师生关系是指教师与学生之间的交往关系，包括教育关系、道德关系和心理关系。它是教师与学生共同创造的一种特殊的社会关系。师生关系既存在正式的工作关系或组织关系，又存在非正式的人际关系。前者指为完成教育、教学任务而发生的交往关系，这是由教学计划、教学大纲、教材、课程、学校规章制度和其他行政措施指导形成的关系。在这种工作关系中，教师是组织者、领导者，对学生有权力有责任进行指导、考核、奖惩等；而学生则必须接受教师的指导和考核，并且主动积极地建立和完善这种正式的教育关系。

师生之间的良好的工作关系的建立，主要在于教师的文化素质、教育能力、教育机智和交往能力，而且教师的威信，活泼乐观平易近人的工作风格

---

① 邵瑞珍等编著：《教育心理学》，第264页。

和人格特征也有利于良好的工作关系的建立。

师生之间的非正式的人际关系，是指师生之间相互理解、认识和情感交流的心理关系。这种关系是建立在一定的情感的基础之上，表现为师生心灵上、情感上、态度上的一致和融洽。这是一种更具凝聚力的关系，这种关系是在教育关系的基础之上形成的，对教育活动的开展和教育任务的完成具有重要的作用，它对双方的影响往往起到正式的工作关系所不能起到的作用。

任何教育活动都包含着关系，并且是在关系中展开的，教育本质上是通过教师和学生的交往活动而进行的，师生关系就是教与学关系的表现形式，并且是教育活动存在的基础。因此，师生关系并不只是教师与学生在教育情境中进行教育活动时形成的一种副产品，而是教育活动本身所要求所规定的关系，没有此关系，教育活动就无法进行。

师生之间的关系如何，将直接影响教育和教学的效果。如果教师与学生建立了真诚、信任、合作、参与的关系，则有利于各项教育活动的开展，有利于教育质量的提高。因此，充分发挥师生关系的作用，对于教育过程和实现教育目的是非常重要的。

一 师范学校师生关系的特点

师范教育同样是在教师与学生的教育交往活动中进行的。师范学校的师生关系与一般学校的师生关系相比具有一定的共同性，但也有一定的特殊性，师范学校的师生关系受到师范教育的性质、目标和任务的规定，也受师范教师教育活动的特点的规定。

师范教师的教育活动具有较强的示范性和传导性，教育关系就带有师生"传带"的性质，教师与学生的交往关系中更多地表现出"示范"、"帮带"的方式，师生关系犹如师徒关系，教师以身作则，在各种场合、各种情境都具有"传带"作用，使学生在这种特殊的师生关系中亲身体验和领会教育活动的要旨，学到教师处理教育活动的经验。

与此相应的，师范学校的师生关系也具有更强的"参与性"，因为师范学校的教师不仅要传授给学生知识，而且要使师范生形成教育能力，而这主要是通过学生参与教育活动,直观地学习和领会教师处理教育活动的经验。学生参与到教育过程中,和老师积极地交流,通过教师的"传帮带",直接获得教师的教育艺术,并形成富有独特性的教育技能。

因此,师范教师与学生在教育活动中构成双方积极参与、互相交流的教育工作关系。

二 师范学校良好的师生关系的建立

良好的师生关系,集中表现为教师与学生互相合作、信任、尊重、理解、民主、平等、团结友爱的关系。建立良好的师生关系,不仅依赖于教师高尚的道德、健康的人格、渊博的知识、丰富的社会经验和高超的教育艺术,依赖于教师与学生的关心和爱护,同时也依赖于学生对教师的尊重和对教育活动的积极参与。

(一)师生之间良好的交流模式的建立。

师范学校良好的师生关系的建立,还要求师生之间形成为完成教育任务而创造的积极合理的交流模式,使教师的教育实践实现最优化的交流和沟通,使师范生积极地参与交流。

在师范学校中,教师与学生为了完成共同的教育目标,双方共处在教育情境之中,双方共同投入到教育活动之中,构成了一个整体,在这个整体中,双方以教育活动为基础,形成互相积极交流的师生关系。教师与学生、学生之间产生多种方式、多种方向的交流。教师与学生处于平等的地位,交流比较活跃,教师既能集体传授,又能对个别学生传帮带。学生与学生之间形成互帮、互学、互相促进的交流模式,这是一个积极合作、互相帮助、实现共同目标的交流模式,因而是最优的师生关系的模式。在师范教育实践中,应该建立这种积极交流的模式。

(二)师生之间道德关系的建立。

在师范教育中,教师和师范生必须建立民主、平等、团结、友爱的同志式的道德关系。师范教师和学生在教育过程中虽然作用不同,但都是为完成师范教育的目标而开展教育、教学、指导、学习、训练、实践等活动的。双方在教育中的地位是平等的，双方因而同心同德、共同努力完成教育任务。建立良好的道德关系，主要是凭借教师高尚的人格、渊博的知识、丰富的社会经验等，去启发引导和教育学生。

师生之间的良好的道德关系的建立并不意味着没有冲突和矛盾，因为教育情境是复杂的，每个人的活动也是复杂的，师生之间出现一些矛盾是必然的，问题的关键是如何处理这些矛盾。教师作为教育过程的主导者，应该坚持启发疏导，妥善解决矛盾，使矛盾转化为互相理解、支持和合作的关系。

（三）心理关系的建立。

在师范教育过程中，始终存在着教师与学生的心理交往，这种交往有互相理解、互相学习的认知因素，也有互相关怀、互相尊重、互相信赖、互相帮助的情感因素。通过教育交往和日常的人际交往，师生之间可以建立起友好、谅解、亲近的心理关系。这种关系是建立在一定情感基础上的，主要表现为师生心灵上和情感上的融洽和沟通。这种心理关系使教师与学生相互信任、相互支持、相互关心，可以使教师尊重学生的个性，使学生发挥自己的自主性和创造性，积极地参与到学习和教育活动中。而学生尊重教师、支持教师，又可以激发教师献身教育事业的积极情感，使之更加热爱学生，关心学生的成长。因此，建立这种良好的心理关系，有助于教育学生，有助于师范教育活动的开展和教育任务的完成。

师生关系具有强烈的感染性和教育性，是富有教育意义的教育力量。师范教师如何积极利用这一力量，努力完成师范教育任务，是师范教师教育实践活动的主要任务之一，也是师范教师教育艺术的创造水平、教育机智和教育能力以及文化素质、个性品质修养的表现。因此，师范教师在教育活动中，努力提高自己各方面的修养，热爱学生、尊重学生、理解学生、帮助学生，建立良好的师生关系，这是师范教育成功的关键因素之一。

第八章

师范学校的课程与教材

师范学校的课程是实施师范教育、培养未来教师的蓝图,是师范学校的教学内容、学科结构、顺序、时限和范围的总方案。师范学校的教材是课程方案中各门学科的知识载体,是组织教学活动的主要依据。师范学校的课程和教材,要体现师范教育的目的和任务,因而具有显著的师范性特点。

第一节 师范课程概述

一 师范课程的界定

什么是课程?《中国大百科全书·教育》卷的定义是"课业及其进程"。并指出,课程有广义、狭义两种。广义指所有学科的总和。狭义指一门学科。陈侠先生所下的定义也很相似:"课程就是指课业的进程。"[①] 在我国,"课程"一词始见于唐宋,但它的含义并不是很确定的。直到清末民初我国现代学校制度正式建立,引进了西方课程体系之后,"课程"一词才有了比较固定的含

---

① 陈侠:《课程论》,人民教育出版社 1989 年版,第 12 页。

义。在现代教育文献中,"课程"实际上是作为英文中"Curriculum"一词的对应词来使用的。而 Curriculum 一词又来源于拉丁文 Currere,意思是"赛马",其名词形式指的是赛马场上的跑道(Race Course),用在教育上,也就是指教育的进程和教学的程序。

但是,课程论自本世纪 20 年代形成自己独立的学术研究领域以来,已经出现了众多的理论派别,他们都提出了各自不同的课程概念,出现了多种多样的课程定义。通过对各家各派的课程定义进行比较分析,我们得到这样几点认识:

1. 课程不仅是正规的课堂教学内容,还应当包括学生课外学习的内容;应当把课堂教学和课外学习的内容有机地统一起来;在特定条件下,课程也可专指有计划的自学内容及其进程。

2. 课程不能仅仅着眼于书本知识,而应当对学生的各种实践活动作出明确统一的安排,否则理论联系实际就会变成一句空话。

3. 课程编排顺序应当在逻辑上和时间上与教育过程具有对应关系,为教育过程提供一个全面的蓝图。这就要求课程不仅符合知识系统的逻辑,而且要符合学生认识和身心发展的逻辑。

4. 课程要促进知识和经验的综合和创新,加强各科知识间的联系,引导学生解决交叉学科和跨学科问题。所以,课程要提高整体的综合化水平。

5. 课程应当提出一个明确的、与相应的教育阶段和类型一致的教育目标体系,尽可能使教育目标具体化、序列化。

基于上述的认识,我们初步认为课程的定义可以这样表述:课程就是课堂教学、课外学习以及自学活动的内容纲要和目标体系,是教学工作和学生学习活动的总体规划及其进程。

师范课程就是师范学校课堂教学、课外学习以及学生自学活动的内容纲要和目标体系,是教学工作和师范学生学习活动的总体规划及其进程。

师范教育有其特定的培养目标和教育对象,因而其课程必然要反映出师范性特点。

二 我国师范课程的历史发展

我国古代从未有过专门的师范教育，儒生一般都以仕进为目的，只有科举考试中落榜的穷秀才，才可能考虑去教书，把自己学过的东西再传授给学生。当然，我国也出现过一些伟大的教育家，如孔子、孟子、韩愈、朱熹等。他们所总结出来的教育经验，有关教育和教学的观点，对我们今天的师范教育课程的制订具有着极为重要的启示。

我国近代史上最早建立的师范教育课程体系，见于1904年1月的《奏定学堂章程》，其中规定师范教育系统有：优级师范学堂、初级师范学堂、师范传习所、简易师范科、实业教员讲习所。初级师范学堂招收小学毕业生，设有修身、讲经、读经、国文、教育学、历史、地理、算学、博物、理化、习字、图画、体操等。简易师范科的课程则略有删减。1907年又颁布了《女子师范学堂章程》，其课程有修身、教育、国文、历史、地理、算学、格致、图画、家事、裁缝、手艺、音乐、体操等。

京师大学堂师范馆的课程有伦理、经学、教育学、习字、作文、算学、中外史学、中外舆地、博物、物理、化学、外文、图画、体操等。

中华民国成立以后，我国师范教育体制得到进一步完善，课程内容也进一步吸收西方师范课程的体制和模式，大大削减了经学和尊孔的内容。在女子师范学校课程中增设了家政、缝纫等科目。1922年实行新学制时，还在高级中学设师范科，并在农村地区建立了一批简易乡村师范学校，其课程内容略有删减，修业年限也比较短。30年代的师范课程包括公民、国文、历史、地理、算学、物理、化学、生物、体育、卫生、军事训练（女生学习军事看护）、劳作、美术、音乐、伦理学、教育概论、教育心理、教育测验及统计、小学教材及教法、小学行政及实习等。乡村师范学校则增设农业、农村经济、水利等农村实用科目。

高等师范教育设师范大学、综合大学教育学院（系、科）、师范专修科。以北平师范大学的课程为例，高等师范课程分为公共必修科目、主修科目、副修科目和自由选修科目。内容涉及思想政治（党义）、哲学、社会科学概论、自然科学概论、卫生、体育、国文、历史、外文、地理、数学、物理、化学、生物、实用技能、教育概论、教育心理、教学法、中等教育、教育史、教育行政、儿童及青年心理、参观和教育实习等。

从清末民初到新中国成立之前这一段，我国师范教育经历了从草创时期到形成比较完整的体系这样一个发展过程，师范课程也从引进日本欧美课程模式开始，经过数度重大改革，初步形成了比较适合当时我国的实际需要的格局，为新中国师范课程的继承和发展奠定了一定的基础。从50年代初期开始，主要学习和引进原苏联的教育制度和经验，师范课程也不例外。在1952年的院系调整中，高等师范学校按苏联的模式独立设置，对旧中国遗留下来的师范教育制度与课程进行了改造，制定了师范学校、幼儿师范、初级师范、师范速成班等不同类型的中等师范教学计划。从50年代初到60年代中期这十多年里，师范课程除了几次局部调整和"大跃进"期间受到短时期的冲击外，主体结构保持了很大程度的稳定性。在"文化大革命"期间，师范课程被完全破坏和取消，使师范教育遭受到前所未有的挫折。粉碎"四人帮"以后，高中等师范教育有了很大的发展，课程设置也在恢复50年代形成的基本框架的前提下，得到进一步的完善和充实。50年代，高等师范学校设有21种专业：汉语语言文学、少数民族语言文学、俄语、英语、历史学、政治教育、学校教育、学前教育、心理学、数学、物理学、化学、生物学、地理学、体育、音乐、美术、图画制图、历史政治、数理、生化。到了80年代，高等师范院校设置的专业虽已经增加到数百种之多，但一部分通用专业仍然保持着50年代的老格局，并无实质性的变化。高等师范教育是为中等教育服务的。由于中等教育结构的改革已向高等师范课程的设置提出了新的要求，因此，自从80年代中后期以来，随着职业中学的迅猛发展，高等师范课程也正在发生结构性的变化。

中等师范学校的课程设置，在80年代恢复和保持了50年代的基本结构，主要的发展变化表现在各科具体内容的更新和充实方面。但从世界各国师范教育的发展趋势和我国社会主义市场经济发展需要看，中等师范学校课程已经很难适应初等教育现代化的要求，需要提高学科程度，并逐步纳入高等师范教育的培训体系。这将是我国师范教育在今后发展中的重大课题之一。

总的看来,我国近现代师范课程的发展经历了四个主要阶段。第一阶段从1897年南洋公学创设"师范院"到1911年清王朝结束。这一阶段师范课程的主要特点是初步引进了西方(主要是日本)师范课程的结构、体系和一部分内容,同时又保留了大量传统内容和封建糟粕,如读经科目占了很大比例,忠君尊孔教育依然是师范教育的中心内容,等等。

第二阶段自1912年开始至1949年新中国成立。这一阶段师范课程的主要特点是大量引进美国的师范课程体系和内容,并结合本国实际进行探索试验。结合这一时期国内的政治形势,形成了多种形式和多种体系课程并存的格局。在国统区的师范课程突出了"三民主义"等国民党政治观念的灌输;在九·一八事变后的沦陷区,师范课程成了日本军国主义者在我国进行奴化教育的工具;而在中国共产党领导的革命根据地,师范课程则以马克思主义、新民主主义教育为核心,为培养为广大劳动人民服务的无产阶级教育工作者服务。

第三阶段从1949年中华人民共和国成立到1976年粉碎"四人帮"结束。这一阶段总的特点是对旧中国遗留下来的师范课程进行社会主义改造,建立以苏联师范教育模式为主的课程体系,并为当时的政治斗争服务。

第四阶段从1976年粉碎"四人帮"以后至今。这一阶段师范教育课程的主要特点是适应全方位的改革开放,为经济建设服务,师范课程从内容到形式、从结构到体系,都进入了一个深入改革的新阶段。虽然经过十多年的改革,我国师范课程已经发生了深刻的变化,但目前仍然不能满足经济文化发展和改革开放实践提出的新要求。与世界上各发达国家相比,甚至与一部分发展中国家和地区相比,也还有相当大的差距。

三 师范课程改革的前景

为了较好地预测师范课程的发展趋势,探索我国师范教育课程改革的道路,有必要考虑国外师范教育课程改革的趋势和新型教师的素质特点。

(一)国外师范课程改革的趋势。

自第二次世界大战以来，美、欧、日本各发达国家的师范教育已经发展到了一个全新的阶段，一些发展中的国家和地区也有很大的变化。他们师范教育改革的一个重要特点，是提高了教师的学历水平。现在，在有关师范教育的外国文献中，已经很难找到"高等师范教育"、"中等师范教育"这样的区别，因为在他们那里，"师范教育"理所当然属于高等教育的范畴。美国早在二战前就逐步把中等师范学校全部改成了高等学校，加拿大也在五六十年代完成了这一改造过程。今天，除意大利保留少量中等师范学校，日本、法国和荷兰保留部分二、三年制大专层次的师范学校外，其余发达国家都要求所有中小学和幼儿教师以及所有教育行政管理人员，一律完成四年本科以上的教育。我国台湾，从60年代起，就逐步把所有中师改造成了师专，从80年代初又把师专改造成了师院。印度的师范教育，学历要求也很高，培养小学教师的学校招收高中毕业生，修业二至三年，相当于师专。中学教师则至少要有学士学位，很多人实际上拥有硕士以上学位。新加坡、香港、泰国和马来西亚等国家和地区，也都已经把师范教育纳入到了高等教育的轨道。而美国等发达国家已经不满足于本科层次的师范教育，要求中小学幼儿教师在初次担任教职前，必须具有不低于学士学位的学历，在任教后的一定期限内，必须在职或离职攻读硕士以上学位。

除了提高学历要求外，目前国外师范教育改革的另一个特点是加强师范性，而不是削弱它。虽然国外的师范教育大部分都是由综合大学承担的，但他们对师范性的要求非常严格，所采取的措施也更为扎实。以美国为例，一般大学都设有教育学院，负责该校的师范教育。他们的学生在本科第二年结束前就要确定修业方向（前二年主要用于基础教育），选定师范专业的，从三年级开始转入教育学院，由教育学院派教师任课业指导，帮助学生确定必修和选修科目及学习进度。教育类科目如教育哲学、教育史、教育管理学、教育心理学、教育技术等，占师范生总学分的四分之一到三分之一不等。从三年级开始，就有固定的见习课和实习课，定期去中小学观摩和实习。见习和实习的总课时也占有相当大的比重。

在国外有关师范教育研究的文献中，对提高师范生的入学要求，加强文化知识和智力能力方面的基本训练,重视未来教师的职业道德培养,都有大量的论述。很多学者都指出,招收师范生要严格把关,对学生的学历、中小学阶段和大学基础文化课的成绩、思想品德和从事教育工作的事业心,都要有比较严格的要求。也就是说,要尽可能招收优秀学生学习师范科。为此,提高教师的待遇,为教师创造更好的工作、学习和生活条件就显得极为重要。他们还认为,教师职业对师范生的知识基础有很高的要求,但师范课程和师范学校的教学工作也不能仅仅停留在系统知识的传授方面,而应该保证让师范生掌握一定的批判思维能力、教育教学的观点和方法以及相关的文化规范和职业道德,要把这些方面的训练贯穿到录取新生、课程设置、课堂教学、实习和见习等各个环节之中。总之,要使师范生在学习过程中逐步形成适合于从事教育工作的智力、能力、品行和个性等方面的特点,强调把教学看成探索性的活动,重视一般性智力特性的培养,不过分偏重专门性的、具体的技能;强调培养积极进取的精神,形成对人对事的积极态度,建立良好的人际关系,激发学生的学习兴趣和求知欲望。为了达到这些目标,就必须使师范学校的课程方案和教学过程本身,成为师范生将来从事教育教学工作的良好典范,并使他们在学习期间就得到上述各方面的实践机会,让他们能够接触教育所面临的各种实际问题和困境,直接地把他们带进与教育工作有关的各种现实矛盾和冲突之中,从而掌握应付各种实际问题和困难的方法、能力和心理准备。只有这样,才能成为真正合格的教育工作者,并可望在从事教育工作的实践中成为真正的教育家。国外学者的这些见解,对我国师范课程和教学的改革,是有一定启发意义的。当然,我们更需要从我国师范教育的客观现实出发,去思考师范课程和教学的改革问题。

(二) 未来教师的素质特点。

实现四个现代化,教育是关键,而教师的培养则更是关键的关键。我们必须用现代科学文化知识和高尚的思想情操武装我们的下一代,对未来的教师也提出新的、更为复杂而又严峻的要求。未来教师要有"面向现代化,面向世界,面向未来"的眼光和胸怀。同时要具有宽厚的基础知识,熟悉本学科的最新研究成果和发展趋势,同时也要掌握一定的相关学科知识,融通文理界限，努力向"一专多能"的方向发展。

未来教师要提高对社会变化的适应能力，在坚实广博的知识基础上，还应当具有根据时代的需要不断提高的能力。未来教师要具有良好的教育学科方面的素养，这不仅指对教育教学的过程和学生心理发展的过程具有深刻而全面的认识，而且还意味着要掌握高超的教育艺术和从事教育教学工作的实用技能。

为了满足培养未来教师的需要，就必须对师范教育进行全面的改革，而课程的改革便是这一改革的关键所在。

第二节　编制师范课程的几个理论问题

一　制约师范课程的主要因素

我们认为，制约师范课程设计与编制的主要因素是社会发展、知识系统、教育对象和教育者、教育目的与培养目标。下面分别予以简述：

（一）社会发展对师范课程的制约作用。

1. 社会的生产力发展水平制约着师范课程的设置、结构、范围和内容。社会生产力发展水平很低的时候，生产过程和生产技术都很简单，不需要经过专门的教育就能够理解和掌握，所以，一般劳动者不必掌握很高深的文化知识，仅靠父子、师徒之间的传习，在从事生产劳动的过程中就可以掌握相应的生产知识和技能。在这种情况下，正规的学校教育几乎不和社会生产活动发生任何关系，教师也无需掌握这方面的知识。如我国和西欧封建时代的学校，都主要向统治阶级的后代传授统治经验和一些"高贵典雅"的知识。教师的培养以及为之服务的课程内容，也就带有同样的倾向。

但是，随着社会生产力的不断发展，特别是经过了以蒸汽机应用为标志的第一次产业革命，以电力的应用为标志的第二次产业革命和以核能、电子技术的应用为标志的第三、第四次产业革命之后，社会生产对普通劳动者文化素质的要求越来越高，不经过一定的学校教育，已经无法参与现代社会的生产过程。在这种情况下，为现代教育培养新型教师而设置的师范课程，也就包含了更为丰富的内容，以便使未来的教师掌握更多、更坚实的科学技术知识和有关社会生产过程的知识。正因为这样，自第一次产业革命以来，各发达国家不断提高教师的学历，扩大和更新师范课程内容，以适应不断延长的普及义务教育对师资的需求。

2. 社会的文化传统及其发展变革实践制约着师范课程的设置、结构、范围和内容。学校教育不仅仅要传授人类生产劳动的经验，为人类的经济活动服务，而且它也是人类继承和传递文化遗产、价值观念和行为规范的最重要的媒介。由于每个民族都有其特殊的历史发展历程，处在特定的地理和人文环境之中，具有独特的文化形态、社会理想、价值体系和政治经济制度，因而每个民族都有自己独特的文化传统。同时，每个民族又都是世界民族大家庭中的一员，不可避免地要同其他民族发生文化交流，吸收其他民族文化的有益成分，以丰富自己的文化内涵。越是到了近现代，这种交流便越频繁。因此，学校教育除了担负继承和传递本民族文化遗产的职责之外，学习和借鉴其他民族的文明成果，也是非常重要的功能之一。现代学校课程在保持鲜明的民族特点的同时，也日益突出了国际化和多样化。由于学校的教师承担着继承和发展社会文化传统的历史使命，教师通常被看做既是民族文化的代表，又是社会进步的先锋，这就要求为培养未来教师而设置的师范课程既有鲜明的民族特色，培植民族精神的根基，又要"面向世界，面向未来"，体现全人类共同的精神追求和文明倾向。

在我国历史上，教师历来被看做统治阶级道德理念和价值体系的维护者和传播者。在社会上他们用统治阶级的伦理道德和行为规范教化人民大众，使之驯顺地遵守现存的社会秩序和等第职分。儒家学说所倡导的礼教道德为封建统治阶级所推崇并强力推行。毫无疑问，儒家学说对我国的教师阶层和师资培养有着极为深刻的影响，要研究师范课程的设计和编制，就不能忽视这种影响。儒家礼教既有为封建统治阶级服务，极力维护封建统治秩序的一面，也有吸收和发扬我国劳动人民世代相延的优良传统的一面；既包含着男尊女卑、三从四德、君父夫权神圣等封建糟粕，也包含着"仁"、"义"、

"礼"、"智"、"信"、"勇"等积极内涵。在剔除了封建糟粕，吸收了民主、平等、人权等现代价值观念之后，我国传统道德理念和价值体系必将注入新的内容，并为全民族的精神文明建设提供强大的凝聚力。所以，学校教育不能搞民族虚无主义，师范课程更要重视传统文化精华的继承和更新，致力于把未来教师培养成民族精神的表率，人类进步的中坚。

3. 政治制度和国家的方针、政策、法令等制约着师范课程的设置和实施。在任何一种政治制度之下，教育都要服从一定的政治需要，传播相应的政治思想，执行国家政权所制定的方针、政策和法令。在封建君主制之下是如此，在资本主义民主制之下是如此，在人民民主专政的社会主义制度下也是如此。我国的学校教育必须以马列主义、毛泽东思想为指导，坚持社会主义方向。这一指导思想对包括师范教育在内的各级各类教育都有约束力，也是编制师范和其他各种课程与教材的根本要求。

国家或者掌握国家政权的政治集团所制定的教育方针和政策，也对师范和其他学校的课程编制与实施进行强有力的干预，甚至发布强制性的指令。例如强迫义务教育和完成义务教育的最低限度标准，在许多国家都是强制性指令。正是因为国家制定的方针和政策对学校课程有强大的影响力，所以，一项正确的政策往往能够使教育工作因得到持久的支持而蓬勃发展，而一项错误的政策则会给学校教育带来严重的损害。

现代化国家强调民主与法制的紧密结合，各项社会事业都有法可依，用法律手段进行调控。近几年来，我国的教育法令和法规也日趋完整，师范和其他学校课程的设置开始有了一定的法规依据。虽然现在还没有关于师范课程的专门法规，但现有的各项法规均对师范课程的设置具有一定的约束力和指导作用。师范课程中要包括法制教育方面的内容，师范课程的编制和实施过程中不能出现与我国宪法以及其他有关法律（如义务教育法、民族区域自治法等）相抵触的内容和做法。从实际需要看，将来还有可能制定一系列新的教育法令和法规，届时将对师范课程的编制和实施产生更为直接的制约作用。

（二）知识系统对师范课程的制约作用。

1. 科学文化知识总量的增长，制约着师范课程的设置、结构、范围和内容。文艺复兴时期著名捷克教育家夸美纽斯提出了"把一切知识教给一切人"的响亮口号，在顺应教育平民化，向全体劳动群众普及科学文化知识上，产生了深远的影响。从当时人类社会所拥有的知识总量看，"把一切知识教给一切人"是有可能做到的。但是，自从文艺复兴以来，人类所拥有的知识总量不断翻番，到今天已经达到了一个空前的水平，形成了一个知识的汪洋大海，实际上再也没有人能在一生的有限时间内涉猎所有的知识领域了。在人类历史的启蒙时期，中国、埃及、阿拉伯、希腊、罗马等文明古国，都出现过似乎无所不知的古圣先贤，像孔丘、亚里士多德这样一些伟大的学者、思想家和教育家，在当时的社会里几乎可以为任何令人困惑的问题提供答案，他们思维的触角伸进了所有的知识领域，对哲学、文学、语言、天文、地理、巫医、神鬼等方面的各种问题，都提出了他们的见解或假设。甚至在15、16世纪，还出现过像达·芬奇那样集艺术家、文学家、历史学家、发明家于一身的全才。这些都表明，除了这些古代哲人具有无可否认的非凡天才之外，同时也说明当时人类所拥有的知识体系本身还处在数量少、内容简单的低级发展水平上。随着人类科学文化知识的不断增长，内容越来越广泛、复杂，人们所能够真正精通的范围也就更为有限了。今天，大的学科领域已经达到几十个，而它们自身又分化出成千上万个新的学科，学者们只能满足于成为一个或两三个相关领域的内行、专家，再也不敢奢望成为亚里士多德或达·芬奇式的全才了。

知识总量的增长和学科门类的众多，给师范和各类学校的课程设置造成了很大的冲击。世界上有的大学开设几千种必修课和选修课，甚至中小学也有几十、乃至几百种科目供学生自由选修。在这种情况下，编制师范课程时就不能不考虑从众多学科中究竟选出哪些学科，选出多少学科，怎样进行编排，才能够满足未来教师的需要。选得过少，往往无法满足今天的中小学生所需要的知识基础，因为他们不仅从学校的课堂上获得知识，也从大众传媒和社会生活各个领域获得知识；选得太多，又会使课堂教学内容变得庞杂、臃肿，或造成学生课业负担过重。过去，常把教师所应拥有的知识量比做

"一桶水",把学生的需要比做"一杯水",未来的教师在学校里准备好"桶水"之量,就可以满足中小学生的"杯水"之需。今天看来,这个比喻已经完全过时了。无论是教师还是学生,面对知识的海洋,都只有终身学习,才能适应时代的要求。未来教师不能再作"水桶",而应成为"井泉",拥有"活水源头",才能满足中小学生日新月异的求知欲望。这"活水源头"就是终身学习,终身追求。所以,师范课程一定要重视学习方法类学科的内容。师范生要有较强的自学能力,有独立钻研、独立思考、提出问题和解决问题的能力,有旺盛的求知欲和积极进取的创新精神,这样才能成为学生的良好榜样。

2. 知识系统的逻辑结构制约着师范课程的结构。人类的科技文化知识从古到今经历了"综合——分化——综合"的发展周期。20世纪是知识综合的时代,但综合中有新的分化,分化中产生进一步的综合。大量交叉学科、横向学科和综合学科的涌现,不仅加深了知识总体上的纵向综合,而且引起了横向综合。在综合和分化的交互影响下,人类知识体系的总体结构已经发生了深刻的变化,就像人类用无数条"经线"和"纬线"编织着越来越缜密的"知识之网",使得整个科学体系更完善、更成熟。在这种情况下,师范和各类学校课程不能再死守旧的学科划分格局,而要视实际情况进行新的组合和划分。从世界各国课程改革的经验和趋势看,主要采取以下几个方面的措施:

(1) 加强相邻学科之间的联系,组成"关联课程"。也就是使两门以上的学科在教学上能够相互照应,相互联系,穿插进行。如中国历史和中国文学、数学和普通物理学等,就可以结成"关联课程",同步讲行。

(2) 融合相邻学科的教学内容,结成"融合课程"。即把两门以上相邻学科的内容糅合在一起,形成一门综合性学科。这就比"关联课程"又进了一步。

(3) 合并数门相邻学科的教学内容,组成"广域课程"。如可在师范学校开设"社会科学概论",把社会学、人类学、心理学、经济学、政治学、新闻学、行政管理学、民族民俗学等学科的基础知识融会在一起,进行概要性讲述。

（4）设置"问题课程"。围绕一些重大的社会问题组织教学内容，引导学生联系社会实际，综合运用各科知识和技能，探求解决问题的途径。这就完全打破了原有的学科界限，使旧的学科内容和新兴学科内容重新组合，不是以某个学科的逻辑结构，而是以解决某一实际问题的逻辑线索组织教学内容。环境教育、健康效育、法制教育等，就可采取这种课程形式。

（5）加强实践环节，重视"活动课程"。引导学生在直接经验的层次上运用已经学到的知识和技能，掌握新的知识和技能，培养动手能力和参与意识，加强课程内容与学生生活实际的联系。在师范课程中，教学实习的地位必须大大加强，同时为了从事中小学的职业教育活动，也要在师范课程中增加这方面的实践课程。

3. 科学技术进步为教育提供的各种技术手段制约着师范课程的设计和编制。由于声学、光学、电学和电子学等方面取得的一系列重大发现和发明，现代社会传播信息的技术手段对教学活动产生了巨大的影响，那种单靠师生之间口耳相传，教师讲书、学生念书、从书本到书本的教学方式已经完全改变，电影、电视、录音、录像以及电子计算机，都已成为现代学校教学活动不可缺少的媒介和手段。这给师范和其他各类学校课程的设计和编制带来了革命性的变化，教材本身已不再特指教学用书，而是包括了各种音像材料和计算机软件。这些新型的教材可以发挥教学用书所无法比拟的教学功能，从而大大提高教学效率和教学质量。师范课程的设计和编制不仅要考虑这些教学技术所提出的要求，适应新的教材形式，而且也要把学习和掌握这些新的教学技术作为师范课程的重要内容，以便使未来的教师有能力运用现代化教学技术来提高自己的教学效率和教学质量。

（三）教育对象和教育者对师范课程的制约作用。

教育的基本原理之一，就是要适应学生身心发展的规律，促进学生身心的发展。这也是师范课程的设计与编排所必须遵循的重要原则。

在我国社会上，经济文化发展很不平衡。城乡之间，东西南北之间，各民族之间，各阶层之间，男生与女生之间以及同一年龄阶段和同一性别学生相互之间，都有很大差异。师范学生虽然基本上处在比较成熟、比较稳定的青年阶段，但是由于他们来自不同的地区，不同的社会和家庭，因此，所具有的知识基础和身心发展水平，也有着很大差异。编制和实施师范课程，必须对师范生的一般发展水平和主要的差异进行深入的调查研究。

我们总是希望最好的中学毕业生能够进入师范院校，但是由于眼下商业化浪潮的冲击，教师收入低于社会平均收入水平，而且得到较大幅度改善的前景并不乐观，加上工作辛苦、工作条件相对其他一些行业来说也比较差，教师社会地位难以提高。在这种情况下，优秀的中学毕业生中报考师范院校的人越来越少，即使勉强招收进来，也不甘心于既定的就业前途，专业思想很难巩固，极大地影响了他们学习师范课程的积极性，这对师范课程的编制和实施产生了明显的负面影响。要解决这一问题，已不能单靠师范学校自身的力量，而要靠全社会，特别是国家必须采取相应的立法、司法、行政和政策措施，提高教师的政治和经济地位，才有可能从根本上保证师范新生的质量。

教育者，也就是师范学校的教师和教育管理人员，对师范课程的实施有着决定性的影响。师范学校的办学水平、教学质量，特别是师资队伍的素质，决定着能否全面实现师范课程的目标和达到课程计划所预设的教学意图和教学任务。在师范课程的设计和编制过程中，也需要调查研究师范学校教师队伍和其他办学条件的状况，弄清实现教学目标的可能性。师范学校是培养新一代教育工作者的地方，所以，对师范学校的教师和教育管理人员理应有更高的要求。要培养学识渊博、品德高尚的未来教师，师范学校教师首先应该是学识渊博、品德高尚的人；要使未来教师热爱本职工作，积极进取，勇于创新，具有高超的教学艺术，善于启发学生心智，善于处理教材和运用各种教学方法和手段，那么，师范学校教师首先应该在自己的课堂上做出这样的示范。经验表明，师范学校教师在日常教学工作中的言行举止，对于培养未来教师的教学才干和素养，有着不可估量的影响力。遗憾的是，师范学校长期以来受到各种内部和外部因素的困扰，造成了教师队伍不稳定，优秀教师外流，极大地影响到师范课程目标的全面实现。

（四）教育目的和培养目标对师范课程的制约作用。

师范教育同其他各级各类教育一样，要坚持使学生在德、智、体、美、劳几方面协调发展，同时又有其特殊性。师范学校教育目的和培养目标是制定师范课程的重要依据。下面从三个方面来看师范学校的培养目标对师范课程的制约关系：

1. 德育方面。除了对一般学生的德育要求之外，对师范生来说，对教育工作的价值判断，对我国教育的性质、目的、任务的认识和态度，对教育工作和教师职业的热爱，为教育事业献身的愿望，以及为祖国和人民的未来培养优秀人才的使命感、责任心，这都是德育的重要目标。它决定了师范学校的德育课程应该突出师范性特点，把思想品德教育和专业思想教育紧密地结合起来，把坚定的政治方向具体落实到热爱人民的教育事业、热爱学生、决心献身教育事业上来。

2. 智育方面。智育主要指知识的传授和智力的培养。从国外师范教育的发展趋势看，对未来教育工作者的知识和智力要求越来越高。根据师范生应具有的知识结构，反映在课程上，必须处理好专与博、精与杂、基础与提高等关系。未来教师必须精通一两个专门领域的学科内容，才能够承担一定的教学任务。同时，教师历来被看做是社会上最有知识、最有教养的人，被称为"知识精英"、"文化向导"，因而要具有广博的文化科学知识。广博的文化科学知识，是掌握专门知识的基础。更何况教师要教育学生，不但要传授专门知识，而且也要随时随地解决与专门学科领域有关和无关的问题，如果没有相当广博的普通科学文化修养，就很难胜任教育和教学工作。从这个意义上讲，师范课程内容要考虑"通才"的要求，把"专"与"通"结合起来。

智力的发展与知识的掌握过程有着密切的联系。但是，现代教育学和心理学的研究表明，智力并不都是随知识的掌握而自然增长的，而是要采取特别的措施加以训练和培养。这在课程上要有所体现。

3. 培养能力方面。对于师范生来说，培养能力有着特别的重要性。因为，我们以往的教育方式重在知识的传授，对能力的训练则重视不够。学生习惯于死记硬背，不善于独立思考，不善于主动探索，"高分低能"的现象仍很严重。要改变这一现状，关键是从培养新型教师入手，抓好对未来教师的能力训练。一个合格的教师,不仅要有扎实深厚的知识基础和高尚的职业道德,而且还要有从事教育和教学工作的实际能力。这就要求师范的课程,特别是教育课程,要考虑以下能力因素的培养:(1)自学和独立思考、独立探索、创造性解决问题的能力;(2)分析和处理教材的能力;(3)选择和合理运用各种教学方法和手段的能力;(4)口头和书面表达的能力,以及用提问和讲解启发学生思维的能力;(5)设计和组织课堂和课外学习活动的能力;(6)对学生进行必要的职业教育和就业指导的能力;(7)对学生进行因势利导、循循善诱、耐心细致的思想教育工作的能力;(8)管理班级和学校,担任班主任和学校领导的能力等。

二 正确处理好几个关系

在编制师范课程时,会遇到很多需要正确处理的关系,如文理之间、稳定性与变动性之间、传授知识与训练技能之间的关系,等等。其中有些已在前面几节中有所涉及,有些要在第三节中讨论,这里只简略讨论一下师范性和学术性、理论与实践、必修与选修、显课程与潜课程等四个方面的关系。

(一)师范性与学术性的关系。

长期以来,教育界存在一种轻视师范性,认为师范性等于落后性的观点,存在着与综合大学攀比的风气,似乎综合大学的办学宗旨和课程模式可以照搬到师范院校里来。中师也有照搬高中教学模式的倾向。这表明我国师范学校办学思想并不十分明确。

师范学校的主要职责是培养教师和其他教育工作者,师范课程的最大特点就是"师范性"。如果丢掉了"师范性",也就等于否定了师范学校的存在价值。师范学校可以承担更多为其他行业培养人才的任务,但是,只要培养师资还是它的主要任务,那就必须突出其课程设置的师范性特点。强调师范性,就是强调要培养高水平的师资,更好地为基础教育服务。这不是降低了培养标准,而是恰恰相反,真正合格的教师应该是第一流的人才。时代在呼唤伟大的科学家、文学家、企业家和政治家,没有第一流的教师就无法培养出这些专家。时代也在呼唤伟大的教育家,造就伟大的教育家正是师范教育的历史使命。能否培养第一流的教育工作者,既是衡量师范学校是否突出了"师范性"的标准,也是衡量其"学术性"的标准。也就是说,在师范教育中,"师范性"和"学术性"是完全一致的。

由于师范学校办学思想不明确,忽视课程编制和教学过程中的"师范性"特点,致使师范学校对师范生的教育专业训练不够。具体表现在:

1. 教育理论课时较少、门类单一。高师开设的教育理论课仅有三门,中师仅有两门,占总教学课时的5%～6%。相比之下,国外师范课程中教育理论课有十几门,占总教学课时的比例在30%左右。

2. 教育实践的机会太少,有些流于形式。教育实践是师范生从事中小学教育、教学工作的初步尝试。搞好教育实践活动,是师范教育中理论与实际相结合,使未来教师获得有指导的实践锻炼的重要环节。但是,目前的教学计划中只安排6周的教育实习,并且是一次性集中进行的。国外师范教育中,教育实践包括实习、见习、参观访问和调查等多种形式,这些活动分别安排在第三、四学年中,保证每周都有一两次实践活动。集中的教学实习也短则三个月,长则一年。

3. 师范生专业基本功训练不受重视。师范生的专业基本功一般包括语言表达能力、板书能力、绘画能力、设计和组织活动的能力、实验演示的能力,等等。但是,就目前师范课程的情况看,大部分课程只着重于知识的传授,训练基本功的课程很少,有许多学校并不开设这方面的课程。这种状况已经严重地影响了未来教师的质量。

(二)理论与实践的关系。

理论与实践相结合,是我国各级各类学校课程和教学所共同遵循的原则。对于师范课程来讲,这个问题又有其特殊的重要性。因为,教育工作是一个实践性极强的事业,要求从事这项事业的人既具有很高的理论水平,又要善于把理论运用于实际,产生经得起检验的实效。师范学校只有坚持理论与实践相结合,在坚实的理论基础上给予师范生充分的实践机会,才能够培养出真正合格的未来教育工作者。

理论知识是人类在千百万年来世世代代所积累的经验中升华了的条理性

的知识，是经过了无数次实践检验之后确立的具有一定真理性的认识，因而对人类的行动有相当可靠的指导作用。师范课程的内容应该以这一类理论知识为核心。但是，这种理论知识对师范学生来说，还只是间接经验，其真理性尚未得到他们自己的实践活动的检验。况且，在新的历史条件下，即使是经过多次实践检验的真理，也有可能在改变了的条件下失去其固有的价值。此外，理论知识运用于实际并取得预期效果的能力，也需要在实践中去学习、去掌握才能得到。对于师范生来说，仅仅懂得几条教学原则、几种教学方法是不够的，更重要的是走进课堂，和学生在一起，在教学的实践中运用这些原则和方法，看看能否收到预期的效果。

在我国师范学校的课程和教学中，理论脱离实际的现象是比较严重的。在今后的师范课程改革中，应该注意运用教育科研的现有成果，加强理论知识和实践活动的联系，使学生所掌握的理论知识扎根在牢固的实践基础之上。

（三）必修课与选修课的关系。

必修课的设置主要是为了保证师范课程有一个全国统一的基础文化和教育理论方面的标准，保持师范课程结构的相对稳定性。必修课主要由具有通用性、基础性和理论性的学科所组成。由于我国师范课程结构受原苏联课程模式的影响很大，同时在适应长期的集中统一管理的教育体制下，一般来说强调统一性、稳定性多一点，灵活性、多样性则往往被忽视，造成课程结构缺乏弹性，专业结构单一，必修课过多，统得过死，选修课过少，使师范课程很难适应各地区、各民族、各学校和各类学生的多样化需要，无法很好地贯彻因材施教原则。这样的课程结构已出现了四个方面的不适应：

1. 不适应中等教育改革的需要。师范学校在培养中小学职业课师资方面已经大大落后于改革的实践。普通中学和职业中学分流，普通中小学也需要开设一些职业课。由于师范课程中这类选修课很少，因而无法满足中小学教育的实际需要。

2. 不适应农村地区中小学教育的需要。农村地区人口分散，许多山区农村交通不便，因而中小学校规模不大，不适合办小而全的中小学，也承受不起庞大的师资队伍。所以，"一专多能"的教师最适合这种办学条件。由于师范学校专业划分过细，选修课少，毕业生中能承担两门以上学科教学的人太少，适应能力差。

3. 不适应学生个性发展的需要。课程计划缺乏弹性，选修课过少，不利于因材施教和发展学生个性和多方面的专长。

4. 不适应师范教育内容现代化的需要。课程内容陈旧，一些学科内容"几十年一贯制"，新学科、新知识的引进远远落后于时代前进的步伐，使师范教育很难站在时代潮流的前面，以便对科技、经济、文化和社会发展的新情况、新问题和新趋势作出近期、中期和远期的发展定位与对策，在改革开放中始终处在被动地位。

在今后的改革中，一方面要加强必修课的理论基础，更新内容，改进教法，压缩课时，提高教学效率；另一方面还要适当增加选修课课时和种类，并辅以丰富多彩的课外活动，以增强师范课程的适应性。

（四）显课程和潜课程的关系。

显课程就是在课程计划、教学大纲和教材中明确规定的，并要经过考试、测验考核的正式教学内容和教学目标；而潜课程则指的是那些难以预期的、伴随正式课程内容而随机出现的、对学生起到潜移默化教育影响的那部分内容，通常包括渗透在课程、教材、教学活动、班级气氛、人际关系、校园文化中的以及学生从家庭、社区、小团体中带来的文化价值观念、态度、习惯、礼仪、信仰、偏见、禁忌等等活的教材。这些东西无时不在对学生产生着正面或反面的教育影响，加强或抵消显课程和教师的教育效果。和任何其他类型的学校教育一样，师范教育也无法回避潜课程的存在及其强大的影响力。潜课程的教育影响如果与显课程的目标一致，对显课程的教育效果就会有积极的补充和促进作用。显课程的内容，在教学过程中能否产生强烈的情感作用，则完全要看教师的启发和当时形成的课堂气氛，以及其他潜在因素的影响如何。就师范生而言，立志献身教育事业，往往是因为某个老师教学上的言谈举止和个性魅力感染了他们，从而产生了向老师学习的强烈愿望。这虽不一定是教育学课程所产生的直接效果，却与教育学课程的最终目标完全一致。相反，假如老师教学态度不认真，言谈举止或者品行不端正，或者对学生不尊重、不诚恳、不关心，甚至仅仅因教师的一句错话，一个不雅的举止，就可能完全摧毁学生从事教育工作的志向。这便是潜课程对显课程的教育目标起的反作用。另外，不同民族、不同文化传统，会形成不同的价值取向和情感态度。如果在课程教材的编写中和教学活动中不加注意，对于某些民族文化背景不同的学生就可能造成消极的教育影响。我国是一个多民族的国家，在课程教材的编制和教学工作中，应当注意避免"大汉族主义"的倾向，尊重和照顾有关少数民族的文化传统和社会心理特点。

要处理好显课程和潜课程的关系，就应该在设计和编制课程、教材，确定教学目标和考核标准时，尽可能考虑到潜课程的因素，把潜课程最大限度地纳入到有计划的教学内容中来，使显课程和潜课程能够互相补充、互相促进，发挥潜课程的积极影响。在课程计划、教学大纲和教材中，应该有这方面的提示，使教师在有准备的情况下开展教学工作。

第三节 师范学校课程与教材的编制

师范学校的课程编制涉及三个层次，包括课程计划、各科教学大纲的制订和教材的编制。课程计划和各科教学大纲是国家或地方教育行政部门制订的政策性文件，对师范学校的教育教学内容作出总体安排，并确定一些基本的教育目标和考核标准。教材的编制要以课程计划和教学大纲为基本依据，但在具体内容和材料的选择上则具有灵活性和多样性。

一 课程计划的制订

（一）课程计划简述。

课程计划是教学内容的总体规划。课程计划的制订是课程编制工作中最重要的环节。

过去，由于苏联教育学的影响，我国教育学著作中习惯于把课程计划称作"教学计划"，国家教育行政部门颁布的课程计划也一直称为"教学计划"。其实"教学计划"这一术语并不符合汉语的表达习惯，它使人首先想到的是学校或教师的教学工作计划,而"课程计划"则含义非常准确。所以,近几年来在教育理论工作者的建议下,国家教委已经改变了所颁布的这类文件的名称。

师范学校现有的课程计划,主要包括以下几个组成部分:

1. 高等师范学校或中等师范学校的培养目标;
2. 制订课程计划的指导思想和原则;
3. 课程设置,包括必修课和选修课;
4. 各学科的主要任务和目标;
5. 各学科的开设顺序和课时分配;
6. 学年编制;
7. 周学时安排表。

在今后的课程计划中,有必要对各种课外活动和学校组织的社会活动作出安排,对教学活动和课外活动的评估标准,也有必要作出原则性的规定。

(二)课程计划的改革。

随着教育体制改革的深入,课程计划的性质逐步从指令性向指导性转变。课程计划一方面要提高科学性和民主化方面的要求,另一方面又要增强灵活性和适应性,给各地区、各学校更多灵活性和自主性,在增删课程内容,调整课程结构等方面留下一定的余地。课程计划的改革可考虑以下几个方面:

1. 强调课程结构的整体性。应该从整体上考虑师范课程结构的内在联系,以确定各组成部分在课堂整体结构中的地位、比重和相互关系,以便使师范生获得一个更适合未来教育工作的知识结构和能力特点。使拓宽普通文化知识基础与加强工具性、方法性和技能性训练相结合;理论修养与实践经验相结合;人文、社会知识与自然科学、技术科学知识相结合;课堂教学与课外、校外活动相结合。并着力促进上述几个方面的互相渗透和互相支持,避免偏废。

2. 科学地安排教学顺序。由于课程计划的整体性不强,而学科之间的联系和衔接问题没有得到很好的重视,造成许多混乱。主要问题是基础性、工具性学科的教学未能走在前面,为专业性学科铺路架桥的工作做得不够;实践课程太靠后，也过于集中，未能给理论学科提供适当的经验支持；教学实践中也有因人设课，无视各学科间的逻辑关系的现象。这些问题需要进一步研究解决。

3. 拓宽知识面，打好基础。针对师范生基础知识薄弱，知识面狭窄，适应能力不强的缺点，应该加强普通文化基础课的教学，开设一些交叉性、综合性学科，促进文理渗透。文科学生一定要学习一两门综合性自然科学课程，以了解现代科技发展的概况；理科学生要学习一两门综合性社会科学课，以掌握基本的哲学、社会科学概念。开设有关当地社会发展状况和未来趋势的短课，使师范生成为当地社会发展的"知情人"和参与者。大城市和沿海、沿边开放地区，应开设国际政治经济及文化方面的综合课；少数民族地区应开设民族民俗方面的综合课。在加强普通文化基础课的同时，也应重视工具课如语文、数学、外语、计算机课的教学，加强各学科基础理论课的教学，增设学习理论、科研方法类的课程，使师范生有较高的文化素养和品位，有较强的自学和独立钻研、独立工作的能力。

4. 增强课程结构的弹性，以适应多方面的需要。师范课程一般由公共必修课、专业必修课和专业选修课三部分组成。近几年来，一些师范学校开辟了一批公共选修课（或称为自由选修课、任选课），但由于管理体制方面的原因，公共选修课量少、质次，而多数学校还尚未开设。公共必修课中，教育类比重太低，文化基础类也很不够。另外，双学位制、主副修制也还没有普遍推开。这些都是今后需要努力改进的地方。为了适应中小学职业教育的需要，各地也应注意开设一些适应当地需要的职业类课目。这就要求课程计划为之保留一定的课时，由各地各校自主安排。外语课也应增加语种，少数民族地区的师范学校可增设少数民族语言教学。总之，公共必修、公共选修、专业必修、专业选修几类课应保持适当的比例，同时推广双学位制、主副修制和跨系、跨专业选课制。

5. 加强教育专业课和教育实践。（1）增设教育类必修课和选修课。教育类公共必修课应该增至5到6门，除教育学、心理学、学科教学法外，中外教育史、教学论、电化教育学可作为公共必修课。另外，还可考虑开设诸如教育心理学、教育社会学、教育哲学、教育经济学、农村教育、民族教育、特殊教育、教育评价、课程编制、校园规划等选修课。(2)加强教育教学技能、技巧方面的训练，包括书法、口语、课外活动的设计与组织。师范生还应普遍提高体育、音乐、绘画和社交方面的才能，课程计划应有这方面的选修课。(3)改进教育实习，增加实践机会。根据师范教育的特点，考虑到历史的和国外的经验，教育实习应安排两次，课时增加一倍，同时增加参观、访问和实地调查的机会。利用假期和课外活动从事义务或有偿的教育实践活动，亦可作为考核学生教育实践成绩的内容。

6. 各级师范学校课程既有区别，也有衔接。将来，中师一定会走国际上共同的发展趋势，即向大专、本科转变。近期内，课程计划的编订中就应为此做好铺垫，使中师、专科和本科的教学计划既有层次性，又可对接，使毕业生有机会通过在职或离职学习，继续高一级师范课程的学习。

二　教学大纲的制订

(一)教学大纲简述。

教学大纲，有时也称"学科课程标准"。它是以纲要的形式反映某一学科教学内容的国家指导性文件，是一门学科的总体设计。教学大纲从整体上规定本学科的性质及其在整个师范课程结构中的地位、目的、任务、范围以及选择教学内容的主要依据、编排教学内容的顺序、教学重点、考核标准等等。教学大纲还应对本学科的教学时数、教学活动和课外活动、作业量、测验和考试等作出安排。教学大纲有时也包括运用教学方法、手段和教学参考资料的提示和建议。教学大纲是一门学科的教学指南，也是编制教材、测量和评估该学科教学质量的基本标准。

教学大纲一般包括以下几个组成部分：

1. 说明部分。主要概述本学科的目的和任务；选择教学内容的主要依据、内容范围；总课时的安排和教学进度；提出运用教学方法和手段的原则性建议，等等。

2. 本文部分。规定教材的编写顺序，列出章、节、目的标题、内容要点、授课时数；作业、考试、测验的要求和时数；实验、参观和其他实践活动的要求和时数。

3. 列出教学参考书目，提出使用各种教具、实验仪器和现代化教学手段的指导意见。

各科教学大纲是国家对各级师范学校开设的单个学科提出的统一要求，其目的在于保证有一个最基本的教学水平和质量标准，是对师范学校的教学进行宏观控制的重要措施。但是，由于我国幅员广大，城乡之间、各地区、各民族和各学校之间，在社会支持、社会发展水平以及学校的师资、生源、教学设施等方面，均有很大差异，因而不可能在教学质量上完全整齐划一，于达到基本统一要求的前提下，在完成教学任务上难免有一定的差异，这是完全正常的。

（二）教学大纲的改革。

过去，教学大纲是国家教育行政部门颁布的指令性计划，今后，它基本上是一个指导性的建议性的文件。一部分学科和教学大纲可能会逐步交由地方教育行政部门负责制订，但是各主干学科的教学大纲仍应保证具有一个基本的全国统一标准，因而全国通用的教学大纲仍然是非常重要的。教学大纲的改革可以考虑从以下几个方面入手：

1. 明确教学目标，使之更加具体化。每门学科的教学大纲如能提供序列化、系统化的具体目标，就可以使教学工作的每一步骤、每一单元都能做到目的明确，重点突出，并为学生学习成绩的测试、考核，教师教学质量的评估，提供明确具体的标准。就一门学科来说，一般包括实质性目标、教育性目标和发展性目标。知识、技能和技巧的掌握属实质性目标，思想品德的培养属教育性目标，促进学生身心发展，便是发展性目标。各门学科都要有这三个方面的具体目标，并使之互相照应，互相支持，在统一的教学过程中达成，不能只重视实质性目标，而忽视教育性目标和发展性目标，尽可能综合、全面地确定教学目标，强调教学目标的整体性。

2. 重视思想教育，突出师范性。各门学科都承担着教书育人，进行政治思想和道德品质教育的任务。师范学校所设各学科，均应突出政治思想和道德品质教育的师范性特征,把思想品德方面的教育落实在热爱教育事业和教学工作,热爱学生,决心为祖国的社会主义建设事业培养接班人而终生努力上来。师范学校的各科内容均应联系中小学教学的实际需要,为培养师范生从事相关学科教学工作的能力服务。各学科教学大纲不仅要对本学科的教学内容、知识系统作出安排和陈述,而且要对从事中小学教学工作所应具有的基本技能,提出适合本学科特点的训练要求。

3. 拓宽学科口径,加强与相邻学科的联系。过去,各科教学大纲的编定都是分散、孤立地完成的,各自按照本学科业已形成的逻辑结构进行编排,造成不同程度的封闭性,缺少与相邻学科的联系和照应,缺少对课程计划整体性以及本学科在整体中的地位与功能的认识,使教学实践中各科教学不能互相支持,互相促进,甚至出现互相争夺学生的注意,互相挤占自习、练习时间的情况。这种情况也该加以纠正,应在统一组织领导之下各科教学大纲互相照应和渗透,以课程计划为蓝图,同时根据各学科自身的特点搞好协调和联系;教学中各科教师共同研究教学对象,互相配合,以形成协调一致的教学要求,争取互相支持、互相促进的教学措施,全面提高教学质量。

4. 联系实际,补充实用性内容。师范教育必须联系各地区城镇和乡村的实际,各科教学大纲都应尽可能补充一些为当地经济文化发展服务的实用性知识和技能,因地制宜地渗透与本学科有关联的职业教育、就业指导、环境保护、卫生保健、婚姻家庭以及计划生育方面的常识、观念、实用技术等内容。我国人口中80%在农村,许多农村地区还处在相当落后的状态中。要改变农村的现状,加快农村现代化建设进程,根本出路在于提高农村劳动者的文化素质,普及科学技术知识和常用的生产经营技能。师范学校毕业生应该、也必须承担这一光荣使命,而师范学校开设的各门学科都应为他们从事这方面的艰巨工作做好充分的准备。所以,师范课程中的各科教学内容,均应为补充实用性内容留下较多的余地,同时,也要尽可能拓宽专业口径,扩大知识容量,增强综合性,密切与相邻学科的联系与渗透,提高师范课程整体的教育效能。

三　教材的编制

（一）教材简述。

各科教材是根据课程计划和本学科教学大纲的要求编制的，目的在于使教学内容具体化和系统化。在以往的教学中，教材就是指教科书。然而，由于教学理论、教学方法和现代化教学技术的发展，教材的形式和种类已经大大增加了。教材的载体不仅仅是书籍，也可以是音像制品、教学程序、直观教具和实物，等等。现代教学中已经采用的教材有以下几种：

1. 教科书，一般都是师生通用；
2. 教学指导书，教师用；
3. 自学指导书，学生用；
4. 实验指导书，师生通用；
5. 补充读物，参考资料；
6. 挂图、图表、模型和其他直观教具；
7. 照片、幻灯片、投影片；
8. 电影片；
9. 录音、录像磁带、磁碟；
10. 教学程序和计算机。

我国师范学校还没有达到同时使用上述各种教材的水平，由于经费和人才、技术等方面的原因，多数学校仍然以印刷品类型的教材为主，只有少数条件较好的师范学校开始采用音像教材和计算机辅助教学。但是，可以预见，在不远的将来，电化教学和计算机教学一定会进入更多师范学校的课堂，上述各种类型的教材一定会得到越来越广泛的运用。

在各种教材中，教科书仍然是最主要的教材形式，其他各类教材只能起辅助性作用，可弥补教科书的某些不足，也可部分地承担教科书的功能，但还没有完全取代教科书的成功经验。计算机教学尚在试验阶段，且面临着许多需要解决的难题。因此，教科书的编写仍然是教材编制工作中最基本的环节。

教科书是师范生最主要的学习材料。学生在学期间主要依靠教科书获取系统知识、练习技能技巧和进行课外自习。教科书也给学生提供了有关实验、实习和参考书目的提示，以便进一步加深和拓宽学生的知识基础。教科书也是教师组织教学的主要依据。备课、讲课、组织讨论、布置作业、测验考试等，都要以教科书为基本材料；提供补充参考资料、运用音像教材和直观教具、进行实验、实习、组织实践活动等，也都要以教科书为基础。虽然可以视实际情况对教科书的内容做适当的增删，对教科书的编排顺序也可做适当调整，但是不应完全脱离教科书的逻辑体系，以保证教学内容的系统性和连贯性。

（二）教材的改革。

最近几年来，我国师范和其他各类学校的教材管理体制已经发生了很大变化，教材已经向多样化的方向大大前进了一步。师范学校开设的许多学科都有了多种版本的教科书，教学参考资料和音像教材正在向更加丰富多样的方向发展。这表明，同样的教学目标，可以用不同的内容材料、不同的教学方法和手段来实现。所以，同一个教学大纲可以由几类不同版本的教材来表述，并不会妨碍完成同样的教学任务。这样的教材管理体制给未来的教材改革开辟了广阔的空间。在今后的教材改革中，仍要着力解决以下几个问题。

1. 知识的更新和学科体系的相对稳定相统一。一方面，各科教材都要由相对稳定的、有普遍适用性的基本概念、原理、原则和理论所组成，形成该学科的知识基础和主体结构；另一方面，又要不断吸收本学科的新发现、新发明，反映本学科的前沿信息，紧跟时代前进的步伐，而且要联系千变万化的实际情况，适应当时当地的具体环境。所以，世界上许多发达国家经常修订各科教材，通常每一两年就修订一次。即使是稳定性较强的数学、物理等学科，也是三到五年修订一次。在当今世界上，知识体系的变动性比稳定性更明显，知识更新的速度日益加快。但是，在迅速的更新过程中，依然有一些极为深沉、牢固、长期不变的东西。在选编教材中，既要依靠学科中的这些稳定性因素来支撑学科的主体结构，又要不断补充新材料，改变"几十年一贯制"、缺乏时代气息的现象。

2. 统一要求和多样化相结合。为了适应我国各地区、各民族之间经济文化发展中不平衡的实际情况，适应各地区、各民族社会状况和文化形态的特点，教材的编制走多样化的道路是完全必要的。尤其是在少数民族地区，各兄弟民族都有其独特的历史经验、文化传统、风俗习惯和宗教信仰，所以，为这些地区的师范学校编制教材时，就不能不把这些因素考虑进去。另外，我国大城市、东部沿海地区、华北、东北和长江中下游平原地区，基础教育普及率高，人口的平均文化素质高，因而对师范生质量要求也相应高一些，教材质量要求自然也高一些；而西部山区、高原地区、老少边穷地区，基础教育普及率低、文化基础薄弱，对师范生的要求就低一些，教材的难度也可适当降低。但是，无论是提高要求还是降低标准，都要有一个合理的度。在这里，坚持一个统一的基本标准就显得非常重要。提供这样的统一标准，便是教学大纲的主要作用，各地、各校编制的教材都要以教学大纲的要求为基准。

3. 思想性、科学性和趣味性相统一。各学科的教学内容要结合本专业特点，在严格的科学性基础上，进行思想品德教育，贯彻落实师范学校的教育目的和培养目标。社会科学各学科要渗透政治思想教育、爱国主义教育、民主与法制教育和公民权利与义务的教育；自然科学各学科要渗透爱科学、用科学、培养积极的自然观和科学精神的教育，培养学生运用科技知识为祖国和家乡的经济文化建设服务的积极性、主动性和创造性；教育专业各学科则应渗透热爱教育事业、热爱学生、教书育人的思想和认真负责、忠诚踏实、一丝不苟的职业道德。在强调思想性和科学性的同时，也要避免枯燥乏味的说教，适时插入轻松、活泼的内容，并采用多种表述形式，创设生动的教学情境，以增强趣味性。

4. 综合运用多种教学媒体。我国师范教材的载体偏重印刷符号，直观性和生动性比较差，影响了教学效果。一般说来，在实物、电影、电视、录音、照片、图画、图表和文字符号这一个序列中，越往后，越抽象。只有把各种教学媒体最佳地结合起来，才能得到最好的教学效果。所以，在编制教材中既要发挥文字符号的信息传递功能，也应合理利用其他教学媒体，综合运用照片、图片、图表、幻灯、电影、电视、录音等辅助手段和多种直观教具，以加速教材建设方面的现代化进程。

5. 便于学生的自学。我国师范和其他学校的教材编写大都是从教师施教的需要出发，这样的教材很难作为学生独立自学的材料，如果离开教师的讲解，学生就很难弄懂。国外的教材一般都是以学生的需要为基本着眼点来编写的，教材中包括了周详的自学指导和要点提示，以利于学生自修和复习。我国虽然也开展了这方面的研究，如"中学数学自学辅导实验"中的教材，就吸取了国外的成功经验。但是，这种教材编制思想还没有全面深入到我国的教材编写实践中去，尚有待于大力提倡和改进。师范学校的教材更应向这个方向发展，以便为中小学教材的编制树立一个典范。

第九章

师范学校的教学与科研

第一节　师范学校的教学任务与特点

一　师范学校的教学工作

教学是师范学校的中心工作。各级各类师范院校要完成培养未来教师的任务，必须要通过教学这一基本途径来实现。师范学校应以教学为主，努力提高教学质量。

师范教育的任务，是培养德、智、体、美全面发展的专门人才，是培养合格的中、小学教师。培养人才的途径是多种多样的，如教学、科学研究、生产劳动、课外活动、组织生活、社会活动等。但是，教学是实施德、智、体、美、劳诸育的基本途径。师范学校工作必须坚持以教学为主，这是学校长期实践的经验总结，是由教学任务决定的，反映了学校工作的客观规律。建国以来师范教育的发展充分证明，学校工作以教学为主，教育质量则高，反之，用政治冲击教学，用劳动取代教学，教育质量必然降低。"文化大革命"时期，全面否定教学为主，提出"政治运动时间要多少有多少……劳时间要多少给多少",教学时间是"剩下多少算多少",自然教育质量严重下降,教育工作受到严重摧残。

当然教学为主并不是"教学唯一"或"教学就是一切"。教学为主是指师范学校的领导、教师、学生的大部分时间和主要精力集中于教学,学校的其他各项活动和工作围绕教学全面安排,以保证学生的全面发展,提高教育质量。教学为主,全面安排,建立正常而稳定的教学秩序,是办好师范学校应遵循的基本指导思想。

二 师范学校的教学任务

教学是一个动态的过程,是教师教、学生学的师生双边活动过程。它本质上是一种特殊的认识过程,是以认识为基础的德、智、体、美以及个性心理发展的全面教育过程。教学过程的任务是随着时代的发展而变化的。各级各类学校的教学任务均有所不同。现代师范学校的教学的一般任务是相对师范学校各门学科所担负的特殊的、个别的任务而言的,是指在教学中为实现师范教育目的和师范学校培养目标而提出的基本的、共同的要求。教学任务是师生从事一切教学活动的指针,是选择教学内容和教学方法的依据,是衡量教学成败得失的标尺。

师范学校教学的基本任务主要有以下三项:

(一)传授科学文化知识和基本技能。

未来的人民教师必须具备丰富的科学文化知识。正如列宁在《共青团的任务》中指出的"只有用人类创造出来的全部知识宝藏来丰富自己的头脑时,才能成为共产主义者。"[①] 丰富的文化知识是成为教师的先决条件。毛泽东指出:"不论做什么事,不懂得那件事的情形,它的性质,它和它以外的事情的

[①] 列宁:《共青团的任务》,引自《列宁论国民教育》(论文和演讲),人民教育出版社1958年版,第388页。

关联，就不知道那件事的规律，就不知道如何去做，就不可能做好那件事。"[①]知识是人类实践经验的总结，作为教师要完成"传道、授业、解惑"的基本任务（现代教师的任务远不止这些），必须具有广博的知识，而师范学校必须为学生准备这方面的条件。因此，把人类世代积累的知识财富交给年轻一代是师范学校教学的重要任务。

人类的知识浩如烟海，师范教育应该给学生什么样的知识呢？无论是高师还是中师的教师都应该传授基础知识、基本理论和基本技能（简称"三基"）。而"三基"的确定又是根据专业培养目标的要求，按照专业发展、现状和对未来的预见而规定的。

在传授知识过程中，首先，是要加强"三基"教学，传授系统的科学知识。"文化大革命"期间搞的"开门办学"、"以战斗任务代教学"的做法，破坏了知识学习的系统性，严重影响了教学质量。其次，是要使学生建立合理的知识结构。师范学生的合理的知识结构应该是：基础理论知识扎实，专业知识面广阔，了解邻近专业和当代科技发展趋势，具有良好的人文素养，具备实用的教育理论知识，掌握必要的外文、计算机等工具知识或信息技术。第三，是要为学生创造条件，增加训练教育基本功的机会，重视参观、观摩、实习等实践环节，解决师范学生实践能力差的弱点。

（二）发展学生的智力、能力与创造力。

学生的智力、能力与创造力的发展是在传授知识的基础上，并在传授知识的过程中进行的。知识是智力、能力、创造力的基础。离开了知识的掌握，智力的发展就成了无源之水，无本之木。历史上曾经有形式教育与实质教育的论争。形式教育论者认为，教学的任务主要不在于教给学生多少知识，应该主要培养学生的能力，特别是悟性或理性能力、思维能力，而实质教育论则相反，认为教学的任务应当教给学生对生产、生活实际有用的知识，至于能力的培养则是无关紧要的。形式教育和实质教育都割裂了知识教学与能力

[①] 毛泽东：《中国革命战争的战略问题》，引自《毛泽东选集》第一卷，第163～164页。

培养的关系。

现代教育理论认为,传授知识与发展智力、能力这两者统一于掌握系统的科学知识的基础上,但是这种统一又不是自然而然实现的,而是有条件的矛盾的统一。赞可夫正确地指出了两者存在"剪刀差",需要作"特殊考虑"。因此,培养学生的智力、能力和创造力也是教学的重要任务之一,亦即教学的发展任务。

师范学校发展学生的智力、能力和创造力,就是要培养学生掌握知识、运用知识和独立地分析与解决问题的能力,以及进行创造的能力。随着科学技术的发展,出现所谓"知识爆炸"现象,因此,未来的人民教师光有渊博的知识显然是不够的,而智力、能力、创造力的培养这一教学任务日益显示其重要性。

(三)促进学生辩证唯物主义世界观和共产主义道德品质的形成。

人民教师不仅要有渊博的知识,较强的能力,而且还应有科学的世界观和良好的道德品质,要做到又红又专。教学是实施师范教育的基本途径,因此,教学工作必须担负起思想品德教育的任务,这一般称为教学的教育任务或教学的思想性任务。

师范学校在教学中必须密切结合教学的知识任务对学生进行积极、向上的思想影响,把德育和智育有机结合起来,逐步培养学生的辩证唯物主义世界观和共产主义道德品质,树立为祖国、为人民、为社会主义事业服务的思想。在各科教学中,要根据学科特点,进行思想品德教育,同时,教师还应注意通过言传身教、潜移默化的影响,让学生具有从事教育事业的崇高使命感,热爱教育事业,热爱教师工作,树立为党的教育事业奋斗终生的远大志向。

师范教育教学工作的三项任务是紧密相连,互相促进,不可分割的。三项教学任务是在教学过程中统一实现的,但它们之间又有区别,不能相互代替,其中系统知识的掌握是三项任务的中心任务,其他两项任务都是在这一任务的基础上完成的。

三 师范学校教学工作特点

教学过程本质上是认识过程,教学认识是一种特殊的认识,这种认识有它独特的动力、条件、客体、主体、领导、方式、检验标准和方法,有它自己的运动规律。[①] 教师在教学认识过程中居主导地位,学生是教学认识的主体,这都是各级各类学校教学过程的一般特点。除了上述共同属性以外,师范学校教学过程还有它自己的特点。

师范学校教学过程的特点,是由师范教育的目标和基本特点所派生的,主要表现在下述四个方面:

(一)目标的高层次性。

师范学校培养的是合格的人民教师。中小学教师从事的是育人工作。未来的工作对象是未成年的儿童和青少年,他们的成长与教师有很大的关系,因此要求师范学生具备有良好的素养。师范学校的教学应是高标准的教学,不仅要使学生掌握系统的科学文化知识,具备扎实的基本功,而且还应注重个性的道德品质的培养。师范学生应有高出一般公民的道德风范,优良的个性品质,这样才能胜任未来的教育工作。

(二)教师的示范性。

师范学校教学的一个重要特点是教师的示范性,师范生将来要从事教育、教学工作。因此,在学习期间,会十分注意观察教师的工作。教师在教学过程中所体现出来的组织教学的能力、教学方法、教学态度、对教学内容的把握,以及教学艺术,甚至教师在教学中的一举一动、一言一行,都有可能成为学生学习、模仿的对象。这种示范性时常还通过潜移默化的形式影响着学生。师范学校教学的强烈示范性要求教师具有较强的教学能力、高超的教学艺术和良好的道德品质。这就对教师提出了更高的要求。

(三)教学技能培养的实用性。

---

① 《教学认识论》,燕山出版社 1988 年版,第 1 页。

师范院校的学生要成为合格的人民教师，必须掌握相应的教学技能，正像工科院校的学生应具有本专业范围内的实践操作技能一样，作为未来的人类灵魂工程师也应有相应的"操作灵魂"的技能。因此，师范院校的教学又具有强烈的实践性质。师范学校要通过加强课外活动、参观、实习等实践性活动来培养学生的教学技能。职业技能的培养是师范院校的一项重要工作。

（四）科研性。

科学研究引入教学过程是提高专业人才质量的一个重要措施。历史表明，教学与科研相统一作为原则提出并加以实施，能促进师范院校教学质量的提高。师范院校的学生具备一定的社会实践经验和知识，抽象思维能力发展很快，学生的独立性、自主性、探索性逐步增加，为进行独立工作打下了坚实的基础。师范院校的教学应注意到师范学生的这一特点，把科学研究纳入到教学过程中来，让学生参加带有研究性的实验和各种研究讨论会，完成规定的学年论文（设计）、毕业论文（设计）等，而对学有余力的学生则允许其与教师一起参加科学研究，同时鼓励学生参加各种形式的课余研究活动。师范院校的科研活动应面向中小学教育工作，让学生在教学过程中培养起研究中小学教育实际工作的兴趣，使师范生成为一位时刻关心教育，能进行教学研究的现代教师。

第二节 师范学校的教学原则与教学方法

一 师范学校的教学原则

教学原则是根据教育、教学目的，反映教学规律而制定的指导教学工作的基本要求。教学规律则是教学内部所包含的矛盾联系。因此，也可以说教学原则就是根据教育、教学目的需要去处理教学中的矛盾关系的原则。师范学校由于具有教育、教学目的的特殊性，教学过程也有它自己的特点，这样，师范院校的教学工作有它自己的指导原则。

（一）科学性和思想性相统一原则。

科学性与思想性相统一的原则，是指教师以准确无误的基础知识和基本技能武装学生，同时通过科学文化知识的传授，有计划地对学生进行思想政治教育。科学性指的是师范学校的教学内容应反映当代最先进的科学思想。这就是要求教师在教学中能及时反映最新的科研成果（包括教师本人的科研成果），结合有关教学内容向学生介绍本专业最新的科研动态和先进的科学思想，同时，要求教师在教学中必须注意学科的严密性，注意正确地阐述有关的科学事实和概念。教学的思想性指的是教师要结合教学内容，运用马克思主义的思想观点，对学生进行辩证唯物主义与共产主义思想品德教育。教学的科学性与思想性是相辅相成、不可分割的。教学的思想性是科学性的灵魂。背离了教学的科学性，就谈不上教学的思想性，而缺乏教学的思想性，教学的科学性又难以保证。

教学的科学性与思想性相统一的原则，反映了教学具有教育性的客观规律，是社会主义教育目标所规定的，同时也是师范教育的内在要求。通过教学进行思想政治教育，是对师范学生深入有效地进行专业思想教育、道德品质教育的一条重要途径。资产阶级教育家杜威声称"教育无目的"，但又宣称教师要"专门从事于维护正当的社会秩序"，要培养遵守纪律的公民，实质上是在教学中进行资产阶级价值观念的教育。师范学校教师应该而且必须在教学中将科学性与思想性紧密统一起来。

科学性与思想性的结合又不是自发的，贯彻这一原则，要求做到：

1. 认真钻研教材。教师应深入领会教材中的原理、结论、定义、定理、定律等，准确而严密地掌握知识的科学性与思想性，并抓住重点、难点。要做到这一点，对师范学校教师来说必须不断地钻研业务，努力提高自己的学术水平，掌握本学科的最新的动态和前沿知识。

2. 教师应注意自身的教学思想、情感态度和方法，充分认识到自己的一言一行对学生的潜移默化的影响，既注意言传，又注重身教，真正做到教书育人。

3. 关心学生，了解学生，认真挖掘教学内容的内在思想性，帮助学生形成正确的世界观。

(二) 传授知识与发展能力相统一的原则。

传授知识与发展能力相统一的原则指的是在教学过程中，教师既要完成传授科学知识的任务，又要重视发展学生的智力，培养学生的能力。知识是人们后天获得的对客观事物的认识，它反映了事物的现象、属性和联系。能力是人完成某项活动时表现出来的个性心理特征。知识的积累和能力的发展有着紧密的联系，但有了知识并不等于就能"自然而然"地发展智能，无"知"必然无"能"，有"知"不一定有"能"。师范学生不仅应具备丰厚的知识基础，还应具有较强的驾驭和运用知识的能力。因此，师范院校的教师在传授知识的同时，一定要重视发展学生智力，培养学生能力。

如何在传授知识的同时，促进学生能力的发展？这是一个十分复杂的问题，也是现代教学论探索的中心问题，当然现在的探索离问题的解决还很远。下面提出几点原则性意见。

1. 应促使学生积极主动地参与到教学过程中去，只有学生积极主动地活动（外部操作活动与内部思维活动），才有可能切实掌握知识，发展能力。皮亚杰认为，认识并不始于客体或主体，而是始于主体作用于客体的活动。达维多夫进一步提出了教学的活动原则。教师可以运用多种形式、方法使学生的注意力、观察力、记忆力、想象力都处于积极的状态。

2. 教师应传授规律性的知识，结构化的内容。师范学校应及时改革教材内容，使教材内容对学生具有吸引力。教师也应把学科内容中的基本概念、基本原理和规律传授给学生，使学生能够"举一反三"。规律性的知识，结构化的内容，有利于知识的迁移。布鲁纳就主张教给学生以科学的"基本结构"，而所谓"基本结构"即是学科的基本原理、基本概念，以及它们之间的本质联系所构成的模型或体系。赞可夫也十分注意教材理论水平的提高，因为经验性的知识容量是很小的，只有抽象的理论知识，才有不断进行"同化"的可能。

3. 要进行启发式教学。启发式教学是指教师在教学过程中，要善于激发学生的积极思维活动，引导学生分析问题，解决问题。启发式教学可以激发学生的学习兴趣、求知欲和主动性。启发式教学的关键在于教师要善于提出问题，引导学生解决问题。古代苏格拉底的"产婆术"，及现代的所谓"发现法"、"探究法"等都具有启发性特点。教师在教学中应善于运用这类方法，促进学生思考，寻求答案，发展智能。

4. 要建立弹性的教学制度，以利于学生的智力发展，如设立学分制，允许学生选修课程，改革考试方法等。只注意死记硬背知识的考试会束缚学生创造能力的发展。师范院校必须改革考试制度，把知识型的考试转变到以考学生分析问题和解决问题的能力为主上。这样才能改变学生"死读书"的倾向，学生能力发展才有了自由的空间。

5. 加强实践性教学环节，如实验、实习、设计、第二课堂和社会实践活动等。目的在于使学生学会运用知识，养成一定技能（技巧），培养操作能力。技能可分为"心智技能"和"动作技能"。人的能力总与实践相联系，实践性教学正是培养学生能力的重要环节，对于师范生的能力培养，发展智力是不可缺少的。

（三）教师的主导作用与学生的主体地位相结合的原则。

教学过程是师生双边活动的过程。这一原则反映了教师和学生在教学过程中所处的地位和双边活动的关系。教师的主导作用是使教学过程能高效率进行的主要保证，而学生的主体地位则是学生学习取得成功、顺利成长和发展的基本条件，两者不可偏废。

教师为主导是由教师的职责决定的。教师要根据国家的教育目的、教学计划和教学大纲，有目的、有计划地向学生传授科学基础知识，发展其体力、智力，培养其世界观和道德品质，使之成为一名合格的人民教师。教师为主导也是由学生的学习质量所决定的，教师专业知识丰富，具有教育理论知识，通过教师生动、形象、严格的教学，学生可以更快地掌握知识、发展智能，同时人格个性也受到教师的影响。另外，教师为主导也是对中外历史经验的总结，历史上凡是否定教师的主导作用，否定系统课堂教学的，教学质量必然降低。教师为主导可以说是教学规律的一种反映。

但是，教师为主导又是有条件的。最重要的条件是在承认学生主体地位基础上的主导，把两者割裂开来，片面强调教师为主导，如赫尔巴特所提出的"学生对教师必须保持一种被动状态"①，则是错误的。强调学生在教学过程中的主体地位是因为教是为了学；教师的教，最终要落实到学生的学习上；学生的学，才是衡量教学效果的标志；同时学生只有真正成为学习的主人，才能主动地得到发展。

在师范学校中贯彻这一教学原则，要求做到：

1. 建立正确的学生观和现代民主型师生关系。所谓学生观，就是教师对自己教育对象的基本认识和看法。有什么样的学生观，就会有什么样的教育态度和方式。正确的学生观应该是教师在全面、客观地认识学生、了解学生的基础上，尊重学生，把学生看做是学习活动的主体，是具有独立个性的人。民主型的师生关系应该是热爱、尊重学生，平等、友好、合作的新型师生关系。

2. 教会学生学习。教学是师生双边活动的过程，教师要教会学生学会如何学习，教给学生学习方法，使学生主动地参与和适应教学过程。学生应学会的学习方法，主要有预习方法、听课方法、作业方法、复习方法、阅读方法、总结方法与科研方法等。教师应采用多种形式、多种途径培养学生的学习能力，使学生真正成为学习的主人。

3. 改革单一的教师讲授模式，创设民主和谐的课堂气氛，提高学生的学习积极性。师范学校教师的讲授切忌满堂灌，要把学生从单纯听受的学习模式中解放出来。教师应生动活泼地进行教学，提高学生学习的积极性。

（四）理论联系实际的原则。

这一原则要求师范学校在教学中密切联系实际，讲清基础理论，指引学生掌握比较完全的现代科学知识，培养学生运用知识解决问题的能力。教师要将抽象概括的理论知识与实际生动的事物联系起来，正确处理好教学过程中直接经验与间接经验，学与用，知识与技能、技巧之间的矛盾，应结合实际进行理论教学，使学生在理论和实际的结合上去透彻地理解和掌握理论知

---

① 转引自张焕庭主编：《西方资产阶级教育论著选》，人民教育出版社1964年版，第284页。

识，学会运用理论去分析和解决实际问题。这一原则是依照学生认识活动的特点和我国的教育培养目标制定的。

贯彻这一原则，要求做到：

1. 加强理论教学，讲清基本理论，提高教学的理论水平。"没有理论，一张白纸凭什么去联系实际"。要通过教学，讲清这些基本理论在实际中的运用情况。教师应根据各学科及各具体知识的特点改进联系实际的方法。

2. 加强实践性教学环节，如实践、课堂讨论、习题或课外实习、教学实习、生产实习、毕业设计（论文）、社会调查、参加科研等，使实践性教学环节成为运用和检验理论学习、加深对理论知识理解的重要途径和有效方法。

（五）教学与科研相结合的原则。

把科学研究引入教学过程，是师范院校教学工作的特点。教学与科研相结合的原则就是要求学生在学习知识的同时，发展科学研究能力，掌握科学研究的方法，培养科学的精神和科学的态度，特别是教育科学研究的方法和态度。师范生将来要从事育人的工作，这样，不仅要求他们是专业上的佼佼者，还应要求他们钻研教育科学，研究学生，不断提高教学水平。教学与科研相结合对师范院校又有一种特殊的意义。师范院校应不断提高自己的"学术性"水准，只有这样，才能提高师资水平。

贯彻这一原则，应做到：

1. 改变传统教学观念，切实提高教师的教学与学术水平。现代科学技术革命带来了急剧的变革。师范院校面临着新的挑战。中小学教师也要求从"知识型"向"学者型"转变。因此师范院校培养的学生就必须能不断地摄取新知、自我更新、独立钻研、富有创新精神。只有这样的人才能胜任教育事业的未来发展。因此，师范院校的教师应注重提高自己的学术水平，积极参与科学研究。苏联曾以"明斯克—22型"电子计算机测验了科研活动因素指标同列宁格勒两所高等学校多年来科研成果的关系，结果表明，"大学生的学习成绩同进行科研工作的科研人员的百分比有关（相关数值 K＝＋0.69）"[①]。因此，师范院校应注重"学术性"，把科研能力与科学精神明确作为师范院校教师的基本素质之一。

2. 结合教学对学生进行科研方法的训练，同时对学生进行科学精神、科学态度与科学道德的教育。科研方法的训练，实质上就是思维方法的训练。教师通过论文与设计等指导学生学会查阅文献，使用工具书，搜集整理资料，进行科学实验，提出假设，进行论证、检验等基本科学研究方法。在教学中，教师通过言传身教培养学生实事求是的科学态度，勇于创新的科学精神，严谨踏实的科学作风，谦虚谨慎的科学道德。同时师范院校教师还应让学生了解做人的工作的崇高意义与艰巨性、复杂性。

（六）教学的示范性原则。

教学的示范性原则，是指教师的教学工作和学校的教学管理工作，具有为学生所效仿的典范作用。师范学校教师的教学不仅是向学生传授知识，训练能力，同时还要以自己的教学方法、教学态度和工作方式对学生起潜移默化的影响作用，师范学校教师的敬业精神对学生具有极大的感染力。

教学的示范性原则是由师范学校的培养目标与教学特点所决定的。师范学校教师作为潜在课程的一部分对师范生产生极其重要的影响。学校的教学管理工作及教师的教学方法都对学生的今后工作具有示范作用。把教学的示范性作为师范学校教学工作的指导原则，可以增强师范学校教师加强教学工作、改进教学方法的自觉性，促进师范学校不断进行教学改革、加强教学管理和规范教学工作，有利于师范学校提高教学质量。

贯彻这一原则应做到如下几点：

1. 不断进行教学改革，提高教学水平，使师范学校教学工作规范化、科学化，为师范学生提供良好的教学范例。

2. 各级各类师范学校应按照自己的教学目标进行教学改革，不能为示范

[①] 转引自钱伯毅主编：《大学教学论》，中国科技大学出版社1991年版，第130页。

而照搬中小学的教学方式、方法。

3. 师范学校教师应注重自己的教学仪态，要以自己对教育、教学的执著追求感染学生，增强教学示范的自觉性。

4. 情感的高投入。师范学校教师教学具有示范性作用的一个重要方面是教师情感的高投入，充满激情、热情地从事教学、教育工作。这样会极大地激发学生的求知欲望，同时又会对学生产生强烈的示范效果。

二 师范学校的教学方法

教学方法是为达到教学目的、实现教学内容、运用教学方法而进行的，由教学原则指导的、一整套方式组成的师生相互作用的活动。[①] 任何方法均是为一定目的服务的。教学方法受教学目的、任务、内容的制约，同时教学方法也要适应学生的认识规律。

教学是由教师的"教"和学生的"学"所组成的双边活动过程，教学方法必然包括教师"教"的方法，也包括在教师指导下，学生"学"的方法。但教学方法也绝不是教法加学法的机械之和。师范院校由于学生学习独立性十分强，有人认为教学方法不太重要了，关键在于科研水平，其实这是一种偏见，师范院校要提高教学质量，必须十分重视教学方法的选择与运用。

在现时代，随着科技和社会发展，不断出现新的教学方法，特别在西方，教学方法的改革方兴未艾，涌现出一些新的教学方法，如问题教学法、发现法、微型教学法、暗示教学法等。[②] 这些教学方法对我国师范学校具有一定的参考价值。我国师范学校常用的几种教学方法是：

（一）讲授法。

教师按照教学内容的要求，运用生动明确的语言，系统地向学生传授知识的方法。从教师教的角度看，它是一种传授方法，从学生学的角度看，它是一种接受式学习方法。该方法是目前师范院校教学中运用最普遍的方法

[①] 王策三：《教学论稿》，人民教育出版社 1985 年版，第 244～245 页。
[②] 钱伯毅主编：《大学教学论》，中国科技大学出版社 1991 年版，第 154～160 页。

之一。

讲授法能在较短的时间内,有计划、有目的地借助各种教学手段,传授给学生较多的系统知识,教学效率高,同时,能把知识教学、思想教育和发展智力有效地结合在一起。然而,由于一些教师不恰当的运用,人们又常把讲授法等同于注入式教学,从而对它进行批判。这种不加分析地全盘否定讲授法的错误倾向与观点,会给师范学校的教学工作带来混乱。

讲授法分为讲述、讲解、讲读和讲演等方式。讲述是以叙述或描述的方式向学生传授知识的方法。讲解是教师向学生说明、解释和论证科学概念、原理、公式、定理的方法。讲读是结合阅读进行讲述或讲解的综合方法。讲演是教师对一个完整的课题进行系统的分析、论证并作出科学结论的一种方法,常以报告的形式出现。

上述几种方式在师范院校的教学中经常使用。教师在讲授过程中,应当吃透教材、讲透重点和难点,同时还要讲究语言艺术的运用。讲授应精练、形象、生动,并辅以相应手势,这样才能吸引学生,调动学生学习的积极性,避免陷入注入式的讲授。同时,教师还应注意给学生以示范,让学生在学习知识过程中掌握这一方法。

(二)谈话法。

谈话法又称问答法或答辩法,是教师和学生以口头语言问答的方式进行教学的一种方法。谈话法也是一种古老的教学方法,《学记》中即有"善问"、"善待问"的论述;西方苏格拉底也曾用这种方法进行教学,并称之为"产婆术"。

谈话法的优点是便于激发学生的思维活动,培养学生独立思考能力和语言表达能力,唤起和保持学生的注意力和兴趣。谈话法有多种形式,从实现教学任务的角度看有引导性谈话、传授新知识的谈话、复习巩固知识的谈话和总结性谈话。此外,在学生进行参观、实习、实验、练习等活动时,也可以运用谈话法。

无论哪种形式的谈话,教师都要有充分的准备,设计好不同类型的问题,按计划进行谈话;同时,应启发学生积极参加谈话,帮助学生掌握好谈话法。

（三）讨论法。

讨论法是根据课文要点，拟定讨论课题，大家研究探讨、切磋琢磨、集思广益、共同提高的一种教学方法。

讨论法具有积极的作用，可以激发师范生的探索性、发现性的思维活动，学生可以互相启发、互相学习，加深对教学内容的了解。讨论中因有不同观点的争辩，可以锻炼师范生理论思维能力及独立思考能力；同时讨论法还可以锻炼师范生的口才。

讨论法运用是否有效，关键在于教师的命题，好的讨论题必须同时兼顾教学内容、教学目标和学生的实际水平等几个方面。讨论题既可以是阶段复习的讨论题，也可以是学习新内容的讨论题。可以是班级讨论也可以是小组讨论；还可以运用分组辩论和专题报告等形式。

讨论法可以单独运用，也可以和其他方法结合运用。一般在高年级教学中运用较多。教师应鼓励学生积极参加讨论，让学生学会组织讨论。

（四）演示法。

演示法是教师在课堂上通过展示各种实物、直观教具或进行示范性实验，让学生通过观察，获得感性认识的教学方法。作为一种辅助性的教学方法，常和讲授法、谈话法等结合使用。

演示的材料和方式是多种多样的，教师应根据教学目的和实际需要，以及各种材料、方式的特点灵活地运用，引导学生注意事物的本质特征，教师可以运用语言提示，引导学生进行细致的观察、分析和概括。

演示法运用得当，不仅能起到理论联系实际的作用，而且为学习新知识提供丰富的感性材料，能激发学生学习的兴趣，提高学习的效果。特别是运用现代化教学手段进行演示，其效果更佳。教师在运用演示法的同时，应教会学生使用教具尤其是现代化教学仪器。

（五）读书指导法。

读书指导法是教师指导学生通过阅读教科书，参考书，使学生加深理解和牢固地掌握知识，以扩大学生的知识领域，培养学生自学能力的一种教学方法。

读书指导法是我国教育传统中的主要教学方法之一，历史上就有著名的"朱子读书法"。师范生的特点之一便是独立学习能力强，因此，读书指导法是师范院校的主要教学方法之一。

指导学生读书从指导阅读教科书开始。进而指导阅读课外读物，帮助学生选择书籍，对学生读书方法进行指导，让学生学会使用各种工具书，同时指导学生作读书笔记。

读书指导法不仅可以使学生通过阅读获取知识，同时也是培养师范生自学能力的重要方法。因此要运用该方法，培养学生阅读能力与阅读习惯。

（六）参观法（现场教学法）。

参观法是教师根据教学任务，组织学生到工厂、农村、展览馆、自然界和其他社会场合，通过对实际事物和现象的观察和研究而获得知识的方法。

参观法以大自然和社会作为活教材，打破课堂和教科书的局限，使教学与实际的社会生活、生产密切联系起来，扩大学生的视野、激发学生的求知欲望，并使学生受到生动的思想教育。

参观法的运用要求教师应做好充分的准备；明确目的、制订计划；同时在参观过程中注意引导学生有目的、有重点地进行观察；参观结束后要及时进行总结；最后，教师应有意识地让学生学会如何组织参观和运用参观法。

（七）实验法。

实验法是在教师指导下，利用一定仪器设备，在一定条件下引起某些事物或现象的发生和变化，使学生在观察、研究和独立操作中获取知识，形成技能、技巧的方法。实验法在理科各科教学中运用很广。

实验法依据教学的具体任务不同可以分为三种，一是学习理论之前进行的实验；二是学习理论过程中进行的实验；三是学习理论之后，复习、巩固知识时进行的实验。

实验法对培养学生的动手操作能力具有重大意义，师范院校教师应加强实验法的运用，认真上好实验课。运用实验法要求教师编制好实验计划；对学生进行分组；准备和检查实验用品；在学生进行实验时，教师应巡回指导；实验结束应要求学生作实验报告。同时教师还应让师范学生掌握实验的组织，学会实验仪器的运用及实验计划的制订。

（八）实习法。

实习法是教师根据教学大纲要求，组织学生在校内或到一定场地运用已有知识进行实际操作或其他实践活动，以获得一定知识或技能技巧的方法。

实习法对贯彻理论联系实际原则，培养学生独立工作能力方面起着重要作用。实习可分为教学实习和生产实习。教学实习是一门课程或相近的几门课，按照教学大纲的要求，在学习理论知识的基础上，组织学生在校内外的实习场地从事实习活动。也称"课程实习"。这种实习时间短、规模小。生产实习是学生学习相对完整的系统专业理论之后，在对口单位由专业人员或校内教师的指导下，运用所学习的专业理论直接参与现场生产，进行实际操作。师范学校的生产实习主要是在中、小学校所进行的教育实习。

运用实习法，教师要加强实习的组织与实施，建立相对稳定的实习基地，健全实习组织，订好实习计划，加强实习指导，充分发挥学生的独立性，做好实习的总结工作。

（九）练习法。

练习法是在教师指导下，学生进行巩固知识、运用知识、形成技能技巧的方法。练习具有重复性。练习法在师范学校各科教学中广泛被采用。

练习法有多种类型。从作用上分，有语言的练习、解题练习、实际操作练习；从练习场地上分，有课内习题与课外作业；从表现形式上分，有对比练习、过渡练习、判断练习、变式练习、编题练习和综合练习等；从练习对学生能力发展的影响上分，有创造性练习与非创造性练习等。

采用练习法，要求教师使学生明确练习的目的，掌握正确的方法，时间分配要适当，教师应巡回检查、个别指导，练习的方式应多样化，同时，教师应及时批改和讲评，让学生及时了解自己掌握知识的状况。

第三节 师范学校现代化教学手段的运用

一 现代化教学手段概述

运用现代教育技术是师范教育现代化的标志之一。现代化教学手段是相对于常规教学手段而言的。它是指在教学中采用的由以电为动力的幻灯机、电影放映机、电视机、录音机和电子计算机等硬件,以及承载着教学信息的幻灯片、电影片、录像带和录音带等软件构成的教学媒体和教学辅助用具。

现代化教学手段的产生的标志是19世纪90年代幻灯在教学中的运用。随着生产力的发展,科学技术的进步,特别是电子技术的飞速发展,越来越多的教学媒体、方法运用到教学中来。到了20世纪70年代,现代化教学手段进入了系统发展阶段,录像、电视系统,电子计算机教学系统,卫星传播教学系统等,进入了教学领域。80年代以来,教学手段发展的主要趋势是,传统教学手段和现代化教学手段相互融合,逐渐形成一个完整的教学体系。

我国师范学校也大量引进和使用现代化教学手段。现代化教学手段的运用与研究,加速了我国师范教育观念与思想、结构与功能、内容与方法以及教育手段形式的改革与发展。

目前,我国师范教育中经常使用的现代化教学手段,有幻灯机、投影器、录音机、电影机、电视机、录像机、激光视盘、语言实验室、程序教学机、电子计算机、通信卫星等。

二 现代化教学手段对师范教育教学的意义

现代化教学手段由于其技术性能强,不受时间、空间的限制,而将教学内容中涉及的事物、情景、过程,可以全部再现于课堂,化静为动,使动变静,变小为大,使大缩小,整体分解为部分,宏观的事物可在微观情况下观察,历史的事实、外域的情况可展现在学生面前,并能在短时间内展示事物的发展全过程,便于学生掌握事物的全貌。同时还能把抽象的东西具体化、半具体化，提供替代的经验，能较好地处理局部与整体、静与动、大与小、虚与实、微观与宏观的关系。由于上述性能，特别是现代教学软件的开发，使现代化教学手段在师范教育、教学中的作用更大。其意义：

（一）提高教学质量。

现代化教学手段因其丰富的表现力，生动的形象与直观的特点，可以直接展示事物和现象的画面和声音，可以吸引学生的注意力，提高学生学习的兴趣；教育手段的多样化，教材的形声化，可以使学生轻松愉快地学习，减轻学生负担，促进学生身心健康发展。同时，现代化教学手段可以为学生提供多种多样的教学、学习方式，学生可以根据自己的能力，选择学习内容，特别是计算机技术，更适合于个别教学；现代化教学手段可以较好地弥补班级授课制的缺陷，适应学生个别差异，有利于因材施教，从而提高教学质量。

（二）增进教学效率。

现代化教学手段采用形、声、色结合的方式，大大延伸了人体器官，特别是眼、耳、脑的学习功能，调动多种感官参与学习活动，因此学得快，记得牢。心理学研究证明，人的学习通过视觉获得的知识占83%，听觉占11%，嗅觉占3.5%，触觉占1.5%，味觉占1%。另外，人们在学习时，使用视觉媒体，其注意集中率为81.7%。使用听觉媒体为54.6%。同时，学习同一份材料，进行纯视觉学习，3小时后能记住70%；纯听觉学习，3小时后能记住60%；而视听觉并用，3小时后能记住90%，3天之后，三种学习方法的记忆率分别是40%，15%，75%。可见，视觉和听觉在学习中起主要作用，视听并用则效率更好。现代化教学手段能充分利用视觉进行学习，并能调动各种感官进行学习，能大大提高学习效率。

（三）扩大教学规模。

广播电视、卫星传播电视和闭路电视的大力发展，有可能向家庭、学校、社会传播教育课程，这样可以为教师进修提供便利条件。广播电视师范学院是一所最大的师范院校，一个教师可以同时教成千上万个学生，大大节省了师资、校舍和设备，扩大了师范教育的规模。

三　现代化教学手段在师范教学中的运用

师范学校教师运用现代化教学手段一定要有明确的目的，从教学实际情况出发，讲究实效；要做到视听和思考相结合；选择媒体，要考虑到经济原则，同时要做到媒体选择与组合达到最优化，发挥现代化教学手段的整体效能。

师范院校运用现代化教学手段进行教学的基本模式主要有辅助式、直接式、循环式三种。[①] 辅助式是教师主要借助现代化教学手段，向学生传递教学信息，师生进行交互反馈；直接式是学生直接向现代化教学媒体学习，现代化教学媒体对学生的反映作出反馈；循环式是学生向现代化教学媒体学习通过教师作出反馈。

在师范学校教学中，采用现代化教学手段进行教学的方法主要有：

（一）辅助教学法。

这是一种根据教学内容的需要，为了说明一个现象或一个过程，利用现代教育媒体向学生提供感性材料，把现代化教育技术同传统课堂教学结合起来的一种教学方法。此方法以课堂教学为主，以利用现代化教学手段为辅，继承和发展了传统教学法的优点和长处。

运用该方法，要使现代化教学手段的运用适时、适量和适度，必须精心设计，周密考虑，同时教师的讲解应恰当、精练，起到画龙点睛的作用。

（二）播放教学法。

这是在教师不直接参与或很少参与的情况下，利用现代化教学媒体进行大规模教学的方法。

1. 课堂播放教学法。这是教师在课堂中运用教学媒体，向学生直接传递教学信息的方法。教师应保证播放效果，进行适当提示，进行引导，做适当的讲解。

[①] 李秉德主编：《教学论》，人民教育出版社1991年版，第281～283页。

2. 远距离播放教学法。这是教师通过广播、电视系统间接向学生传递教学信息的方法。有两种形式，一是现场直播，即由广播电台、电视台、教育卫星或其他播放系统，直接播出教学现场实况；二是录制播放，运用此方法时应选择高水平教师担任主讲，同时应配备教材，也应设立辅导教师。

3. 程序教学法。这是使用程序教材，通过教学机器（如程序教学机、电子计算机），对学生进行个别化教学的方法。采用该方法，教师主要的工作是编制程序教材。教师依据一定的教学理论，把教材分解为许多小项目，由简到繁，由易到难，按一定顺序（直线式、分支式等）排列起来，让学生自学。该方法由于计算机软件的开发，从而有了推广运用的广阔前景。

4. 微型教学法。这是借助现代化教学设备（如摄像机、录像机等）训练师范生或在职教师教学技能的一种小规模的教学活动。如用摄像机把学生教育实习、试讲或讲课的部分环节摄录下来，让学生和教师共同观看，研究教学中的缺点，重复进行训练，直至掌握了某种教学技能为止。

运用该方法应有明确的训练目标，同时每次训练的项目不宜过多，时间不应太长，还应及时进行评议，要让学生自我评价，不断修改方案，克服缺点，以达到教学目的。

5. 机器成绩考查法。这是采用现代化教学手段检测学生学习效果的方法。运用该方法，改变了传统课堂教学，通过课堂提问、考查、考试、批改作业来检测学业成绩。机器成绩考查法形式多样，能迅速、及时、准确地评定学生成绩，大大提高了评定成绩工作的质量和效率。

该方法主要采用课堂应答分析器考查法、声像记录分析法和计算机考查法三种方法。

第四节　师范学校的教学评估

一　师范学校的教学评估概述

教学评估是教育评估的重要内容。教学是师范学校的一项主要工作。师范学校的教学是按师范教育的目的、有计划地培养教师的活动。师范学校的教学是否达到了预期的目的，完成了任务，人们必须对其结果进行评议和估价。教学评估就是通过各种测量，系统地收集证据，从而对学生通过教学发生的行为变化予以确定。教学评估的对象是学生的学习过程及其结果，评估者主要是教师。

教学评估对师范学校的教育、教学工作具有十分重要的意义。教学评估对教学可以起到：（1）诊断作用。通过评估，教师可以了解某个学生在特定学科的特定阶段，其知识、技能、能力已达到的水平和存在的问题，从而确定施教措施。（2）强化作用。肯定的评价一般会对学生的学习起鼓励作用，强化学生学习的积极性。教师也可以通过评估了解自己的工作结果，从而推动教师不断地改进教学工作。（3）定向作用。教学评估的内容和标准往往会成为学生学习的内容和标准，左右学生努力的方向、学习的重点和时间以及精力的分配等。（4）证明作用。教学评估可以作为学生掌握知识的程度、能力水平和学习水平的证明，同时还可以作为评价教师教学工作质量的依据。（5）教育作用。考试或测验本身是一项重要的教育、教学活动。一方面通过评估可以促使学生对教材内容进行复习、巩固；另一方面也可以通过测验训练学生的基本技能，提高学生分析、解决问题的能力；同时，还可以培养学生良好的个性品质，如自觉性、责任感以及严谨、认真的学习态度等。

教学评估有很多种。由于分类标准和出发点的差异，教育家提出了许多分类形式。布卢姆从评估发挥的作用出发，提出了一种分类形式。他把教学评估分为总结性评估、形成性评估和诊断性评估。总结性评估，是给学生评定成绩，并为学生做证明或提供关于某个教学方案是否有效的证据。形成性评估，是在教学进行过程中，为引导该项教学前进或使教学更为完善而进行的对学生学习结果的确定。而诊断性评估，就是通过测试了解学生的知识储备、技能和能力水平，对所学学科的态度和抱负水平，学业成功（或失败）的原因，以"长善救失"。

二　师范学校教学评估的原则

为了做好师范学校的教学评估工作，根据师范学校教学工作的特点和规律，确立一些基本要求，作为教学评估的指导思想和行为准则。

（一）客观性原则。

在进行评估时，测量的标准、方法，评估者的态度，特别是最终的评估结果，都应切合客观实际，做到真实和准确。因此要根据教学目的和任务，确定统一的客观指标作为评估的依据；同时评估者和学生都应实事求是地提供情况和材料，以利于评估结果的客观化。

（二）可行性原则。

教学评估的指标应能在时间和空间上具有可比较的性质。校际、系际、班际、各科之间，能够进行比较、鉴别。评估指标应具有可测性，通过测得的数据或情况进行统计分析，能对评估对象作出恰如其分的评价。要使教学评估工作可行，还应尽量简化工作程序，应在消耗不多的人力和物力的情况下，就能得出比较公正、符合客观实际的结果。同时，教学评估的指标应尽量做到规范化和标准化，应制订出合理的指标体系。

（三）整体性原则

在进行教学评估时，要对组成教学活动的各个方面，进行不同角度、不同侧面和多方位的评估。师范学校的教学工作十分复杂，教学质量要求往往不是单一的，教师教学工作质量往往从不同侧面反映出来。要反映师范学校教师教学工作的质量，必须进行多方面的测查和评定，不能只考虑其中一个方面，以偏概全，以局部代整体。只测查学生掌握知识的情况，而对学生能力发展、个性形成等方面毫不顾及，就是一种片面的评估。要在教学评估中做到全面而整体地评价教学质量，必须制定全面的教学质量评估标准。当然，选择评估指标也应分清主次。在注意评估的整体性的同时，还应精心挑选那些具有代表性，能够集中反映事物本质和水平的典型性的指标。

（四）科学化原则。

在进行教学评估时，不能靠经验和直感，要确立科学的标准，采用科学的方法和手段，减少或避免主观随意性，增强评估的科学性。这是教学评估的发展趋势。教学评估经历了从经验评估到科学评估的历史发展过程。现代教学任务、教学内容、教学方式与方法的多样化，使得单靠经验评估难以全面客观地评估师范教学工作质量了。而现代数学、测量与统计学的发展，为教学评估的科学化提供了重要的量化工具。教学评估科学化的重要标志是定量化。在教学质量评估的一些主要项目上，有了统一的量化标准及统计方法，就可以大大减少评估工作的主观随意性。

三 师范学校教学评估的方式、方法

（一）师范学校教学评估常用的方式。

师范学校教学评估常用的方式有：自我评估、领导评估、培养对象（学生）评估、校际评估、社会评估等。①

自我评估，是师范学校按照教学评估指标体系，对教学质量作出评价。教师对教学工作的自我检查也属于自我评估。

领导评估，是指国家有关部门组织教育界、知识界和用人单位的专家组成评估组，对学校教学质量进行评估的方式。

培养对象评估，是指师范学校的学生及毕业生根据自己的切身体会对学校教学工作进行评估。

校际评估，是指由教育专家或教师组成的专家组对相关的师范学校的教学质量进行评估的活动。

社会评估，是指教育系统的用人学校、部门，根据毕业生的现实表现而对师范学校的教学质量作出评价的评估方式。

（二）师范学校教学评估的方法。

教学评估方法大致有统测法、对口检查法、投票评定等。②

---

① 中央教育行政学院编：《高等教育原理》，北京师范大学出版社 1986 年版，第 294 页。

② 同上书，第 294～295 页。

统测法，是通过统一测验以了解各校或各班学生对某一门课程的掌握程度。统测应统一命题，统一考试时间，统一评分标准。统测的命题必须注意质量指标，如程度、效度、难度与区分度等。

对口检查法，是依据制定的检查提纲，先由各校、各班进行自查，然后由专家组进行实地检查。专家组由专家、教务干部及有关教师组成。

投票评定，是由专家评估小组对评估项目的各项指标逐项评议，进行投票打分，以积分多少，确定评估结果。

（三）师范学校学生学业成绩考核方法。

为了及时掌握教学过程的反馈信息，师范学校应对学生学业成绩进行考核。考核的方法有平时检查，学期或学年的总结性检查，毕业论文的审查评定与答辩。

平时检查，能促使学生养成经常复习巩固知识的习惯。教师通过平时检查能及时了解学生的学习情况。平时检查由教师自己掌握，可以采用日常观察、检查作业、书面测验等方式进行。

学期或学年的总结性检查，是在学期或学年结束或课程修业完毕时进行的考核。通过考核可以全面了解学生一学期的学习是否达到教学大纲的要求，以评定学生的学业成绩，从而确定学生能否升级或给予学分。总结性检查一般仍采用考查和考试两种方法。

毕业论文与毕业设计，是高等师范学校应届毕业生的总结性和独立性的作业。毕业论文（设计）的审查、评定与答辩，是大学阶段整个学习过程的知识与能力的综合检验。

第五节　师范学校的科研工作

一　科研工作在师范学校中的地位和作用

（一）科学研究是培养师范生能力和发展其智力的重要手段。

各级各类师范院校是以培养合格的中小学师资为己任。为学生提供宽厚而扎实的学科基础是师范教育的重要任务。但是教育要面向现代化,面向世界,面向未来,要适应市场经济发展的要求,师范教育的培养目标就应从知识型向创造型转变。从教育实践看,创造型的教师一般具有以创造力为核心的智能结构,[①] 包括知识基础和五个层次的能力。知识基础包括一般知识、所教学科的专业知识、教育科学知识。能力的第一层次为自学能力。第二层次为评估能力、组织能力、交往能力、观察能力以及所教学科的思维力、记忆力、想象力、实际操作技能等。第三层次为语言表达能力。第四层次为常规教学能力。能力的最高层次是教育和教学科研的创造力。开展科学研究工作是使学生具备上述能力的重要手段。在师范学校中,应把科学研究同教学结合起来,把科学研究引入教学过程之中。学生在教师指导下进行科学研究,完成毕业论文、社会调查等,从而提高他们的思维能力、分析和解决问题的能力。目前,师范学校只重视学生主修专业能力的培养而忽视教育能力特别是教育科研能力的培养的倾向,应在深化教育改革的过程中予以解决。

(二)科学研究是提高师范学校师资业务水平的主要途径。

师范学校能否办得好,是否有活力,能否培养出德、智、体、美全面发展的合格的人民教师,关键在于建设一支政治思想好、业务水平高的教师队伍。师范学校要不断提高教师的业务和技术水平。由于现代科学技术的加速发展而产生知识的严重老化,师范学校应想方设法让教师不断进修业务,通过教学实践学习新的科学知识,提高业务水平。而科学研究则是提高业务水平的基本途径。教师只有通过科研,才能更好地了解社会对师范学校培养人才的要求,了解本学科在国内外发展的趋势;了解自己所教课程在学科中的地位,本课程和其他课程之间的相互联系;了解课程前后之间的内在关系。只有这样,才能及时、有效、生动地把本学科的最新成果反映到教学中来。不搞科研的师范学校教师很难成为高水平的教师,也不能培养学生的科研能力。不搞科研的教师无法把科研过程同教学结合起来,带领、指导学生一起

---

① 田建国:《高等教育学》,山东教育出版社,1990年版,第184页。

搞科研，从而不能有力地促进学生知识面的扩大，创造能力的培养，也难以培养高质量的师范毕业生。

（三）科学研究是师范学校直接为社会及中小学服务的主要渠道。

师范学校的科研工作，通过应用与发展研究，满足社会生产和生活等各方面的需要。尤其是高等师范学校积极参与国家哲学、社会科学、科技发展规划的制定工作，并分工承担规划中的课题任务，在研究过程中往往同社会生产等单位结合进行，研究成果也能很快应用于生产或生活等领域。科学研究是师范学校为社会直接服务的主要渠道。另外，师范学校为初、中等教育服务的办学方向和培养目标决定了科学研究必须为中、小学教育服务。通过对教育基础理论、教育发展战略、教材、教法等的研究，提高中、小学的教学水平，推动中、小学的教学改革，促进中、小学的教学思想的提高。

（四）科研工作是增强学校活力的有效措施。

师范学校通过科研工作，不仅可以为教学服务，为社会服务，为中、小学教育服务，而且还可以增强自身的活力。师范学校的活力，主要表现在自身的自我更新，自我发展，自我完善上。要做到这一点，除了调动广大教职员工的办学积极性和创造性以外，还必须具备一定的物质条件。而目前国家不可能增加大量投资来改善师范学校的办学条件，更新教学设备。师范学校必须通过承担国家科研任务，同时广泛开展同社会、企业等的横向联合，争取更多的经费，购置先进的教学仪器。同时通过科研，可以自己研制和生产现代化的仪器设备，以增强师范学校的活力，加速学校的现代化。

二 师范学校科研工作的特点和任务

师范学校科学研究工作的特点和任务是在科技发展和师范教育发展过程中形成的，也是由师范学校的办学方向和培养目标所决定的。师范学校的科学研究要促进学科和专业的发展，促进教师的教学水平和学术水平的提高，不断提高教学质量，更好地为培养高水平的师范学生服务。同时，也要在许多学科领域和重大研究课题上作出贡献，成为国家科技和社会发展事业的一支重要力量。师范学校的科研工作要为提高教学质量服务，要把教育科研放

在首位。师范学校科研工作的特点和任务主要表现在:

(一)科学研究和教学结合、培养高质量的师范毕业生是师范学校科研的显著特点和重要任务。

要培养合格的中、小学教师,关键是提高师范学校教师的学术水平和教学水平。因此师范学校要保证"师范性"必须以"学术性"为依托,教师既要搞教学,也要搞科研。教师通过科研活动可以提高研究能力、业务水平,还可以吸收最新成果,更新教学内容,提高教学质量。同时科学研究可以使师范学校突破传统教育思想和教学模式的束缚,促进教学思想的转变和教学领域的全面改革。学校开展科研活动还可以把科研引入教学过程,培养学生获取和驾驭知识的能力。师范学校特别是高等师范学校要大力进行科研活动,促进科研与教学的紧密结合,既出成果,又出人才,争取最大的综合效益。

(二)加强基础理论和应用科学研究,提高各学科的学术水平,创造先进的科研成果,发展科学,为经济建设服务。

师范学校尤其是高等师范学校学科门类比较广泛,人才集中,设备齐全,研究力量雄厚,研究机构灵活,信息来源丰富,信息系统发达,具有从事重大科研课题的有利条件,应切实加强基础理论和应用科学的研究。基础理论研究应以具有重要科学意义或有应用价值的研究为主,使国家的科学研究有合理的配置,以确保经济和科学技术发展的后劲。应用研究,应开展有显著社会经济效益,竞争能力较强的,能提高技术开发能力的研究为主。师范学校应努力促进科研工作,创造出一流的科技成果,为经济建设服务。

(三)应把教育科研放在首位,为发展教育科学、提高教育质量服务。

师范学校尤其是高师应根据自己的特点,发挥自己的优势,从自身条件出发,把教育科研放在首位,把师范学校建设成为我国教育科学研究的中心,为繁荣教育科学服务。

1983年,教育部在《关于加强高等师范院校哲学社会科学研究工作的意见》中明确指出:"师范院校要把教育科学研究放在首位",这是由师范学校的性质和任务决定的。师范学校是一种定向型职业教育,是教育事业的工作"母机",师范学校的科研对象主要是人的教育问题。教育要面向现代化、面向世界、面向未来，教育科学必须达到新的水平，师范学校必须在揭示教育客观规律，揭示人才发展与形成规律方面进行探索，成为我国教育科学的重要科研基地。教育科学的研究工作对师范学校不是可有可无的事，而是一项重要的基础工程，是师范学校的科研重点。师范学校要有一批专职的从事教育科学的队伍，同时经常接触中、小学教育实际，通过对教育思想、教育规律、教学改革、思想政治教育等重大教育问题的研究，总结教育实践经验，以教育科研的成果来推动教育改革的深入发展。

第十章

师德与师德教育

师德即教师道德,它是一个历史范畴,随着学校教师的产生而产生,随人类社会和教育文化的发展而发展。在其形成和发展过程中,受各个时代的经济、政治、文化的影响和制约,同时对各个时代的政治经济制度产生反作用。教师道德包含在社会道德之中,它主要调节教育教学活动中人与社会、人与人之间的关系,也是对教师的职业规范要求。

师德教育指对即将从事教师工作的人和专职教师所进行的职业道德培养与教育。师德教育是师范院校教学工作的一项重要任务,也是职业伦理学、师范教育学、教育心理学、教育伦理学等学科所要研究的重要理论问题。

清楚了解师德的本质、特征、作用是进行师德教育的前提,也是师范院校教师及行政领导必备的理论及实践知识。

第一节 教师道德的本质

一 教师道德是一种特殊的意识形态

道德是人与人之间通过行为活动表现出来的一种特殊社会关系。它随着人类社会的产生而产生,并随着人类社会的发展而发展。职业道德是从事一定职业的人们所应遵循的行为规范及其必备的道德品质,是一般的社会道德和阶级道德在各个职业领域的具体体现。教师道德作为一项职业道德,同其他所有的职业道德一样,它的一切原则和规范,都不是来自某个思想家或伦理学家头脑中的主观规定,也不同于具有国家权力强制的法律规定,更不是什么先天存在的"绝对观念"或"上帝的意旨",而只能是来源于教师这项专门职业社会生活的特殊实践。教师道德是教师在从事教育劳动时所应遵循的行为规范和必备的品德。它从道义上规定教师应该以什么样的思想、情感、态度、行为和作风去待人处事,做好工作,为社会尽职尽责。它是一般社会道德在教师职业中的特殊表现,是社会经济关系的反映,是由经济基础决定的上层建筑中的一种特殊意识形态。

社会经济关系对教师道德的制约作用,主要表现在以下几个方面:

第一,社会经济条件是教师道德的客观物质基础。在教育过程中,教师是以自己的知识、品德和才能去影响教育学生的。表面上看,教师以怎样的知识、品德去教育影响学生,以及处理教育过程中的各种关系,似乎完全是"个人的事"。其实不然,教育劳动作为社会活动的特殊领域,教师对教育行为的选择并不能随心所欲,自由决定,必须依据社会的物质生产关系,来作为指导自己的行为准则。

第二,社会经济条件的发展变化,引起教师道德的发展和变化。社会经济条件的变革,必然推动整个社会生活的进步,引起人们的价值观、审美观、伦理道德观念等发生一系列变化。作为反映一定经济基础的教师道德也自然会发生相应的变化。一切同新的经济状况不相适应的教师道德观念都要被克服。人们必然根据社会经济条件的发展,对教师道德不断提出新课题、新要求。

第三,社会经济条件对教育目的和人才模式的影响,必然要求教师具备相应的道德素质。奴隶社会的生产关系决定了学校的教育目的,是把少数贵族子弟培养成能镇压奴隶、奴役人民的统治者,教师对学生进行严格的训练,把"威胁和殴打"学生,看成是合乎职业道德的正确行为。在封建社会,地主阶级迫切需要合乎本阶级利益的文化教育,不但培养自己的统治人才,而且需要人民效忠统治者。他们提出"有教无类","学而不厌,诲人不倦"等师道规范,以利于培养效忠本阶级的人。资产阶级不仅要培养本阶级接班人,还要培养雇佣工人,以利于巩固资本主义的生产关系,提出教师要在教育中放弃对学生的体罚,要"仁慈"、"和善"地对待学生,这种师德是资本主义生产关系和教育目的的客观要求。社会主义生产资料公有制的建立,使人与人的关系、师生关系具有了比以往任何社会都要进步、融洽的特色。学校教育目的是把青少年一代培养成社会主义现代化建设的合格人才,因此要求教师热爱教育事业,教书育人,以身作则,为人师表。这些师德规范比以往历史上一切旧师道更进步、更高尚。

二 教师道德具有鲜明的阶级性

恩格斯指出:"一切以往的道德论归根到底都是当时的社会经济状况的产物。而社会直到现在还是在阶级对立中运动的,所以道德始终是阶级的道德;它或者为统治阶级的统治和利益辩护,或者当被压迫阶级变得足够强大时,代表被压迫者对这个统治的反抗和它们的未来利益。"[①] 这一论述说明了道德阶级性的社会特征。在阶级社会中,社会生产关系直接表现为阶级关系,因而教师道德具有鲜明的阶级性,它是为一定社会或阶级的经济和政治利益服务的。这种阶级性,常常表现为两种情形:一种是占统治地位的阶级,从本阶级的利益出发,运用掌握学校的领导权和舆论宣传等工具直接向教师提出合乎本阶级或社会利益的师德要求;另一种是处在一定阶级关系中的教师个人,由于受到一定社会所处的经济、政治和思想关系的制约,自觉或不自觉地遵循着一定阶级和社会所提出的师德要求。

教师道德作为职业道德,有许多特殊的专业和技术要求。这种要求是在阶级道德的原则和规范的指导下,建立的具体适应教师职业的道德规范。不能用阶级道德简单地代替教师职业道德,而教师职业道德也不能离开阶级道

---

① 《马克思恩格斯选集》第 3 卷,人民出版社 1972 年版,第 134 页。

德的原则。教师道德是阶级道德的具体化和补充。这里，实际上体现了社会阶级道德的多样性和规范的层次性。

在阶级社会里，教师道德在不同程度上体现了阶级道德的要求；同样，阶级道德在不同范围和程度上，通过教师道德表现出来，发挥其作用。把教师道德同阶级道德割裂开来，是错误和有害的。

三 教师道德具有共同性及继承性

教师道德的共同性是指不同社会、不同阶级的教师道德存在某些共同的规范和要求。恩格斯说："现代社会的三个阶级即封建贵族、资产阶级和无产阶级都各有自己的特殊的道德，……但是在上述三种道德论中还是有一些对所有这三者来说都是共同的东西——这不至少就是永久不变的道德的一部分吗？——这三种道德论代表同一历史发展的三个不同阶段，所以有共同的历史背景。正因为这样，就必然具有许多共之处。不仅如此，对同样的或差不多同样的经济发展阶段来说，道德论必然是或多或少地互相一致的。"[①]

由于教育过程所遵循的规律有共同性，不同社会形态的教师道德又有某些共同的规范和要求，这些规范和要求，不是从某一阶级的阶级利益和阶级愿望中引申出来的，而是从教师职业的特殊性中，从教育过程的客观规律中引申出来的。这是产生教师道德共同性的客观基础。

教师道德的共同性，表现在三个方面：第一，表现在维护教育和教学最起码、最简单的教育生活准则方面。比如在教学上提倡"学而不厌，诲人不倦"，精益求精，认真施教；在师生关系中要求教师热爱学生，反对体罚。第二，表现在教师的个人品质上。比如在自身修养上严以律己，以身作则，为人师表；在教育活动中严谨治学，有教无类等。第三，表现在教育科学规律和教育事业发展对教师行为的道德要求上。如新技术革命要求教师不断吸取新知识，注意培养学生的智能和创造能力，这种道德素质是当今各国教师都

[①] 《马克思恩格斯选集》第 3 卷，人民出版社 1972 年版，第 133 页。

必须努力具备的。

教师道德的继承性是指教师道德自身发展的历史延续性。任何一种教师道德都是在批判继承历史上优秀的教师道德遗产的基础上建立和发展起来的。因此，继承前代教师道德的优秀成果，并为自身服务，这是丰富和发展教师道德的一个必不可少的重要条件。

在中外教育史上，许多教育家提出过不少有价值的师德思想。如孔子的言传身教、为人师表；孟子的以身作则、因材施教；荀子的"尊严而惮"；韩愈的传道、授业、解惑；朱熹的博学、审问、慎思、明辨、笃行等等。国外的教师道德的内容也有很多珍贵的遗产。如古罗马的教育家昆体良要求教师做到才德俱优，即言即行，教师要以父母般的感情对待学生。英国的资产阶级教育家洛克非常反对教师任意体罚学生的奴隶式的管教方式。被称为"教师的教师"的德国民主教育家第斯多惠要求教师必须具备进步的政治态度，坚持教育的进步方向，还要求教师具有坚定、严格、刚毅的精神状态与性格力量，做到精力永远充沛地进行教学。这些教育家们对教师道德的理论和要求，虽然受着时代和阶级的局限，但包含着积极的有益的因素，是有利于人类、有利于教育事业发展的。

我们要按照社会主义现代化建设发展的需要，批判地继承、借鉴古今中外教师道德中一切有价值的东西，经过消化、吸收、改造、创新，发展适合我国社会主义现代化要求的教师道德体系。

第二节　教师道德的特征与作用

一　社会主义教师道德的基本特征

社会主义教师道德的基本特征有如下几个方面：

（一）教师个人、教师集体与社会主义教育事业利益的一致性。

社会主义教师道德体现了教师个人、教师集体与社会主义教育事业利益的一致性。这是社会主义教师道德能为全体教师共同遵守的最坚实的基础，也是社会主义教师道德区别于以往社会教师道德的最基本的特征。

利益是道德的基础，道德则是利益的反映。在社会主义社会，经济基础是社会主义公有制，因此，教师个人、教师集体和社会主义教育事业利益之间的关系从根本上说是一致的。尽管有时也会出现一些矛盾，但它不是对抗性的。在社会主义教育劳动中，教师个人利益、集体利益、社会利益是相互依存、相互转化的，最终能够在共同的利益基础上协调和统一起来。因此，在公有制基础上建立起来的社会主义教师道德，必然具有体现三者利益一致性的特征，并使三者利益均能实现。

（二）教师道德要求与教育规律的一致性。

所谓教育规律，是指教育现象和教育过程本身所固有的、本质的、必然的联系。教育规律是客观的、不以人的意志为转移的。人们只有在教育实践中认识和遵循教育规律，才能收到良好教育效果。在以往社会，教师道德虽然也反映了教育规律的一些要求，但因时代和阶级的局限，不可能全面认识和把握教育规律，从而表现出教师道德要求和教育规律的不一致性。社会主义教师道德以马克思主义科学世界观为指导，能全面理解和把握教育规律，并在实践中贯彻到底。

教师道德要求和教育规律的一致性，主要表现在三点。首先，对教师的行为要求的一致性。如，"为人师表"既是教师道德的具体内容，也是教育规律的客观要求，这是由教师所肩负的社会任务和学生的"向师性"特点决定的。其次，教师道德直接把掌握教育规律作为重要的道德要求。教师不懂教育科学，没有必要的素质修养，就是不道德，因为它的直接后果是"误人子弟"。第三，师德要求和教育规律在实践上统一。通过师德实践和教育实践，获得对两者的关系的深刻认识，使两者协调一致。

（三）教师道德的社会要求与教师个体全面发展的一致性。

教师个体全面发展，是指教师除了智力和体力的自由发展外，还必须具有崇高的社会理想和道德情操、丰富的内心世界和健康的审美情趣等基本因素。社会主义教师道德的社会要求，归根结底是要促进教师个体的全面发展。

社会要求教师具有崇高的职业理想，在为社会作贡献中提高和实现个人价值。这些要求正是教师个体全面发展所不可缺少的。教师道德目标与教师个体发展的价值目标是同向的。教师道德为每个教师指明了正确处理个人与集体、个人与社会相互关系的行为准则，而正确认识和处理这些关系，是个体全面发展的重要条件和遵循教师道德的社会要求的保证。积极从事教育劳动实践与教师个体全面发展的社会途径是一致的。一个教师的职业实践活动，一方面是为人民服务，为社会培养人才；一方面又在职业实践中提高自己，逐渐达到自我完善。因此，一个教师按师德要求把献身教育事业作为自己的终生幸福，他就有可能达到全面发展。

二 社会主义教师道德的作用

社会主义教师道德有如下具体作用：

（一）指导教师正确处理利益关系，促进教育任务的完成。

人民教师的职业道德，向每个从事这一职业的人员指明了在教育活动中，如何贯彻有关道德规范，正确处理各种利益关系。它指导教师在教育过程中，正确选择自己的行为，保证教育工作的顺利开展和教育任务的完成。

学校的规章制度、教育计划、教学大纲等，对教师的行为起着重要的指导和调节作用。但由于教育活动中利益矛盾极其复杂性，教师的行为还必须通过教师道德时时处处的监督与保证。教师道德同时也是人们评判和衡量教师教育行为的"善"与"恶"的标准。

社会舆论是影响和指导教师的道德意识和行为的外在精神力量。有关教师道德的社会舆论，既反映教育活动中人与人之间的道德关系，又积极地对调整教师的职业道德行为起重要的作用。当教师的行为合乎教师道德的要求，有益于学生、教育事业和社会利益时，就会受到各方面的好评，激励教师朝这方面继续努力。反之，教师行为违背了师德要求，就会受到舆论批评和压力，对其造成一种无形的精神上的约束力，促使他思想斗争，重新考虑选择与舆论一致的合乎道德的善良行为。在教育实践中，正确的社会舆论对于促使教师遵守职业道德、提高师德素养方面起着重要的作用。

教师的"内心信念"是教师道德发挥其调节功能的最重要形式和因素，

是教师选择自己行为的内在精神力量。内心信念是真诚信服和强烈的责任感，是深刻的师德认识、强烈的师德情感和顽强的师德意志的有机统一。一旦教师形成了坚定而正确的内心信念，那么不管有无外在的监督和指导，教师都会依据师德信念，自觉地支配自己的行为，完成教育任务。

社会舆论和内心信念相互影响和促进，共同对教师职业行为起调节作用，如果趋于一致时，其作用力最大。

（二）对学生的榜样和带动作用。

教育劳动的对象是青少年学生，他们正处在道德心理的形成和发展时期，具有很大的可塑性，因而往往从教师在教育劳动中表现出来的道德意识和道德行为中，汲取是非、善恶观念，教师的道德面貌对青少年学生道德品质的形成和发展起着重要的教育和影响作用。

教师道德对学生道德心灵的影响是多方面的，包括起码的文明礼貌习惯，一直到世界观、人生观、道德观等。捷克教育家夸美纽斯说："教师的急务是用自己的榜样来诱导学生"。[①] 教师的工作是教书育人，经常与学生交往，因而教师对学生要言传身教，为人师表，起表率、榜样、楷模作用，以带动学生进步。

教师对学生的带动作用包括教师所起的带头作用、纽带作用和政治思想品德的教育作用。在教学活动中，耐心机智地针对学生的个性差异，引导和带动学生前进。

（三）对社会起影响和促进作用。

教师道德是整个社会道德的一个重要方面，对社会主义精神文明建设有促进作用。教师道德在社会主义精神文明建设中属于思想建设的内容，思想建设与文化教育建设是相互促进的关系。教师在自己职业活动中体现的道德面貌，直接影响着青少年一代道德品质的形成和变化，而青少年一代道德品质的变化，又影响着整个社会风气的变化。正是教育劳动的特殊性和重要性，

[①] 转引自曹孚：《外国教育史》，第97页。

使教师道德在改善社会风气和建设社会主义精神文明中,具有特殊的社会作用。

教师道德能够保证教师按国家规定的人才规格,为社会培养高质量的经营管理干部、科技人员和具有必要的科学文化知识和操作技能的工人、农民和各行生产者,推动社会主义经济建设。有道德的教师定会教育学生顽强拼搏地从事社会工作,这一切都将有力地推动社会主义物质文明建设。

教师还会通过自己的个人活动,以自己的言论、行动,直接对社会的道德起作用。一方面可通过自身的家庭生活、政治生活、经济生活等体现社会道德的行为规范,直接影响社会上的人们对是非、善恶、荣辱的判断;另一方面,还可通过教书育人、著书立说、报告演讲等形式向社会积极宣传马克思主义及社会主义道德。这些都将有力地促进社会主义精神文明建设和社会生产力的发展,对整个社会生活产生强大的影响和作用。

第三节 师德教育过程与原则

一 师德教育过程

师德教育过程是在教师有目的有计划的指导下,师范学生主动地积极地进行师德认识和师德实践,逐步提高自我修养能力,形成社会主义教师品德的过程。师德的形成发展过程是师范学生自身的心理品质的形成发展过程,它有自己的规律。这些品德形成发展的规律是进行师德教育的重要依据。师德教育过程就是教师根据师范生的思想品德形成与发展的规律,有目的、有计划地将教师道德规范转化为师范生个体品德的过程。教师对师范生的德育影响,必须经过他们主体的选择、吸取与能动的实践活动,才能转化为他们的品德。师德的形成与发展是个体知、情、意、行由简单到复杂、由低级到高级、由量变到质变的矛盾运动过程。知、情、意、行心理因素的矛盾与统一,必须同师德教育与影响结合,才能构成学生自身具体的、得以表现出来的教师道德的品质。

(一) 知、情、意、行是学生思想品德形成的重要因素。

师范生教师品德的形成过程,是知、情、意、行的培养过程。在活动与交往中,外界的教育影响,反映到教育对象的主观世界中去,通过受教育者心理内部矛盾运动,形成认识并产生主观态度,发展为行为动机,并在思想上作出行动方式的选择,然后又通过活动与交往表现出来,使行为动机转变为实际的言行。在多次重复的活动中,行为变为习惯,变成稳定的品德。

知,即师范生对教师道德的认识。是指师范生对一定社会师德关系及其理论、规范的理解和看法,包括他们通过认识而形成的各种师德观。这是师范生形成和发展教师品德的认识基础。一定的道德认识是形成师德的必要条件,尤其是社会主义的教师品德,建立在对客观世界及教育发展的科学认识基础上,它不同于任何以往的教师品德,没有一定的社会主义思想认识就不可能形成真正的社会主义师德。所以师德教育过程常常从提高师范生的道德认识开始,有计划地传授给他们各种师德规范,形成正确的师德观。

情,即师德情感,指学生对教师职业的爱憎、好恶的态度。它是运用一定的师德观评价自己与他人而产生的一种内心体验和主观态度。如对教师职业的崇敬,对教师岗位的热爱,对教书育人工作的责任感,对不合格的教师行为的反感等。师德情感是一种巨大的力量,它能推动师德认识发展为师德信念,转化为师德行为。如果缺乏相应的情感,即使有了某种认识也将停留在口头上。例如有的师范生懂得教师职业光荣的道理,毕业后却不愿从事教育工作,一个重要原因就在于他对教师工作毫无兴趣和情感。在师德教育过程中,要善于激发学生对优秀教师行为的敬佩、爱慕之情,引导他们去体验进行教育活动所获得的愉快和满足,以发展他们的师德情感。

意,即师德意志,指教师为了完成教育教学任务而产生的自觉能动性和坚持力。它常表现为意志活动,即为实现个人或社会确定的目的而严格约束自己、压抑不随意冲动的巨大精神力量。师德意志可使教师排除各种干扰和障碍,使教育、教学活动顽强地坚持下去。事实证明,意志薄弱者尽管有对教育事业的认识和情感,形成了从事教育事业的信念,但一遇困难阻碍便不能坚持所确定的原则,或产生信念的动摇。只有意志坚强的人才能坚持不渝地履行自己的教师义务。在师德教育过程中，要注意培养、锻炼学生的坚强意志，使他们有顽强的毅力，这有助于他们坚持师德认识，深化师德情感，逐步形成师德行为。

行，即师德行为，指教师在一定认识或情感支配下采取的行动。师德行为是教师品德的一个重要的外部表现。师德只有通过师德行为才能表明，因而师德行为是衡量教师道德修养水平的重要标志。评价一个教师的品德如何，不仅要听其言，而且要观其行。在师德教育过程中要特别着重学生的行为的培养，要求他们言行一致，严格遵守师德规范，长期坚持下去，形成良好的习惯和作风。

教师品德结构中的知、情、意、行等因素，各有自己的特点与作用，四者相互联系，相互制约，相互促进，推动品德的发展。师德教育必须注意发挥品德结构内部诸因素的整体功能。

（二）活动和交往是教师品德形成的基础。

活动与交往作为师德形成的基础，主要指教育教学中的活动和交往。这种活动的行为方式总是受到已有师德准则的调节。正是在这种活动与交往过程中，学生体验并掌握了教育教学内部关系准则，养成一定社会所需要的教师思想品德。并不是任何活动与交往，都是符合师德教育过程要求的。师德教育过程中的活动与交往，要在教育者指导下开展，根据师德教育任务的要求组织，并保证受教育者按社会主义师德方向健康成长。

（三）学生内在的思想矛盾斗争是形成师德的内部动力。

师德教育过程并不是把教师道德简单地转化为个体思想品德。完成这种转化，必须通过受教育者心理内部矛盾运动，通过受教育者自我教育的作用。这种心理内部矛盾就是受教育者对当前道德要求的反映与现有的道德状况之间的矛盾。这种矛盾与斗争必然会驱动个体对道德要求作出抉择，以求得心理上的平衡或思想矛盾的统一。这也就形成师德发展的内部动力。受教育者现有的道德状况，有其相应的知、情、意、行的心理结构。当教育影响反映到受教育者的心理世界，便与原有道德的心理结构形成矛盾关系。主体都以自己的态度对待外部的教育影响，或者是积极接受的态度即肯定的反映，或者是中立的态度即中立的反映,或者是排斥的态度即否定的反映。这表明主体对外界的教育影响具有选择性。当接受外界教育影响时,外部的要求会转化为动机,形成新的内部控制机制。在活动中,内在动机转化为行动。因此,教育者要充分发挥受教育者的主动性、积极性,自觉地运用内部矛盾运动规律,启发、引导、促进、加速受教育者自己的思想矛盾斗争,促使其向教育者所要求的方向统一,发展其自我教育的能力。

(四)师德的形成是长期积累、反复发展与提高的过程。

教师这种职业决定了其职业道德有更高的要求,因此师德教育从师范生一入学开始就要长期坚持不懈,反复教育与培养,直至学生对师德规范全部接受,形成经常的行为和稳固特征,才能认为他初步具有了教师品德。

师德的形成之所以是长期的、反复的发展与提高的过程,是因为学生在成长中接受的外界影响是复杂的,有的与社会主义师德要求一致,有的不一致,这就导致了学生思想矛盾斗争的加剧。而往往是那种占优势的影响因素对学生思想矛盾的解决具有决定作用。外部影响的复杂和变化,也就造成学生发展上的矛盾性与反复性。教育者的责任就是要加强师德教育,并结合学生实际,防止不健康因素的影响,使得师德教育影响成为一种优势力量,以保证师范生师德的形成。长期性与反复性是学生师德形成的特点,我们的任务就是要坚持长期地、反复地进行师德教育。

不仅如此,还必须注意在各种场合或教育工作中不断巩固和提高已形成的师德品质。

同时,师德的形成与提高,也应看做是从事教师职业的人终生提高与发展的过程。教育事业是复杂的,教育对象是复杂的,在教育实践中会不断遇到一些新的问题与矛盾,冲击已形成的师德。教师还必须在工作实践中,注意巩固、锻炼和提高教师道德品质。

二 师德教育原则

师德教育原则是对师范学生进行教师道德教育必须遵循的基本要求,是处理师德教育过程中一些矛盾和关系的基本准则。师德教育原则是师德教育实践的总结和概括，反映了师德教育的客观规律。在改革、开放的历史背景下，师德教育面临着新的情况、新的课题，我们应在研究新现象的基础上，形成并不断完善师德教育原则体系。师德教育原则与一般德育原则，有很多一致之处，也有自己的特殊性。社会主义师德教育有如下几个原则：

（一）理论和实践相结合原则。

在师德教育过程中，既要对受教育者进行有关教师道德的理论教育，为他们形成完善教育职业道德提供科学的理论根据，同时更要用教师道德规范指导他们的道德行为实践。

对于师范生来说，他们对师德的认识大都来自前人的道德经验及当前教师的影响，通过传授、学习，他们对师德的认识提高可以较快；他们的师德行为与习惯则不能通过传授获得，只有在对师德认识的基础上，经过长期的实际锻炼，克服各种内外的障碍才能形成。与师德的认识相比，师德行为习惯的形成一般比较慢。所以，在师范生的师德发展中，极易出现言行脱节的现象。因此理论与实践相结合的原则对于师德教育关系重大。

贯彻这个原则，应注意：讲明师德规范，使学生明白应怎么做。师德规范内容很多。要求也很细，师范生是正在成长中的学生，可塑性强，向他们解释说清具体师德规范，有利于提高他们的认识，使之明确应该怎么做，从理论的高度学习和掌握教师道德。

师范生已进入青年期，理论思维强，要引导他们从理论的高度认识师德规范的意义，从而提高行为的自觉性。同时要紧密结合实践，在社会实践、教学实践中进行锻炼或专门训练中养成师德，在日常学习生活中也要注意一点一滴培养师德品质。

（二）通过集体进行教育的原则。

在集体中进行教育的原则是指进行师德教育时要注意依靠学生集体，通过集体进行教育，以便充分发挥师范生集体在师德教育中的巨大作用。

学生集体不仅是教育的对象，也是教育的主体，具有巨大的教育力量。培养师范生的社会主义教师道德品质，不能离开集体的生活与活动。只有建立了统一的师范学校集体、班集体，才能形成强大的舆论力量，这种舆论力量是一种强大的师德教育因素。

贯彻通过集体进行师德教育的原则,要引导学生关心、热爱集体,为建设良好的集体而努力,要发挥学生集体的教育作用,把学生群体培养成为有利于学生品德发展的集体。教师要把集体当做教育的主体,先向集体提出要求,然后让集体再去要求、教育和帮助它的成员。

在集体教育中,要着重培养师范生团结协作、与人为善等品质,因为这也是师德的重要内容。现代社会对教师道德提出了新要求,如社会一体化要求教师具有开放、竞争观念,这些都可在集体教育中加以培养。通过集体进行师德教育,并不否认教师对集体培育的主导作用,同时也要求教师、师范生充分发挥主观能动性,在集体中茁壮成长。

(三) 教育影响一致性和连贯性原则。

教育影响一致性和连贯性原则是指进行师德教育时应当有目的、有计划地把来自各方面对学生的教育影响加以组织、调节,其互相协调一致之后要连贯地影响学生,以保障学生的品德能按教育目的的要求发展。

教师道德的形成、巩固是一个长期渐进的过程,师范生在校几年,逐渐形成师德品质,要受多种因素制约。学校、家庭、社会等各方面的因素对师德形成都有影响;学校内部组织结构、环境、校园文化等也作用于学生。这些影响纷繁复杂,不仅相互之间存在着矛盾与对立,而且往往前后矛盾或不连贯;尤其现代社会,学生活动交往范围扩大,接受的信息大大增加,在这种情况下,要有效地教育学生,必须加强学校对各方面影响的控制和调节。

贯彻这个原则,要组建教师集体,使校内影响一致,用教师集体所展现出的优良师德风貌去影响感染学生,并互相配合一致,使全体教师对学生的看法、要求以及进行教育的步骤协调一致起来,促进师范生师德的形成发展。

要发挥学校教育的主导作用,使学校、家庭和社会对学生的教育影响互相配合。在师范生各个年级,要做好衔接工作,对学生的教育前后要连贯和一致;师范生一入学,师德教育就要开始,并贯彻到毕业;在教育过程中,要通过各种方式对师德的形成加以强化。

(四) 教育与自我教育相结合原则。

指在师德教育中，除了发挥教育的功能外，还要充分发挥受教育者自我教育的主观能动性，使教师道德内化为师范生的行为品质。

师德的形成是一个长期复杂而艰巨的过程，没有师范生本人对教师职业的向往与热爱，没有他们自己努力而自觉的自我修养，优秀师德的形成是不可能的。师德自我教育的基本任务是把教师道德的基本准则和要求变为师范生的道德品质和实际行动。为此，师范生就要不断提高师德认识，培养师德情感，坚定师德信念，锻炼师德意志。

教育与自我教育相结合的原则要求师德教育过程中首先重视外部教育的作用，并通过外因的作用促进内因发生变化。其次，调动受教育者自我教育的积极性，积极配合教育。再次，注意教育与自我教育的不同要求，采用不同的方法。自我教育要求师范生对自己思想品德有高标准的要求，立志做一个具有高尚师德、献身教育的优秀人民教师；要树立正确的人生观和积极的人生态度，自觉主动地加强自己的师德修养；要树立全面发展观念，从各方面来完善教师道德素质；要从一点一滴的小事做起，严格要求自己，自我督促、自我控制、自我检查、克服不利于师德养成的不良习惯。

第四节 师德教育的内容

社会主义师德教育的内容有一般的基本固定的要求，也有随时代发展而增添的新内容。师德教育内容主要包括以下几个方面：

一 热爱学生，诲人不倦

教师的社会职责是要教育好学生，他的工作成果往往体现在学生身上。因此，教师对待学生的态度，以及如何处理与学生的关系，自然就成为师德的重要内容。

古往今来，凡是认真负责的教师很少有不爱自己学生的。因为学生是他们知识、智慧和品德的延续。人民教师对学生的热爱却具有更深刻的道德意义。这种感情来源于对人民教育事业的无限忠诚，发源于对社会主义建设的高度责任心。教师对学生的热爱是纯正无私的,并不企求给自己带来什么。教师对学生的热爱是具有原则性和全面性的,教师热爱学生不是一种溺爱或宠爱,而是把爱与严格要求结合起来,它不仅包括对学生学习和生活上的关心,而且关心学生的全面成长。

热爱学生这一教师道德要求包含着极其丰富、深刻的内容,包括关心学生、了解学生;尊重学生、信任学生;对学生一视同仁,给予他们相等的学习成长机会;师生关系民主、平等;等等。

热爱学生是教师做好教育工作的力量源泉。只有热爱,才能诲人不倦。从教学方面看,师生的心理状态直接影响到教学的效果,热爱学生能使学生体验到一种学习的乐趣,从而激发起学生的智力和创造精神,配合教学,发挥主体作用,完成学习任务。从学生的思想品德方面看,教师爱的作用更为明显。《学记》中说:"亲其师而信其道",只有师生的互相信任、友爱,学生才会接受教师的思想教育,形成所需要的思想品德。教师热爱学生并耐心教育,还能培养学生健康的社会情感。因为学生对社会上人与人之间关系的感受,很大程度受师生关系的影响。师爱生,对于促进学生的社会化过程,对于他们健康的社会情感的培养及社会主义精神文明建设有极其重要的意义。

热爱学生,诲人不倦是师范学生必备的思想品德,在社会实践及实习中,更要把这种道德素质的培养作为重点来抓。

二 热爱教育,献身教育

任何职业道德,都要求其从业人员做到"敬业乐业",忠于职守。人们也历来把热爱教育,忠诚教育事业,作为对教师的最基本的职业道德规范。

教育工作,是把人类在生产劳动和社会生活中积累起来的经验、知识和精神财富,一代又一代地向下传递的神圣事业,人类社会的文明进步,离不开教育工作。教育工作影响着人类的命运和国家的兴衰,是最崇高最伟大的事业之一。因此师范院校的师德教育应把热爱教育、献身教育的要求放在首位。一个教师的成就不仅取决于他的教育才能,更重要的是取决于他对教育事业的热爱和忠诚态度。作为教师,如果不热爱自己的工作,不愿为社会承担责任，身在教育岗位而心想别处，是不会产生好的教育效果的。

热爱教育、献身教育事业，是集体主义原则在教师职业道德中的具体表现，是从社会主义和共产主义道德原则、规范中引申出来的，显示了教师职业道德的本质特征，也反映了工人阶级和广大人民群众的根本利益与要求。热爱教育、献身教育事业，不是一个简单的口号，它要求师范学生要树立崇高的职业理想，把从事教育工作、培养社会主义新人作为自己的志向和抱负，培养对教育工作真挚的、深厚的感情，以从事教育工作为荣，以献身教育事业为乐，把自己的精力放在教育事业上，全心全意地为教育事业服务。

热爱教育，献身教育，要正确认识和看待人民教师的作用、地位和待遇，增强从事教育工作的光荣感和责任感。要忠诚教育事业，正确处理好个人利益和集体利益及教育事业利益之间的关系。要正确看待教师工作的苦与乐，甘为人民教育事业辛勤耕耘。要善于和勇于进行创造性的教学劳动，讲究教学艺术，运用各种教学方法、途径开启学生的智慧之门，以求取得最佳的教学效果。要矢志不移，忠于职守，兢兢业业，把自己的整个身心献给教育事业。

三　以身作则，为人师表

为人师表是指教师用自己的言行做出榜样，成为学生学习和效法的楷模。中国古代教育家孔子说："其身正，不令而行，其身不正，虽令不从。"西汉的董仲舒、唐代的韩愈、清代的颜元以及近代一些资产阶级教育家，还有当代无产阶级教育家都十分强调教师以身作则、为人师表的重要作用。

教育实践证明，教师仅仅有了科学文化知识，还不可能完成教育任务，还必须在思想、品德、工作、言谈举止、求实精神等方面成为学生的表率，这才能在学生中享有崇高的威信，其教育、教学的效果才会越好。青少年学生模仿性强，可塑性大，教师的一言一行、一举一动都会在学生心灵上产生积极或消极影响，甚至影响其终身。在社会主义社会，以身作则、为人师表要求教师以优良的思想品德和高尚行为去带动广大学生，促进他们健康成长，并促进社会风气的向上。

师范院校的学生是未来的人民教师,以身作则、为人师表应从学生时代就开始培养和训练。要帮助他们形成科学的世界观和人生观,树立社会主义、共产主义理想,并为实现美好的理想而努力奋斗。要养成文明行为、高尚品德、优美情操,在言谈举止等方面成为青少年的表率,使自己在政治态度、思想作风、治学精神、行为习惯等方面,都能成为言传身教的楷模。

在我国改革开放,进行社会主义现代化建设的新时期,为人师表还应具有如下鲜明的时代特征:第一,勇于开拓进取,讲究教育劳动效率。具有开拓者的胸怀,不墨守成规,不妒才嫉能,善于听取各种不同意见,坚持真理修正错误,不迷信权威;快速高效,勇于创造,善于推陈出新。第二,脚踏实地、艰苦奋斗。在我们生产力还较落后,教育文化事业还不发达的情况下,不怕困难,发扬艰苦奋斗的光荣传统,励精图治,为教育事业奋斗不息。

四 关心集体,团结协作

关心集体就是要以主人翁的态度对待集体和学校的各项工作,把教育事业和集体利益摆在第一位。要教育师范生认识到:教育的事业是集体的事业,教师的工作既表现为个人脑力劳动的性质,同时又是一种集体的活动。培养一代新人的成长,虽然离不开教师个人的辛勤劳动,但并不是某一个学校或某一个教师的力量所能完成的,而是众多学校和教师集体劳动的结果。这就要求教师具有互相尊重、互相学习、关心集体、团结协作的品德,只有这样,才能形成一支强大的教育力量,保证教育任务的完成。

关心集体、团结协作是共产主义道德的集体主义原则在教师道德中的具体体现,也是教师道德要求的重要内容。首先,要求教师善于处理好与学校的关系,热爱学校,为搞好学校和集体工作而献计献策。当前特别要关心学校的教育改革,积极进行教学改革的探索和试验。其次,要处理好与同事的关系,互尊互学。同事之间的关系包括:同一学科教师之间,不同学科教师之间,班主任与科任老师之间,新老教师之间,教师与行政、后勤工作同志之间的关系等等。在处理这些关系时,双方都应做到互相尊重,互相学习,团结协作。再次,处理好与家长的关系,紧密配合,共同教育学生。教师与家长要紧密配合，互相支持，形成教育学生的合力。要尊重家长，通过各种形式与之建立经常的联系。

只有在集体中，个人才能实现尽可能的全面发展，关心集体、团结协作既是对师范生未来的师德要求，也是在学习期间的为人处世准则之一。由于教师工作的集体性，要求培养教师的师范院校对学生这方面的要求比之一般院校更高、更严。

五　开拓创新，锐意改革

根据改革开放的要求，师德教育应注重培养学生以下几方面的道德品质：

（一）具有开拓意识和创新精神。

改革开放要求教育必须培养创造型人才，才能适应高科技的发展，这对教师的才智和品质提出了更高要求。作为未来的教师，要培养他们的开拓意识和创新精神，他们以后才能成为创造型人才。

（二）具有竞争意识和时效观念。

面对21世纪，全球格局变化不定，各国之间的政治、经济、科技、文化竞争会愈演愈烈，说到底，竞争的关键在于人才。要培养师范生的强烈的竞争意识，才能保证我们教育培养出的人才在国际竞争中立于不败之地。由于科技经济的飞速发展，时间成为成败的关键因素，谁抓住了时间谁就抓住了未来，因此要通过各种措施培养学生的时效观，并向全民族传播，使我们民族在世界民族强林中时时呈现出勃勃生机。

（三）投身改革、锐意改革。

教育事业是为新的时代和未来社会培养人才的事业。而现代科技发展使我们不断面临新的挑战，要求教育工作者用面向世界的胆识和超前眼光去改革教育。我国社会主义现代化建设也是一个改革的过程，要求改革的意识和观念深入每一个建设者的意识深处，同时培养现代化的人格和才能素质，才能挑起改革的重担。另外，教育改革要与社会改革相配套，以促进政治、经济改革。教育工作者要有投身改革大潮的勇气。

（四）不断吸取和运用新知识。

社会发展已经证明，现代化的社会将是信息的社会，是科学知识不断发展、不断扩大、不断更新的社会。明天的学校不仅要教以学生知识，传播信息，还要教给他们获取知识信息的方法和能力，学生必须学会学习、学会生存、学会关心、学会服务。要培养适应这种状况的优秀人才，教师必须不断追求新知识，善于运用新知识，这是适应新技术革命需要的重要品质。

（五）具有教育民主、教学民主意识。

社会发展必然要求进一步普及教育，在完成九年制义务教育的基础上，必将进一步普及中等教育乃至高等教育，社会主义的政治、经济原则必然要求实行全社会的真正的教育民主和教育机会均等。未来的教师要牢牢树立教育民主意识，为使每一个适龄儿童受到应得教育而作出自己的努力。另外，要发扬教学民主，做到教学机会均等，形成良好的平等、民主的师生关系，保障学生的学习权益，以调动他们对学习主动参与的积极性。要打破传统教学观念中的"权威主义"和"教师中心主义"，培养自主意识、参与意识、主人翁意识。

第十一章

师范学校的教育实践

第一节 教育实践的意义与地位

以教育实习为中心的教育实践活动,是师范教育的重要组成部分。它在培养合格的人民教师过程中,起着极为重要的作用。

一 教育实践概述

实践,是人们能动地探索和改造现实世界的社会物质活动。实践的基本特点是它的能动性和社会性。人类的社会实践活动都是个体能动地改造客观世界的过程;同时个体的实践活动又都是同其他人的实践活动紧密相连的。"社会实际生活的一切领域都是社会的人所参加的"。[①] 人们通过个体间的活动与交往,共同组成一个协同的社会实践,推动着社会的发展。所以,人们正是通过实践与交往,接触客观世界,认识客观世界和改造着客观世界;同时在探索和改造客观世界的过程中也改造着自己的主观世界,发展着个体自身。

---

① 《毛泽东选集》(合订本),人民出版社1964年版,第272页。

由此可见，人的实践活动不仅是社会发展的重要因素，也是个体发展与成长的客观基础。

教育实践，是人类社会实践的一个重要方面，其含义有广义与狭义之分。从广义上说，教育实践是泛指人类的一切教育活动，它体现在教育活动的一切领域和整个教育活动过程之中。这种教育实践由教育者、受教育者、教育内容和教育手段等因素构成，是教育者根据一定社会的要求，有目的、有计划、有组织地通过一定的教育内容和教育手段，对受教育者施加影响，促进个体社会化的过程，旨在把他们培养成一定社会所需要的人。在这个意义上说，教育实践同教育的概念，具有同样的内涵。事实上，"教育"就是一种社会活动与实践的过程。狭义的教育实践，则是指学校对学生进行教育的一种途径或手段。它对丰富学生的感性认识，深化学习内容，增强社会体验，提高思想品德和运用知识的能力，具有深刻的意义。

师范学校的教育实践，则是师范教育的一种专业训练，是有目的、有计划、有组织地培养和训练一个合格教师的强有力的手段。它包括教育实习、教育见习、教育参观、教育调查和其他教育实际锻炼等活动，目的在于使师范学校的学生，熟悉教育，适应教育，增强教师意识与责任感，提高从事教育和教学工作的实践能力，在教育理论和文化、专业知识学习的基础上，为培养一名合格的人民教师，做好实践的准备。

教育实习，是师范学校教育实践的重要内容，是师范教育课程计划的有机组成部分，是师范学校的一门综合实践课，是培养合格教师必不可少的环节。国家颁布有各种师范学校的"教育实习大纲"，提出教育实习的时间、内容和要求，形成定制，以保证师范生在德、智、体、美等方面全面发展，巩固师范生的专业思想，培养他们具备从事教育教学工作的基本素质和能力，为毕业后走向教育岗位打下坚实的基础。

二　教育实践在师范教育中的地位

从中外师范教育的发展历史看，教育实践同师范教育具有着本质的联系。

它随着师范教育的产生而产生,并随着师范教育的发展而发展。它从单一的教育见习等活动,到综合性实践的教育实习,逐渐形成一套完整的制度,已成为师范教育的一个有机的组成部分,在完成师范教育任务中处在极为重要的地位。

(一)我国早期师范学校的教育实践。

我国师范学校的教育实践活动,最早称之为"教习"、"演习",并设有附属的学校,作为学生从事教育实践的基地。

清光绪二十四年(1898),我国创办的第一个师范教育机构——上海南洋公学师范院,即附设有小学校,供师范生实习之用。当时称为"外院","令师范生分班教之,比及一年,师范诸生且学且诲,颇得知行并进之益,外院生亦多颖异之姿,能志于学"。[①] 这说明在我国师范教育初创时期,就有了师范生教育实践的场所和有计划的教育实践活动,并指出这种实践活动对师范生学习的意义。1902年,清政府的《钦定学堂章程》中,对师范馆开设的课程,很重视专业理论的教育实践,规定在第四学年设教育实习。1904年颁布的《奏定初级师范学堂章程》,规定第四年开设的教育课程中,包括了"实事授业",[②] 并规定附属小学之教员有"指导初级师范生实事练习"的责任。[③] 在同年的《奏定优级师范学堂章程》中,规定教育学课为第一类学科,第二年始设,在第三年的教育学课中包括"教授实事练习"。初级和优级师范学堂均应设附属小学或中学,以备"研究普通教育之成法"和"学堂学生之实事练习"。[④]

在民国期间,民国元年(1912)教育部公布的《师范教育令》第10条规定:"师范学校应设附属小学校,高等师范学校应设附属小学校、中学校",[⑤]

---

① 《中国近代教育史资料》,(上册)第154页。
② 《中国近代教育史资料》,(中册)第685页。
③ 同上书,第690页。
④ 同上书,第693~703页。
⑤ 同上书,第710页。

以便于师范学校学生开展实习活动。1912年12月公布并于1916年1月修正的《师范学校规程》，把教育课程排在本科第一部之学科序列之中，其中包括教育实习，并规定："得于第三学期酌减他项科目，增加实习时数，并得将本学年功课提前于第一、第二学期匀配教授完毕，即以第三学期专为实习之用"。[①]

(二) 老解放区对教育实践的重视。

重视实践活动，理论联系实际，是我们党一贯的传统。在革命战争年代，革命根据地的师范教育，尤其重视师范生的实践活动。于1932年成立的中央列宁师范学校，在向学生进行专业教育和军事训练的同时，还要求学生做一些社会工作和教育工作。1934年，中央把师范学校分为四类，即高级师范学校(中师)、初级师范学校(初师)、短期师范学校和小学教员训练班，要求各类师范学校都必须设教育实习课程，并把教育实习与教育实验结合起来。在《高级师范学校简章》中规定："利用附属小学与成人补习学校进行实习，以实验我们苏维埃新的教育方法。"[②]

抗日战争时期，陕甘宁边区的中等学校，以师范学校为最多。在教学方法上特别强调理论联系实际和组织教育实践活动，采取边学习、边实践、在实践中学习的方法，学以致用，学用结合，含有最广泛的教育实践的因素。

(三) 新中国成立后教育实践的地位。

新中国成立后公布的第一个师范教育法规——《北京师范大学暂行规程》(1950)，明确提出理论与实际一致为基本的教学原则(第3条)；"本科各系实习参观等为教学的组成部分，约占总时数的15%"(第5条)；"为提高教学的效能，发扬学生学习的积极性，以及他们在实际生活中能够运用所学的知识，采用下列各种教学方式：(1) 教师讲授，(2) 教师指导学生自学、实验、参观、实习及讨论"(第14条)；"为教学上理论与实际联系，乃设附属中学、师范学校及小学"(第29条)。从此，教育实践在师范教育中进一步制度化、

[①] 《中国近代教育史资料》，(中册) 第718页。
[②] 陈元晖：《中国现代教育史》，人民教育出版社1979年版，第117页。

规范化。

1952年，教育部发出通知，试行师范学院教学计划草案，指出实习在师范教育中占有重要的地位。1953年7月，教育部颁发了各类师范学校教学计划，包括教育参观和实习在内，中师的教学计划三年总时数为3286课时，教育实习占有相当的比重，并印发了苏联师范学校的教育实习大纲，以供参考。1956年4月，教育部又公布了《师范学校教育实习办法》，对教育实习的目的、顺序、安排、指导人员的职责等都做了明文规定，并指出教育实习是师范学校专业教育的重要部分，通过教育实习应使师范生印证、巩固和深化所学的教育学、心理学和各科教学方法的理论知识，学会从事教学、担任班主任工作和指导各种课外活动、少先队活动的方法，巩固献身教育事业的专业思想。1961年以后，各级各类师范学校在贯彻中央有关学校的"暂行工作条例（草案）"的过程中，纠正了过去过分强调实践的错误，明确必须以"教学为主"，在这基础上加强教育理论的学习与技能、技巧的培养，对教育课程与教育实习也做了重要调整，规定教育实习安排6～8周，教育见习应经常进行。

党的十一届三中全会以后，师范教育同其他事业一样，经过十年浩劫之后，有了新的转机。教育部召开座谈会，发布文件，试行了师范教育新的教学方案，认为教育实习是对学生进行教育、教学工作初步锻炼和加强理论联系实际的重要方式，必须认真进行。重申了教育实习的重要地位与作用。

三 教育实践的作用

教育实践的作用，同教育实践在师范教育中的地位息息相关。它在实现师范教育培养目标等方面具有重要的作用。

（一）教育实践在提高教育思想上的作用。

实践是人们认识客观世界的源泉。教育实践在提高和发展学生对教育工作的认识上，具有重要的作用。通过教育实践丰富了学生的感性认识，增强了对教育工作的体验，这不仅为其掌握专业知识和教育理论打下了感性基础，同时也有利于他们提高对教育的认识和责任感，巩固献身教育事业的专业思想。

教育实践是综合检验学生所学知识的过程。通过教育实践，可使学生对自己的学习作出正确的评价，发现学习的不足，从而调整自己的学习进程；同时在实践中进一步加深了对专业和教育理论知识的理解，更好地从科学性上、实践性上和整体性上去把握知识。

教育实践是学生创造性地运用知识的过程，使学生得到一次综合的、全面的实践锻炼，在实践中学习和提高。学会依照教育规律综合地、创造性地运用知识，提高从事教育与教学工作的能力与才智。

（二）教育实践在形成能力上的作用。

教育实践是使学生把知识转化为能力的关键。

能力，是人们有效地完成某种活动的必要条件和心理特征。能力总是同主体的实践活动联系在一起的。它是知识与经验在实践中的反映。正是通过人的实践活动，才可把主体的知识和经验转化为自身的能力，并在实践中得到发展。因此，能力与知识既有联系，又有区别，并不是掌握了知识就有了相应的能力。这有个转化过程，其中一个重要的关键就是实践。必须通过主体的实践，使之在运用知识的过程中形成自身的能力；而这种能力又反过来成为继续获取知识与经验的重要条件。这样，以实践为中介，知识、经验和能力相互增长与提高。

教育实践在使专业知识和教育理论转化为教育工作能力上具有重要的作用。作为一名教师要具备的能力很多，但基本上有两大方面：即正确处理教材、顺利进行教学的能力和正确对待学生、全面进行育人的能力。但这都离不开他自身的教育实践。

1. 教育实践可以形成师范生对教材和各种教育影响因素进行加工的能力。师范生所掌握的知识和道德规范等，一般还处于一种理论形式的储存状态。如何使这些知识和道德要求成为可输出的状态，便于未来的学生接受，这就需要进行加工，要具有备课的能力、教育的计划与组织能力。这要在教育实践中去学习。

2. 教育实践可以形成师范生教材和教育影响的传导能力，即可形成组织教学和教育工作的能力。这是师范生业务能力的集中表现。作为一个未来的教师,掌握了专业知识和教育理论,只是完成了学习任务的一半。关键是如何使这些知识和影响能够有效地进行传导,转化为教育对象的知识和品质,这还得要能够使备课的成果和教育的计划措施付诸实施。这就需要具有传导能力,全面、灵活地运用教育理论进行教学、教育的工作能力。这种能力也只有在教育实践中去锻炼和形成,也就是通过教育实践去完成师范生那另一半的学习任务。

3. 教育实践可以增长师范生的教育机智,有效地处理教育与教学上的一些偶发事件和疑难问题,形成他们对教育、教学的组织和管理能力。教育机智是在教育实践中表现出来的一种机敏性,表现为不固守成规,能从实际出发,因势利导,取得成效。这种能力,反映着一种经验,一种对教育规律的理解与掌握,一种教育与教学的艺术。它主要是从实践中获取的。教育实践为形成师范生的教育机智打下个初步基础。这种教育机智还需要在以后的长期教育实践过程中逐渐形成,不断提高。

在师范生应形成的能力结构上还有语言表达能力、实验与操作能力、科研能力以及情绪上的自我控制能力等等。而这些能力的形成,也都离不开教育实践活动。

(三) 教育实践在发展个性上的作用。

所谓个性,是指具有一定倾向性的各种心理品质的总和,包括能力、气质、性格,反映在动机、需要、兴趣、态度、情感、世界观等方面。一个未来教师的个性品质,主要是指他的精神面貌的个人倾向性。它是在实践活动中形成的,又是在实践活动中表现出来的。

教育实践是根据一定培养目标对师范生进行专业训练的重要手段。在教育实践中学生们得到了锻炼,同时也结合了每个人的特点,培养了他们的独特的个性品质。教育工作是一项艰巨的、神圣的工作,在教育实践中,能锻炼他们的对待工作的认真负责的态度,独立思考和处理问题的能力,热爱学生的情感,以及坚持性、意志力和创新精神等。

培养人的工作是示范性很强的工作。学生向师性的特点决定了作为教师必须严于律己，以身作则，为人师表。师范生在教育实习中，是处在一个教育者的地位，他们的言谈举止、待人接物、仪表作风、思想倾向等等，都处在学生的模仿、学习和监督之下。这种角色的变化，使师范生在实践中有了新的体验，能更加严格要求自己，形成教师应具备的道德风貌与个性品质。

第二节 教育实践的任务与内容

在师范学校中，教育实践的形式有教育实习、教育见习、教育调查等不同的形式，它们各有自己的任务与内容。其中主要的形式是教育实习。

一 教育实习

（一）教育实习的涵义。

教育实习，是各级各类师范学校高年级学生到实习学校进行教育、教学专业训练的一种教育实践形式，是师范生必修的课程。按教学计划，师范生在毕业之前，必须在教师指导下，到中小学直接参加一段教学与思想教育工作的实践，运用已学过的知识，获得初步的教育、教学能力与体验，为未来的工作奠定基础。

教育实习是师范教育政策的一部分，是师范教育规律的反映。它对师范生的成长和最终成为一名合格教师，具有重要意义。

（二）教育实习的任务。

在国家关于师范教育政策和教育实习大纲中，对教育实习的目的、任务有明确的规定。提出教育实习的目的在于通过系统的专业训练和实践，使师范生在政治思想上、业务能力上得到全面锻炼，从而更加热爱教育事业，比较熟练地掌握教育、教学技能，具有初步独立从事中小学教育工作的能力。其具体要求是：

1. 通过教育实习，使师范生在实践中接受职业道德的教育和训练，体验和感受教师职业的光荣感和责任感，自觉加强师德修养，培养和巩固献身于教育事业的专业思想。

2. 通过教育实习，使师范生加深理解和综合运用所学得的文化科学知识、专业知识和教育理论及其技能，提高对基础教育的认识，树立正确的教育思想，初步掌握科学的教育、教学方法。

3. 通过教育实习，培养师范生初步独立工作的能力，在指导老师的帮助下，基本上能按照教育、教学的理论要求上好各科实习课，学会做班主任工作，学会指导团、队和课外活动。

（三）教育实习的内容。

教育实习的内容基本分两大方面：即教学工作实习和班主任工作的实习。

1. 教学工作实习。

教学工作是教育实习的重要内容，主要是课堂教学的实习，以及围绕课堂教学，做好备课、辅导、作业检查与批改等工作。其中备课与上课是教学实习的两个重要环节，必须加强指导。

（1）关于备课。

备课是上好课的前提。实习生通过备课，可以把教材的知识转化成为自己的知识；把教学大纲的要求转化为自己的指导思想；把教学原则、教学方法转化成自己潜在的能力；可以使实习生满怀信心地走上讲台，保证上课的质量。

在备课过程中，首先，应注意指导实习生钻研教材和教学大纲，掌握教材的基本内容、基本概念、原理与逻辑体系，把握其科学性与思想性，了解所要讲的部分在某单元教材中的地位、作用和基本要求，重点、难点是什么，应抓住什么关键问题进行讲述等等。这些都需要明确，达到融会贯通，然后才能得心应手地去进行教学。一定要注意实习生只重视教材的掌握，而不重视研究教学大纲的倾向。教学大纲规定了教学内容的基本范畴，指明掌握教材和进行教学的基本要求与指导思想。培养学生学会以大纲作为依据的观念，切实执行教学大纲，防止脱离大纲另搞一套，造成教学上的盲目性和随意性。其次，应注意指导实习生了解学生，掌握这个实习班学生的基本情况，包括学习态度、知识水平、学习能力、兴趣特长、个性特点等，以便使教学做到有的放矢，因材施教，密切联系学生的实际。这是教学成功的保证。切忌备课中的单纯任务观点，只重掌握教材，而忽视学生的实际，这样，在教学上必然会造成只管教，不管学，或形成照本宣科、形式主义的现象。课是上完了，却并没有实际成效，没有真正完成教学的实习任务。第三，要帮助实习生正确地选择教学方法，确定上课的类型，要使实习生学会根据教学目的、教材特点和学生的实际情况，选择好教学方法，确定恰当的课的类型，以更好地完成教学任务。这也要注意实习生轻视教学方法的倾向。有些实习生认为上课就是"讲授"，不会全面而灵活地运用某些教学方法，调动不起学生的积极性，形成注入式教学，因而也培养不了自己的教学能力。

备课的最终成果是写出切实可行的课时计划。课时计划也称教案，是上课的依据。要教会实习生如何写教案。这不仅是完成实习任务的需要，也是他们未来工作的需要。实习生初写教案时的一个共同的毛病，是教学目的任务不明确，以致不懂如何组织这一堂课，因此抓不住核心，重点不突出，逻辑体系不强，办法不多。必须要求实习生把备课的结果，简要地反映在教案上。教案有一定格式，基本内容包括：课题、教学、目的、重点与难点的简单分析、上课的类型与方法、教具的准备与使用、教学内容体系要点、板书设计，以及提问与作业的问题序列等。写好教案后，要经指导教师审定，再经适当的预讲与指导，使教案逐步完善并为实习生所掌握，方可上讲台。

预讲，也称试讲，是备课的最后一个环节，是上课前的一次演习，能及时发现问题，及时纠正和改进。预讲时要和正式上课一样进行要求。预讲的形式有模拟式预讲、自由式预讲和个人练习式预讲。其中模拟式预讲是教育实习必经的程序。模拟式预讲是一次正式上课演习。由指导教师和全体实习生参加听课，权作学生，实习生上课完全和正式上课一样，进行组织教学，完成教案中的讲、练、问、答，一切都依计划而行。课后经评议和指导教师的指导，作好最后的准备。这种预讲，可使实习生初步体验课堂气氛，得到锻炼，有助于克服他们初上讲台的怯场、慌乱的现象；可使他们学会组织"师生"的双边活动，实践教学方法的运用，可全面检查教案的效果、问题，便于修订完善。

自由式预讲，即不一定按上课的标准程序进行，不拘形式，但求实效。

可根据实习生的薄弱环节,重点进行练习,以提高其某个单项或环节的教学效果。个人自我练习式的预讲,一般在模拟式和自由式预讲之后进行,是上课前的自我练习,做到心中有数。

(2) 关于上课。

上课,是整个教学实习的中心工作,是实习生的"实战"过程,是他们走向生活的第一步,是教育实践的第一次尝试。上好第一堂课对实习生来说至关重要。这关系到他们对未来工作的信心与决心,必须予以高度重视和加强指导,在预讲的基础上,使他们进一步明确上好一堂课的标准与基本要求。

在上课的实习过程中,要密切注意是否较好地完成教学任务;科学性与思想性是否做到有机结合,有无思想观点或科学上的错误;系统性如何,教学组织得是否紧凑;方法运用得如何,教具使用是否得当,有没有启发性,学生的积极性是否调动起来了;以及板书是否规范,语言是否精确、生动,对临时出现的问题是否进行了较好的处理;等等。指导教师对这些方面都要进行仔细观察、聆听,做好记录,以便课后的指导、小结和讲评。

讲评,是课后在小结的基础上进行的对教学过程的回顾与评价。讲评的根据是实习生的教案及其执行情况。一般是教完一课评议一次。对教同一内容的实习生,也可联合进行评议。评议会由原任课教师主持,先由实习生作自我分析,然后大家评议,最后由原任教师进行小结,作总结性讲评。双方指导教师根据评议结果,写出评议意见,并评定成绩。

讲评是对实习生教学的总的评价,要做到注意全面评定,优点讲够,缺点讲透,以鼓励为主,并对优缺点都尽量作出理论上的分析,使实习生对自己有正确的评价,明确前进的方向。讲评要注意实事求是,从效果上多作分析,使实习生在思想上得到提高,能更好地做到理论联系实际。讲评还要注意灵活性并鼓励创新精神。教案是教学实习的依据,也是讲评的依据,但教案并不是不可更动的刻板的公式。如果实习生在教学过程中,根据课堂上的新情况、新问题,能够正确地调整教学内容,改变教学方式,使问题得到较好的解决,这应当给予充分的肯定和鼓励。"教学有法,而教无定法",实习生能灵活地掌握教学过程,并取得成效,这是实习生创造性地运用教学规律的表现，应引起我们的重视。当然，也必须注意，创新并不意味着可以不要教案，从而形成教学的随意性。要防止教学上无计划和即兴发挥的现象。

在教学实习上，除备课、上课之外，还有其他一些环节，也是实习的内容，如辅导、批改作业、课外活动等，这是课堂教学实习的延续与补充，也必须认真指导，以提高实习生的全面的教学工作的能力。

2. 班主任工作实习。

班主任工作实习是教育实习的又一重要内容，是培养师范生进行思想品德教育工作能力的重要途径。教师的根本任务是"教书育人"，作为即将走向教师岗位的实习生来说，不仅要学会如何搞好教学工作，而且还要学会怎样培育人才，学会做好班主任工作。

班主任是学校基层教学班的领导者、组织者和教育者。他对这个班学生的成长全面负责。他不仅要抓好这个班学生的学习，而且要对他们的全面发展，进行各种工作。他主要的任务是做好学生的思想品德教育工作。为此，他要同科任教师取得联系，同家长与社会教育机关取得联系，并以培养一个健全的班集体为主要目标，使全班学生都围绕着建立这样一个良好的集体而受到教育，为实现学校的培养目标和教育任务做出贡献。班主任工作是学校教育工作的一个重要方面，师范院校的学生必须具备从事班主任工作的能力。

实习班主任工作，首先，要使实习生对所深入的班级做好了解工作，掌握这个班的基本情况。了解情况是做好班主任工作的前提条件。这主要通过原班主任进行了解；也可以通过在这个班的教学实习、同学生接触、谈话、一起活动等进行了解；必要时也可访问有关教师，查阅该班的文字资料，作深入的了解。其次，要根据了解的情况，指导实习生写出实习工作计划。计划要针对班上的主要问题，提出解决的方案。因为实习的时间较短，不可能要求在这短短的时间内解决好某些重要问题，但起码要试图在某些方面有所进展，做出些成绩，切不可使计划流于形式。第三，要组织好一次主题班会。这是实习班主任工作计划的中心任务。主题班会是对学生进行教育的有效形式。组织主题班会要根据教育任务和班上的具体情况确定好主题，明确要解决的问题，采取生动活泼的活动形式，从准备到开展活动，争取让尽可能多的学生参与，使准备和活动本身都成为教育学生的过程。形式应多样化，但要符合学生的年龄特点，富有教育意义。要让实习生明确，不论采取什么样的形式，那只是一种教育的手段，重要的是通过这种形式达到主题所要求的目的。要防止只满足于轰轰烈烈、热热闹闹，而主题不突出、教育效果不明显的倾向。为此，要帮助实习生做好计划，认真执行。

实习班主任工作要注意的问题：第一，要尊重原班主任，不论是制订计划或开展活动，都要征询原班主任的意见。这些活动应是原班主任工作计划中的一部分，不可打乱他原有的部署。第二，要广泛深入地接触学生，同他们交朋友，以便了解班上的情况和调动学生的积极性。但要注意分寸，既要成为他们的知心朋友，又要保持实习教师的身份。第三，要注意依靠班干部，充分发挥他们的骨干作用。要使班干部了解实习计划，并担当起执行计划的责任来。对他们的工作要支持、放手，同时也要随时进行帮助与指导。要像原班主任那样，依靠班干部，组织好班集体，以完成自己的实习任务。第四，要做好总结工作，从教育理论的高度，分析成功的经验和存在的问题，使实习生在教育理论上和实践能力上都能得到提高。

教学工作和班主任工作，是教育实习的重点内容。除此，根据需要和实习学校的条件，还可从事一些其他的实习工作，如协助实习学校总结教育、教学的经验，为原班主任当好助手，或帮助处理一些行政事务和管理工作等等，使实习生得到更多方面的锻炼。

二 教育见习

教育见习，是指师范生在教师指导下，对于中小学的教育、教学和日常工作，以及学校环境、教学设备等所进行的一种观察、了解与分析的活动。它也是各师范院校教育实践的重要方面，是教学计划的有机组成部分。见习一般不参加教育实际工作，以看和听为主，目的在于扩大学生的眼界，丰富感性认识，加深对教育理论的理解，增强教育意识，提高热爱教育事业和教育工作的思想感情和学习的动力。

教育见习，从形式上分，有集中见习和分散见习；从内容上分，有观摩教学的见习、观摩班主任工作的见习、观摩学生活动的见习等。列入教学计划的，一般是集中的观摩教学的见习活动。

集中见习，是按计划集中一定时间所组织的见习活动。如结合教育学课教学论部分的学习，组织学生到中小学听课；结合学科教学法或小学教材教法的学习，集中一段时间到中小学观察教学工作。在学生毕业前的教育实习中，也有一个见习的阶段，集中一定时间在实习学校进行参观、座谈、听课、看学生活动等，了解实习学校和实习班的情况，为实地进行实习作准备。有的中师在新生入学后（一年级），用一周的时间进行"一日一校"的集中见习活动，使这些刚从初中毕业的学生，初步熟悉一下教育的情况。集中见习主要以看为主。

分散见习，是把教育见习活动分散在各个年级进行，时间不等，形式各异，或以看为主，或看干结合。有的高师联系附近的中学或师范学校，组织学生定时、定点进行观察或参与一些活动和工作，或听一些教师的课，使学生能经常地了解实际情况并受到启发与教育。也有的中师规定二年级的学生在掌握了一定的教育专业知识的基础上，利用一个学期进行每周半日的分散见习，到小学去听课、观察、协助教师和校方做些辅助性工作，使学生接触实际并得到锻炼。他们的做法有几种模式：①全年级在附近一所小学进行见习，由教育学课教师负责；②以每个班为单位，到附近若干所小学见习，一班一校，由班主任负责；③自愿结合，按居住地点分成小组，到家庭附近的小学或母校进行见习；④通过区教育局小教科，由学校附近的一个中心学区承担见习任务，一班两校。这些模式各有特点和利弊，他们以一班一校模式为主，辅以其他形式的见习。[①]

三 教育调查

教育调查，是进行教育科学研究的一种方法。它不限于直接感知观察对

---

① 北京三师编：《论文·经验选编》（内部资料），1990年9月印。

象，也要通过其他有关材料，间接地了解所要研究的问题。它带有研究性质，是一种高层次的教育实践活动。而师范生的教育调查，与科研工作者的教育调查不同。它是一种教育的方法，目的在于扩大学生眼界，增进师范生对教育实际的了解，提高对教育的认识，从而受到教育。通过教育调查可使他们更具体地了解到党的教育方针、政策在学校的贯彻情况；了解到什么是全面发展教育，怎样培养全面发展的合格人才；了解到学生的学习与生活情况，当代学生的特点是什么；了解到教育工作的艰巨与复杂等等。这样，教育理论再也不是一些抽象的概念，而有了丰富的实际内容。这对他们的学习与未来的工作，都具有重要的意义。

教育调查的内容与范围，要根据师范学校教育实践的任务和现实条件来确定。教育调查一般有三种方式：①结合教育见习进行。教育见习本身就具有教育调查的性质，观察、了解教育与教学的情况。②结合教育实习进行。实习生进入实习学校，先要有个调查了解的阶段，在掌握情况的基础上才能制定出切实可行的实习计划。③结合社会调查进行。社会调查是一个更为广泛意义的实践活动。它是对学生进行德育的途径之一。学生通过社会调查实践，深入到工厂、农村、部队、企业、学校等，了解工农兵，了解国情，了解现代化建设和改革开放政策，了解国家的大好形势；提高对社会、对市场经济体制、对党的方针政策的认识，明确自己的责任和任务，从而使学生受到生动、具体的教育。这种社会调查之中，就包括了教育调查。在师范院校，社会调查也已成为教育计划的重要组成部分，在学生学习期间，必须对社会调查作出安排。有的师范院校把社会调查用来进行教育调查，使学生既受到社会实践的教育，又使得学生把教育理论与实际结合起来。

当然，师范院校的教育调查，也并不完全局限于考察、了解，只是作为一种教育方法；而在一定程度上，也带有一些科研方法的性质。调查与研究是密切联系着的。师范生的教育调查，也总要进行一些分析研究，才能有所收获和受到教育。特别是高等师范学校的本科生和研究生在撰写毕业论文的过程中所进行的教育调查则更多的是一种科学研究的方式。所以不能把教育调查的教育意义与科研意义对立起来。

教育调查的方式多种多样，主要有：①查阅书面资料。如学校工作计划、工作报告、各种报表、会议记录、规章制度、教学总结乃至试卷、成绩表等。这可以不受时间、地点的限制，便于随时了解情况。②开调查会。这是针对某个问题或情况进行专门了解的方法，可以得到较为广泛的信息和意见，便于深入研究。③谈话。找有关人员谈，或找当事人谈；或了解面上的情况，或了解某个具体问题。④观察性教育调查。包括一般观察和情景观察、时间观察、发展趋势观察。⑤考查性教育调查。包括临时测验、书面作业、填写问卷等。这些方式可根据需要单独运用或结合运用。

师范学校的教育实践内容，主要是上述三方面。另外还有一些实践活动，如师范生的勤工俭学活动、学习期间的校内兼职工作（有报酬或无报酬的兼任辅导员、团总支书记、教学管理工作等），以及师范生的自谋课余职业（家庭教师、教育咨询、代课教师）等。这虽是少数人之间的教育实践活动，对学生具有一定的锻炼意义，但也必须要加强引导和组织，以免影响了师范生主要的学习任务。

第三节 教育实践的组织与管理

一 教育实践组织管理的意义

任何实践活动或工作，都需要进行组织与管理。这是使活动或工作得以正常运行的必要条件。教育实践也需要进行组织与管理，以保证其效果和教育目标的实现。教育实践的组织与管理的意义在于：

（一）组织管理可以充分发挥教育实践的运行机制。

教育实践在进行中会产生各种因素之间的种种关系。这些关系就是实践中的矛盾，处理不好，就会影响活动的正常进行。它们有师范院校与地方教育行政部门的关系、师范院校与实习学校的关系、实习生与指导教师的关系，以及实习生之间的关系等。调整好这些关系，以充分发挥各个方面的积极性，就需要加强组织与管理，要有一个严密的管理体系与组织机构。

（二）组织管理可以提供物质条件的保障。

教育实践的开展需要一定的人力、物力和财力。它覆盖面大、战线长，需要一定的人力和物力支持，特别是在市场经济的影响下，办什么事都要讲究其实际价值，也要有一定的财力保证。在教育经费有限的情况下，如何安排好人、财、物，以保证教育实践的开展，就需要统筹规划，科学管理。

（三）组织管理可以保证教育实践目标的实现。

教育实践的目的在于提高教育质量，培养合格的教师。一切组织工作都必须遵照师范院校的培养目标，根据培养目标制订计划，提出要求并统一解决实践过程中的各种问题，这也需要统一领导和加强管理。

二 如何组织教育实习

教育实践的核心内容是教育实习。教育实习带有综合性教育实践的性质。组织好教育实习是搞好教育实践的关键。关于教育实习的组织与管理有以下几个方面的工作：

（一）建立教育实习管理系统与机构。

建立教育实习的管理系统与机构，要遵循一个重要的原则，即在民主管理的基础上，集中统一，加强领导。

师范院校教育实习管理系统，最高领导层次是教育实习委员会或领导小组，在校长领导下，全面负责教育实习的领导工作。下设实习办公室负责组织实习的具体工作，并指导有实习任务各系科的实习和有关部门的协调工作。

各系科设实习领导小组，负责本系科的实习领导，进行安排、联系与组织工作。它根据实习计划同有关实习地区的教育行政部门、实习学校直接取得联系。共同搞好实习工作，并深入到各实习班组进行指导，解决一些有关的问题。

地区实习队和各实习学校领导小组，是进行实习的基层组织，负责实习工作计划的具体实施。它由实习指导教师、实习学校有关教师和实习生代表组成，设负责人对实习班组进行管理。它直接关系到实习工作的质量。

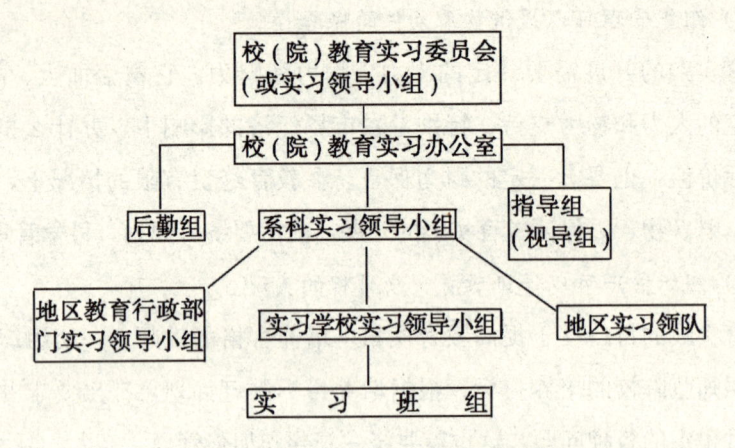

```
         ┌─────────────────────┐
         │校(院)教育实习委员会  │
         │(或实习领导小组)     │
         └──────────┬──────────┘
                    │
         ┌──────────┴──────────┐
         │校(院)教育实习办公室 │
         └──────────┬──────────┘
    ┌───────────────┼───────────────┐
┌───┴───┐   ┌───────┴────────┐   ┌──┴────┐
│后勤组 │   │系科实习领导小组│   │指导组 │
└───────┘   └───────┬────────┘   │(视导组)│
                    │            └───────┘
┌──────────────┐    │    ┌──────────┐
│地区教育行政部│    │    │地区实习领队│
│门实习领导小组│    │    └──────────┘
└──────────────┘    │
         ┌──────────┴──────────┐
         │实习学校实习领导小组 │
         └──────────┬──────────┘
                    │
              ┌─────┴─────┐
              │实 习 班 组│
              └───────────┘
```

高等师范学校教育实习管理系统参照图

（二）制订和健全教育实习计划和规章制度。

实习计划和规章制度是实习工作有序进行的保证。在制订统一实习计划的基础上，要建立和健全实习规章制度。这些规章制度，在实习前要组织实习生认真学习，在实习中作为他们行为的规范。

实习的规章制度要反映培养目标的要求和实习计划精神，同时也要注意实习生的特点，符合实习学校的实际。制订时要发扬民主，走群众路线，为群众所认同，把制订过程变为教育与提高实习生的过程，使之有坚实的群众基础。同时要明确，制订实习规章制度不是目的，而是教育与管理的手段，以保证实习目的、任务的完成。

《实习生守则》是实习工作重要的规章制度，是对实习生的一种要求。它一般包括：①明确目的，端正态度，严肃认真地完成各项实习任务；②服从领导，遵守各种规定与要求；③尊重双方指导教师，虚心接受他们的指导；④热爱学生，深入学生实际，按计划和教育理论的要求进行教学和班级教育工作的实习；⑤按时参加有关的实习活动，不早退，不迟到，不随意请假或无故缺席，在活动中要认真听、记录和发表自己的意见；⑥实习生之间要互相关心，互相帮助，团结协作，共同完成实习任务，等等。

（三）进行实习的检查与指导。

实习管理系统的各部门，应各尽其责，协同工作，多到基层了解情况，进行检查与指导，帮助解决一些问题。

实习工作开展起来以后，会出现许多新的矛盾与问题需要解决。而这些问题有的单靠实习领队或班组是解决不了，就需要有关领导部门要有计划地进行巡视、检查和指导。特别是要抓紧业务指导，除指导教师外，实习指导组或视导组要切实负起责任来，把问题解决在实习活动之前。对共同性的问题，要通过适当的形式，引起各实习点的注意，并提出指导性的意见。

（四）组织实习总结与评定。

做好实习总结，并评定出实习生的实习成绩，是教育实习的一项重要工作。一般在个人小结的基础上，由实习班组进行讨论总结，然后逐级进行概括、总结，最后，校（院）实习办公室写出全校的教育实习总结报告。

实习总结，也是根据实习计划与实习情况所作出的最后的检查与评定。除了情况分析，评价优点与缺点，提出实习成果与改进意见外，在一些问题上，应尽可能地进行一些理论上的分析，把问题提到教育理论的高度来认识。这有利于真正地改进以后的实习工作。

实习总结要开总结大会，报告工作，表扬做出成绩的教师与学生，提出经验与分析。在这基础上或组织经验交流，或举办实习成果展览，或写出单项材料与文章等，以扩大影响，巩固成绩，以利再战。

结合总结要评定实习生的成绩。对教学工作实习与班级教育工作实习如何评定，各校也不完全一样。有的综合评，有的分开评。成绩等次也不尽相同，或用百分制，或用等级分制。比较多的采用两级评定：合格与不合格。评定成绩一般在个人小结、班组讨论的基础上，由双方指导教师协商进行。重要的是要写出评语，对各实习生的实习态度、实习内容、实习效果、实习纪律等方面，做出全面的评价，然后给予成绩评分。

三　教育实践实施中的几个问题

（一）教育实践与各专业教学的关系问题。

应该注意的一种倾向，是只重视专业教学，而轻视教育实践。组织师范生的教育实践，往往只是出自完成国家规定的一项任务，而未把它看成是专业教学的有机组成部分。

毫无疑问,学校工作必须要以教学为主,这是不以人们的意志为转移的客观规律,自然,学生也必须以学习为主;但这并不意味着教学或学习可以脱离实际,而只是进行课堂教学。无论是教或学,都必须理论联系实际,教学与实践结合,这才能教好,也才能学好。正是因为如此,国家才把教育见习、教育实习等列入师范专业的教学计划,成为法定的一项任务。

在组织与管理教育实践上,必须解决这一指导思想,即从教学与实践的本质联系上,来认识教育实践的重要性,克服单纯任务观点,切实把教育实践组织好,使学生真正能够学以致用,学用结合,得到应有的锻炼;切忌只求形式,不务实效,使教育实习走了过场。

(二)教育实践与教育课程的改革问题。

教育学是师范院校的一门公共必修课。它同其他教育课程一起,集中体现了师范教育的性质与任务。这一课程的教学情况,直接关系到师范学校培养目标的实现与办学方向。它是一门实践性很强的理论学科。而目前正是这门课程的教学,遇到了一些问题,特别是高等师范院校,近几年出现学生厌学、教师厌教的现象,学校领导批评教师教学质量不高,教师则怨学生专业思想不巩固等等,症结何在,说法不一。原因涉及诸多因素,需要综合分析,统一解决。但就其教学来说,一个重要的问题,就是理论脱离实际,要在理论联系实际,加强教育实践环节上多下功夫。

教育学是一门实践性很强的理论课程,只有在实践中,才能更好地体现出它的理论价值。而我们的教学,往往偏重于理论的讲述,多是从理论到理论,较少联系教育的实际情况,甚至讲教学的某些原则时,教师本身教学却并未体现这些原则要求,使课讲得过于抽象,难怪学生不爱学。这就需要加强教学的实践性,从全校来说,要重视教育实践的组织与实施。

教育实践活动,特别是教育实习,是教育理论的运用过程,是使学生加深理解教材并获得教育教学能力的过程,加强实践环节,是改革教育课程的关键。当然,这个问题不是任课教师个人所能解决的,需要学校领导予以关注,给任课教师以支持和帮助。这方面,有的学校已经积累了一些经验。有的结合教育学课,采取"请进来"、"走出去"的办法,使学生了解教育教学的实际情况;有的在讲授教育学时,组织学生定期、定点到中小学进行见习活动,熟悉学校情况;也有的加强了教育实习的组织与管理,提高实习质量等等。

(三)适当延长教育实习时间问题。

按国家教委规定,教育实习在学生毕业前集中一段时间进行,一般高师是8周,中师是9周(一年级1周,二年级2周,三年级6周)。从效果上看,中师要比高师搞得好一些,他们不仅有集中实习,而且还有平时的分散见习与实践活动,且领导比较重视,加强管理,形成制度。而高师主要抓的是这8周实习。在这个短短的时间内,除去动员、准备与总结、结束工作,中间只有6周左右在实习学校。而这6周之内,还有了解情况、见习、试讲、协助班级工作等,真正上课与班级工作的实践时间并不很多,往往每个实习生只讲2~3次课,组织一次班会活动,也就算完成了实习任务。这对学生实际锻炼的意义不大,难免流于形式,匆匆忙忙地走了过场。

面临的一个实际问题,是必须考虑适当延长教育实习的时间。在50年代,有的高师曾有半年或一年的教育实习制度,组织学生到实习学校代职工作,顶教师岗位进行实战性的实习,同在校教师一样要求,一样待遇,学校双方共同负责指导与管理。国外,也有的国家对非师范学校毕业的学生,规定还要再进行一年的教育课程的学习与培训,方可有从事教师工作的资格;而他们在任职时,还要经过一年的试用期,合格者才予录用。[①]这些都说明,教育实践在培养一个合格教师的重要意义,需要对师范生有较多的教育实践锻炼时间。

延长教育实习时间,也涉及许多问题,如学制要不要延长,教学计划要不要改变,学生毕业后的工龄计算、工资待遇等问题,都需要相应地考虑。而这些问题又不是师范院校所能完全解决的,还需要教育领导部门作出决断。

---

① 成有信编:《十国师范教育和教师》,人民教育出版社1990年版,第109页。

第十一章 师范学校的教育实践　283

（四）建立稳定的教育实习基地问题。

教育实践需要有一定的活动场所和实践基地。这是师范教育的任务与特点决定的。现代的师范教育从其产生的那时起，就明文规定师范学校要附设中学、小学或幼儿园，作为学生实习之用。在师范教育的发展过程中，师范院校除有自己的附属学校外，还同其他中小学建立了经常的联系，作为教育实践的基地，逐渐形成教育实习基地网络，这对培养合格的教师起了重大的作用。

现在，从全国来看，高师有自己的附属中学，中师有自己的附属小学，幼师或高师幼教专业也有自己的附属幼儿园；有的附校在名称上也改为实验中学、实验小学或实验幼儿园。除此，还有一个比较广泛的教育实习学校网。这在师范生教育实践上起了重要的作用。但是，近些年来，受到片面追求升学率思想的冲击和市场经济某些消极因素的影响，有些学校不愿意或不积极接待师范生的实践活动，使得附校的教育实践基地性质名存实亡，其他中小学，也由于经费问题、酬金问题，造成实践活动上的一些新的困难。现在，师范院校集中的教育实习，基本上能按计划进行，而经常性的教育实践，定时、定点的见习等，就很难继续组织。

这是一个值得注意的问题。师范教育需要有相对稳定的教育实践基地。要想尽办法恢复师范学校附属学校的基地性质，真正在实验教育理论和培养合格教师上发挥作用。

（五）建立常设的教育实践组织机构问题。

教育实践的组织机构，是师范生有计划地进行实践活动的保证。教育实践是师范学校一项长期的复杂的工作，需要有专门的机构和专门人员进行组织、管理与领导。50年代，高师都设有教育实习委员会，下有常设的实习办公室，负责经常性的教育实践的组织和定期集中的教育实习安排，使教育实践活动进行得有条不紊。而现在这个组织机构，多为临时组成，以解决一年一度的教育实习任务。实习过后，这个组织机构，也就随之解除。平时的分散的教育实践活动，多由系科负责，上边由校（院）长办公室代管，这也就削弱了对教育实践工作的领导，使得教育实践活动很少列入学校的教育工作议事日程。

要真正使教育实践发挥培养合格教师的实际效用，就必须重视它，加强领导，要有常设机构，有专人抓。如果这个问题解决得好，那些围绕教育实践而出现的某些矛盾和问题，乃至基地问题、经费问题、有效的组织管理问题等，都会得到较好的解决。

第十二章

师范学校的领导与管理

第一节 师范学校的领导体制

师范学校的领导体制指师范学校内部的领导制度。它主要规定了学校党、政、群三方面的地位、作用和职责权限。它对提高学校管理效率起很大作用。因此，研究建立合理、有效的学校领导体制，是搞好学校管理的关键问题。

一 师范学校领导体制的历史沿革

（一）高等师范院校领导体制的历史沿革。

40多年来，我国高等师范院校领导体制几经变革，大致经历了如下几个阶段。

1. 校（院）长负责制。

1950年4月，中央教育部指示："凡已由中央人民政府任命的高等学校一律实行校长负责制"。同年8月14日，中央教育部正式颁布了《高等学校暂行规程》，其中规定："大学及专门学院采取校（院）长负责制。"[1] 校（院）长的职责是：代表学校；领导学校一切教学、科研及行政事宜；领导全校师生员工的政治学习；任免教师、职员、工警；批准校务委员会的决议。党组织在政治上起核心作用，不直接和具体地领导行政工作。这种领导体制对于当时稳定学校秩序，发扬民主等，起到了积极作用，并取得了良好效果。但是这种领导体制存在着对行政领导缺乏必要的监督的弊病，因而在一些学校出现过对党组织不够尊重，对广大教职工的意见不够重视，校长个人说了算的命令主义现象。

2. 党委领导下的校（院）务委员会负责制。

1958年9月，中共中央、国务院在《关于教育工作的指示》中明确规定："一切学校应当受党委的领导。在一切高等学校中，应当实行党委领导下的校务委员会负责制。"[2] 校务委员会在校党委领导下贯彻执行党的路线、方针、政策。它是学校的行政权力机构，实行集体领导，由校长主持。学校工作中的重大问题由校长提交校务委员会讨论，作出决定，再由校长负责组织执行。这种领导体制强调了加强党对高等师范院校的领导，这是必要的、正确的。但由于一些错误思想的影响，把一部分知识分子不适当地当作资产阶级对待，使校务委员会有名无实，党委包办了学校的行政工作，削弱了行政领导，校（院）长的作用难以发挥，对高等教育事业的发展和教育质量的提高，产生了消极影响。

3. 党委领导下的以校（院）长为首的校（院）务委员会负责制。

1961年9月15日，教育部颁布了《教育部直属高等学校暂行工作条例（草案）》（即《高教六十条》）规定高等学校的领导制度是"党委领导下的以校长为首的校务委员会负责制"[3]，并规定"高等学校设立校务委员会，作

---

[1] 中央教育科学研究所：《中华人民共和国教育大事记1949～1982》，教育科学出版社1984年版，第25页。
[2] 同上书，第231页。
[3] 《中国教育年鉴1949～1981》，中国大百科全书出版社1984年版，第238页。

为学校行政工作的集体领导组织。学校工作中的重大问题，由校长提交校务委员会讨论，作出决定，由校长负责组织执行"。同时又规定"高等学校的党委会，是学校工作的领导核心，对学校工作实行统一领导"。实行这个体制后，党委包办过多的做法有所改变，重新明确了校长的作用，加强了教育、教学工作的领导，同时党支部也加强了学校的政治思想工作。这对恢复教学秩序，提高教学质量收到了好的效果，但原有错误影响并未得到彻底解决。

4. 一元化的"革命委员会"制。

1966年开始"文化大革命"，把原来的领导体制当作"修正主义"的"黑货"加以"砸烂"和取消。建立了党政合一的三结合的各级革命委员会，实行革委会一元化领导。这严重地损坏了党的领导，否定了校长存在的必要性，取消了合理的规章制度，使高等师范院校受到空前浩劫。

5. 党委领导下的校长分工负责制。

"文革"结束后，教育部于1978年重新修订了《高教六十条》（试行草案），其中规定"高等学校的领导体制，是党委领导下的校长分工负责制"。"党委会是学校工作的领导核心，对学校工作实行统一领导"，"学校的教学、科学研究、后勤工作中的重大问题，一定要经党委讨论作出决定后，由校长负责组织执行"，并强调"学校党委会要支持以校长为首的全校行政指挥系统行使职权，并监督检查他们的工作"[①]。这种体制，对教育战线的拨乱反正，克服混乱局面，使教育工作走上正常的轨道，起了积极的作用。但在实际工作中仍未能改变长期以来形成的党政不分，以党代政的格局，未能使行政系统形成强有力的独立工作体系。

6. 校长负责制试点。

1984年11月，中宣部和教育部在成都召开高校实行校长负责制试点工作座谈会。会议认为全面实行校长负责制的条件还不成熟，试点工作先在小范围内进行。北京师范大学是第一批试点的师范院校，1985年5月，《中共中央

[①] 上海市高等教育局研究室、华东师范大学合编：《中华人民共和国建国以来高等教育重要文献选编（上）》，第403，405页。

关于教育体制改革的决定》中明确规定:"学校逐步实行校长负责制"。① 各省(区),市和部委加快了高校校长负责制的试点步伐。以后一些师范院校也逐渐试行了校长负责制。

7. 党委领导下的校长负责制。

1989 年"六四"政治风波之后,国家教委在高校领导体制上总结了经验教训。在中共中央(1989)4 号文件中指出:在今后一个相当长的时期内,高等学校仍应实行党委领导下的校长负责制。并指出:"实践证明,实行党委领导下的校长负责制,有利于学校保证社会主义方向和全面实现培养目标,比较符合高等学校的实际。"1990 年 7 月,中共中央(1990)12 号文件再次明确:"高等学校实行党委领导下的校长负责制。"确定不再扩大校长负责制的试点,已经试点而收效较好的,可以继续试验。12 号文件明确规定:"在这些学校,党委要发挥政治核心作用,坚持党管干部的原则,全面领导学校的思想政治工作,参与对教学、科研和行政管理工作重大问题的决策。"这一领导体制延续至今。

(二)中等师范学校领导体制的历史沿革。

1. 校务委员会制。

解放初期,中等师范学校一般实行校务委员会制,由进步的教职员代表组成。这种体制对于旧学校的改造,贯彻人民政府的政策法令,稳定学校秩序,起了积极的作用。但这种体制容易产生极端民主和工作无人负责的现象。

2. 校长责任制。

1952 年 7 月,经政务院批准,由中央教育部颁布《师范学校暂行规程(草案)》中规定:"师范学校采用校长责任制,设校长一人,负责领导全校工作。"② 校长由政府任命。学校一切问题,校长有最后决定权。

3. 党支部领导下的校长负责制。

1957 年整风反"右"后,对校长责任制进行了全盘否定。1958 年 9 月,

---

① 《教育改革重要文献选编》,人民教育出版社 1988 年版,第 27 页。
② 李友芝等编:《中国近现代师范教育史资料》(内部交流),第 927 页。

中共中央、国务院《关于教育工作的指示》中规定："一切中等学校和初等学校，也应该放在党委的领导之下。"[1]

4. 当地党委和主管教育行政部门领导下的校长负责制。

60年代初，中央教育部总结了建国以来的经验教训，于1963年3月，颁布了《全日制中学暂行工作条例（草案）》，规定"校长是学校行政负责人，在当地党委和主管的教育行政部门领导下，负责领导学校工作，学校党支部对学校行政工作负有保证和监督的责任"。[2] 这也适用于中师。

5. "革命委员会"制。

在"文革"期间，中等师范学校的领导体制同高等师范院校的领导体制一样，成立了"革命委员会"负责领导学校。

6. 党支部领导下的校长分工负责制。

1978年全国教育工作会议之后，中央教育部重新颁发《全日制中学暂行工作条例（草案）》，规定中师实行"党支部领导下的校长分工负责制"[3]。

7. 校长负责制。

在1985年《中共中央关于教育体制改革决定》中规定，"学校逐步实行校长负责制"[4]。这之后，中等师范学校也逐步实行了这一体制。

建国四十多年来几种学校领导体制的实践，使我们从正反两方面获得了有益的经验教训，为改革和完善师范院校的领导体制奠定了基础。

二　改革和完善师范学校领导体制的依据

改革和完善师范院校的领导体制，必须坚持四项基本原则，遵循师范教育的规律和体现师范学校的特点，并在认真总结我国师范学校领导体制变迁的经验教训和借鉴国外的先进经验与近代管理理论的基础上进行。为此在改

---

[1]　《中华人民共和国教育大事记1949~1982》，第231页。
[2]　同上书，第329页。
[3]　同上书，第528页。
[4]　《教育改革重要文献选编》，人民教育出版社1988年版，第27页。

革和完善师范学校领导体制时,必须考虑以下几点。

(一)要有利于坚持党的领导,改善党的领导。

1. 坚持党的领导。

邓小平同志指出:"四个坚持的核心,是坚持党的领导。"[①] 这是因为,中国共产党是领导我国社会主义事业的核心力量。小平同志又说:"中国的社会主义现代化建设事业由共产党领导,这个原则是不能动摇的;动摇了,中国就要倒退到分裂和混乱,就不可能实现现代化。"[②] 特别是师范院校担负着培养教师的任务,必须坚持党的领导。

首先,只有加强党的领导,才能保证师范学校按照国家规定的培养目标培养合格的教师。我国师范院校培养出的学生要求是德、才兼备,要达到这个培养目标,就必须在努力提高教学质量和科研水平的同时,十分重视和加强师范学校的思想政治工作。而要做到这一点,单纯依靠行政力量是不够的,因此必须坚持党对师范学校的领导。

其次,只有坚持党的领导,才能调动院校内各方面的力量,办好社会主义师范学校。在师范学校里,除了行政以外,还有共青团、工会、学生会和其他群众团体。这些群众团体都是办好师范学校不可忽视的重要力量。只有在党的统一领导下,才能把这些群众组织的作用充分发挥出来,形成一个有机整体,才能使学校各方面的工作取得良好的效果。

2. 改善党的领导。

坚持党的领导,必须改善党的领导。多年来,我们对党的领导这个概念存在笼统的、不很确切的理解,以为学校党组织领导一切,什么都管,就体现了党的领导。这种观念已不适应教育体制改革的要求。要想建立一个好的领导体制,必须正确理解党的领导和在师范学校如何体现党的领导。

首先,要明确党的领导的内容。党的十四大制定的新党章指出:"党的领导主要是政治、思想和组织的领导。"即通过党制定的路线、方针、政策保证

---

① 邓小平:《目前的形势和任务》,《教育改革重要文献选编》,第244页。
② 同上书,第246页。

党的政治路线的实现；加强以社会主义思想为核心的思想建设，教育和引导群众坚持四项基本原则；坚持党的干部路线，加强干部队伍的建设和党员的管理教育。

在师范学校，党委（党支部）最重要的任务是贯彻执行党和国家的各项政策，做好教职员工的思想政治工作，做好党的组织建设和思想建设，而不是去具体地管理和指挥教学和科研工作。当然党委（党支部）工作的重点也应转移到以教学、科研为中心上来，但这主要是通过政治、思想和组织的领导，保证教学、科研工作的方针、政策得到顺利贯彻和有一个正确的方向。加强党委（党支部）的政治领导和监督保证作用，发挥党员的先锋模范作用，这些都体现了党对师范学校的领导。

其次，要明确党组织的性质。党是工人阶级的先锋队组织，不是行政组织，也不是生产组织，党领导这些组织，但不能代替这些组织。

在师范学校，无论是教学、科研或后勤等方面，每天都有千头万绪的行政事务和具体问题需要处理和解决，而这些事务和问题又有着各自的特殊性和时常变化的特性，党委（党支部）不可能，也没有必要对每项具体工作都去直接地、具体地进行领导。这不仅因为党没有力量把这么多工作都包下来，而且更因为党委如果整天陷于这些具体行政事务的话，就势必无法发挥自己应有的领导作用，从而削弱党的领导作用。

再次，要明确党的领导方法。党的十二大报告明确指出："党不是向群众发号施令的权力组织，也不是行政组织和生产组织。"所以对非党组织的群众应采用说服教育的方法，说服群众自愿按党的路线、方针、政策行事，而不要采用行政强制的方法。

在师范学校，党对群众的领导要通过党员的模范行动体现。通过党员带领群众，从政治上、思想上影响教育广大群众，提高他们的共产主义觉悟，从而把党的方针政策变为广大群众的行动。因此，学校党委（党支部）应该用主要力量抓好党员的教育，发挥党员的先锋模范作用。如果党委（党支部）不抓党的教育，而是包揽行政工作，就是放弃了自己的主要职责，削弱了党的领导。

综上所述，党政分工是加强和改善师范院校党的领导的关键。只有实行党政分工，才能使党委（党支部）从包揽学校行政事务的状况中解脱出来，集中精力去考虑学校工作中的关键问题（比如学校的长远发展规划、学校的办学方向等问题）；集中精力抓好党的自身建设；切实加强群众的思想政治工作。这样才能更好地发挥党委（党支部）的战斗堡垒作用，更好地履行自己的政治核心作用的职能。

（二）要有利于充分发挥校（院）长和行政组织的职能作用。

教学、科研（高师）是师范学校的主要任务，它们必须通过以校长为首的行政指挥系统去组织实施。因此，师范学校的领导体制必须有利于发挥校（院）长的作用，有利于发挥行政系统的作用。校（院）长应有权决定和处理日常行政工作，能根据有关规定审批学校经费开支，管理学校基金，决定有关师生员工的生活福利，根据干部管理规定决定一些干部任免、教师调动和使用。要大力加强各级行政班子和职能机构的建设，建立和完善以校长为首的、畅通的、强有力的行政指挥系统。该系统中各级行政干部都要有职、有权、有责，使系统中的各组织机构有效地运转，从而提高管理效能，达成管理目标。

（三）要有利于民主管理。

发扬社会主义民主是我国政治生活的一个重要特点，是社会主义建设的发展和新技术革命的需要。如果不实行民主管理，不增强群众的主人翁责任感，不发挥群众对领导者的监督作用，那么学校工作就无群众基础，长此下去便会脱离群众。因此师范院校必须贯彻民主集中制这个基本原则，在管理工作中贯彻群众路线。为此首先要建立健全教职工代表大会制。其次要充分发挥校务委员会、学术委员会和学生会的作用。学校在讨论有关问题时，要充分听取他们的意见和建议。

三　我国现行的师范学校领导体制的内涵

（一）领导体制的基本形式——委员会制和一长制。

领导体制，按最高决策层的人数分为两种基本形式，即委员会制和一长制。一长制是指行政机关的决策权力集中在一位首长身上,就学校来说,也就是校长负责制,由校长个人决策;委员会制则是指决策权力集中在一个集体,例如由党委会集体决策。总之,两种领导体制的根本区别在于决策体制不同。

从决策体制来说,一长制和委员会制各有利弊。一长制的优点是:权力集中,责任明确,行动迅速,效率较高。缺点是一个人的知识、智慧、才能毕竟有限,考虑问题难免不周。委员会制的优点是:能集思广益,有利于使决策充分反映各方面的意见,避免可能产生决策失误和个人独断专行。缺点是由于权力分散,往往决定问题行动迟缓,效率较低,而且常常责任不明,难以考核。因此,两种领导体制并无绝对优劣之分,关键在于针对具体情况,择善而从。一般说来,对行政性的、执行性的、技术性的、事务性的一类事务,宜用一长制,需要迅速、果断决策,并有专人负责;对于方针政策性的、立法性的、学术性的、协调性的事务,宜用委员会制,慎重处理。

高等师范院校的工作不仅需要尽快作出决策的、行政性的、执行性的、技术性的工作,而且还有大量涉及方针政策性的、学术性的、协调性的工作。因此高等师范院校的领导体制最好将委员会制和一长制结合起来,做到既集中集体智慧,又使校长能够充分行使学校行政负责人的职权。现行的党委领导下的校长负责制,就体现了委员会制和一长制的结合。中等师范学校的工作大都属于行政性的、执行性的、事务性的,宜采用一长制,即校长负责制。

(二)现行高等师范院校领导体制——党委领导下校长负责制的内涵。

党委领导下的校长负责制,其内涵包括:党委是学校的政治领导核心,校长在党委领导下管理学校,对学校行政工作全面负责,教职工代表大会是民主管理和民主监督的主要形式,三者互相促进、互相制约,缺一不可。

1. 党委领导。

中共中央(1990)12号文件《中共中央加强高等学校党的建设的通知》中对实行党委领导下的校长负责制这一体制中党委的任务做了明确的规定。党委的主要任务是:贯彻执行党的路线、方针、政策,坚持社会主义办学方向;加强党的思想、组织、作风建设,发挥党支部的战斗堡垒作用和党员的先锋模范作用；领导学校的思想政治工作；坚持党管干部的原则；参与研究学校建设和改革，以及教学、科研和行政管理工作的指导思想及其重大问题；领导学校的工会、共青团、学生会、研究生会等群众组织和教职工代表大会；对学校内的民主党派组织实行政治领导，做好统战工作。

2. 校长对学校行政工作全面负责。

高等师范院校曾经实行过党委领导下的校长分工负责制，结果造成一些高等师范院校出现了党政不分、以党代政、党不管党、政不管政的现象，校长的作用不能充分发挥。现行的党委领导下的校长负责制强调了校长在学校中的作用。《中共中央关于加强党的建设的通知》强调党委要充分尊重和发挥校长在办学中的作用，支持行政领导充分行使职权，力戒包揽行政事务。校长是政府任命的学校领导人，对外代表学校，是学校的法人代表。对内在党委的领导下管理学校，对学校的教学、科研、行政工作全面负责。校长的主要任务是：对学校发展规划、重大改革措施、师资队伍建设、行政重要机构设置和年度工作计划等重大问题，提出任期目标和工作方案，经党委研究决定后，统一组织实施；不断提高教育质量和学术水平，保证完成人才培养和科学研究等各项任务；建设良好的校风、学风，使学生德、智、体全面发展；优化教职工队伍结构，领导专业技术干部任职资格的评审工作；领导学校外事工作；制订学校年度财务预决算，基本建设计划，审查大额经费开支等等。

3. 教职工代表大会的民主管理、民主监督。

教职工代表大会是教职工行使民主权利、民主管理学校的重要形式。教职工代表大会的职权是：听取校长的工作报告；讨论学校的重大问题；讨论决定集体福利事项；监督评议学校各级领导干部。校长要认真对待教职工代表大会的提案，尊重和支持教职工代表大会行使民主管理的职权，教职工代表大会也要尊重和支持校长和行政系统行使指挥权。

从上述情况可见，现行党委领导下的校长负责制，不同于过去任何一种体制，是在原有体制基础上的发展。它注意克服了建国40年来学校领导体制存在的或党政不分、以党代政，或削弱党的领导，忽视思想政治工作两种倾向。因此它是现阶段高等师范院校可行的一种领导体制。

（三）现行中等师范学校领导体制——校长负责制的内涵。

现行的校长负责制是一个完整的概念，它包括：校长对学校工作全面负责，党支部保证监督，教职工代表大会的民主管理三个有机组成部分，三者互相联系、互相依存，缺一不可。

1. 校长对学校工作全面负责。

校长由上级政府或上级教育行政机关任命，是学校行政系统的最高决策者和指挥者。对外代表学校，向上级党委和教育行政部门负责，对内全面领导和负责学校的各项行政工作，对教职工、学生和家长负责。校长要负责贯彻执行党的教育方针和知识分子政策；负责完成国家的教育、教学计划；负责依靠教职工实现学校的管理目标和教育目标，培养更多、更好的人才。为了使校长尽职尽责，必须赋予他应有的权力。校长应拥有决策权，学校行政业务工作的重大问题，校长有最后决定权；指挥权，校长对外代表学校，对内统一领导，统一指挥全校的教育教学工作和行政管理工作；人事权，校长有权"组阁"，提名副校长，任免学校其他行政干部，对教职工的聘任、使用、考核、奖惩，校长有权作出决定；财经权，国家拨款、学杂费留成、勤工俭学以及社会赞助等各种收入，校长有权按财经制度的规定自行安排使用。校长对行使权力的结果要承担责任。贯彻党的方针政策不力，学校办得不好，教育质量不高，开支不当等，都要追究校长的责任。

2. 党支部的保证监督。

实行校长负责制，党支部的工作有所转变，其主要任务是：搞好党的思想建设、组织建设和作风建设，教育党员起模范带头作用；保证、监督党的教育方针政策在学校的贯彻执行；做好教职工的思想政治工作；领导好共青团、工会、教职工代表大会和各民主党派在学校中的基层组织；支持校长履行职责。

3. 教职工代表大会的民主管理。

《中共中央关于教育体制改革的决定》指出：实行校长负责制"要建立和

健全以教师为主体的教职工代表大会制度,加强民主管理和民主监督。"①

第二节 师范学校的教学管理

一 师范学校教学管理的意义

师范学校的教学管理实质是教学管理者通过一定的管理机构和管理手段,为实现预定的教学目标,按照教学规律和特点对教学工作全过程进行的管理。

教学是一个多要素、多层次、多序列构成的动态系统。要想使多要素相互配合,多层次上下一致,多序列步调统一,就必须加强教学管理。教学管理在师范学校的各项管理工作中占据突出、重要的地位。师范学校的基本任务是为中小学培养合格的人民教师,学校的各项工作都必须围绕培养教师这个中心来开展。而教师的培养主要是通过教学活动进行的,因此学校工作必须以教学为主,这一客观规律决定了教学管理是学校管理的中心环节。

教学管理对师范学校教学活动的有效开展起保证、调节和促进作用。从师范学校教学过程的特点看,教学过程是一个十分复杂的过程,制约它的因素很多,其中有系统性因素,也有随机性因素,因而教学结果有其不确定性。例如教师教了的内容,学生有时掌握不了;教师希望自己的学生学好成才,而很可能出现事与愿违的情况。要使学生真正学好成才,就要通过辅导、答疑、作业、讨论、练习以及自学等手段和环节加以保证。而各种手段和教学环节的安排、实施和相互间的密切联系配合等,就需要教学管理。同时,由于教学过程是教师的教与学生的学组成的双边活动,有同一个教师教授不同的学生、有不同的教师教授同一个学生的情况,所以为了保证教学过程井然有序地进行,就要协调好各方面的活动,这也需要管理。另外在教学管理中,通过教学检查,又可使教师不断改进教学,使教学管理部门不断改进自己的

---

① 《教育改革重要文献选编》,第27页。

工作，从而促进教学质量的提高。

教学管理又对师范学校教学活动的效果起放大作用。学校由很多部门组成，每个部门都有每个部门的具体任务。教学效果如何，不仅仅是教学管理部门的事，学校其他部门，如总务部门、人事部门等都与教学效果有密切联系，如果他们之间的结合处于最佳状态，教学效果就会好。否则，就会造成内耗，破坏学校正常稳定的教学秩序，使教学质量下降。所以教学管理水平高低对培养师范生的质量有着直接的重要影响。不重视教学管理，就办不好师范学校。

二 师范学校教学管理的基本原则

教学管理原则是教学和教学管理的特点和规律的反映，是教学管理工作必须遵循的基本要求。在师范学校教学管理工作中，教学管理目标的制定、教学管理过程的展开、教学管理内容的安排、教学管理方法的选择、教学管理制度的建立以及各方面人员积极性的调动和各方关系的协调等，都离不开教学管理原则的指导。因此，教学管理原则对搞好教学管理工作，起着重要作用。

（一）综合性原则。

综合性原则要求在进行教学管理时，把教学管理放在学校管理的中心位置，组织学校各个部门、各个单位共同努力，对与教学工作有关的各项工作进行全面安排。

影响教学质量的因素是多方面的，例如，教师队伍的结构、教师的政治及业务水平、学生的素质、教学管理队伍的政策和业务水平、办学的物质条件（经费、教材、图书、资料、实验设备、宿舍、伙食）等等。因此，教学工作与其他工作，如思想政治教育、科学研究、总务后勤等工作有着密切的关系，其中有些工作是教学工作的条件，有些工作是促进教学质量提高的重要因素，所以，进行教学管理时，必须用系统工程的观点综合考虑，协调好教学工作与其他工作的关系，使学校各项工作都与教学工作相配合，为提高教学质量服务。否则，仅仅就教学抓教学，难以提高教学质量。

(二) 连续性原则。

教育是一个连续的过程，前一段为后一段打基础，后一段是前一段的继续，因此教学管理的措施等要体现连续性原则。教学管理的连续性主要应表现在：

第一，师范教育是某一阶段教育的连续。比如一般来说中等师范教育是初中教育的继续，高等师范教育则是在中等教育基础上进一步发展的专业教育。因此，必须充分考虑中学教育为师范教育提供的基础，在此基础上确立师范教育的起点。所以各师范院校要经常了解中学的教育状况，按照实际情况调整教学安排，这应当作为教学管理的一项重要工作。

第二，在教学过程中，各个阶段、各门课程和各个教学环节之间，是一个有机联系的整体，因此，在教学管理中必须注意各个阶段、各门课程和各个教学环节之间的衔接和连续，使它们在时间和空间的安排上有一个合理的程序。比如，上课与见习、实习的配合，先行课与后续课的配合，课堂讲授与讨论以及复习考试的配合等等。

(三) 效益性原则。

效益性原则是指在教学管理活动中，要合理而有效地利用人力、物力、财力和时间，以最小的消耗，更快地做更多更好的事情，从而取得学校教学工作最经济、最有效的成果。

人的合理有效的使用，就是充分发挥教职工的主观能动性，做到知人善任，人尽其才，才尽其用。物的合理有效的使用，就是加强教学物资管理，提高设备利用率，做到物尽其用。财力的合理有效的使用，就是把学校有限的经费用在教学最急需之处。时间的合理有效的使用，就是要加强时间的计划性，使师生珍惜时间，提高单位时间的工作和学习效率。

(四) 教育性原则。

教育性原则要求教学管理的一切活动，一切措施和方法都应具有教育的作用。

学校是培养人的场所，对于学生的培养不仅要有明确的业务标准和要求，还必须有明确的政治标准和要求，特别是师范院校是人民教师的摇篮。我国对教师的要求是，不仅要有合格的智能结构，还要有较高的政治素质和必备的道德品质。这些一方面要通过教学和思想政治教育进行，另一方面学校的各种活动、设施也都要体现教育性，使学生在潜移默化中逐步形成良好的品德和高尚的行为。教学管理作为学校活动之一，它所施行的一切措施、方法和活动都要把"育人"放在首位。凡是不利于教育、损害学生身心健康的做法都应制止。

三　师范学校教学管理的程序

师范学校教学管理同其他一切管理活动一样是一种有程序的活动。正常的教学管理总是遵循着计划、执行、检查、总结这一程序进行的。计划是教学管理过程的起始环节；执行是教学管理过程的中心环节；检查是教学管理过程的中继环节；总结是教学管理过程的终结环节。这四个环节是教学管理工作必然的逻辑发展过程，它们的顺序互相衔接，不能颠倒，且四个环节缺一不可。计划、执行、检查、总结这四个环节的有机结合，就形成了师范学校教学管理的过程。其中计划统帅着整个过程；执行是实现计划的关键；检查是对执行的监督，对计划的检验；总结则是对计划、执行、检查等管理活动的总分析和总评价。它们之间相互联系、相互依存、相互制约、相互促进，全部过程的完成，即是一个管理周期。一个管理周期结束，接着又是一个新的管理周期开始，循环运行，螺旋上升。师范学校教学管理工作就是在这种循环运行中不断提高，不断前进的。

四　师范学校教学管理的内容

全面的教学管理包括计划管理、组织管理、教材管理、设备管理、课堂管理、质量管理、实验课管理、电化教学管理、见习和实习的管理等。在这些管理中，计划管理、组织管理和质量管理处于核心地位。

（一）计划管理。

1. 高等师范院校的教学计划管理。

教学计划管理是高等师范院校教学管理的首要内容，其作用在于保证管理工作的内容、进程、质量等与高等师范院校管理的总体目标相统一，并协调教学管理系统内各层次的目标、任务和行动。教学计划管理是提高教学质量、稳定教学秩序的重要基础。它包括：教学计划的编制、实施、检查和修订等项管理工作。

(1) 教学计划的制订。

教学计划是高等师范院校培养各级各类教师的总设计图，是组织和管理教学的依据。教学计划的内容和要求体现师范院校培养人才的规格和模式，对教学体系、结构起决定性作用。有了一个好的教学计划，就有了一个培养教师的全面部署，提高教学质量就有了前提条件。相反，如果教学计划不合理，尽管局部的教学工作可能搞好，但由于整体设计不当，也难以使培养人才的质量达到预期的目标。

高等师范院校的教学计划是按专业制订的。其内容包括：培养目标、学年编制、课程设置、学时分配、教学环节和教学进程等。高等师范院校的专业教学计划一般由国家教育领导部门制订，有时也由学校自己制订。由系主任提出方案，经校（院）教务处审查、校（院）长批准，报上级主管部门备案。高等师范院校在制订专业教学计划时，要考虑这样一些重要因素：党和国家的教育方针以及由此而定出的高等师范院校的培养目标；建国以来我国高等师范教育的实践经验和本校（院）的实际情况；当代科学技术发展的动向和我国四化建设的实际需要；人才成长的规律和高等师范院校的教学管理原则；国外高等师范教育中可以借鉴参考的经验以及中学教学改革状况等。

(2) 教学计划的执行。

制订教学计划是计划管理的起始环节，更重要的是执行计划。为了切实执行教学计划，学校和系、教研室还要制订学年及学期的教学工作计划，具体落实各专业、各年级的课程开设、学时、实验、见习、实习、社会调查、考查等各个教学环节的安排，教材的准备以及任课教师的配备等。高等师范院校的校（院）、系、教研室等所制订的年度或学期的教学工作计划等，是教学计划的具体化和补充，也是执行教学计划的一种形式。教学计划的执行主要还体现在编制教学大纲、教材以及进行教学等环节中。这些是执行教学计划，完成教学任务的保证。

对教学计划的执行要认真、严格，要保持其严肃性，不能任意改变。在执行过程中，如需要做技术性调整，必须报学校教务处审批后方能更动；如果做较大的变动，需报校（院）长审批。如果在执行中管理不严，要求不高，教学质量仍得不到保证。

(3) 教学计划的检查。

对教学计划实现情况的及时检查，是保证完成教学计划的重要措施，也是教学计划执行过程管理的重要环节。教学计划的检查可以通过听课、召开师生座谈会，检查教学进度、查看统计资料、进行统计分析等经常性的检查方式进行，也可以通过期中教学检查、期末工作总结和定期评估等方式进行，还可以就某个问题进行专题检查。当然，为了很好地执行教学计划而制订学年及学期的教学工作计划，具体核定各专业、各年级的课程开设、学时、实验、见习、实习、社会调查、考试、考查、毕业论文等各项的安排，这既是教学计划的具体执行，也是对教学计划的检查。进行教学计划的检查，领导与群众应相结合。检查之后，要进行总结分析，评价教学计划执行的效果，对不足之处，要提出改进措施，使教学计划及教学计划的执行结果不断完善。如果没有检查，就无从发现问题，也不能总结教训、积累经验，以后的工作就谈不上提高。所以，教学计划的检查应当成为教学领导者和教学管理部门调查研究的重要内容。

(4) 教学计划的修订。

一个教学计划不可能是完美无缺的，加上客观情况的发展和变化，因此经过一定时间的实施，必须进行一定的改革和修订。一般说，教学计划在执行一个周期（即一届学生从入学到毕业）后，进行一次全面修订，是比较合适的。学校教务处和各系应注意积累教学计划执行情况的反馈信息。同时还应及时地、有计划地到中小学去进行师范毕业生的跟踪调查。根据学校对毕业生质量的反映，仔细分析研究教学计划的成功之点与缺陷，以便有目的、有针对性地进行修订。所以做好毕业生的跟踪调查和收集反馈信息工作，是保证修订教学计划质量的不可忽视的环节。至于教学计划的改革，则应通过试点，待取得经验后再全面推开。这种改革和修订目的是使教学计划更加完善，更有利于提高教学质量，培养高质量的师资队伍。

2. 中等师范学校的教学工作计划管理。

中等师范学校教学工作管理有三个层次，即学校、教研组、教师。要相应地制订这三个层次的教学工作计划，进行三个层次的计划管理。

(1) 学校教学工作计划。

学校教学工作计划是从学校全局出发所制订的关于教学工作的总计划，是学校整体工作计划的主要组成部分。一般包括以下内容：学校工作目标、任务和要求；教学工作基本情况和条件的分析；教学工作的内容和具体措施等。它应当由校长亲自主持，教导主任具体制订。

(2) 教学研究组工作计划。

教学研究组（简称教研组）工作计划是学校教学工作计划在教研组的具体化。应根据学校教学工作计划，结合本组教学具体情况，围绕改进教学，开展教学研究，提高教学质量这个中心来制订教研组工作计划。它由教研组长负责，在全组教师集体研究讨论的基础上制订。学校领导在指导教研组制订该计划时，要尊重教研组长的自主权、主动性和创造精神，使其具有特色。它一般包括：本组前一学期教学工作基本情况的分析；本组在本学期改进教学的基本设想和教学研究活动的基本内容、课题及其要求；教研组各项具体工作任务、措施与安排。

(3) 教师教学工作计划。

教师教学工作计划是教师在整个学期内进行教学工作的依据，教师必须根据教学大纲和教材的内容与要求，结合授课班级实际情况，按照学校和教研组工作计划提出的要求来制订。它的主要内容有：前一学期学生学习的基本情况分析；本学期本科教材内容体系；本学期本课程的教学目的、任务和教学要求；本学期改进教学的具体措施和教学进度。

(二) 组织管理。

各师范院校为了实现预定的目标，除了制订教学计划、教学工作计划以外，还要建立各种组织机构，用组织来实现预定的培养目标。教学组织管理的任务就是按照教学的目的、任务、组织形式等方面的特点，把参与教学工作的各种力量按照一定的层次或序列加以组合，发挥各组织的积极作用，协调各组织之间的关系，实现教学目的，提高教学质量。

1. 建立有效的教学指挥系统。

建立有效的教学指挥系统是搞好教学组织管理的关键。有效的教学指挥系统应具备以下特点：指挥灵，即学校管理者的指令、决定等能尽快下达，畅通无阻地传达到每个教师和学生；职责清，即每个职能部门以及职能部门中的每一个人，对自己的职责都要清楚；消息通，即能做到上情下达，下情上达，信息的传递、反馈必须准确、迅速；效率高，即系统中各职能部门都能发挥其积极作用，人、财、物实现优化组合，争取工作的最佳效果。

（1）高等师范院校的教学指挥系统。

当前我国高等师范院校教学管理体制是实行两级管理和四个层次。两级管理是指在行政领导上对教学实行校（院）、系两级管理。四个层次是指校（院）长领导下的校一级的教学管理部门（教务处），系一级的教学管理机构，教研室一级的基层教学组织，教学小组或教师个人。校（院）、系、教研室、教学小组构成指挥系统，系统中每一层为指挥机构，校（院）长、系主任、教研室主任、教学小组组长是指挥人员，他们有对下级实行指挥和命令的权力，并对该单位的工作负全部责任。教务处是职能机构，其人员为职能管理人员，他们只能在自己的业务范围内，对指挥系统中的机构进行业务指导，不能对他们直接指挥和命令。高等师范院校教学管理系统图如下：

校（院）长 → 系 → 教研室 → 教学小组或教师
　　　↓
　　教务处

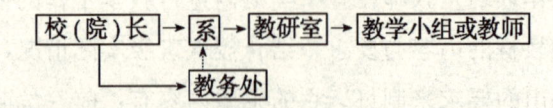

（图中实线表示领导关系，虚线表示业务指导关系）

（2）中等师范学校的教学指挥系统。

在中等师范学校，教学指挥系统一般由下列部门组成：在校长领导下，以教导处为指挥中心，下辖各教研组，教研组内设年级备课小组。中等师范学校教学指挥系统图如下：

校长 → 教导处 → 教研组 → 年级备课小组 → 教师

2. 充分发挥各教学管理部门的作用。

各层次的教学管理机构都有其自身不可代替的职能。

(1) 高等师范院校各教学管理部门的职能。

教务处是教学管理的中枢。它在校（院）长领导下，对全校教学工作进行组织和调度。其基本职能是：负责全面贯彻教育方针；抓教学思想、学科专业、师资队伍、教风和学风、教学制度等方面的建设；搞好教学计划、教学质量和教务行政等的管理。

系是高等师范院校中教学行政的基层组织，它直接组织和指挥教学和科研第一线的工作。系一级的教学管理是校（院）一级教学管理的支柱和基础。其管理职能是：组织贯彻执行上级有关教学方面的方针、政策和规定；制订本系的教学计划；审定教研室拟订的课程教学大纲；评聘教师；检查教学质量等。

教学研究室（简称教研室）是高等师范院校中按相近学科或课程设置的教学组织，不是系领导下的一级教学行政机构，而是教学管理中的一个层次。其主要任务是：开展教学法研究和科学研究；组织教师业务进修与提高；培养研究生等。

教学小组是教研室便于组织和开展教学工作的教学活动单位（不是一级教学组织）。因为有些教研室的课程类型较多，为了更好地开展教学研究，把担任课程类型相同的教师组成教学小组。其管理内容是根据教学大纲和教材编写教学日历；管理教与学的活动等。

(2) 中等师范学校各教学管理部门的职能。

教导处是学校管理教学工作的主要行政机构，在学校教学工作管理中，处于枢纽地位。学校关于教学管理的各种指令，要通过它下达，各年级、各学科的教学情况要通过它去具体组织推动实施，大量的教学行政事务工作要通过它去完成。因此建设好教导处，是搞好教学管理的重要问题。

教研组是各科教师进行教学研究的组织，是学校教学指挥系统的基层组织；它是业务组织，不是一级行政机构。其主要任务是：研究本科教学，对该科教学进行组织管理，提高教学质量。它的具体工作内容有：组织教师学习党的教育方针、政策和有关文件、指示精神，并结合本学科教学实际，研究具体贯彻执行的措施；组织教师学习教学大纲，钻研教材；订好教学进度计划；定期进行教学检查，研究改进措施；组织教师互相观摩学习，交流教学经验；组织教师进修提高，有计划地帮助教师提高业务和教学法水平等。

规模较大的中等师范学校，同学科同年级教师有二人以上，可以在教研组内组织年级备课组。年级备课组是最基层的业务组织，其主要任务是制订本年级教学进度计划，组织本学科同年级教师备课。

（三）教学质量管理。

教学管理是学校管理的中心，教学质量管理又是教学管理的中心，可见教学质量管理具有十分重要的意义。要搞好教学质量管理，首要的问题是树立科学的全面教学质量管理观念，包括：

1. 教学质量管理的全面性。

教学质量是一个综合指标，形成教学质量的因素是多方面的，其直接因素概括起来主要是：教师、学生、教学内容、教学手段。其中教师是教学活动的组织者，在教学中起主导作用；学生是学习的主体；教学内容则是教与学的依据，是学生学习的客体；教学手段是教与学活动赖以进行的物质条件。教学质量则是这四种因素相互联系、相互作用的结果。全面教学质量管理告诉我们，要想提高教学质量，必须对影响教学质量的所有因素进行有效的管理。一方面要重视提高每个因素的质量，即学校管理者要千方百计地培养提高教师的素质，充分调动学生学习的积极性，合理设置各门课程，选择适用教材，不断改善、充实学校的教学设备；另一方面要合理组合教学质量的诸因素，使其处于最佳状态，形成最佳联系，以取得最优的教学效果，从而提高教学质量。

2. 教学质量管理的全过程性。

教学质量贯穿于从招生到毕业分配的整个过程之中。其过程中的每个环节的工作质量都影响着学生的培养质量。这个过程可分为招生过程、计划过程、教学过程、教学辅助过程，这四个过程都有个教学质量的管理问题。

（1）招生过程的质量管理。

新生的政治、业务和身体素质，是保证教学质量的基础因素，因此要千方百计地物色和吸收优秀学生入学。作为师范学校招生，既要考核学生的知识掌握和智力水平，又要考核学生的思想状况和身体素质，还要强调学生应具备语言表达能力、组织管理能力等。总之，必须按照德、智、体全面考核、择优录取的方针做好招生工作。

（2）计划过程的质量管理。

如前面讲的，要把好计划过程的质量关。

（3）教学过程的质量管理。

高等师范院校的教学过程与中等师范学校的教学过程尽管有不同之处，但教学质量都是在教师的教学与学生的学习的全过程中形成的，因此，进行教学质量管理，都要加强教学过程的管理，做到教学过程最优化。

教师的教学和学生的学习都表现为一个过程，都有一定的程序。作为一个完整的教授过程由课前备课、课堂授课、辅导答疑、指导作业和总结教学这五个环节组成；作为一个完整的学习过程由课前预习、课堂听课、课后复习、作业练习和总结学习这五个环节组成。教学质量也是在这两个过程的结合过程中形成的。

实行教学过程的质量管理，必须提高这两个过程的每个环节的质量，即要对教师教学过程的每个环节和学生学习过程的每个环节提出工作规范和质量要求。这些规范和要求的制定与提出，要以教育科学理论为指导，以教师工作和学生学习的特点为依据，要符合本校实际，注意实效。上述两个过程中的几个环节缺一不可，他们的程序也不能互换。

实行教学过程的质量管理还要使这两个过程以最理想的状态结合在一起，即教师在备课时，学生也预习这部分的内容；教师授课时，学生用心听，接受这部分内容；教师课后辅导时，学生要对课堂上的内容进行复习，提出疑难问题，由教师给以解答；然后教师指导学生进行作业练习；最后教师总结教的情况，学生总结学的情况。做到两个过程有机结合，同步进行。

(4) 教学辅助过程的质量管理。

教学辅助过程是为教学全过程服务的其他过程的总称,主要是指为教学提供物质条件的后勤工作系统,如基本建设、设备供应、图书、总务等方面。它是保证整个教学系统正常运转的基本条件。其质量管理主要包括两个方面:一是搞好教学条件管理,为稳定教学秩序和提高教学质量创造良好的条件;二是搞好生活条件的管理,为师生员工创造良好的学习、工作和生活条件。要重视辅助系统的工作质量,选派得力干部担负后勤工作的领导。后勤工作要牢固树立为教学科研服务的思想,并努力提高工作质量,以保证和促进教学质量的提高。

3. 教学质量管理的全员性。

教学质量管理涉及学校各个部门和所有人员,每个人员的工作好坏都与教学质量密切相关,所以要动员全体教职工都参加到质量管理工作中来,为提高教学质量服务。

为了更好地进行教学质量管理,还应做好教学质量的检查工作。教学质量的检查是了解教师教学效果和学生学习情况,改进教和学中不足之处,提高教学质量的可靠依据。教学质量检查,对师生的教学活动起着监督推动作用。检查的结果是评价师生、决定学生是否能毕业的主要依据。通过教学检查也能了解教学管理等部门的工作情况,对他们的工作也是一个推动。教学质量检查首先要确定质量标准。教学质量标准应根据教育方针、培养目标、学校教育的任务、教学大纲和教科书的内容和要求来制定。它应是科学的、全面的、综合的。教学质量标准应包括:教学工作质量标准、教学效果标准、时间标准等等。其次要选择适当的检查方法。

第三节 师范学校的思想政治教育管理

一 师范学校思想政治教育工作管理的意义

思想政治教育工作管理是完成师范学校任务的根本保证。师范学校的任务是培养各级学校的师资。作为教师必须做到德、才兼备。德、才是构成教师素质的两大基本要素。教师的德、才不是先天就有的,也不是一走上教师岗位就自发形成的,而是在学校通过有计划、有目的的教育形成的。教学虽然具有教育性,但教学主要是使学生具备才能的途径,要使学生具备马克思主义的科学思想意识和共产主义道德品质,还必须进行专门的思想政治教育。

师范学校的学生都是青年,他们关心政治,积极思考,渴望成才,愿为祖国的教育事业贡献青春。但他们思想还不太稳定,加上目前我国正处于继往开来,急剧变革的历史年代,如果不抓紧对他们进行思想政治教育,一些不正确的思想就会侵袭他们,使他们受其影响。而他们将来又担负培养下一代的任务,一旦他们受其影响,其危害将是两三代人的事。所以对师范生加强思想政治教育显得格外重要。只有做好这项工作,才能使师范生在纷繁复杂的年代里,始终明辨是非,坚持四项基本原则,以饱满的政治热情,正确的学习动力,去完成学习任务,将来成为合格的教师。

思想政治工作不只是某人、某部门的事,而是学校各个部门乃至整个社会的责任。如何使多方面的教育影响互相协调,综合平衡,应由管理来承担这一职能。因而思想政治教育工作的管理在师范学校中处于重要地位。它有把诸种影响力综合成"合力"的特性和作用,有"放大"思想政治教育的影响力、发挥其结构优化的功能的作用。

二 师范学校思想政治教育工作管理的任务

思想政治教育工作管理的目的,在于通过一定的管理措施,形成一定的工作制度,组织和协调思想政治工作的力量,保证思想政治工作有组织、有秩序地进行,达到科学化、制度化、规范化、系统化,提高思想政治工作的有效程度和工作效率。其主要任务有:组织思想政治教育管理队伍,建立思想政治教育管理系统;制订思想政治教育管理制度,建立正常的教育秩序;形成稳固的管理秩序;确立优良的校风;组织和协调学校各方面的教育工作力量,提高思想政治教育工作管理的质量。

三　师范学校思想政治教育工作管理的内容

（一）思想政治教育工作的计划管理。

思想政治教育工作计划也是师范学校教育计划的一个重要组成部分。它也需要将各种不同的教育内容根据其内在联系，有计划地进行安排，也需要规定检查和考核的制度。学生中的思想水平和觉悟程度虽然很不相同，但在相同的政治经济形势的条件下，在客观条件基本相似的环境中，他们思想上、政治上的发展又有一定的共同的规律。因此，我们完全可以依据学生思想成长的客观规律等制订思想政治教育工作计划。所以各师范院校应如同制订教学计划一样，认真制订校（院）、系、专业、年级的思想政治教育工作计划。当然，由于思想政治工作的内容和方法受到社会政治经济形势和学生思想情况的影响较大，它与教学计划相比，有较大的针对性和变动性。因此要有不同层次的思想政治教育工作计划。首先，要有一个学生在校期间全过程的思想政治工作计划，这个计划主要是规定和安排思想政治教育的基本内容。其次，还要有阶段计划和对许多具体内容作补充的计划，如每年或每学期的阶段计划、形势任务教育计划；专题思想政治教育工作计划；师德教育计划等等。无论何种计划，都要针对实际情况，明确教育内容，提出切实可行的教育目的和要求，规定适当教育方法，提出教育中应注意的事项，规定考核的方法和要求。

（二）思想政治教育工作的组织管理。

1. 思想政治教育工作进行过程中的管理。

实施学生思想政治教育工作管理的计划涉及学校各个部门、各种组织和各方面人员。比如在高等师范院校，形势教育由宣传部进行，德育课由德育教研室进行，还有些内容是由校（院）团委或学生工作部等部门进行。千头万绪，各种教育都集中到学生身上。这种现象在中等师范学校也存在。为了保证教育效果，就要在院校党委或党总支的统一领导下，统筹兼顾，分工协作，使院校各级党、政、团、学生会和其他有关部门以及广大教职员工都有明确的要求和职责，使各种内容的教育都有机地结合起来，把院校各部门、各方面的教育力量和教育手段广泛运用起来，发挥各自优势，协调一致，以便形成较大的合力。应避免各部门各干各的，互不配合的做法。

在计划实施过程中，应随时注意实际效果，采取丰富多样，适合实际情况的方式方法，要有针对性、灵活性和创造性，要因材施教。应避免只为执行计划而不问实际效果的枯燥无味的简单灌输。

2. 思想政治教育工作管理的机构设置与队伍建设。

(1) 思想政治教育工作的管理系统。

①高等师范院校的思想政治教育工作管理系统。

高等师范院校党的政治工作系统，是学生思想政治教育工作管理系统的主要部分，思想政治教育工作是学校党组织的经常的、重要的工作。党的各级组织虽然不领导本单位的业务工作，但对思想政治教育仍应担负起领导责任，发挥核心作用。所以党组织应该担负起调查研究，弄清思想政治情况和倾向，明确思想政治教育工作的方向，贯彻执行思想政治教育工作的有关政策，统一思想政治教育工作计划，组织和协调各方面的教育力量，经常调查和改进工作。

一般来说高等师范院校的思想政治工作系统大致是：校一级在院校党委领导下，一位副书记主管思想政治工作，党委各个部门，如宣传部、组织部、统战部等通力合作，并由党委宣传部总管全校思想政治教育工作；各系党总支应设主管学生思想政治教育工作的副书记或青年委员，具体负责全系学生思想政治教育管理工作。各系可根据学生人数，按专业或年级设政治辅导员和班主任负责本年级或本班学生思想政治教育管理工作。马列主义教研室和德育教研室（或思想政治教育教研室）分别担负马列主义理论教育、共产主义思想品德教育以及学生思想政治教育理论研究的任务。

除此之外，院校各级行政职能机构，包括教务处、人事处、科研处、图书馆等也要把学生的思想政治教育作为自己的一项重要任务，负起思想政治教育工作的领导责任，把业务工作与思想政治教育工作密切结合起来。在制订计划和布置、检查本部门工作时，要有对学生进行思想政治教育的要求和措施；按照上级教育行政部门的规定，制订学生管理的规章制度与守则；作好学籍管理和生活管理;在招生、分配、评奖学金中,注意学生思想政治表现,坚持品学兼优的原则。校(院)、系要有一位副校(院)长、副主任主管学生工作。

青年团、学生会、研究生会等组织是学生自己的组织,是学生自我教育、自我管理的重要的群众组织,在学生思想政治教育管理中具有特殊的作用。团的系统,在校一级设团委,在党委领导下进行工作;系设团总支,在系党总支和校团委领导下进行工作;学生班级设团支部;学生会系统、校(院)设学生会,系设学生分会,班设班委会。学生会要组织政治、思想、文艺、体育、劳动、卫生、勤工助学等各种形式的活动,要代表学生的切身利益,反映学生的意见。学生会要在校(院)团委的指导下工作。

②中等师范学校的思想政治教育工作管理系统。

中等师范学校的思想政治教育管理系统,可根据学校实际情况而定。一般来说主要有如下三个系统:一是党支部、共青团;二是校长、主管学生思想教育的主任、年级组长、班主任,或校长、主管学生思想教育的主任、学生会;三是校长、主管教学的主任、教研组、各科教师。其管理系统图如下:

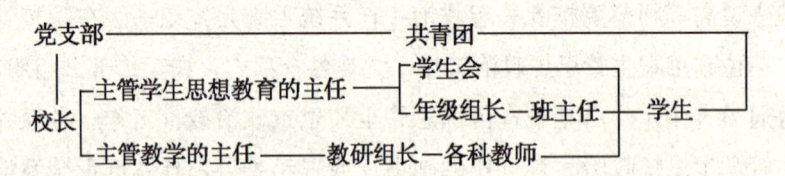

```
党支部─────────────共青团
       ┌─主管学生思想教育的主任─┬─学生会──────────┐
校长───┤                        ├─年级组长─班主任──┼─学生
       └─主管教学的主任────────教研组长─各科教师───┘
```

(2)思想政治教育工作的管理队伍。

①专职的思想政治教育工作管理队伍。

在中等师范学校,这支队伍是由党支部书记、团支部书记、主管思想政治教育工作的副校长、政教主任或教导主任、班主任、政治课教师等组成。

高等师范院校的专职思想政治教育工作管理队伍包括分管学生工作的校、系两级党政领导干部、马列主义教研室和德育教研室的专职教师、专职的共青团干部和政治辅导员。

专职的思想政治教育工作管理队伍是学校思想政治教育工作中极为重要的一支队伍,没有这支队伍,培养德、才兼备的教师是不可能的。因此,学校要重视这支队伍的建设。对其成员的政治素质和业务能力要有严格的要求。

②群众性的思想政治教育工作队伍。

这支队伍是指广大教师、干部和行政工作人员。他们在进行各自业务活动的同时，还要承担对学生进行思想政治教育工作的任务，做到教书育人，管理育人。

③学生积极分子骨干队伍。

学生中的党、团、学生会干部、要求入党入团的积极分子和优秀学生等，是一支数量很大的骨干队伍，是一种重要的自我教育力量。他们生活在学生之中，是在学生学习和生活中自然形成的带头人。这支队伍能否发挥作用，发挥作用如何，对于思想政治教育工作能否取得实效关系极大。所以各级领导要重视学生积极分子队伍的培养和使用，加强对他们的教育，鼓励他们的上进心和工作积极性。

（三）培养良好的校风。

1. 校风的特点和作用。

校风是一所学校的风气和作风。它是在共同目标指引下，在认识一致的基础上，经过学校全体成员长期共同努力，逐渐形成的一种突出的行为风尚，是集体形成的一种较稳定的精神状态，是学校领导者的作风、教师的教风和学生的学风的总合。它是全校师生员工精神面貌的集中反映，也是一所学校德、智、体诸方面质量水平的综合体现。

校风是由认识、情感、意志和行为等多种心理因素所构成。良好的校风不是自然形成的，而是长期教育的结果，是学校在长时间里运用人力、物力、财力，经过长期不懈的努力，一点一滴积聚起来的。它是过去工作中精神方面凝聚成的结晶，是已消耗的人力、物力、财力转化而来的精神力，是学校全部思想政治工作成就的体现。这样经过长期努力所形成的教育结果，又是一种无形的强大的教育力量，它能发挥教育的作用，这种作用表现为同化力、促进力和约束力。

当人们进入了一所具有良好校风的学校，会使人们自觉不自觉地受到熏陶和感染，自然而然地克制和改变自己原来那些不符合规范的行为和意识，这就是校风的同化力。一所学校如果有良好的教学秩序，活泼紧张的生活作风，清洁安静的环境，这里的师生必然处于积极活跃的状态，在这里校风具有促进力。校风还具有约束力，良好的校风形成之后，师生都会自觉地维护它，破坏校风的人和事，便会受到抵制和批评。

校风的好坏，不只是对学校工作影响很大，而且对社会风气也有着相互影响、相互作用的辩证关系。尤其是师范学校，它所培养的学生不是一般的社会工作人员，而是未来的教师，他们走向社会后将担负培养下一代的重任，他们的言行不仅对学生乃至对社会风气都有很大影响。因此，充分发挥校风的作用，这是师范学校管理者必须要重视的问题。

2. 如何培养良好的校风。

校风建设是一个长期的实践过程。建立良好的校风是学校全体人员的共同责任。它需要有一个经常教育、长期坚持、反复训练的过程。首先，要有意识地培养良好的学风、教风和领导作风。校风是以学风和教风为核心内容，领导作风是关键，它们相辅相成，相互联系，相互制约，相互促进。良好的学风主要表现是勤奋学习。学风的培养既要靠教育，讲明道理，提高认识；还要靠实践和严格训练，使之养成习惯，变成自觉的行动。好的学风是与好的教风密切相关的，在教学中，教师只有具备严谨治学、行为端正、以身作则、言传身教、既教书又育人的好的教风，才能培养学生良好的学习风气。好的教风在某种意义上讲，又往往是领导优良作风的扩大和发展。因此，学校领导者要处处起模范带头作用，成为师生的楷模，这是培养形成和巩固发展优良校风的关键。

其次，要加强宣传教育，形成健康的舆论。通过舆论力量提高全体人员的认识水平，激励他们为建设和维护优良校风而勇于抵制和谴责错误言论的行为。

再次，抓好校容、校纪建设。校容、校纪是学校的物质环境，又体现学校的精神面貌。它不仅影响着学校的正常秩序，也直接影响着师生的心理状态，它对良好校风的形成起着积极的作用。学校要时时处处注意校容、校纪的建设，使学校环境幽雅、整洁、安静、有教育气氛；师生讲文明有礼貌，团结活泼；全校秩序井然，工作配合默契。

最后，还要抓好常规教育，建立一套完善的规章制度，并教育学生自觉地遵守这些规章制度。

第十三章

师资的职后培训及其发展

师范教育是培养教师的专业教育。现代师范教育不仅包括培养新一代教师的任务,也包括教师任职后的培养与提高的任务。本章将从教师职后培训的基本理论、历史发展和我国教师职后培训的实践三个方面对教师职后培训与提高问题加以论述。

第一节 师资职后培训概述

一 师资职后培训的概念

对于素有尊师重教传统的中国来说,师资和教育几乎同等重要。我们把"师资"理解为根据教育的需要,直接从事教育、教学工作的人或群体。至于"培训"的词意,从"培养"一词的比较中,即可得知。培养的内涵基本上与教育一词含义相同,即使学生掌握系统的科学文化知识和技能,形成思想品德、健全体魄的过程。培训一词虽与培养相关,但侧重于训练。如在教育过程中训练某种习惯,形成一定的技能、技巧。培养与培训之间的这种微小的差别,随着现代教育事业的发展,特别是终身教育思想的普及,就由教育方式上的差别,转变为教育制度上的差别。培养趋向于专指造就新生力量的教育；培训则多指在职、在业人员的专门训练或短期再教育。它们一前一后，构成终身教育制度，极大地扩展了教育的外延。

师资职后培训，亦称在职教师进修，其含义是对取得教师法定资格并从事教育教学工作的人所进行的一切再教育。其目的一方面是提高在职教师个体的职业道德、科学文化知识和专业水平，以适应提高教育质量的要求；另一方面是通过培训，优化师资结构，提高教师整体水平，以适应教育发展的要求。其对象则包括全体任职教师。既包括学历未达标的教师，也包括学历达标的教师；既包括新教师，也包括骨干教师；既包括初级职称的教师，也包括高、中级职称的教师。其内容相当广泛，既有教师思想品德课程，也有普通文化课程，还有专业知识课程和教育科学课程。其途径也各有不同：多数的教师通过不懈的自学提高自己；不少教师则参加业余进修提高自己；少数教师则参加离职培训提高自己。其方式，更为多样。仅自学的方式，就有参加自学考试、校内集体自学、在教学实践中有计划地自学和在教学科研活动中自学提高等。再如教师职后业余培训的方式，就有夜校、假期、定期等等。其方法，除讲授、阅读、练习、讨论、调研、总结、交流、传帮等传统方法外，随着高技术在教育上的应用，计算机辅助教学、热线咨询、无线电收听、电视收看、微机教学，都在广泛地应用。

二　师资职后培训的意义

随着科技的发展、教育的改革和师范教育观念的转变，本世纪 80 年代以来，世界各国尤其是工业发展水平较高的国家，开始把师资建设的重心由 50 年代的重职前培养转移到职后培训上来，其意义有以下几点。

（一）师资职后培训是使教育适应现代科技迅速发展的关键。

科技的发展是制约教育发展水平、规模和学校教学内容、方法及手段的重要因素。80 年代以来，世界科学技术日新月异。知识爆炸性增长，知识陈旧率加快，高科技的广泛应用，它不仅要求教育水平和规模有新的发展，而且还要求教育观念的更新、教学内容的提升和教学方法的现代化。在这种急剧的变化中，"合格教师"已成为一个相对的概念；过去"一次性"的师范教育培养出来的合格教师如不继续受教育，就会变得保守、落后，乃至成为不合格的教师。如果一个教师一生中经历了几次科技或学科领域的重大变革和发展，他就会有几次变成不合格教师的可能。

为保证教师的质量，使教育适应现代科技的迅猛发展，教师的职后培训就成了关键性的问题。

(二) 师资职后培训是提高教育质量、改革发展教育事业的前提。

制约教育质量的因素很多，就一个学校来说，有生源因素、有条件因素，也有管理因素，但最重要的是教师因素，即教师的个体素质和整体结构。高水平的教师个体和教师集体，能克服生源、条件因素之不足，保证教育质量的不断提高。"学校靠质量生存，质量靠教师水平"的观念，已无可非议。可以说，没有一所高质量的学校，不首先拥有高质量的师资；没有一个懂行的校长，不把主要精力用在教师队伍建设之上。而教师队伍的建设，一方面是打通优秀人才成为教师的通道，这主要靠舆论导向和政策；另一方面则要靠教师积极性的调动和水平的提高，这就有赖于教师的职后培训。

为适应经济、社会、科技的发展和国际竞争的需求，二次大战后，世界各国几乎无一例外地进行着教育的改革。义务教育的延长，要求更高学历的师资；教育观念的更新，要求教师有新的职业观念和职业道德；教育体制和课程改革的深化，要求教师知识的更新和结构的变化；教学方法的现代化，要求教师懂得高科技在教学上的应用，并能熟练地运用现代化教学手段。

所有这些，都无不依赖教师培养的改革和教师培训的加强。因此，教师职后培训，不仅是提高教育质量的前提，也是教育改革、发展的前提。

(三) 师资职后培训是终身教育思想和成人教育理论的反映。

本世纪以来，特别是二次大战后，由于现代科技的进步和发展，使得生产技术、生产组织、生产工艺不断变革，造成劳动的变更和职业的变换。人类长期形成的一次性学校教育就可受用终身的观念和实践，受到了毁灭性的冲击。终身教育思想也就应运而生。它是发萌于20世纪20年代，流行于60年代以后的国际教育思潮。经联合国教科文组织前成人教育局局长、法国的朗格朗的竭力提倡，成为世界教育改革特别是成人教育发展的基石。提倡终身教育者认为：接受教育应当是一个人一生从生到死永不休止的事情；教育应当在每个人需要的时刻以最好的方式对其提供必要的知识和技能；终身教育是人们在一生中所受到的各种培养的总和。终身教育还把人一生受教育的时期划为四个阶段：以开发智力为主要目的的幼儿教育；以掌握社会和自然科学基础为主要目的的基础教育；以接受系统专业基本训练为主要目的的职前专业教育和以提高岗位工作适应性为主要目的的继续教育。

根据终身教育思想，接受过系统师范教育专业基本训练的师范生走上讲台以后，还须步入第四个受教育的阶段——漫长无际的继续教育，从中受到思想道德、科学文化、教育理论和技能的再教育，以增强岗位工作的适应性。否则，将被时代所淘汰。

正因为如此，许多国家为保证终身教育思想的落实，都以法律形式将教师职后教育固定下来。如日本在《教育公务人员特别法》中规定"教育公务员为尽其职责，必须不断地进行教学研究和提高修养"。德国教师的在职教育，已成为各州法定的义务教育。我国在40多年的教育发展中，重视师资队伍建设，逐渐确立了教师业务培训进修制度。各级教育主管部门和学校，有计划地对教师进行多种形式的业务培训，并把教师在培训期间的学习成绩和鉴定，作为其任职和晋升的依据。

1972年联合国教科文组织国际教育发展委员会的报告书《学会生存》中提出："对于今天世界上许许多多成人来说，成人教育是代替他们失去的基础教育。对于那些只受过很不完全的教育的人来说，成人教育是补充初等教育或职业教育。对于那些需要应付环境的新的要求的人们来说，成人教育是延长他们现有的教育。对于那些已经受过高级训练的人们来说，成人教育就给他们提供进一步的教育。成人教育也是发展每一个人的个性的手段。"

成人教育是终身教育的重要组成部分，教师的职后教育又是成人教育的重要组成部分，所以终身教育思想和成人教育理论，必然要在教师职后培训中得到反映。如我国的教师学历达标培训和教师继续教育，是终身教育的体现，是成人教育补偿、补充、延长、提升职能的具体化。成人教育办学形式的多样化、培训对象的多层次以及教学方式的灵活性，都在师资职后培训上直接表现出来。不少成人教育的原理、原则，对教师职后培训有着直接的指导作用。

当然，师资职后培训因其对象的特殊性，在许多方面有与其他成人教育（工人、农民、士兵、干部等）不同的特点，不能一概而论。

（四）参与师资职后培训是教师的基本权利和义务。

职业是社会个体获取于社会和贡献于社会所从事的职能活动。任何健康、有益的职业都是权利与义务的统一体。作为一个教师也应有相应的权利与义务。如有对学生进行教育、教学的权利和义务；有开展教育、教学和科学、技术研究并把研究成果应用于教学工作和社会经济建设的权利和义务；有参与学校管理并对学校领导、学校工作实行民主监督的权利；有依法组织、参加教学研究团体或其他学术团体并进行学术活动的权利；有获得合法收入的权利；有休假和休养的权利等。但要更好地履行上述权利和义务，不去不断地提高自己的素质是不行的。所以很多国家都把教师不断提高自己的道德修养和教学水平及不断更新知识、提高自己的业务素质，作为教师的重要权利与义务，并将其制度化、法定化。如日本《教育公务员特别法》规定"教职人员为尽其职责，必须不断进行教学研究和参加在职培训"，"教职人员在不影响正常教学的范围内，可以脱产进修或在职长期进修"。日本在《教职员许可法》中还规定：在职教师可以通过在职进修取得学分，经过学历检定，获取高一级教师的许可证。苏联教育部明文规定：中小学教师每五年轮流脱产培训一次，每所学校每年要派出不少于 20% 的教师参加各种形式的培训。1976 年英国政府发表教育《绿皮书》，提出要大量提供在职教师进修机会，规定教师每工作七年便有一年的带薪休假进修。

我国 1991 年颁布的《中小学教师职业道德规范》第三条规定，教师要"不断提高科学文化和教育理论水平，钻研业务，精益求精，实事求是，勇于探索"。在理论研究中，有人甚至认为取消教师的职后培训就是剥夺了教师的职业权利，结束了教师的职业生涯。

（五）参与教师职后培训是教师个体成长和队伍优化的需要。

教师个体成长的含义是使每个才上岗的不成熟教师通过不断实践成为合

格教师，再通过不断学习成为优秀教师乃至教育专家的历程。而这个历程是有其客观规律的。美国教育协会1961年在《谁是一位好教师》一文中，从教师服务成绩评定的总趋势的曲线中，揭示了如下规律：在教学的头几年，随着教育经验的增加，教学效果显著上升。教了五六年以后，教师已习惯于已有的教学程序，进步速度就不像前一阶段那样快，有逐步下降的趋向。如不进修，即使再教20年，也不会有多大进步，只能平平常常地应付教学。至最后阶段则出现衰退的现象。由显著上升，继而平稳，再逐步下降，终于出现衰退现象，这是一条不成功教师的发展历程。多少教师囿于生命的自然规律，实践着这条规律，成为碌碌而无为者。

相反，不少教师之所以成为优秀教师，就在于强烈的事业心和责任感能使他在平稳、下降的阶段勤奋学习教育理论和科学知识，善于借鉴先进的教育经验，并在实践中刻苦磨练，不断探索，逐步形成自己的教育观念和信念、形成自己的风格和特色。他们实践着的则是优秀教师成长的规律：开始显著上升，中间虽有起伏，终于持续上升。

有同志将教师能力发展划为四个阶段：始发阶段（任教第一、二年）、速发阶段（任教后三至八年）、高原阶段（35岁以后）和再发展阶段。在高原阶段，教师基本上能熟练地处理教材和使用教材，能满怀信心地驾驭课本。业务水平、自信心、外部对教师的评价都达到较高水平。但是，教育能力的发展速度变得缓慢了，甚至出现停滞，表现为教师的教学和教育效果多年无大变化。如果教师始终不突破高原现象，其职业水平和成效，就会随年龄优势的消失而下降。但是，对另一部分教师来说，高原现象仅是质变前的孕育阶段，在经过数年停顿后，便会跨入再发展阶段。但是由高原阶段跨入再发展阶段，不是教育经验的堆砌，而是教师知识、能力结构的重大改造，以及在此基础上对旧有经验进行再认识和再加工的过程；它是教师在认知、情感、人格方面的全面升华。其实质是教师接受再教育的过程。

教育劳动的一个很重要的特点，是劳动过程的个体性和劳动成果的集体性。教师从事教育、教学工作，虽也要进行集体研究，但研究之前的准备、研究之后的实施，都是以个别化的方式进行的。但是，教师劳动的成果，即学生身心发展所达到的一定程度，则是多种因素影响和教育的结果，不是某一个教师、某一科教学所能奏效的，是教师集体的功劳。所以在师资队伍建设中，不仅要提高教师个体水平，还要优化教师队伍。虽然个体的提高为队伍的优化创造了条件，但如果队伍的结构不合理、关系不正常、工作不协调、没有互促机制，不仅整体效应不能发挥，就是优秀的个体也无法展现其才能。所以，优化教师队伍，也是师资职后培训的重要目标。上海市1990年中小学师资工作会议上，就提出师资队伍建设的目标是：建立一支德才兼备、素质优良、数量足够、结构合理、相对稳定而又充满活力的教师队伍。可见，使个体提高和队伍优化并建立二者的互助机制，使教师队伍水平在动态平衡中不断提高，是师资职后培训的重要任务，也是教育发展对师资职后培训的紧迫要求。

三 师资职后培训的特点

要正确实施教师职后培训，我们不仅要认识教师职后培训是属于成人教育范围，它与其他职业职后培训有社会性、多样性、实用性、普及性、速成性、实效性的共性，还必须掌握它的特点，即它区别于其他职业职后培训的特殊矛盾性和区别于教师职前培养的特殊矛盾性。

（一）区别于其他职业职后培训的特点。

由于教师劳动的特点，决定了教师职后培训与其他职业职后培训有如下显著特点。

1. 起点高。由于育人劳动是通过知识的传递培养社会需要人才的专门职业，所以不是任何劳动力均能取得教师的任职资格。教师必须有起码的品德、学历、专业知识和技能。随着教育普及水平的提高和教育质量的提升，社会对教师资格的要求将会更高。许多工业、经济发达国家，二次大战后就将小学、幼儿园教师的学历要求，提高到师范本科，而对中学教师的学历要求，除大学本科毕业外，还要求获取硕士学位或到教育学院学习教育专业课程1~2年，才能取得教师证书。

我国教师在管理上由于长期没有资格检定制度，资格要求不够明确，加之教育面大，发展速度快，需要又急，致使部分不合格的人员进入教师队伍。随着教育的发展，1986年也提出明确的教师资格要求（学历要求）为：幼儿园、小学教师应具有中师毕业以上学历；初中教师应有专科毕业以上学历；高中教师应有本科毕业以上学历。目前，我国已有2.7%（14.8万名）的小学教师具有专科以上学历、7.3%（18万名）的初中教师具有大学本科学历。深圳市已实行了小学教师大专化。上海市已在着手提高部分中小学骨干教师的学历层次。

尽管我国教师整体资格、学历要求低些，但比近二亿文盲的我国农民和大部分初中左右文化的工人要高得多。教师资格的高要求，必然带来教师职后培训起点高的特点。

2. 要求高。虽然其他职后培训也有职业道德、文化知识、专业理论和专业技能的内容和要求，但由于教师的职责是培养人才，他不仅要求自己要有高尚品德，而且要塑造学生的灵魂；他不仅要求自己懂得知识、技能，而且要培养学生的知识、能力和发展他们的智慧。这就要求教师能为人师表；要具有广博的知识，全面发展自己的才能，要掌握教育与教学方法，也就是说，教师的培训要使教师在各方面都高于一般职业的从业者。

3. 重自修。虽然其他职业的职后培训也需要自学；自学成才者也不在少数。但是，自学不是主要、大量和必需的途径。而教师职后培训主要的、大量的和必需的途径是自学。其原因：首先是教师工作有极大的再学习内驱力。"一日不学非人师"、"一日不省非人表"，就说明教师职业使教师随时处于"教然后知不足，学然后知困"的"饥渴"状态。教师这种普遍的职业心态使教师比其他行业的从业者更早地进入"我要学"的自觉境界；另外，教育工作的个体性和创造性，形成了教师独立探索的信念和习惯，也是重要的原因之一；再次，教师职业的全时空性，即教育工作无时间、空间限制，也使教师职后接受再教育的强烈要求主要靠在职进修、函授、收看、收听等以自学为主的形式进行；最后，教师职后的培训提高，更多的是属于内涵发展，不像一般职业培训，更多的是外延发展。这就要求教师在进修中把学习的内容内化为自己的行为（思想、品德、知识、技能），升华为自己的素质。可以说，不管通过什么形式进行教师培训，都必须加强自学、自修，才能真正有所成效。

4. **显效慢**。教师职后培训效果的显现，比起一般职业职后培训的效果显现得不那么直接、不那么迅速。由于影响教育质量的因素众多，教育效果显现的长期性、滞后性和转移性，就决定了教师不可能一经培训即可迅速直接地提高教育质量，更不可能马上取得经济和社会效益。

（二）区别于教师职前培养的特点。

虽然教师职后培训是建基于职前培养之上，并属大师范教育的范围，但由于它是取得了教师资格后的教育，所以比起教师职前培养，也具有不同的特点。

1. **多层次**。教师职后培训多层次的特点，是由在职教师政治思想水平、师德水平、文化水平、专业知识水平和教学能力水平的千差万别决定的。这种差别反映在我国特别突出。从文化水平上看，1953年全国小学教师155.4万人，在被调查的151万教师中不合格率达86.5%；普通中学教师11.3万人，被调查的高中教师不合格率达31.2%。[①] 经40年的努力，至1991年底小学仍有19.3%、初中仍有48.2%、高中仍有52.8%学历不合格。从教育教学能力来看，在全国900多万中小学教师中，实际能胜任工作的20%，基本胜任的40%，较大困难的约30%，根本不能胜任工作的10%。全部中小学教师中几乎1/3（约300万人）在不同方面存在着不同程度的差距，加之大部分合格教师还有一个知识更新、能力提高和补己所缺、所弱的问题，所以，教师职后培训不能"一刀切"，只能多层次进行，分别逐步提高。这与统一入学条件、统一目标、统一学制、统一课程、统一教学、统一考试、统一毕业的教师职前培养不同。因而一个国家、地区，乃至学校，在同一时期内必须开展多种层次的培训工作，才能满足不同水平教师的进修要求。就是对同一个教师，也只有通过不同层次的培训活动，逐步提高，才能适应教育发展的需要。

---

① 中华人民共和国教育部计划司编：《中国教育成就》(1949~1983)，第222、195页。

目前，我国师资职后培训，主要有三个层次：一是获得合格学历和合格能力的补偿教育；二是以胜任教育、教学工作为目的的岗位培训；三是适应教育发展、改革的继续教育。

2. 多形式。教师职后培训多形式的特点，是由多层次和培训对象的特点决定的。教师培训的多层次，决定多目标、多内容；教师职后培训对象具有在职、成人、工作和家庭负担较重的特点，决定了培训形式的灵活多样性。

从我国师资职后培训来看，包括脱产培训、在职校外培训、校内在职培训三大形式。培训中要使脱产与业余相结合，以业余为主；长训与短训相结合，以短训为主；集中与分散相结合，以分散为主；校内与校外相结合，以校内为主；自学与辅导相结合，以自学为主。

当然，随着师资培训工作的进一步开展，其形式将会更加丰富多彩，以使所有教师能根据各自的需求和情况，在最恰当的时间和地点，得到最满意形式的职后培训。这与教师职前培养的统一学制、统一时间、统一地点、统一方式的教育，截然两样。

3. 多渠道。所谓教师职后培训的多渠道，即负责进行教师职后培训的主体的多样性。一个国家、地区教师培训渠道的多样或单一，是由教育的规模、教师队伍的多少和教育领导体制决定的。一般来说规模小、人数少、集权体制的国家和地区，教师培训渠道单一；规模大、人数多、分权制的国家和地区，教师培训渠道多样。我国教师规模庞大、教师人数众多、实行集权与分权相结合的领导体制，自然进行教师培训的主体是多种多样的。

我国中小学教师培训渠道有：国家教委及有关司局举办的高级培训；六大行政区举办的地区性培训；省、市举办的各种培训；大学、独立学院、师范院校举行的委培、代培、业余大学、远距离教育；教育学院和教师进修院校举办的职能培训；县、乡、镇多功能培训中心，社会力量开办的培训班和自学辅导；中小学校自身培训和教师自修、自学。这与教师培养由国家包下来，国办、国管、国分的单一渠道迥然不同。

对在职中小学教师进行职后培训，是教育学院、教师进修学校的性质、任务之所在。我们应发挥其职后培训的专门功能，使它成为一个省、一个地区教师职后培训的教学中心、辅导中心、资料中心、科研中心乃至组织实施中心。另外,由于我国教师职后培训的任务重、实体少、资金缺,还应大力借助社会力量举办教师职后培训。

四 我国师资职后培训的原则

教师职后培训的原则,即在教师职后培训的管理和实施中处理各种问题应遵循的行为准则。根据成人教育的规律,总结建国40多年的实践经验,结合当前我国中小学师资队伍建设的目标,提出如下我国师资培训的一般性原则。

(一)提高素质,红专并重原则。

这是确保我国师资培训社会主义性质、方向和从根本上提高我国师资质量的原则。我们所说的素质不是指人的生理解剖上狭义的素质,而是指一个人的性格、品德、文化、智能、意志、兴趣和身体等的修养水平。中小学教育属于基础教育范围,必须面向全体学生,着力于学生素质的全面培养和提高。特别是处在变应试教育为素质教育的时候,教师全面素质的培训和提高,就成了我国教育事业发展的战略问题。教师职后培训的根本目的,就是提高全体教师的全面素质,以达到提高新生一代全面素质和民族素质的目的。而教师全面素质的培养和提高,只有沿着红专并重的道路才能实现,这就是本原则的含义。

贯彻这一原则,要求做到:第一,认识教师全面素质包括政治思想素质、道德素质、科学文化素质、教育理论素质、专业能力素质、心理素质和身体素质;第二,师德培训与业务培训并重,并使二者有机结合,互促并进;第三,通过隐性课程和显性课程,加强教师职后政治思想、职业道德培训。前者即在一切培训活动中渗透;后者即办专门学习班、开设专门课程、讲座、活动等;第四,鼓励教师走又红又专道路。

(二)服务教育,学以致用原则。

这是反映教师职后培训的职业特点和直接目的的原则。其含义为教师职后培训的出发点和归宿,是提高教育、教学质量,而不是削弱当前的教学。

要用进修促教学的标准来衡量教师培训工作开展的好坏。目前,有些地区和学校在安排教师进修上无目标计划,不根据教学需要进行培训,单纯追求数量、百分比;在进行培训中好高骛远,不理论联系实际,不重实际应用;有些教师放弃教育教学去搞自己所谓的提高,乃至学后"跳槽",均属违反此原则。

贯彻这一原则,要求做到:第一,应根据教学、教改的需要安排和组织进修;第二,做到缺啥补啥、需啥学啥;第三,将系统提高与教学急需结合起来;第四,培养教师教学、科研能力,指导教师理论联系实际。

(三)在职、短训、自学为主原则。

这是教师职后培训形式选择的原则。只有根据这个原则安排组织培训工作,才不会造成工学矛盾,影响教学工作的正常进行;同时,才能在不长的时间内使所有教师都达到培训要求。其含义是:为不影响教学工作的正常进行和照顾教师工作、学习、生活的特点,在选择职后培训的形式时,应以在职进修为主,在进修时间安排上宜短不宜长,在一切形式的培训中均应着重教师自学。

贯彻这一原则,要求做到:第一,国家和地方职后培训机构要大力加强自考、函授、电教、短训等职后培训,并健全培训网络;第二,校长应把搞好教师职后培训作为己任,大力开展校内各种形式的培训,并将其纳入学校评估内容;第三,大力鼓励、指导、表彰教师自学;第四,不排斥地方教育行政部门花大力气办好教师进修院校,通过离职进修途径提高教师水平。

(四)立足当前,着眼长远原则。

这是由教育的超前性所决定的规划教师长远职后培训的原则。这个原则的含义是:由于教育事业是为未来培养人才的事业,所以教师的培训必须预测未来的需要并超前安排,使今天的培训为未来的教育发展做好准备。

贯彻这一原则,要求做到:第一,国家和地区要在充分预测和准确调查的基础上制定师资培训规划、计划和相应的政策;第二,学校要在管理目标中提出队伍建设指标,并按计划组织培训,克服目前师资培训中被动、盲目状况;第三,预测教育的改革发展,创新教师职后培训的课程、内容和方法;

第四，鼓励教师争取更高学历，增强理论功底，进行教育科研。

（五）分类指导，区别对待原则。

这是教师职后培训微观管理的指导原则。它基于培训对象的巨大差异性之上。其含义为：由于教师的学历不同、所教科目不同、教龄不一、个人努力程度和效果也不一样，所以，教师的实际专业水平和教学能力是千差万别的。教师职后培训应从教师实际出发，有计划地组织教师参加不同规格、不同形式的进修，使其能按需进修、学有所得，各得其所，在原有基础上得到提高。这样，才能充分调动教师进修学习的积极性，真正达到培训的目的。

贯彻这一原则，要求做到：第一，建立教师业务档案，充分掌握每个教师各种素质发展状况；第二，发挥教研室作用，明确每个教师的进修要求和渠道；第三，发挥教研室的互教共学作用；第四，落实青年教师进修指导和奖励措施。

（六）统一管理，分工协作原则。

这是教师培训宏观管理的指导原则。它是基于教师培训多渠道的特点之上的。其含义是：全国、各地的教师职后培训职能部门，应在教育改革发展对教师队伍建设的统一要求下和教育行政部门的统一管理下，充分履行各自的培训职责，发挥各自培训优势，既分工又协作地为提高我国教师的素质而努力工作。

贯彻这一原则，要求做到：第一，目标方针统一、政策法规统一、认识态度统一；第二，充分发挥各级教育行政部门在师资培训中的领导、决策、统筹、协调、检查、交流、评估的中心作用；第三，完善各渠道的层级网络，充实各层级的力量和经费；第四，加强教师进修院校建设，充分发挥它们的职能作用，把它们建成地方教师培训的组织、教学、资料、辅导和科研"五个中心"。

第二节　国外师资职后培训的确立与发展

一　外国古代社会的教师及其进修

自从人类社会进入奴隶社会，就出现了建立于家庭教育之上的学校。不论是古埃及的宫廷学校，还是斯巴达的青年军训团、柏拉图的雅典学园，都是为统治阶级服务的。他们以吏为师，以僧为师，以法为教。其师资不是略通经文治术的僧侣、官吏，就是自学成才的自由民，不存在教师的职前培养和职后培训。

进入封建社会，西欧中世纪早期学校，都具有寺校合一的性质，教师由教会委任，并多为僧侣担任。而骑士教育则靠骑士生活和社交活动接受训练，并无专门的教育机构与教师。到中世纪后期，由于第三等级的出现和城市的兴起，传统的教会学校已不能适应经济和政治的需要，文法学校、读写学校、私立学校和基尔特学校应运而生，打破了教会垄断教育的局面。但它们的教师都是懂本国语和商业的长者和行业中的里手，并无学历要求和教师培训要求。就连12世纪起在意大利、法国和英国出现的一些早期大学，除专门学院外，一般只设文、法、医和神学四科，无师范科。从教学来看，主要是由教师诵读教科书原文及其注解，学生逐字逐句做笔记，并背诵和讨论。这样的教法和学法，也无对教师进行专业培训的必要。

二　文艺复兴时期教师教育观念的巨大变革

文艺复兴时期（14世纪中叶至16世纪末），随着西欧资本主义的萌发，人文主义教育思想冲破了中世纪经院教育的束缚，代表着资产阶级的利益和要求，为近代资产阶级的学校教育开创了端倪。虽然文艺复兴的教育改革，并未得到广泛的实施，但人文主义的教育观念和教育实践则在教育史上产生了巨大的作用。人文主义教育思想家，如意大利的维多里诺、尼德兰的伊拉斯谟、法国的拉伯雷和蒙田的有关论著和办学实践对教师教育观念的转变、教学内容的充实和教学方法的改革起了巨大的导向作用，成了无形的教师培训力量。他们要求教师要尊重儿童的个性，强调发展儿童的智力，重视体育，要求教师用爱和榜样进行德育，促进儿童身心和谐发展。他们还要求教师要激发儿童的心灵，要根据儿童的心灵及差异施教。不难看出，他们把教育的进步首先寄托在教师教育观念的改变和提高上，并在反对封建教会教育的实践中引导着教师的提高。

三　近代外国教师职后培训的确立

16世纪后期宗教改革后，随着世俗教育普遍发展的需求，西欧一些国家先于师范学校出现了训练教师的机构：1681年法国拉萨尔于兰斯创办了最早的教师训练机构，1695年德国佛兰克于哈勒创办了教员养成所，以后德奥各地开始出现短期师资训练机构，并逐渐为西欧其他国家所仿效。

18世纪工业革命以后，随着教育的普及、学校的大量设立，西欧创立了师范教育制度，中等师范学校、高等师范学校相继创立。这些学校均兼有培养、培训教师的作用。也出现了单设的教师培训机构，如1805年在赫尔巴特教育原理指导下，德国柯尼斯堡创立的教育研究培训班。

19世纪上半叶，为了确保教育的发展，在欧洲出现了最早的教师资格认定制度，极大地促进了欧日各国的教师职后培训。1810年7月12日德国颁布了关于教师资格考试的饬令，规定只有通过国家考试者才能获得教师证书，有了证书才能被任用。证书分三种：只教高年级的教师资格证书、只教低年级的教师资格证书和兼教高、低年级的教师资格证书。日本明治维新以后，1886年颁布《师范学校令》，即将教师培养、培训法制化。当时各国政府纷纷举办短期教员进修班、大学举办"暑期学校"、函授教育等，以使教师获得资格证书和提高教学水平。

与此同时，欧洲出现了一批学业高深的教育理论和实践家。他们的不朽论著，成为教师培养、培训的教科书和指南，促进了教师各方面的提高。如17世纪捷克教育家夸美纽斯的《大教学论》创立的班级授课制和一系列教学原则；18世纪法国启蒙思想家卢梭的《爱弥尔（教育论）》，宣扬自然主义教育思想和新教育的原则和理想；瑞士教育家裴斯泰洛齐的《林哈德和葛笃德》提出的用农业、手工劳动与儿童教育相结合的方法来改善农民生活的思想；19世纪初德国教育家赫尔巴特的《普通教育学》提出的教学形式阶段的理论和终身从事师范教育；被誉为"德国教师的教师"的第斯多惠写出了《德国教师教育指南》，他要求教师树立"全人教育"思想，"遵循完善的人的发展原则"，把引导学生积极思维的启发式谈话法提到首位，提出教师不是"奉送真理"，而是"教人发现真理"。这些，都成为教师培训、提高的灯塔，并流芳久远。

四 现代外国师资职后培训

第二次世界大战以后，尤其是60年代末以来，新科学技术的迅速发展，引起教育、教学的急剧变革，要求教师充实科学知识，改革教学方法，全面提高素质。各国都从自己的实际出发，进行多种目的、内容、形式、渠道的教师培训，逐步构成师资培训体系。

美国各级学校和教育部门，采取各种既具强制性又具鼓励性的措施，使教师不得不进修，又乐于进修。其措施有：实行假期进修制，实行休假进修制，建立大量的进修培训机构方便教师就近进修，对教师进修费用给予补助，承认教师在进修期间取得的学位和学历，实行进修晋升的加薪制度，实行进修换证制度。

日本在职进修形式有四种：一是校内进修；二是县和市一级教育委员会组织的各种进修；三是文部省和大学组织的各种进修；四是出国进修。

德国巴伐利亚州在1977年《教师进修法》中规定"教师进修有利于保持教师现有教学能力和适应科学知识的发展，或者更确切地说，培训教师对经济世界和工作环境的适应能力。……教师有义务继续参加进修"。其教师培训分为两类：一类是义务进修。新教师、低水平教师和要提拔任校长督学和担任教改任务的教师参加此类培训。另一类为自愿进修，即依照教师本人的意愿，由教师申请，经校长同意和上级教育行政部门备案、师训机构录取的进修。其教师的培养和提高分三阶段：知识水平的培训（即学历培训）、实习教师培训（两年上岗前培训）、任职后培训（适应性培训）。其师训网络分四层：州师资培训中心、大行政区组织的培训、地方（市）组织的培训和校内组织的培训。

虽然加拿大教育各省自治，但在教师培训上不管是认识、计划、实施均有很大的共同性。他们每学年度结束时，根据教学计划把下一年度的教师培训课题活动按时间先后顺序编成册——《在职教师继续教育活动》发给教师，使教师预作安排，更好提高自己的适应性。其培训方式有：各种形式活动教育、正式与非正式研讨会、短期长期培训和与大学联合培训。

韩国认为在科技迅猛发展时代的中小学教师，只满足于已学过的知识是不行的。为了跟上时代的步伐，必须不断地加强教师在职培训。他们对中小学教师实施以下三种培训：一是校内研修。由校长负责，其成绩作为教师评价、晋升的依据；二是一般研修。由教员研修院负责，以提高教育技术和根据国家、社会提出的要求为目的，进行短期集中培训；三是资格研修，即晋升教师级别（分三级）或提升为主任教师、首席教师、教育监督、校长之前的培训，其教育研修计分方法有两种：一是采取现职研修累计平均学分；另一是集中考试计分。今后应采取以一种为主来计算研修成绩。

80年代以来，发展中的南亚国家也掀起了在职教师培训的热潮。1985年印度1/6的教师参加了为期10天的侧重于课程教学的在职培训。巴基斯坦的一项教师继续培训计划要求对所有中小学的自然学科教师都进行在职培训。马来西亚从1981年至1985年，有165 000名教师参加了培训。印度为了使许多没有经过训练的在职教师得到提高，采取函授与面授相结合和短期与夏季集中相结合的办法进行培训。

为适应世界经济和高科技的迅猛发展及适应教育体制和课程改革的需要，东南亚国家实施了两类颇具特色的教师在职培训计划。一是旨在推动新课程开设的培训。如技术原理、环境与人、普通科学等。另一类是为加强课程的某一领域或某一方面的培训。如计算机应用、心理测量、数理统计。为适应世界经济和高科技的迅猛发展，东南亚国家普遍强调教师职后的科学教育。他们一方面使理科教师在校内的在职教师讲习班里接受培训，另外还通过发展远距离教育体系和永久性的地区在职培训机构来实现。

第三节　中国师资职后培训的确立与发展

一　中国古代社会的教师及其进修

4000年前中国奴隶社会初期的夏朝，就已经有关于学校的记载，出现了庠、序、校等学校的萌芽。有了学校当然也就有了进行教育工作的教师。综合我国奴隶社会和封建社会，教师大致由以下几类人组成：一类为官吏。我国奴隶社会的学校大都以吏为师，如西周政教合一的官学，最初以习武为主，教师由军官担任。"师"这个词即源于军旅和军官的称号。西周王宫小学教师"师氏"，即是担任王宫警卫的高级军官。西周中期，政局稳定，经济、文化空前发展，要求教育提高统治阶级的文化教养水平，形成了礼乐为中心的文武兼备的"六艺"教育。其教师多由文官担任。见于《周礼》、《礼记》的大司乐、大乐正、小乐正、大师、小师、大胥、小胥、乐师、执乐者、典书者，大多是不同等级的典司礼乐的文官，也是教师。封建社会的教育，也沿袭以吏为师的传统。第二类为儒士。汉王朝总结了秦重法不重教的教训，在儒家思想指导下，推动了学校教育的发展，为中国封建社会教育制度奠定了初步基础。公元136年汉武帝"罢黜百家，独尊儒术"，设儒家五经博士、开太学教，经师鸿儒就成为各级官学的主要教师。三类为学有专攻的术士，即有一技之长的智士能人。他们或充任古代律、算、医、武、画、玄、音、工等专科学校的教师；或在民间传授各种实用技艺。四类为乡学、私学、书院的教师。他们或是童子之师，或是名家大儒。

如同欧洲古代社会的教育一样，中国古代社会教师的培养和培训也无专门的制度和章法，除为教的官吏因官成师外，其余人员充任教师均靠勤苦自学。不过中国有历时1300年的科举制度，它除了成为知识分子入仕的途径，也使更多的人十年寒窗落第归乡，成为教师。从这个角度来说，科举制度也是中国古代社会特有的"师范教育"。

二 中国近代的教师职后培训

1903年《奏定学堂章程》颁发以后，随着中国正式师范教育的产生，教师职后培训也由自修、自学向正规化发展。民国初年，在《师范教育令》和《师范学校规程》中，对教师职后培训，均有相应的规定。1938年颁布的《师范学院规程》就规定，师范学院应附设中小学教员进修班授以一年专业训练。

三 中国新民主主义革命时期的教师职后培训

1927年至1949年，在中国共产党领导下的革命根据地，人民政府对师范教育很重视。1932年中央苏区成立了中央列宁师范学校，徐特立任校长。同年又成立了闽瑞师范学校。1937年陕甘宁边区成立了鲁迅师范学校，后改名为第一师范。至1941年，陕甘宁边区已有5所师范学校。

这些师范学校既培养新教师，又培训提高在职教师。另外，在革命根据地和解放区，还有专门教师职后培训的短训班、列宁暑期学校，并以巡回辅导、假期讲习、抽调训练等形式对在职教师进行文化补习和业务指导。

四 中华人民共和国成立后的教师职后培训

新中国成立以来，党和政府非常重视师资职后培训，取得了很大成绩。特别是党的十一届三中全会以后，师资培训工作越来越受到全社会的重视和支持，开创了我国教研培训工作的崭新局面。

建国以来，我国师资培训工作的发展，大致可分为三个阶段。

第一阶段：建国初期至"文革"前（1949年至1965年），师资培训工作奠基和经历曲折发展时期。其主要成绩，体现在以下三方面。

1. 改造和提高原有师资队伍。解放初期，中小学教师数量少、质不高，在政治上不同程度地存在着封建主义和资本主义的旧思想；在业务上受过师范专业训练的为数甚少。为了迅速改变师资队伍这种状况，师资职后培训工作首先着重抓了对原有教师的思想改造，同时适当兼顾业务方面的培训提高。如全国各地组织部分中小学教师参加当地的镇反、土改、"三反、五反"以及抗美援朝等一系列政治运动；还利用寒暑假举办教师学习班、讲习会，对教师进行以马列主义、毛泽东思想的基本观点为中心的政治理论和方针政策教育，教师的思想观点有了很大提高。在此基础上，全国教师开展了对苏联凯洛夫《教育学》的学习。除自学、讨论、专题辅导外，许多苏联专家来华讲学，使教师初步学习和掌握了苏联的教育理论和经验。

可知，建国初期我国的教师培训，侧重政治态度、政治理论、教育思想方面的改变，并有短期、应急的特点；没有师资培训的专门机构和专职队伍，并缺乏长远的规划和安排。

2. 创建师资培训基地。随着我国第一个五年计划的实施和教育事业的发展，对教师的需求量大幅度增长。人民政府采取了转业、招聘、动员等办法扩大教师队伍，以缓和师资的紧张状态。从整体来说，当时师资队伍的质量是很不理想的。1953年，全国中学教师11.3万人，不合格率达43.9%；小学教师155.4万人，不合格率达86.5%。

为了改变这种状态，除大力加强师范院校建设外，急需创建在职教师培训基地。1952年9月30日，教育部在《加强中小学教师的在职进修的通知》中，建议各地筹办教师进修学院、函授师范学校和教师业余学校。1953年，教育部、财政部又在《关于1953年中等学校及小学教师在职业余学习的几件事项的通知》中再次要求各大行政区筹办教师进修学校，由省市教育厅（局）直接筹办或委托师范学校举办函授学校，并选择有条件的县筹办教师业余学校。到1954年，全国重点试办了72所小学教师进修学校和函授学校，在22个大中城市开办了中学教师进修院校。同时还在东北师大建立了函授专修班，试办高师函授。

至此，全国初步建立了教师培训基地，为我国师资培训工作创造了重要的物质基础。

3. 开展了多种形式的师资培训工作。解放初期的教师职后培训形式比较单一，随着培训机构的创建，多形式的培训工作就迅速发展起来。脱产系统进修、短期轮训、广播教学、函授培训、巡回辅导逐渐成为重要的培训形式。

在这多形式的培训中，兴建的各级教师进修院校承担了大量的工作。它们一方面通过脱产、短训等形式提高本地区中小学教师的政治、业务水平；另一方面，又对基层教师进修机构进行业务指导。不少教师进修学校同时又兼搞教学研究，通过组织专题报告、公开课、教材教法辅导、教案示范以及教师座谈会等灵活多样的活动，将教学、教研和进修培训结合起来，深受广大教师的欢迎。50年代后期各地相继建成了省级函授师范院校或在师范学校设立函授部，进行教师职后培训。

50年代末期，我国教育和师资培训工作虽受到"左"倾思想的影响，但总体上看，成绩还是显著的。据1963年统计：全国中学教师的合格率由1953年的56.1%提高到71.8%；小学教师合格率由1953年的13.5%提高到34.5%，并涌现出大批教学骨干，教学质量显著提高；创建了师资培训基地和师资培训队伍；初步找到了符合我国实际的师资培训形式和渠道；积累了一定的师资职后培训经验，为我国师资培训工作继续发展打下了坚实的基础。

第二阶段："文革"十年（1966年至1976年）教育遭到严重破坏，师资培训工作停顿、瓦解时期。

十年浩劫使我国教育陷于崩溃，使方兴未艾的师资培训工作受到严重摧残。全国除广西壮族自治区教师进修学院和武汉市教师进修学院外，所有教师进修院校都已不复存在。另一方面，"队队办初中"和"高中不出公社"的不切实际的决策，使普通中学单一发展。大量不合格教师进入学校、原有教师层层拔高使用，致使已经提高了的师资队伍质量严重下降。据1978年统计，全国小学教师学历合格率为47.1%，初中教师学历合格率为9.8%，高中教师学历合格率为45.9%。这些都成为粉碎"四人帮"后我国师资培训工作的严重负担。

第三阶段：党的十一届三中全会以后至今（1978～），拨乱反正，师资培训工作全面恢复和发展时期。

党的十一届三中全会以来的正确路线、方针、政策，使我国教育事业的发展进入了一个新的历史时期，中小学教师培训工作在全面恢复的基础上，为满足经济发展的需要，有了长足的进展，谱写了我国师资培训工作光彩夺目的一页。

经过几年的恢复和兴建，80年代以后，我国已逐步形成教育学院、教师进修学校、师范院校培训部与函授部、广播电视学校、教育（教学）研究室（所）、地方培训中心和校内培训分工协作的教师职后培训体系，并逐渐使我国教师培训工作向内涵方面发展。

1980年6月全国师范教育会议提出培训工作要面向普教，从实际出发，通过多种形式，提高中小学教师政治、文化、业务水平。8月教育部颁发了《关于进一步加强中小学在职教师培训工作的意见》，文中制定了到1985年师资培训工作的规划，明确了各级进修院校的分工，提出了逐步实行全国统一的教学计划，加强了对教师培训工作的领导。1985年5月27日《中共中央关于教育体制改革的决定》从一个新的高度指出了师资职后培训的战略意义："建立一支有足够数量的合格而稳定的师资队伍，是实行义务教育，提高基础教育水平的根本大计。"把发展师范教育和培训在职教师作为发展教育事业的战略措施。1985年11月国家教委召开了全国中小学师资工作会议，研究了师资队伍建设的目标、方针、步骤和政策性措施。1986年国家教委印发了《关于加强在职中小学教师培训工作的意见》，要求各地因地制宜，采取多种形式，通过多种途径培训教师，使不具备合格学历或不胜任教学的教师，绝大多数能够胜任工作；使少数不具备最基本文化基础知识和初步教学能力的教师，具有初步教学能力；使已具有合格学历，胜任教学工作的教师，不断提高政治、文化和业务水平，并从中培养学科带头人和教育、教学专家。1990年10月国家教委在自贡市召开了全国中小学教师继续教育座谈会，会议要求全国师资培训在做好学历达标培训的同时，不失时机地把培训任务的重点由学历补偿教育为主逐步转向继续教育为主。

这十多年来，师资职后培训工作的巨大成绩，可归纳如下：

1. 加强了师资培训基地的建设，形成了以教师进修院校为主体的师资培训网络。为了适应师资培训的发展和需要，1991年，全国已建教育学院254

所、教师进修学校 2061 所。① 此外，各地还建了一批普通高师院校的培训部和地区培训中心，并与广播电视教育、自学考试相配合，初步形成了师资培训的网络。各级政府加强了对教师进修院校的物质投入，利用世界银行贷款，联合国儿童基金会援款，极大地改善了办学条件，为培训工作的现代化奠定了物质基础。

2. 颁发了教学计划、教学大纲，编写了大量教材与教学参考资料，建设了一支从事师训工作的队伍，培训质量不断提高。首先对初中教师进修高师专科的教学计划进行了修订。另外，还组织编写了教师学历进修的文字材料和音像教材，并根据中小学教师专业合作证书考试的要求，组织编写了 83 门教材。初步形成教师在职进修各层次的教材体系和师资力量，确保了培训的质量。

3. 积极开展了多层次、多形式的培训工作。在师资培训工作中，坚持了多层次办学。除高师本、专科、中师等学历班外，还办了"专业合格证书"和各种层次、各种规格、各种形式的短训班、单科班、教学研究班、干部培训班、骨干教师研究班等。各地的进修机构办学形式灵活多样，特别是通过函授、业余面授、脱产培训、自学、互教，以及在教学实践中边教边学等形式，不断提高广大中小学教师水平。

4. 提高了广大中小学教师的素质。通过十多年的努力，广大中小学教师政治思想素质、文化业务素质、教育教学能力均有较大提高。从学历达标来看，1989 年统计，小学教师的合格率从 1977 年的 47.1% 上升到 71.4%，初中教师从 1977 年的 9.8% 上升到 41.3%，高中教师已达 43.5%。到 1991 年底，小学、初中、高中教师学历合格率已分别达到 80.7%、51.8% 和 47.2%。有 7.3%（18 万）初中教师达大学本科学历，2.7% 左右（14.8 万）小学教师已达大专以上学历。② 还有 60 多万中小学教师取得了《专业合格证书》。

---

① 国家教委计划建设司：《中国教育统计年鉴》（1991～1992），第 98、110 页。
② 同上书，第 64、65、88 页。

1993年起全国各地开设了初中教师进修高师专科自学考试系列，建立了函授、卫星电视教育、自学考试相互沟通培训初中教师的办学模式，最大限度地把不具备合格学历能够参加自学的初中教师组织起来，按照分类指导的原则，分期分批开展全员培训。

5. 逐步实现着教师培训工作重点的转移。十一届三中全会以来，中小学教师职后培训大体经历了三个阶段：1983年以前，根据"教什么，学什么"、"缺什么，补什么"的原则，开展了以教材教法过关为重点的中小学教师培训工作。1983年至1989年，为了帮助各级学校教师达到应有的合格学历标准，在教材教法过关培训的同时，举办各种系统的（或短期的）文化进修班，实行《专业合格证书》制度，进行了以中小学教师学历补偿教育为重点的培训。1990年以后，我国师资培训进入第三个阶段，即学历培训和继续教育交叉的时期，或者说是由学历补偿教育为主转向继续教育为主的培训任务重点转移的时期。

我们还必须看到，过去十多年的师资培训工作与国家的要求还有较大差距，与基础教育的改革和发展还不能完全适应。主要表现为以下几方面：师资培训工作的发展不平衡，有些地方尚未把它放在优先地位；把主要精力放在文化知识培训方面，教师的政治思想、师德修养的培训，仍然是个薄弱环节；对不具备合格学历的教师培训得多，对具备合格学历的教师，特别是骨干教师的培训重视不够；强调了理论和业务知识的传授，对教师的教育、教学能力与教师基本功的提高重视不够；培训机构的办学条件还不能很好地适应师训工作的需要，尚需加快改革的步伐。

第十四章

中国教师职后培训的实施

第一节 教师职后培训的地位、目标、方针与步骤

自从1985年5月《中共中央关于教育体制改革的决定》发布和11月全国中小学师资工作会议后，进一步提高了对中小学师资队伍建设和师资培训工作重要性、迫切性的认识；提出教育是提高整个民族素质的战略问题，师资队伍建设又是教育的战略重点，是实行九年义务教育、提高基础教育水平的关键。

目前中小学教师队伍建设和教师职后培训的目标是：经过15年或更长时间坚持不懈的努力，建立起一支有足够数量、合格而稳定的中小学师资队伍，为形成一支宏大的高水平的，年龄、专业和层次结构合理的中小学师资队伍奠定基础。

为实现这个目标，提出了多渠道、多层次、多形式和业余、自学、短训为主的教师职后培训方针。

在具体步骤上，提出要稳定骨干教师队伍，培养新生力量，培训现有教师，调整少数教师；要千方百计动员各方面力量，通过各种渠道，特别是采

取现代化手段，改变在职教师中相当一部分人不胜任工作的严重局面。争取5年或更长一点时间，使不具备合格学历或不胜任教学的教师，绝大多数能够胜任工作，并通过考核取得合格证书或合格学历；使少数不具备最基本的文化基础知识和初步教学能力的教师，通过教材教法进修，具有初步的教学能力；使已具有合格学历、胜任教学的教师，通过学习新知识，学习掌握新的教育理论和教学方法，总结教育、教学经验，不断提高政治、文化和业务水平，并从中培养一批各科的带头人和教育教学专家。

第二节 教师职后合格培训

一 教师职后合格培训的含义

自从有职业划分以来，随着人类职业活动的现代化、复杂化和频繁化，日益要求各行业的从业者具备一定的职业资格，即一定思想品德、文化知识、专业知识和专业能力。教师是教育职业的从业者，是向受教育者传递人类积累的文化科学知识和进行思想品德教育，把他们培养成一定社会需要人才的专业人员。由于教师职业的重要性和特殊性，所以教师的任职资格历来受到一些国家的重视和社会的关注。当前均用法律或法规的形式和严格的教师资格证书制度，保证进入教师职业人员的合格。但是由于历史、文化、经济、教育等各方面的原因，世界上很多国家特别是发展中国家，未能控制不具备起码要求的人员大量进入了教师队伍，极大地影响着教育水平的提高。因此，各国教师职后培训均首先对这部分教师实施职后合格培训。

我国虽未正式实行教师资格证书制度，但是国家在革命和建设的每一个阶段，根据政治、经济、基础教育和师范教育的发展需求，均提出了对教师的资格要求。可是，由于我国1986年才正式明确中小学教师学历资格，所以普通教育的教师有数量不少的不具备教师的学历资格，极大地影响了我国普及九年义务教育的实施和教育水平的提高。教师职后合格培训，已成为当务之急。

所谓教师职后合格培训（又称教师职后资格培训或补偿培训），是指对已进入教师队伍但实际上还未达到教师资格水平的教师，进行职业道德、学历和教育科学的补偿性培训，使其达到教师的合格资格。

二 教师职后合格培训的类别

根据教师补偿培训的侧重点不同，可分为三类：职业道德、学历和教育科学的补偿培训。也有分为学历补偿培训和非学历补偿培训两类的。在非学历补偿培训中包括职业道德和教育科学的补偿培训。

（一）职业道德培训。

教师职业道德是在教师职业活动中应遵循的具有自身职业特点的道德原则和规范。它是社会一般道德和阶级道德在教师职业中的具体体现；是根据教师职业的性质、社会职责、社会作用、教育对象等的特点所形成的人与人之间以及个人与社会、国家之间的行为规范。

我国有着尊师重道的良好传统，社会对教师角色的期望值很高。中华人民共和国成立后，国家对人民教师职业道德更为重视，把教师职业道德视为教师职业的灵魂，发挥专长的思想基础，教书育人的首要条件和"两个文明"的重要内容；并通过严格的思想教育和考核，使进入教师队伍的人员达到党和国家对人民教师的职业道德要求。1984年教育部和全国教育工会曾联合颁发了《中小学教师职业道德要习（试行）》，1991年8月国家教委和全国教育工会在总结试行情况的基础上对上述要求进行了修订，重新颁布《中小学教师职业道德规范》6条，其核心是坚持社会主义方向，教书育人，精心培育德、智、体全面发展的社会主义新人。

教师队伍的思想、政治、道德素质如何，直接关系着能否培养一代社会主义事业建设者和接班人。特别是我们在非常错综复杂的国际国内环境中进行社会主义建设，各种非无产阶级思想都会侵蚀到中小学中来，作为社会主义精神文明的主要阵地——学校和作为社会主义精神文明的主力军——教师，就更负有重大的历史责任：既要为90年代和下世纪初现代化建设提供人才和智力支持，又要为坚持社会主义制度培养可靠的接班人。要实现学校、教师的历史重任，必须用《规范》对全体教师特别是青年教师进行职业道德补偿教育，使之坚定社会主义信念，树立教书育人思想，执行全面发展教育方针。从某种角度来说，这是比学历补偿和教育科学补偿更难、更重要的教师职后培训。

（二）职后学历补偿培训。

学历是指一个人接受国家社会认可的教育机构的教育历程。其最近学历标志着一个人接受教育的程度和水平。现代社会的职业，由于智力劳动成分的增加，都对从业者提出了起码的学历资格要求。学历对就业资格的作用，是表示从业者具有从事某种职业的基本文化素养；具有与学历大致相应的智力与能力；具有与学历大致相应的学力。

由于学历与职业资格密切相关，加之教师属于高学历职业，所以世界各国对教师学历资格，均有严格的规定，而且随着教育的现代化，世界各国教师资格均出现高学历的趋势。我国1986年正式提出了各级各类学校教师合格学历要求，并要求1986年9月1日以后参加工作的教师，小学应达到中等师范毕业，初中应达大学专科毕业，高中（含农中、职中）应达大学本科毕业的学历水平。这对我国教师资格证书制的确立和实施，对教育质量的提高，起了重要的作用。

但是，不容忽视的是，由于历史的原因，我国基础教育有过4次发展高峰，每次高峰都带来教师数量的剧增和不合格学历教师的增加。这4次高峰是：(1) 50年代初期，由于广大劳动人民翻身得解放，教育为人民所有、为劳动人民服务，使入学人数猛增；(2) 1958年大跃进时期。中共中央、国务院发布《关于教育工作的指示》(1958年9月19日)，要求全国在三到五年内基本普及小学教育和农业合作社社社有中学；(3) 1980年12月3日中共中央发出《关于普及小学教育若干问题的决定》提出80年代全国应基本实现普及小学教育的历史任务；(4) 1986年4月12日《义务教育法》提出把加强基础教育当作整个教育工作中最重要的环节，并用法律条文把对青少年儿童进行九年普及义务基础教育规定为国家、社会、家长、学生的应尽义务。据1983年统计，我国有小学86.22万所，为1949年的2.4倍，在校生135.78万，为

1949年的5.5倍。又据1982年统计,我国有普通中学101 649所,为解放前最高年4266所的22.8倍;有初高中学生4528.49万人,为解放前最高年149.6万人的29.27倍(其中初中在校生4000万人,为解放初的80万的50倍);有专任教师268.06万人,为解放前最高年7.79万人的33.36倍。可是据1984年统计,540万小学教师中不够高中、中师毕业学历的达41.5%;210万初中教师中,不够专科毕业学历的达76.6%;46万普通高中教师中,不够本科毕业的达59.8%。以后虽经巨大的努力,到1991年底小学教师仍有19.3%、初中教师仍有48.2%、高中仍有52.8%学历不合格。

为解决师资队伍中相当数量学历不合格者的进修达标问题,必须在大力发展师范教育的同时。采取多样、切实、严格的办法,进行教师职后学历补偿教育,务使每一位20年以下教龄的在职教师,均达到相应学历的要求。

(三)职后教育科学补偿培训。

教师职业资格,除起码的职业道德、相应的学历和健康的身体外,很重要的是要有合格的专业水平,包括所任学科(课程)的水平和起码的教育科学水平。由于教师职责的重要性和复杂性,教师职业的专业性和创造性,以及教育对象的多样性和能动性,教师仅有合格的专业课程知识水平而没有相应的教育专业智能水平,是难以教好学生和完成教师职责的。所以,一定的教育科学水平,是教师资格不可缺少的组成部分。

我国二三十年代教育科学大传播、大普及,不仅各级师范学校重视教育学科的开设和教育能力的培养,而且面向社会出版了不少普及性读物,仅王云五主编的《万有文库》,就有教育科学方面的小册子近百本,这对一代教师教育素养的提高,无疑起着重大作用。50年代初,对凯洛夫《教育学》的学习,70年末对外国现代教育理论的借鉴,对于改变教育观念,促进教育改革、提高教师教育科学水平也起着重要的作用。

在肯定成绩的同时,也不能不看到,我国师范院校的教育学科的开设数量和水平,还不能达到现代教师教育科学资格的要求;对非师范毕业的教师教育科学水平尚无明确具体的规定。必须强化教师职后的教育科学补偿培训,使每个进入教师队伍的人,具有起码的教育科学理论水平和相应的教育教学能力。

三　教师职后合格培训的形式

根据我国教师职后培训的原则和教师职后培训多形式的特点，在总结经验的基础上，提出脱产培训、函授培训、业余培训、空中培训、自学考试培训等培训形式。

（一）脱产培训。

脱产培训是在整个培训期间，教师离开教学岗位，到相应的教师进修院校修习系统的课程知识，并取得相应的证书的培训形式，其学制长短不等。脱产培训中，学历补偿培训因要与教师职前培养相衔接，所以一般为长期培训（2～3年）；职业道德和教育科学补偿培训，一般融于学历补偿培训中，用修习相应的课程来进行，也可单独设课进行短期培训（1～3个月）。

脱产培训有专一、全面、系统、正规的特点，能充分发挥教师的主导作用，充分体现教学相长原则和发挥学员集体的作用，所以受到重视和欢迎，而且成绩显著。但是长期的脱产培训的突出问题是工学矛盾，特别在实行校内管理体制改革的学校中更为突出。所以在教师职后合格培训中，应更多地通过其他形式进行。

（二）函授培训。

函授培训即运用通讯方式进行的培训。参培教师不脱离工作岗位，利用业余时间修习函授教材，并接受一定时间的集中面授或就地委托辅导，最后由函授学校考核后发给教师职后合格培训证书。

这一培训由于充分体现了教师职后培训"业余、函授、自学为主"的原则，能大大减少工学矛盾，有极大的培训容量，教学管理比较灵活，也减少教育投资，为国内外教师职后合格培训所普遍采用。可是，也正由于函授培训业余分散、人多面广、时间长而不集中，带来教育教学管理上的诸多困难和不便。为此，健全函授培训的管理体制和制度，加强函授培训计划、大纲的制定和执行，严格函授培训的考试和评估，就成了保证函授培训的质量的重要问题。

（三）业余培训。

一种完全不脱离教师岗位工作，由教师职后培训机构全程进行的教师职后合格培训形式。一般有夜间制、假期制、定时制三种。它的优点是，避免了工学矛盾，既能使教师工作渐进地完成，又能使教师专注地参与培训；可进行工读交替，既可提高培训积极性和学习效果，又可促进理论与实践的结合；全学程都在培训学校和教师的组织下进行，可保证培训达成预期质量目标；而且这一形式既适用于学历补偿培训，也适用于职业道德、教育科学补偿培训。

这种培训形式，为国内外教师培训机构所重视，宜于在教师合格培训中大力推广。当然，由于工读交替，会增加参培教师疲劳度；也由于培训时间上的分散，容易影响培训的连续性；且业余、分散，也为培训管理上带来诸多困难。这些都需引起注意和采取必要措施加以克服。

业余培训，还包括学校内组织的、定时不定时的，旨在补偿教师职业道德、教育科学的培训，如专题报告、系列讲座、读书活动等等，以使入围教师合格达标。

（四）空中培训。

有组织地利用电视、无线电广播、通讯卫星等空中大众传播媒体，对广播、电视院校学员进行的教师职后合格培训。它是现代化教育手段在教师职后合格培训中的运用，是社会经济、科学技术和教育教学发展的产物。它声、像并茂，可提高培训效率；它高水平、统一标准，可提高培训质量；它空间、容量几乎是无限的，可扩大培训规模；它适合地广、人多、交通不便的地区，所以广播电视培训能得到迅速推广和发展。

（五）自学考试培训。

这是继承我国悠久的自学考试传统，以个人自学为基础，社会助学为辅助，国家考试为主导的三结合的教师职后培训形式。自1981年1月创立高等教育自学考试制度以来，教师就成为自考生队伍的主力军；高教自考就成为教师职后合格培训的重要途径。由于不受学历、人数限制，容量大；采用学分累计、分段达标，允许重复参加考试，方便灵活；花费少，收效高，经济实惠；制度严密、考试过硬，社会声誉好；能将广大教师的积极性与教育发展改革的需要结合起来，有利于加快教师培训的步伐等，所以受到广大教师的欢迎，呈现出旺盛的生命力。

四　教师职后合格培训的问题与对策

（一）教师职后合格培训的问题。

至1991年底，我国小学、初中、高中教师合格学历的比例已分别达到80.7%、51.89%、47.2%，另有60多万中小学教师取得了专业合格证书。但是，必须看到我国的师资职后合格培训与国家、教师的期盼和世界的水平还有较大的差距，存在如下几方面的问题，必须认真研究和解决。

第一，地区、学科发展不平衡，致使中学教师中不具备合格学历者仍占较大比例，"短线"学科不合格学历教师急待培训提高。

第二，教师队伍不稳定和不合理流动，严重影响了教师合格率的提高。

第三，师范教育和教师职后培训重学历、轻师德和科学的倾向，严重影响了师资的全面合格，造成教师职后培训虽学历合格率大增，而职业道德、教育素养却未能显著提高。

第四，教师职后合格教育的渠道仍不够多元化，形式仍不多样，方式仍不灵活，大统一的多，小分散的少，很难适合我国教师工作分布广阔，条件不一，待遇低，教师素质差距大，进修机会少的状况。

第五，培训机构的办学条件还不适应教师合格培训发展的要求，使培训难以高质量、现代化。

第六，师资管理和培训政策不完善、不配套，也是制约我国教师职后合格培训的重要原因。

（二）进一步开展教师职后合格培训的对策。

第一，提高教师的社会地位和经济待遇，使教师职业不仅成为最受人尊敬的职业，而且成为吸引优秀人才进入教师队伍和教师自我完善提高的一种力量。

第二，拓宽培训渠道和形式，如发动社会和人特别是退休骨干教师创办培训实体和大力发展业余培训和校内培训，使教师能有更大参培的选择性和可能性。

第三，加强教育学院和教师进修学校办学思想、物质条件、教师队伍和专业结构的建设，不断提高教师职后合格培训实力。

第四，进一步完善教师资格和培训政策体系，转换师资职后合格培训机制。如建立和完善师范毕业双证书制、非师范毕业教师补偿培训制、教师资格证书制、教师资格考核检定制、教师参培奖励制，变"要我参培"，为"我要参培"。

第三节　教师岗位培训

一　教师岗位培训的含义及特点

岗位培训是现代成人教育的基本形式，它与成人的学校教育和成人的社会教育构成现代成人教育的外延。李鹏总理在全国成人教育工作会议上概括了我国目前成人教育的五种内容即岗位培训、基础补课教育、成人中高等学历教育、扩展新知识技能的继续教育和社会文化生活教育，并指出五种成人教育之中岗位培训是重点。国务院1987年6月23日批转的国家教委《关于改革和发展成人教育的决定》中明确规定"把开展岗位培训作为成人教育的重点"。这一规定，意味着把岗位培训作为一种与学校教育（学历教育）相对而言的一种教育形态，正式纳入我国成人教育体系。

岗位培训主要是行业和企事业单位，为了提高所属从业人员的本职工作能力，按照岗位工作职责、规范和岗位实际需要而组织实施的一种职后的教育和训练。其基本任务就是消除和缩小从业人员现有工作能力与本岗位需要的工作能力之间的差距，使之符合岗位工作需要。1986年底，全国成人教育工作会议在烟台召开，提出在"双补"基础基本结束以后，应"把成人教育的重点有计划有步骤地转移到岗位培训上来"。1987年6月国务院批转国家教委《关于改革和发展成人教育的决定》重申了成人教育的这一重点，并提出这是成人教育方向性的改革，这一改革使我国成人教育终于找到了一个最能发挥它独特职能的、沟通经济建设的结合点。

教师岗位培训，是教育行政业务主管部门或学校，在教师达标上岗的基础上，按照岗位职责和规范，对教师进行的以提高教师教学能力为主的适岗性培训。其实质在于不断解决教师现有工作能力与岗位需要的工作能力之间的差距，使教师胜任岗位工作。

教师岗位培训具有以下特点，既区别于教师职后合格培训，又区别于教师继续教育。

1. 教师岗位培训的对象是已在岗或即将上岗的教师。他们都是经过师范培养或经职后合格教育取得合格证书的教师，但对教师岗位工作尚缺乏适应能力。

2. 教师岗位培训的依据和基础，是教师工作的具体岗位职责和规范，而不是学历教学的计划和大纲，也不是专业课程或教育科学的最新发展。

3. 实施教师岗位培训的目的，在于提高教师适应本职工作的能力，特别是教育教学能力，从而达到直接有效地提高教育教学质量。而教师合格培训的目的在于获得任教资格；教师继续教育的目的在于更新知识结构，拓宽知识面，加深知识水平，提高专业能力。

4. 实施教师岗位培训的主体是教育行政部门的业务主管部门和学校的教务处、教科所、教研室、年级组、教研组等，有强烈的行业性。

5. 教师岗位培训的内容，是干什么学什么，需什么教什么，具有非系统化、非课程化、非理论灌输，重"临床性"指导和帮助的特点。而教师合格教育和继续教育内容则要广泛得多，并不受岗位工作实际需要的严格限制。

二　教师岗位培训的意义

（一）教师岗位培训是教师合格培训的必然继续。

教师取得合格证书，只标志其已达到作为一名教师的起码条件，社会承认其教师资格，而并不标志他一定能胜任岗位工作。教师合格证的取得，仅仅是教师职业生涯的开始，继合格培训之后，就要转向以胜任工作为目的的岗位培训上来。

（二）教师岗位培训是保证学校教育教学质量提高的重要措施。

学校的教学质量，有赖于影响质量的各方面工作的正常开展，有赖于全体教职工，特别是教师的尽职尽责；而教师要尽职尽责，就必须有岗位意识（思想、态度、道德）和岗位能力（知识、经验、技能、技巧）。而这种岗位意识和能力，不是随着获取教师合格证书，就能自然获得的，还必须经过严格、艰苦、长期的岗位实践训练。另外，岗位培训把教师的思想品德、文化知识、专业知识转化为直接影响教学效果的教育教学能力，可以比合格培训、继续教育更直接有效地影响教育教学质量的提高。

（三）岗位培训是促进教师成熟、发展的有效途径。

教师成长有一个成熟度的问题，经研究证明教师的成熟是一个漫长而艰苦的过程。五年合格、十年成熟，至于成为优秀教师或教育专家，则需更长的磨练。促进教师不断成熟的内部动因是教育改革发展对教师素质、能力日益提高的要求和教师现实素质、能力之间的矛盾。教师素质是多因素的，但绝不是抽象的，它将综合体现在教育、教学能力之上。那么，以提高教育、教学能力为主的岗位培训，不能不说是促进教师素质提高和教师发展的有效途径。

三　教师岗位培训的类型

根据1987年2月国家教委《关于改革和发展成人教育的决定》中，"要逐步做到各类从业人员走上岗位以前，都要按照岗位规范的要求进行培训；走上岗位以后和转换岗位时，还要根据生产和工作中提出的新要求，经常地培训提高"的指示和各地岗位培训的经验，可把教师岗位培训分为上岗培训、在岗培训和转岗培训三类。

（一）上岗培训。

教师上岗培训，即对持有合格证书的教师在上岗前或上岗初，按照岗位职责和规范进行的旨在取得岗位证书或得到岗位认可的岗位培训。

我们必须明确：合格与上岗是两个概念。经考核、检定合格的教师，只有在一定的教师工作岗位上，并按岗位规范履行岗位职责，才可成为在编、在岗教师。教师学历合格不等于岗位认可。因为一般文化知识不能代替专业知识，更何况知识与能力并不一定是同步发展。教师合格培训是取得教师资格的起码的、一般的、无具体责任规范的培训，与教师各岗位的具体的、严格的、有责任规范的要求是有很大差异的。"先培训，后上岗"的先进制度，也适用于教师职业。因为教师各工作岗位也属"技术性强、手段精密、责任重大的岗位"，它虽有独立性、分散性和难以精确规范的特点，但也有规律可循，也有确定的责任，也有相应的程序和标准。上岗前不培训，难以保证岗位工作质量。

美国学者认为"第一年是重要而困难的，在优秀的指导教师直接指导下、帮助下，牢固打下理解孩子、自主和自律的精神、责任的自觉性、实践指导技能方面的基础，对于迈出漫长教育生涯的第一步是非常重要的"。从教师心理成长来分析，新教师在见习期属于"角色适应阶段"，它是以后的主动发展阶段和最佳创造阶段的基础。

上海市松江县教师进修学校对新教师实施的为期两年以政治思想、专业业务能力和教育教学实绩为内容的见习期培训和江苏无锡县的三年上三个台阶（教学常规入门、课堂教学过关和教学基本功培训）的青年教师教学能力培训，就是典型、完整的教师上岗培训。它们不仅得到新教师的普遍欢迎，加快了新教师成长的步伐，也调动了中老年教师的积极性，活跃了学校的教学研究气氛。

（二）在岗培训。

教师在岗培训（或称适岗培训）是继上岗培训后，对已获岗位认可的在岗教师所进行的旨在取得继续在岗任职资格的岗位培训。它也包括对实行"先培训，后上岗"前未经严格岗位培训的广大在岗任职教师的岗位培训。

我们必须明确，经上岗培训的新教师，仅仅是跨出了无止境途程的第一步，以后的成败，在于是否能在教学实践中锻炼成长，不断提高。从教师心理成长分析，进入"主动发展"以后将遇到比"角色适应期"更多的问题，需更进一步的岗位培训去解决。政治、经济的发展永远促进着教育教学向深度和广度进军，认为上岗轹业、一劳永逸，不组织在岗教师进行不断的岗位培训，是很难取得继续在岗任职的资格的。就是有经验、有名望的教师，如不再接受在岗培训，也很难突破教育教学能力发展突飞猛进后的高原期，致使发展失去后劲，乃至平平而终生。

如果说上岗培训的对象是教师的一部分——新教师，那么，在岗培训则是全体教师，无一例外，每个教师都应在在岗培训中找到自己的课桌，取得进展，以更好适应岗位工作的要求。

1991年8月18日国家教委颁布《中、小学教师职业道德规范》后，要求各地组织学习、宣传、贯彻。这实际上就是中小学全员的职业道德在岗培训，对广大教师首先进行的国情教育和培训等，也是在岗培训。

教学是学校教育的中心，是教书育人的主要手段，所以提高教学能力应是在岗培训的重点，是长期稳定提高教学质量的关键。吉林省有个中学校长根据教学能力与教学活动密切相关的实际，分析了教师教学活动前、中、后所需的能力，实践了用办讲座，抓备课，练基本功，提供教师上汇报课、研究课、观摩课和开展教学竞赛的种种机会，以及写论文的形式，对在岗教师进行三大能力（教学设计能力、教学调控能力和教学评析能力）的培训，是很典型的、成功的在岗培训。

在掌握课堂教学基本知识，具备课堂教学起码能力的基础上，使在岗教师有更深的课堂教学功底，是提高教学能力的在岗培训的重要组成部分。在这方面，河北省有位老师提出如下更高层次的课堂教学基本功培训的内容：情真意切的教态；启发精当的课堂提问；简洁新颖的课堂板书；恰到好处的教学演示；声情并茂的教学语言；风趣高雅的幽默感；随机应变的教学机智。

班级管理是学校管理"主链条"上的最前沿、最基础的环节，是学校管理功能、职能及其综合发挥的基地。作为班集体的组织者、教育者和领导者的班主任，自然在学校教育教学中，特别是在对学生的德育中，起着举足轻重的作用。班主任在岗培训，显然是在岗培训的重要部分。国家教委在1988年《中学班主任工作的暂行规定》中明确指出："教育行政部门和学校应有计划地对班主任进行培训……"包括：马列主义理论、管理知识和能力、教育科学知识、语言文学能力和班主任工作经验交流等内容。

（三）转岗培训。

转岗培训首先是在现代化大工业生产企业产生的。它反映了现代化生产的革命本性，也反映了职工个体避免结构性失业，适应职业岗位频繁变化，求得生存发展的需求。

现代教师职业和教师岗位工作，也必然要受到现代生产、经济、社会不断变革和教育自身改革发展的影响，在稳定中不断变换，在发展中不断更动。转岗培训就是适应这种变动，对转换工作岗位和晋升职位的教师按照新岗、新职的职责和规范，所进行的岗位培训。它不仅影响教师个人的发展，也能使教育、教学力量在动态中实现最佳组合，保证学校的不断发展和教育质量的不断提高。

我国中、小学教师转岗培训，包括因适应中等职业技术教育的大力开展，适应课程改革的需要和适应教师职务晋升，而开展的转岗培训。

由于职业中学和普通中小学职业技术教育的开展，需建立专兼职相结合，以专为主的职业技术师资队伍。所开展的培训，其目的是使与职业技术课程相近的普通文化课师资专任或兼任职业技术课程。十多年来，我国开展的这一岗位培训，满足了职业课程开设的急需。这一培训的形式有：代培、参培和自培。代培即根据计划及需要，送教师到国内、外高校相应专业进行转岗培训。参培即组织参加卫星电视、广播、函授、自考的相关专业培训。自培即地方或学校组织教师自修职业课程，参加职业课程教研联组会议和到相关职业拜师学艺。

为实施课程改革方案，除要运用在岗培训使原有科目的任课教师掌握新的教学大纲外，还要开展转岗培训，按新开科目大纲和活动要求培训新设课程和活动的专、兼职教师。随着教育改革的深入发展，教学内容的改革已成为教育改革的一个热点和重点。1992年8月6日国家教委印发了《九年义务教育全日制小学、初级中学课程计划（试行）》和小学9科、初中24科教学试用大纲，并要求于1993年秋季起在全国逐步实施。课程改革需要对教师进行转岗培训，以备所需之师资。

根据我国教师岗位的纵向层级,对教师进行高一层级岗位职务职责规范的培训,以使其能晋升同岗位的高一职级。这种纵向的转岗培训,除主要依靠教师本身的努力和业绩外,地方或学校分层级组织的教师职务的转岗培训是相当重要的,它既有转岗培训的引导作用,又有极大的激励作用。目前上海、吉林等地组织的这种培训,颇受广大教师的欢迎。

第四节 教师的继续教育

一 教师继续教育的含义

继续教育是二次大战后为适应新科技的发展和经济竞争对现代化人才的需求而流行于西方企业的一种成人教育制度。当前国内外使用这一概念则多指对那些具有较高文化与专业知识的在职专业技术人员、行政管理人员进行的旨在更新知识结构、拓宽知识面、加深知识水平、提高专业技术能力的教育。1978年,在国家经委的《企业科技人员继续教育暂行规定》和国家教委的《关于改革和发展成人教育的决定》中,都提出积极开展大学后继续教育和专业、实践培训的要求。

教师继续教育的概念,各国、各地区亦不尽相同,一般有广狭二义:广义的教师继续教育是对已在岗在职教师的再教育,包括合格培训、岗位培训和进一步的提高培训。狭义的教师继续教育则是指对已经取得教师合格证书,并经过岗位培训,能基本适应岗位要求的教师进行的旨在更新知识结构、拓宽知识面、加深知识水平、提高专业技术能力的再教育。它是师范教育、职后合格教育和教师岗位培训的自然延伸。

1990年10月26日在四川省自贡市召开的全国中小学教师继续教育工作座谈会的《纪要》中指出:"现阶段中小学教师继续教育是指对已达国家规定学历的教师进行以提高政治思想素质和教育教学能力为主要目标的培训。"这是从我国教师培训的具体情况提出的现阶段教师继续教育的初步界定,随着继续教育的深入发展,肯定会更加完善和准确。

二　教师继续教育的对象和任务

教师继续教育的对象是已获得教师资格和得到岗位能力认可的所有教育、教学人员。教师继续教育大体有三方面的任务：①进一步提高教师素质，以适应教育改革和发展；②形成教育、教学和教育科研的骨干力量；③建设素质优良、结构合理的教师队伍。

国家教委副主任柳斌同志在全国中小学教师继续教育工作座谈会上的讲话中指出"现阶段中小学继续教育的任务是：通过加强政治思想教育和提高教育能力、教学能力、科研能力为主要目标的培训，全面提高教师的政治、文化和业务素质，提高文明程度；使每个教师都在现有基础上得到进一步提高；培训出一定数量的教育教学骨干；并使其中的一部分逐步成为学科带头人和教育教学专家；初步形成一支坚持社会主义方向、品德高尚、结构合理、质量优良、适应需要的师资队伍"。

三　教师继续教育的必要性和紧迫性

1990年10月全国中小学教师培训工作座谈会提出：必须将中小学教师培训工作的重点有步骤地转到开展继续教育上来，这是因为：

（一）适应世界科技和教育发展大趋势的需要。

当今世界进入第四次产业革命，科技成为第一生产力，促使着生产力的迅猛发展。科技的综合化和高技术化的趋势，要求教育更进一步提高和普及，这就要求在职教师要不断进修提高。

（二）适应基础教育深入改革的需要。

基础教育的"转轨"和大力提高教育质量是我国今后一段时间内中小学的重要任务。要由应试教育向全面素质教育转变，中小学教师必须在岗位适应性培训的基础上，不断接受培训和继续教育。

（三）适应我国实施九年义务教育的需要。

虽然我国76%的县普及了小学教育，但实施九年义务教育还是任重道远。为促进九年义务教育的开展、保证义务教育的质量，我们除必须用新大纲、新教材对教师进行岗位培训外，还应在此基础上开展继续教育，端正教育思想、更新教育观念、提高专业水平。

（四）适应中小学教师队伍提高的需要。

再过二三年我国中小学教师整体学历达标已无多大问题。达标之后，除加强岗位培训，使教育教学能力和实绩也达标外，还需要通过继续教育使教师有更多更广泛的知识、技能和人口、生态、法制、文明等现代化意识，培养出新一代的学科带头人和教育教学专家。

四　教师继续教育的特点

从总体上来看，教师继续教育有以下特点：

（一）起点高。

受继续教育的对象是具有相当学历、受过岗位培训、有中级以上职称的教师。他们有较系统的理论知识、较丰富的实践经验和独立解决教育教学实际问题的能力。

（二）内容新。

主要进行新知识、新理论、新技能、新方法的教育，不再是起码的、常规的知识能力教育。

（三）方法活。

培训形式和方法上更灵活多样，更能体现业余、短期、自学为主的原则。除采用教师职后培训的一般形式和方法外，自学进修、专业进修、专题培训、组织考察、研究探讨、学术讲座、撰写论文等得到广泛的运用。

（四）目的明。

教师继续教育的出发点和归宿是为了适应科技、教育改革发展的需要，全面提高教师素质，以保持学校和师资的先进性和培养创造性发展的能力。

五　教师继续教育的类型

根据继续教育理论和我国各地的实践，我们可以把教师继续教育分为如下四类：

（一）补充型教师继续教育。

对一部分取得教师任职资格、基本适应岗位工作的教师，补充其不足，完善其素质结构，以促使其进一步发展的培训。这种培训是由教师素质的差异决定的，需根据教师的薄弱环节进行补充式的继续教育。这种为提高的补充与为合格的补偿培训不同。

（二）更新型教师继续教育。

对中年以上教师进行的旨在保持观念、知识、能力先进性的培训。这部分教师从教少则十几年，多则三四十年。在这个历程中，由于忙于工作，很少有机会进修，而现代观念、知识、能力均呈加速发展势态。为使他们能跟上社会的发展，克服发展中的"高原现象"和随年龄增加的惰性心理，对中年以上教师的更新型继续教育，就显得十分必要。

（三）骨干型教师继续教育。

有目的地选拔那些有较好素质和培养前途的教师，经过高层次系统学习，培养成为学科带头人，形成新的骨干教师队伍。这对于提高教育质量，克服当前骨干教师"青黄不接"是特别重要的。这包括提高学历层次的培训，更新学科知识、能力的培训，教研工作培训等。

（四）研讨型教师继续教育。

对学科、专业的带头人进行的以研讨为主要形式、以教育教学科研攻关为主要内容的学术性培训。其目的是解决教育改革和学校教育质量提高中的重大问题，保证教育的健康发展和质量的不断提高，并培养优秀教师和教育教学专家。

六 中国教师继续教育的实践

我国的一些经济、文化、教育发展较快的地区，早在 80 年代中后期，就在教师学历培训取得相当成果的基础上，开展了教师继续教育。北京市 1989 年 9 月开始，对全市中小学教师实行继续教育制度，并颁布了市教育局和市科技干部局共同提出的《北京市中小学继续教育暂行规定》。上海市 1985 年到 1987 年逐步形成了在上海市开展中小学在职教师继续教育的基本思路，

1989年12月颁布了《上海市中小学教师进修规定》。辽宁省从1986年最后一批进修中师的小学教师入学的时候起,在抓学历补偿教育的同时,开展了对小学教师继续教育的研究和试点。黑龙江省1987年就提出了把在职教师培训从以学历为主逐步转移到继续教育上来。吉林省1986年起就开始了教师继续教育的试点和理论研讨,1990年颁发了《吉林省小学教师继续教育工作的意见》,1991年开始全面试行小学教师继续教育证书制度。

上述省、市的丰富经验为我国教师继续教育制度的建立打下了良好的基础,为全国教师继续教育的全面开展提供了良好的示范。北京市采用学时制开展教师继续教育,分为初级、中级和高级等类,要求五年内分别进行180、240、360学时培训。江阴市根据当地经济发展(以乡镇企业闻名全国)和教育事业发展的需要,采取教学、教改、教研、科研"四结合"的形式,通过"市(县)—乡(镇)—校"三级教育科研网络,用"辐射"和"滚雪球"的办法,有计划、分层次、分阶段地开展了群众性的教育教学研究活动,培养了大批勇于教改实验和教育科学研究的积极分子,涌现了许多有相当水平的骨干教师和学科带头人。这也是教师继续教育的重要内容和成功经验。

教师继续教育虽然在理论上和实践上尚处在摸索阶段,以上所叙尽管还有与教师岗位培训交叉不清的地方,但是其主体是成功的,为我国教师继续教育制度的建立打下了良好的基础。相信,不久的将来,适合我国国情的教师继续教育制度,将会出台并付诸实施。这是广大教师的渴求,是中国教育发展的召唤。

第十五章

师范教育的发展趋势

第一节 探讨师范教育发展趋势的依据

立足今日现实,探讨明日的远景,不仅可以使人们更清醒地认识和评价眼前的事情,更可以督促人们主动、自觉地调整影响个人及社会未来发展的行为。然而,要获得科学性的预言而不是主观臆测是需要条件的,这就是必须建立在可靠的理论的和事实的依据之上。

师范教育是人类教育活动总体中一个相对独立的部分,有着自身的规律和特征。人们早已认识到,师范教育同其他类型的教育活动一样,也反映着教育的基本规律,即从根本上要受到一定社会的政治、经济和文化的制约。纵然师范教育的发展经历了诸多变化曲折,但这一条却从未改变。因此,我们相信,只有从中国社会的政治、经济、文化的根本状况、根本特点出发,才有可能抓住师范教育发展的主要脉络,才有可能比较准确地预测师范教育发展的大体趋势,这是我们探讨师范教育趋势首先和必须考虑的依据。除此之外,中国教育作为整体的状况和特点,国际社会的科技、经济和文化发展的历史背景及现实状况,国内外师范教育的历史及现状,也都是我们认识及把握师范教育发展与改革需要考虑的极为重要的因素。

具体地说,探讨中国师范教育发展趋势的依据主要有以下几个方面。

一 加快改革开放的需求

改革开放是中国近 14 年来最伟大的事业和最具深远意义的变革。这一场新的变革已全方位地进入到社会生活各个领域。就师范教育而言,无论是自身,还是其生存发展的环境都必然地要受到它的影响并产生深刻的变革。党的十四大政治报告中提出:"我国经济体制改革的目标是建立社会主义市场经济体制,以利于进一步解放和发展生产力。"① 这一结论,是 14 年来无数经验教训的结晶,更是今后社会主义建设的方向和全部方针政策的依据。我国经济体制的改革和转轨,必然会涉及经济基础和上层建筑的许多领域,也需要有一系列的体制改革和政策来调整。我国在长期的计划经济占统治地位的环境中形成的师范教育体制,虽经十几年来改革开放事业的不断冲击也有过某些变化,但从根本上仍维持着原有的传统体制、模式和制度。这样的师范教育,从基础而言是与发展市场经济不相适应的,不可能期望它能够高效率地为社会主义市场经济体制服务。十四大政治报告具体地论及教育改革,提出:"到本世纪末,基本扫除青壮年文盲,基本实现九年制义务教育。进一步改革教育体制、教学内容和教学方法,加强师资队伍的培养和建设,扩大学校办学自主权,促进教育同经济、科技的结合。"可以预言,十四大的政治报告必将对我国教育事业的发展,对教育变革的广度和深度,产生深远的影响。然而所有这些教育的改革,如离开了师范教育的支持和保证,则不可能取得令人满意的、实际的效果。师范教育的改革,必须走在整个教育改革的前面。十四大政治报告的精神,是规划今后师范教育发展趋势的首要依据。在本世纪末及未来的 21 世纪,如何适应改革开放需求,建立与社会主义市场经济相适应的师范教育体制,是设计、实施、评价师范教育改革和发展的基本出

---

① 《人民日报》,1992 年 10 月 21 日。

发点。

二 师范教育历史及现状的研究

师范教育在人类教育史中是一个年轻的分支。到今天为止，专门、独立的师范教育不过两百年左右的历史，在中国还不足一百年。在这不能算作悠久的历史时期内，师范教育却已经历了诸多的变化。在政治制度、经济水平、文化传统各不相同的国度中呈现出许多共性的现象和特征，也先后遭遇过一些相似的困扰和难题。诸如，师范教育的具体培养目标和规格是什么；师范教育的体制如何适应客观形势的变化；师范教育训练模式中的专门教育与职业教育的关系；师范教育教学内容如何适应现代化发展需求等等。由此，它一再向人们证实，师范教育的发展是有其自身的客观规律可循的，准确地把握并自觉地遵循这些规律是使中国师范教育少走弯路、减少挫折、健康而顺利成长的重要条件。国内外教育理论及实际工作者曾针对这些现象、特征和困扰、难题，进行过大量的分析、比较，得出了许许多多的主张和结论，其中不乏合乎科学、反映规律的真知灼见。这样一些研究成果对于我们是极为宝贵的。无论是发达国家先行经验的启示，还是发展中国家正在推行的改革实践，都是我们考虑中国师范教育发展趋势的依据。马克思主义认为，一般规律作用的具体形态是依现实条件为转移的。师范教育的发展不存在一成不变的可以从某个国家照搬过来的模式。即使掌握了规律，也要依照它作出合乎国情的具体抉择。比如中等师范学校的取缔和消失，已在若干发达国家被证实是带有必然性的趋势，足以使我们预言中国师范教育迟早亦会步入这一历史过程。但是，所有已经完成这一历史任务的国家几乎都是在普及义务教育基本实现以后，师资的大量需求已经过去，才走出这一步的，而且迄今还只是发达国家有此例，在发展中国家一般尚属保留中等师范学校。这意味着，中等师范学校的存在与发展在中国的一定历史时期内，仍然是必需的。发达国家的经验还表明，中等师范学校的取消需要有一个前提：即国家的经济水平能够为小学教师提供至少相当于大学两年的培训。从中国目前的国力，这一做法也只能在北京、上海等一些发达的大城市中进行试点。因此，在什么时候、什么地方、以什么方式取消中等师范学校,要结合中国的国情、经过慎重调查研究才能作出回答。

总之,关于师范教育历史及现状的研究是我们探讨师范教育发展趋势的重要依据,而不是现成的操作方案。

三 教育思想及价值观念的变化

经济的发展,社会的进步,必然伴随着人们思想及观念的转变。大量事实表明,传统的教育思想及价值观念已经受到了强烈的冲击,有些思想、观念将逐渐被淘汰,有些仍将保留下来,更多的将会更新。虽然,有些教育思想及观念的变化并不直接针对师范教育,比如对于教育、知识的经济功能的新的认识,由市场经济繁荣而产生的对教育种类及内容的新的需求等等,但最终还是会体现在师范教育的改革趋势之中。另一些教育思想及观念的变化则直接关系到师范教育本身,比如对教师职业的新的看法,对教师社会地位及经济地位的新的态度,对于教师知识和能力结构的新的要求,对受教育者各方面发展的新的期待,等等,这往往比较具体、迅速地左右师范教育的发展与变化。当然,教育思想及教育价值观念的嬗变相对来说是比较缓慢的,并且往往会有反复,但是,某种教育思想或教育价值观念一旦根植于一定社会并深入人心,便会长期地、稳定地影响人们的行为。这种影响固然不像经济、政治变革所产生的影响那样集中、突出,但在影响力的持久、深远上却毫不逊色。师范教育的决策者、理论和实际工作者、广大师范生,以及所有与师范教育有关系的人的教育思想和价值观念的转变,都将对师范教育的生存、发展发生程度不同、方式不同的作用。鉴于14年来中国社会已经和正在发生的重大变化,以及十四大所预示的将要发生的更为深刻的变化,可以预料人们头脑中的教育思想及价值观念还将继续受到冲击、震荡,经历变革、更新,给予中国教育强有力的影响。毫无疑问,正确把握这一领域内的动向,同样是探讨师范教育前景的依据。

四 普及义务教育的实施

党的十四大再一次提出在本世纪末实现9年制义务教育,这是当前中国教育事业中最紧迫,最艰巨的任务,也必然地给予师范教育发展趋势以深远影响。世界各国师范教育的历史已经证实了普及义务教育与师范教育之间不可分割的关系。因此,我们完全有理由相信,普及义务教育的实施,不仅向师范教育提出了严峻挑战,也提供了繁荣兴旺的机会。

中国在20世纪末推行义务教育,起步较晚,大大落后于许多发达国家,但也有许多在发达国家先行经验中所不具备的特点。比如,直接提出九年义务教育的期限;按经济水平的差异,依不同时间在不同地区推行;等等。这反映到师范教育上,则牵涉学校系统、发展规模速度、办学方向、培养目标等一系列问题的提出和解决。普及义务教育已经提出了数年之久,但至今许多中小学并未从过去以升学教育为目的的办学模式转变到以素质教育为目的的办学模式上来。这固然是几十年形成的教育传统在体制和人们头脑中的惯性使然,但也确有师范教育方面的原因:没有哪一项教育改革可以离开教师的思想转变和教师的参与、支持。然而迄今为止,师范教育自身模式基本依然故我,从培养目标、课程设置到教学方法都与几十年来的传统甚少区别。它所培养的教师,可以肯定是与义务教育的需求有不相适应的地方。九年制义务教育关系到未来几代中国人的素质,关系到中华民族的前途命运,师范教育必须依据它的需求进行自觉的调整。

中国实施义务教育的另一特点是在时代背景、历史环境上与发达国家当初情况不同。今天的教育,尤其发达国家的教育,极富多样化色彩。成人教育、终身教育、继续教育、在职教育……日益冲击、改变着人们只从"学校"看待和理解教育的习惯倾向,并且也对师范教育发生影响。立足于为中华民族的改革开放事业服务的中国师范教育,毫无疑问应当考虑、认识这种多样化的意义并为其在中国的实现而努力。但同时必须清醒地认识到,在相当长的历史时期内,为普及和发展义务教育服务仍然是中国师范教育首当其冲的任务。对中国师范教育功过得失的评判,也主要以义务教育的成效为准绳。

义务教育在中国的命运与师范教育今后数量的增长及质量的提高不可分割。如果不是这样的考虑问题，在繁荣师范教育的努力之中背离了为义务教育服务的根本方向，将使中国教育在整体上失衡，并最终导致师范教育自身的重大偏差。义务教育普及之后，也还有如何巩固及提高质量的问题，这也仍然需要师范教育的支持。综上所述，师范教育必须坚持为义务教育服务的根本方向，处理好与为其他对象服务的主次关系。

五 中等教育结构的改革

近几年来，中等教育结构已经发生了历史性的变化。在我国很多地区和城市，结束了长期来高级中学的单一模式，形成了普通高中与职业高中大体合理的比例。1991年，中等职业技术学校学生已达633万，其招生数已占全部高中阶段招生数的50.3%，有的城市已达60%。甚至70%以上。不论这种结构达到什么比例才是合理的，乃至新的教育结构需要怎样的时间和条件加以稳定，才能表现出持久、稳定的效益，全都离不开师范教育的支持。如何为中等教育新的结构服务，在今天仍然是师范教育尚未圆满解决的课题。几十年来为单一普通高中服务的定势，令师范教育对中等教育结构改革所发出的呼唤反应被动而迟缓，目前职业高中的师资配备，不能令人满意是普遍现象，急待解决。

师范教育要高效益地为中等教育结构的改革服务，尤其是为职业高中服务，特别应当注意与第三产业的联系。十四大政治报告明确指出："第三产业的兴旺发达，是现代化经济的一个重要特征。目前我国第三产业在国民生产总值中的比重，大大低于发达国家和许多发展中国家。……要发挥国家、集体、个人三方面的积极性，加快第三产业的发展，使之在国民生产总值中的比重有明显提高。"[①] 有理由相信，今后若干年内第三产业将持续增长，而且其增长速度可能高于第一、第二产业。这种增长反映在教育上，是对教育需

[①] 《人民日报》，1992年10月21日。

求的多样化。职业高中则是反映这种多样化最集中、最直接的一个环节。第三产业的劳动者将有相当部分是由于产业结构调整而转入这一领域,但职业高中的毕业生亦会在其中占有一定比例。与来自其他产业者相比,职业高中的毕业生由于受过全面、扎实的专业训练,应当具有更优良的素质。毫无疑问,这必须靠合格的教师才能实现。目前的职业高中师资,或缺乏专业训练,或缺乏教育理论,极大地限制了教学水平。师范教育应当刻不容缓地将适应第三产业发展需求作为当务之急,从培养目标和规格、专业设置、课程门类及结构等具体问题入手加以解决,这是一项紧迫任务,又是一项长期任务,在今后几十年内将对师范教育发生持续不断的影响。

第二节 世界各国师范教育的发展趋势

党的十四大政治报告指出:"和平与发展仍然是当今世界的两大主题"。这意味着在较长时期内维持比较平稳的国际形势是可能的,也意味着不同国家之间的激烈竞争将长期延续。历史的经验使不同国家的人们日益达成一个统一的共识:国家之间的竞争从根本上是经济水平的较量,决定这种较量的关键是科学技术的发展,而在科学技术背后,则是教育的实力和水平在起决定性作用。大力发展和改革教育,几乎是每一个国家发展战略的一个重点和一项重要国策。重视人的教育,人的素质,人的能力,人的发展,已是教育发展和改革的焦点。这就很自然地,对于教师的素质也提出了更高、更新的要求。师范教育改革已成为世界性教育改革大潮中令人瞩目的组成部分。竞相改革师范教育,花大力气提高教师水准,是众多国家教育改革的要点,而且愈是在发达国家,这一特点表现得愈为明显。在美国,由教育部长任命的全国提高教育质量委员会于1983年向白宫提交《国家在危险中,迫切需要教育改革》的报告。在热烈广泛的教育改革大讨论中,纷纷提出教师质量下降是造成美国教育成绩平庸状况的主要原因。于是不惜巨额投资组织有关协会和教育专家研讨师范教育改革,并产生了《明天的教师》、《变革师范教育的呼吁》、《国家为培养21世纪的教师作准备》等为代表的一大批研究报告。在这样的认识基础上采取了许多重大措施以提高教师质量。英国政府在 1983 年 3 月，由众议院提交了题为《提高师资质量》的白皮书，引起全国性的强烈反响。1981 年法国社会党执政后，便将师范教育列为三大教育改革之一。联邦德国 1986 年制定了《新教师任命制度》。日本则根据临时教育审议会第二次报告精神在 1987 年提出《关于提高教员素质能力的措施》的报告……所有这些以及随后进行的种种具体改革措施，不仅提醒我们要清楚地认识师范教育改革的迫切性，也为我们探讨师范教育改革提供了有价值的思路和经验。

要从各国师范教育的经验之中，甄别出哪些是顺应历史潮流、反映教育规律、有长久生命力的稳定趋势，哪些是只有局部意义的、只是暂时存在、甚至违反教育规律的现象，往往不是短时间内能够获得可靠结果的。下面所讲的各国师范教育发展的趋势，仅是研究性探讨而非绝对结论。

一　师范教育系统的灵活化和开放化

在提高中小学教师专业水平和教育能力的普遍要求下，中等师范学校的取缔，高等师范院校与综合大学的合并，修业年限的延长等仍然表现为师范教育发展的稳定趋向之一，成为越来越多的国家的现实。

美国是在这一方面走得最早、最快、也最远的国家。迄今，全美的中小学教师有 94.9% 是由综合大学的教育学院培养的，独立的师范学院在全国为数寥寥。近年来，不少报告中主张取消本科的师范教育，理由是本科师范教育将相当时间用于教育课程学习，使专业领域的深造受到影响，因此应当代之以教育硕士学位。这一主张的实质是再次将教师资格提高，将师资训练升格。

担负为学前和初等教育培养教师任务的法国初等师范学校，从 20 世纪上半叶以来几次改变招生对象、延长学制，学校规格不断升级。1946 年招生对象由初中毕业水平改为通过高中毕业会考的高中毕业生，学制 1 年；1969 年学制改为 2 年；1979 年学制又由 2 年改为 3 年，学业成绩合格者可以获得大学普通学业文凭；1984 年，学制再次延长为 4 年，与普通大学学制相同。此举意在将初等师范提高到高等教育水平。1986 年，入学水平再次变化，对象从高中毕业生改为大学第一阶段（两年）或更高级文凭持有者，进行两年的职业培训。这样，法国培养学前和初等教育师资的师范学校与培养中等教育师资的高等师范教育，在招生对象、修业年限等方面已大体相当，除了外在条件的改善，培训内容和方式也有所提高。4年的学习分为两个阶段，第一阶段在普通大学学习，所学专业与初等教育各门课程对口，注重普通文化知识、专业知识和教育学科基础知识的学习及学习方法的培养，要求达到大学普通教育文凭的水准。这一阶段学习的会考及格后，方可获得正式师范生资格并进入第二阶段的学习。第二阶段由师范学校与大学共同培训，双方建立合同，分别明确自身职责，着重职业培训及科学知识的加深。

在英国，自70年代以来，由于出生率的下降而出现的中小学生人数不足，导致了师范教育体制的重大变革和改组。这一改组最突出的结果是80年代一大批地方教育学院和多科技术学院教育系的消失，代之而兴起的是由大学、多科技术学院和高等教育学院构成的新的师范教育体系。其中，高等教育学院是新事物，它的名称时有变化，但基本特征一致，也像以前的地方教育学院一样培养中小学师资，但并不以此为单一目标，它还承担在职教师的培训，并肩负培养其他方面专业人才的责任。从地方教育学院到高等教育学院，反映了英国师范教育的基本结构从定向向非定向的转化，增加了师范教育的弹性和应变活力，被认为是能更好地适应英国社会经济文化发展的需求。

20世纪50～60年代，加拿大开始将中等师范学校改为师范学院或教育学院。这样，小学教师也就必须具备大学或大专水平的学历。事实上除个别独立的师范学院外，其余各地的师范学院与教育学院一律并入综合大学。目前，加拿大已经不存在中等与高等师范教育的区别。

澳大利亚在60年代中期至80年代之间，师范教育系统也经历了显著变化。旧式的独立师范学院逐渐销声匿迹，高等教育学院代替师范学院承担了培养学前、小学教师的主要任务。综合大学在培养中学师资的同时，也兼顾培养部分小学教师。

作为发展中国家，印度政府将提高小学教师的程度作为繁荣教育的重要策略之一。鉴于过去小学教师普遍程度较低，1987年10月，联邦议会通过了

"中央资助的师范教育重建计划",主要内容包括:①每年给50万名教师在职进修;②创办400所县教育和培训学院;③加强250所师范教育学院的建设,并将其中50所建成高级教育研究机构;④建立和加强大学中的教育研究。过去印度小学教师有许多高小、初中毕业生,印度政府希望通过这一计划及其他措施改变这种状况。他们提出的具体目标是:小学教师争取在高中毕业后受训,中学教师则应当在高中毕业后受训4至5年。

二 提高教师职业的规格标准和专业化程度

在发达国家,普及中等教育已经成为基本现实,对教师质量的要求取代了对教师数量的要求而日益突出。为此,许多国家纷纷致力于重新确定教师资格审定标准,改进教师的任用制度,或提高教师的就业资格。

澳大利亚的一些大学和高等教育学院近十年来对各自设置的师资培训的学位证书作了修正和完善。过去,为小学教师而设的毕业生"教育证书",只需要学习一年即可获得,现在则延长为两年。第一年是全日制的教育课程学习,第二年到小学进行实习,同时从事研究探讨,取得规定学分后,才可获取证书。如此改变,可使那些非教育专业的大学本科毕业生到教育领域从教之前,既得到教育理论知识的补充,又得到实际教学的训练,"教育证书"名副其实。还有些大学采用大学本科学位与教育证书课程同时进行的方式,代替原来本科结业后再读一年教育证书的做法,使学生及早接触教育专业。一般中小学教师在任教一年后,还要经过州或学校、地方考核,合格后才发给教师证书。这样的变化,使教师队伍的专业资格有了显著提高。

1981年4月,日本开始实施新的教员认可法。这是该法从1954年以来第一次大幅度的正式修改。改革将教师认可证书由原来的两级变为三级。初级认可证书授予短期大学的毕业生或在短期大学修完规定学分的人;标准认可证书授予大学本科毕业生或在大学修完规定学分的人;专修认可证书则只授予修完硕士课程的人。这种改革旨在吸引更多修过硕士课程的、有较高素质的人投身教育,同时期望此举能够鼓励在职教师努力进修,争取获得高一级认可证书。

英国的地方师范学院自70年代进行大改组，使之向非定向方向转化。此后，通过教育学士学位课程受训的学生数骤降，而通过研究生教育证书课程受训的学生数则持续增长。到80年代初，研究生教育课的注册人数首次超过了教育学士学位课程的注册人数。由此，获取研究生教育证书成为进入教师队伍的主要途径。通常，英国中小学教师的就职条件包括三个方面：①学历情况；②教育专业训练情况；③在中小学"试用"的情况。70年代以前，中小学教师就职标准的提高主要体现在学历方面，从70年代起，政府除继续提高教师的学历资格外，对新任教师的教育专业训练也提出了更高、更严格的要求。例如，1983年白皮书规定："今后不再允许任何选学数学和科学专业的毕业生在没有受过教育专业训练的情况下直接担任教师。"1985年白皮书则进一步规定："法定教师资格不得授予课堂教学实践不及格的学生"。自80年代，四年制教育荣誉学位和研究生教育证书取代三年制教育学士"普通"学位，成为基本的教师就业资格。

为适应初级中学大发展的要求，法国曾在1976年设立了"初中普通课教师证书"及有关的培训中心。进入80年代以来，一方面由于中学生数量增长的减缓，另一方面由于人们对教育质量的更高要求，对这种证书产生强烈非议，法国政府于1986年正式决定取消这种证书，并逐步取消相应职称。这意味着，持有这一证书的在职教师必须想方设法取得更高级别的资格证书，否则便无法再留在中学任教。这一事实反映出社会对教师资格日益严格的需求。

在美国，关于教师证书的讨论十分引人注意。美国中小学教师持有的一直是许可证书（license），表明持有者符合最低限度的标准。而律师、医生等专业人员持有的则是从业证书（certificate），表明持有者不仅达到最低标准，而且具备运用自己专业知识的能力，二者之间的差别显而易见。这种差别显然不利于教师质量的提高，因而人们提出废除许可证书，代之以其他形式的证书。80年代以来，已有一些州废除了原有的终生教师证书。这意味着一旦被认为不符合要求，证书便会被收回。80年代中由福特基金会、约翰逊基金会、纽约卡内基公司、纽约时报基金会及联邦教育部等资助的霍姆斯小组报告《明天的教师》中所提出的教师三级证书制度的建议，引起了人们的普遍关注。这种建议主张实行新的教师资格审定标准，并以三级证书与之相配合。三级证书分别为：①初级教师证书。授予只有本科学历的教师或从其他专业改行担任教师者，有效期不得超过5年，而且不能延长，证书持有者不能以独立的专业人员身份从事工作，只能在专业教师指导下进行工作。为获取该级证书，必须通过所教科目的考试和测验其读写能力及教学法知识的一般性考试。②专业教师证书。授予获得教学硕士学位者。该证书的持有者除要通过初任教师的考试外，还必须通过教育学和学习理论的考试。此外，他们还要证明自己是作为教师而不仅是作为学生来通晓所教科目的，并用实践和其他方式证明其专业技能和知识，在各种学生集体的实践中受到有对比的、严格的审查。③终身专业教师证书。这是最高一级的教师证书。授予以继续学习和专业成就证明其出色才干并可以成为师范教育工作者和教学分析家的专业教师。获此证书者约占全体教师的1/5。为获该证书，教师首先要达到专业证书的所有标准，其次要具备作为专业教师的广泛经验并做出出色成绩，最后要求进一步的专门学习。总之是把完成博士学位课程的学习和证明实践能力这二者结合起来。

所有这些努力，导致中小学教师队伍构成上的优化，教师的平均学历水平显著上升。据有关资料统计，在日本，据文部省80年代后期的统计，具有大学和研究生院毕业学历的教师在小学占58%，初中占75.6%，高中则占84.3%；短期大学毕业的教师在小学占32.4%，初中占21.4%，高中占8.5%。换句话说，日本小学教师的90%以上，中学教师的92%左右具有学士以上学历。到1985年，苏联的中学教师有90%以上受过高等教育。在美国和德国，自70年代以来，有越来越多持有教育硕士或博士学位的人充实到中小学教师队伍中来。

提高教师的学历规格和就业标准并非发达国家仅有的现象，许多发展中国家也不遗余力地在这方面作出努力。截止到1988年，朝鲜的20余万中小学教师中，大专以上学历者已达95%。在南美一些国家，采用宁缺毋滥的策略保证教师队伍的质量，凡中小学教师必须是大学毕业者方可担任。

三　积极推行课程改革

20世纪末，许多国家提出了为21世纪培养人才，迎接新技术革命的挑战等口号，并在这样的口号下展开师范教育课程的改革。其中尤其注重增强教育理论与中小学实际的联系，注重各种实际能力的培养，注重各种新课程的开发与设计。

澳大利亚师范教育课程改革的焦点，集中在学术性与职业性的密切配合上。改革过程中，师范教育涌现出许多新型课程。有些以其内容引人注目，比如人际交流技能、人际交往的心理与行为等等。还有些以形式的变革填补过去课程结构中的空白，如"教学手段"，采用一系列的自我指导练习活动，帮助未来教师在实践中消化理论，并学会用理论指导实际。再如"驱动教育"，为师生提供精心设计、选择的课堂教学范例，通过模拟练习，为日后尽快适应教育工作提供实际的帮助。

英国师范教育课程的发展方向自70年代开始由追求学术标准转而面向中小学实际。研究生教育证书课程在70年代末由传统的以文法中学、公学为目标转向以中小学为基地和中心。师范教育的训练过程中还出现了一些以中小学教育、教学中的实际问题为主题的讲座和教学单元。1983年9月起实施的"教师职前训练课程新标准"，明确要求职前教育应对教学方法方面的课程给予充分的重视。1985年《更好的学校》白皮书则进一步指出："所有培训课程都必须包括学校工作和教学实践的主要方面。"与70年代以来师范教育非定向化趋势同时出现的，是对师范教育偏重学术性倾向的批评和改革。近年来，许多开设研究生教育证书课程的地方学院，把未来小学教师的专业受训时间由一年延至二年。

在日本，师范教育课程在内容和修业标准上的变化与教师认可证书的改革密切配合。小学教师的专业学科增设了生活科，学分也相应增加。小学、初中、高中教师的教育学科必修和选修科目都有增加，而且以课题方式对原有科目作了概括式的重新组合。比如"有关教育的本质及目标的科目"，便包括了教育原理、教育哲学，以及教育史等几门科目的内容。总之，是通过教育学课程比重的增加、结构的调整，来提高作为专门职业工作者的教师应有的素质和能力。

美国的一些学者主张对师范教育课程做一体化改革。改革范围涉及师范教育课程的各个部分：教育理论、学科专业课程、学科教学法及教学实践之间的内在联系。提出本科教育课程的改革必须与本科学科专业课程的改革相结合，使之具有一致的内部标准。强调课程的连贯性，帮助学生掌握基本观点及核心内容，培养学生探索未知知识，使之善于阐明问题并抓住事物核心。在一些学者倡议取消本科教育专业的同时，另外一些学者们提出了加强学术科目的主张。首先是对本科课程做重大改革，要求师范生的教师必须懂得本学科的教育学并能模范地进行教学。其次，建立学术课程标准，使本科生掌握有关专业的知识范围和智力结构，而不是只学到一些过早专门化的零碎知识。最后，教育学院要设置连贯的教育学课程。这种新型教育学课程的重点放在专门学科教育学的课程建设上，以此取代本科阶段一般的"教学法课程"。

许多国家还要求把师范教育课程的改革与学生的教育实习结合起来加以考虑。传统的师范教育课程计划倾向于按先后顺序来安排教育理论和方法的学习及教育实习，目前的改革则表现出明显变化，与专业相结合的教育学课程的学习同教育实习有结合成为共同性趋势。在英国，1979～1980学年度，修习研究生教育证书课程的学生约有40％的时间是在中小学内度过的。澳大利亚的大学和地方学院，教育专业训练课程中都出现了以内容丰富、形式多样的"学校工作体验"，代替形式单一陈旧的"教学实习"。在"学校工作体验"中，不仅保留了传统的"连续教学实习"，同时还包括类型多样的活动，诸如在中小学参观、听课、调查、测验学生、试验学习材料、个别辅导、小队教学等等，使学生在学习中获得多方面的实际体验。

四 重视在职教师的培训和提高

20世纪50年代以前，各国一般只重视职前教育。50年代后普遍开始重视中小学教师的在职培训。发展中国家为普及教育，常常吸收未受过师范教育的人员任教,因此要依靠在职培训使这些教师达到师范生标准。在发达国家,中小学教师已基本上达到符合国家规定的资格,师范教育有可能对在职教师的继续教育给予重视。此外,时代的变化使教师职业如同其他职业一样不可能只凭借职前所受训练维持。因此,通过各种措施使在职教师及时补充、更新知识,得到深造的机会,是适应社会和教师个人发展的双重需求。在职培训在师范教育中所占地位,几乎与教师的职前培训并驾齐驱,并且不断与职前培训相互协调,形成有机的联系。中小学教师的在职培训也日益受到国际重视,70年代初,"经济合作和发展组织"对许多国家的教师培训进行了大量调查研究,这些研究产生了很大影响。该组织还通过召开国际会议,总结交流各国教师的在职培训经验和问题。1987年,在匈牙利召开了第四次全欧教育研究会,主要内容也是如何加强教师在职培训以迎接新挑战。在改进教师在职培训的努力中,各国都有一些新的做法,从目标、模式、方法各方面都有所突破。

在加拿大,教师的在职培训形式多样。既有各地教育行政部门、学校委员会开办的暑期课程,又有教师协会提供的课程和专题讨论等。教育学院除开设暑期课程外,还提供各种远距离教育:函授、广播、电视等等。同时,为那些地处边远、附近无大学但又想获更高学位的教师制订专门的教学计划,并派教授去讲课。

美国大学中的教育学院普遍开设为在职教师进修服务的晚间服务,开设获得硕士、博士学位所需要的各门学科。而且教师能够争取获得高一级学位后,个人所获报酬也相应增加。教师从开始选修硕士、博士课程,便往往可以得到加薪鼓励,待拿到学位后可再次得到加薪。毫不奇怪,在当前美国中小学内,利用业余时间进修并取得高级学位的校长、教师愈来愈多。许多大学除教育学院外还纷纷建立教育研究生院,承担在职教师的进修、培训,培养高级教育专门人才、教育管理人才和教育科学研究人才的任务。在教育学院和教育研究生院之内,每每同时设立各种各样的教育科学研究机构,开展有在职教师参加的教育科学研究、实验、实践活动,并特别注意吸引在职教师成为改革的参与者。近来,联邦政府和州政府也直接资助制订教师进修计划，并力求能够符合教师们自己的需要。教师的在职培训正逐渐成为定期与教师协商定约的事务。

　　澳大利亚则明文规定，新教师在职的第一年，应当以发全薪为原则适当减轻他们的教学和其他专业职责，使他们可以参加专为他们所组织的培训班接受在职进修。

　　英国政府要求所有教师定期接受在职培训。1983年《提高师资质量》的白皮书强调，要从两个方面着手提高教师质量：一是抓职前培训，二是抓在职进修。对在职进修，尤其要特别注重弥补职前训练的非定向模式给教师造成的不足之处。奖励在职进修的教师，并对其中成绩优良者给予提高工资和晋升级别的待遇。

　　联邦德国的教师进修采取系统完备的制度和灵活多样的方式方法相互结合。各州的成人教育法都把教师进修作为重要内容，明文规定：在职教师必须参加某种师资培养机构所组织的在职进修活动以提高自己的教学水平。根据教育分权制，教师进修也由各州自行管理，有州、区、县、中小学校四个层次。州、区、县都设有供教师进修的专职机构——教师进修学院。主要职责是研究本地区教育现状及发展，确定教师进修的目标，制订计划、编制或选用培训教材，举办各类教师进修班，等等。其中州的进修学院起着带头作用。中小学校则是教师进修的最基层组织，每周有一个培训日，专门开展进修活动，由校长负责。授课者可以是校长、本校教师、教师进修学院的专职教师。学校进修的特点是实践性、实用性强，将听课、观摩与研究教学理论、实践相结合；也可以讲解优秀教案，便于学以致用。教师进修的方式多种多样。有集中一周的短训班，时间较长的培训班，专题系列的进修班，甚至仅仅一天的进修班。通常在县以上进修学院采用一周或更长时期的培训班，各级进修学校则采用专题系列进修和一天的进修。授课方法讲求科学性，经常是多种方法交替使用，小组活动，使用媒介物（录像等）和穿插讨论，针对教学大纲具体课题的实践研究；学员以学生身份组织专题活动（如筹划一次校庆活动），分发书面材料进行课堂教学和自学等等。制度化、经常化、科学化的教师在职进修制度，是联邦德国师范教育的重要组成部分，也是教师队伍质量的可靠保证。

日本的教员养成审议会在1987年10月7日发表报告书，提出关于在职教师队伍的新设想，促进在职进修进一步制度化。具体内容包括：①确保全体教师在一定时期内参加进修的机会；②国家、都道府县、市町村等各级进修活动要密切联系；③进修内容应根据社会变化不断加以改进，扩展教师作为一名社会成员所应有的机会和视野。在日本，新任教师在工作的第一年必须在从事学校实际教学的同时进行专门的进修。途径有二：一是在校内接受特定的经验丰富的教师指导；二是参加教育中心的进修。新任教师的进修是义务性的，在校内为70天左右，在教育中心为35天。在暑假等较长假期内，新任教师还要自己确定课题进行研究。

五　改善和提高教师待遇

几乎每个国家都曾经遇到过或正在面临着由于工资收入和社会地位的不尽如人意致使教师职业缺少吸引力，优秀人才来源不足的困境。这种困境的出现与摆脱，又往往不是可以一劳永逸的。虽然这个问题并非师范教育本身能够左右的，但由于它在实际上对师范教育具有一定的影响力和制约力，以致使人们在探讨师范教育种种事物时无法将其回避。世界各国为解决这一问题所采取的措施及所付出的努力，更是值得关注。

美国的有关统计表明，在1982年，只有5％的大学生愿在毕业后投身教师行列，而到1989年这个数字翻了一番。尽管教师职业至今仍然难以与那些历来是热门的，或近些年走红起来的行业如律师、医生、商科、计算机等等相比，然而上述百分比的变化仍是令人瞩目的。造成这种变化的原因可能多种多样，但教师收入的增加无疑是最为重要的因素之一。80年代以来，各州纷纷通过议案，采取各种措施提高教师报酬。首先是提高教师职业的起点工资，以便增加与其他行业的竞争力，吸引大学毕业生投身教育事业。此外是加快教师工资的提高速度。据美国联邦劳工部统计，从1984至1986的三年当中，全国中小学教师提资的平均幅度分别为7.8％、8.4％和7％，明显高于其他行业。例如在1986年，全美各行业工资的平均增长速度仅为2.3％，到 80 年代后期，全美已至少有 13 个州为教师全面增加了薪金，19 个州制定了奖酬有成就教师的政策，比如，田纳西州议会提出的教师晋升计划，每 3~5 年为教师晋升一级等等。其他州也纷纷许诺要为本州教师加薪。

与美国毗邻的加拿大在教师待遇上与美国相似，中小学教师薪金的高低直接与学历相关。目前。政府特别鼓励双硕士学位持有者，使之可以享有博士学位持有者的工资标准，因为这样的教师在中小学往往能够发挥更好的作用。此举促使大批中小学教师纷纷利用业余和假期时间在职进修，以争取得到双硕士学位。

在法国，提高教师工资已作为 20 世纪末谋求解决的重要问题列入教育行政部门的日程之中。法国教师的工资在全欧排在最差之列，仅稍高于意大利。教师们要求增加工资的呼声很高。根据统计，20 世纪最后 10 年前后，法国共有 40％的小学教师和 35％的中学教师将陆续退休，共需补充 30 万名新教师。而由于工资偏低，工作条件不理想，人们普遍对教师行业不太兴趣。为此，在 80 年代末公布的法国教育五年计划中，强调要给教师大量增加工资。[①] 政府的积极姿态很快促使人们对教师行业的看法有了新的转变。在 80 年代末的一次民意测验中，有 62％的家长表示希望自己的孩子长大以后能够担任教师工作。

第三节　对我国师范教育今后发展的展望

中国国情的基本特征之一是各个地区之间经济、科技和文化发展方面的严重不平衡。这种不平衡和差异又必然地会导致教育发展规模及质量上的差异。无数事实和经验使人们日益认识到，教育领域如同其他领域一样，单一的、划一的、僵硬的办学模式是不利于前进和发展的。教育对象和教育活动的复杂性、多样性要求我们用灵活的、多样的方式来适应和满足其需求。因

[①] 金惠堂：《法国打算提高教师工资》，《外国教育动态》，1988 年第 5 期。

此，多元化的、灵活化的模式的思想日益为人们所接受。在今后若干年内，师范教育的兴旺发达也必然地会带有这样的特征。学校系统、培养目标、课程设置等等，都将以多种模式的并存作为共同的、根本的特征。

一 现有师范教育结构将继续存在并有提高的趋势

由中等师范学校、师范专科学校、师范学院（大学）三个层次所组成的师范教育的学校结构还将在一个相当长的时期内存在并且继续成为中国师范教育的主体。从全国来看，建设和完善这样的学校系统仍会是相当广泛地区的师范教育发展的奋斗目标。决定这一趋势的是我国地区之间差异大，各地教育状况悬殊的基本事实。全中国的 80 万所小学之中，有 70 万所地处农村；9 万多所中学，有 8 万多所地处农村。在这些中小学中，相当数量的教师还没有具备应有的学历和资格。要这样一支人数庞大的教师队伍能够真正名副其实，师范教育现有的三级结构，不仅要继续存在，而且在相当长时期内还要巩固下去。义务教育的普及，国民素质的提高，都要求这样的师范教育。

但另一方面也应看到，在大城市及沿海、开放地区，或是教育基础较好，经济、文化较发达的地区，师范教育传统的三级结构已经开始出现了变化的迹象。根据有关统计，在一些大中城市，某些中学的师资已有超员现象，加以经济发展所带来的广泛社会进步，已使人们很自然地将对于教师队伍的注意从数量要求的满足转向质量要求的提高。1990 年，国家教委发出《关于进行培养专科程度小学教师试验工作的通知》，正反映了这种变化需求。虽然这一做法目前只是在个别地区的尝试，但这一变化是现有结构的重大突破，带有历史意义和时代意义。可以预言，类似这样的努力将会越来越多，比如将中等师范学校的修业年限加长，使师专和高师毕业生的服务范围向初等教育及幼儿教育延伸等等。这种结构上的改变将大大提高小学、初中教师的资格和水平，向大多数发达国家标准靠拢，最终使中小学教师全部由受过高等教育的人担任。当然，这种结构上改变的发展趋势，不会很快成为主流，但毫无疑问它带有根本性和方向性。

二 师范教育体制向非定向型转化

随着社会主义市场经济的发展,劳动人事制度将进一步改革,劳动市场、人才市场、技术市场等也会日益开放和健全。各种职业流动及变换的可能性都要增强,教师职业自然也不例外。事实上,各级师范生向非教育部门的流动,其他行业人员流入教育部门这一现象从来就没有停止过,近几年更在一些大城市中不断出现为数可观的非师范学校毕业生进入教师队伍的现象。可以预料,在今后一段时间,师范生流向非教育部门和非师范生进入教育领域的人数还有可能增加。经济结构和产业结构的变化,地区的差别,竞争的加剧,环境的开放,体制的灵活等都是导致这种变化的原因,对此我们不应简单加以褒贬,而应看成是时代发展的必然现象。毫无疑问,这种现象对于目前由于旧的人事分配及管理制度所造成的教师队伍中不需要的出不去、需要的进不来的状况是极为有力的冲击。

这种现象也启示我们,应当及时地根据不同地区的具体情况,逐步试点及推行师范教育定向型向非定向型的转化。这种转化至少应当针对上述两类情况,首先,保证非师范院校毕业生接受一定范围及程度的教师职业的训练,有可能成为真正的教师。这些非师范生普遍缺少教育理论及技能方面的修养,而这样的修养又是作为中小学教师绝非可有可无的。无疑,各级师范学校最有资格,也有义务承担为这些人弥补教育理论、知识及基本技能方面缺乏的任务。师范院校可开设提供教师证书或资格证明的教育课程,用精选的教育理论及实践课程进行培训。就目前状况看,有的城市如北京等,已对进入教职的非师范类学校的毕业生提出了职业培训的要求,委托当地师范院校在规定时间内提供若干教育课程。其次,应采取实际措施增强师范学校毕业生的适应性和竞争能力。无论他们是成为教师或转向其他领域,具有广博、坚实的知识和多种能力的复合型人才,都将更受社会欢迎。在这一方面,国内一些师范院校已作出了令人瞩目和引人深思的尝试。从1988年开始,华东师范大学设立副修制,为有的专业和学有余力的学生提供条件,加修副修专业。即对在4年本科学习期间修满主、副两个专业规定学分的学生,毕业时除给予主科的毕业证书外还发给"副修专业合格证书"。该校先后为学生提供的副修专业达 24 个，除传统的教育、历史、物理、化学等学科外，还包括环境科学、计算机应用、国际经贸、人口学等新兴学科，以及一些社会需求迫切的领域，如生物、电子科学等等。这种做法自一开始便受到人们的关注及广大学生的欢迎。正如许多同志指出的，从世界各国的情况看，师范教育的定向型与非定向型之间的界限开始模糊，由定向型向非定向型的转化又日渐成为主要潮流。尽管从我国目前的总体情况看，改变以定向型培养教师为主的格局尚需一个过程，但这种转化的规模、速度会不断增长，逐渐融入世界潮流。

三　培养目标的更新

未来 21 世纪社会需要的人才标准应当是什么样的？这是国内外诸多学者关注、研究的热门课题。多种多样的研究成果中存在着相当高的一致性，那就是要培养出具有参与意识、竞争意识、创造力、交往能力、操作能力、协作能力等等的人才。这样的人才标准与改革开放事业所预示的中国前景对人才的要求也有很高的相关。人才只有通过教育培养。教师的素质在教育过程中的作用又是带有决定性的。用未来人才的标准衡量今日中国的师范教育，不难看出，以现在师范教育规定的目标所培养出来的教师，是无法完成培养面向 21 世纪或未来社会所需人才任务的。迄今为止，我国各级师范的培养目标是在长期计划经济体制下和旧的教育模式下所形成的，它将主要着眼点放在使学生毕业后能够胜任某一学科教学任务，具体地又只局限于基本知识和技能的传授。而培养未来社会所需要的人才，教师的职能就绝不应当仅限于此。社会和教育的发展使人受教育的机会大大增加，因此在作为基础的中小学教育阶段，求知的兴趣、探究的习惯、学习的方法、思维的能力等等的培养，如果说并不比基础知识、基本技能的获取更为重要，至少也应是与之并驾齐驱。教师在这些方面同样负有重要责任。教师角色不仅是知识传递者，更是学生成长和个性发展的指导者。这样的教师与目前师范教育培养目标的距离是显而易见的。因此，师范教育的培养目标必须调整、扩大、更新。尽管对此人们已有广泛认同，但尚远未实现。今后各级师范学校必须花费相当的时间和精力对现行目标进行反思、评估、充实、调整,并进一步使新的培养目标具体化、可操作化,从课程设置、训练模式和方式、教学方法等各方面进行改革,以保证它的实现。围绕培养目标更新展开的各项工作,是师范教育今后发展的一项急试任务。

四 课程设置的改革

与其他专门教育一样,师范教育的各项改革最终也要以课程改革为落脚点,以价值判断为标准。近年来各级师范学校的课程改革十分活跃,但总体尚远未令人满意。

根据普遍反映,师范学校尤其是高等师范学校,教育课程比重过小、专业课程比重过大是一个长期未能解决的难题。有关调查显示,某些学校的专业课时数比重占总课时的85%以上,有些专业课时数甚至超过综合大学中相同专业的课时。与一些发达国家相比,我国师范学校的教育课时数比例明显偏低,而且门类单调,内容陈旧贫乏,教育实习时间偏少,形同虚设。无论将来师范教育是定向或非定向培养模式,教师的教育理论和实践素养都是必须保证的。师范教育课程的改革首先要解决这一问题,使教育课程在时间和质量上都达到理想的标准。

课程改革的另一主要任务是增加课程设计及课程编制的灵活性。几十年来国内师范学校的课程在内容和结构上都少有变化,凭着强大惯性周而复始地循环。今天,课程自身的种种弊病日益明显,使人们认识到相应的改革应当特别注重以下两个方面的努力:首先,要突破原有课程结构,拓宽课程设置的知识范围,尤其要及时地吸收各门学科的新成果,反映科学技术的重大进步与成就,对内容陈旧、过时的课程进行改组或及时淘汰。使身为未来教师者能够跟上时代的步伐,成为眼界开阔、见闻广博的人,而不是闭目塞听,只会照本宣科的"传声筒"。目前一些师范院校已开始增设一些边缘学科、交叉学科的课程,将应用性极强的技术性科目如计算机技术等列为各系、专业学生共同必修课,增大选修课程的比例等等。其次,要使课程的形式多样化以适应日益增多的对教育的需求。比如提供假期课程、微型课程、综合课程等，为来自不同教育部门、社会部门的人员服务。今后的师范教育必然不会仅仅是为正规学校培养教师，还要有效服务于对教育需求日益增长的整个社会。对此，师范教育的课程改革要有足够的估计和投入。比较起来，课程改革的周期将更长，摇摆与反复也会更多，不可能一蹴而就。这是师范教育改革的中、长期性任务。

五　增强职业技术教育的职能

党的十四大报告中提出加快第三产业的发展，使之在国民生产总值中的比重有明显提高。第三产业的发展前景，与职业教育密切相关。从中国的情况看，第三产业的各类人才必然地有相当一部分将依赖各级职业技术教育提供。职业技术教育在师范教育的服务对象中会占据日益重要的地位。目前，国内师范教育系统中已经出现了一些专门为职业技术学校培养师资的专业和学校，但还远远不能满足需求，人数既少，专业设置亦不齐备。师范教育工作者必须认识到，仅凭少数单独设置的学校或专业是不可能有效地为职业技术教育服务的，应当在整个师范教育系统作出努力。事实上近几年师范教育改革中诸多新的做法是可以在这一方面有所作为的。比如开设门类广泛的公共选修或专业选修课，都可以使学生在掌握某一两个领域的理论、知识技能的基础上更进一步为担任或兼任一些职教课程有所准备。副修专业亦如此，这一渠道正可以用现有条件造就大批为职教服务的人才。办学方式多样化，如教育证书课程的开设，能够为来自各个专业领域的人才成为合格的职业学校教师开辟道路。职业技术教育的特征之一是专业变动性强，在科技进步迅速的今天，几乎每个发达国家都曾为职业学校专业设置的宽与窄、专业转换的快与慢这类问题困扰过。现在一般的看法是打好基础，着眼于基础的宽厚并注重培养教师的应变能力，而各级师范学校通常正是在基础方面具备较强优势。总之，师范教育不仅有责任为职业技术教育服务，也有较为理想的条件。主动、积极地而不是被动、消极地适应职业技术教育的需求，是师范教育谋求自身发展的明智选择。今后一段时期内，各级师范学校将对我国职业技术教育发挥越来越大的作用。

六　职前培训与在职进修的结合

长期以来，我国师范教育的学校系统承担教师的职前培训任务，在职教师的深造与提高则是由各级教育学院、教师进修学校提供机会。这种制度为我国教师队伍的建设作出了巨大贡献，但也确实存在着弊端。从表面上看，职前培训和在职进修仅仅只是在时间和空间上的分离，但这种分离背后几乎必然地存在着更深刻的脱节。职前与在职培训的组织者之间彼此不通气，缺乏了解，更没有及时、深入地沟通、切磋，以致两者的学习内容难免相互重复或失去衔接，很难有效地配合。不仅人、财、物和时间常有浪费，也往往会形成培养上的缺口，不利教师队伍质量上的提高。

当前，使教师的职前培训与在职进修一体化，共同纳入终身教育体系的建设之中，已是带有国际性的潮流。许多国家是将教师的职前培训与在职进修的任务委与一种统一机构承担，即提供职前培训的部门也同时进行在职培训，通常还为在职教师提供获得高级学位的机会。可以预见，国内目前仍在进行的中小学教师学历合格的培训工作结束之后，对于在职教师的要求就会转到继续教育，提高教师的专业水平及教育教学修养，提高个人学历方面。从国内多数教育学院、教师进修学校现有状况来看，满足这样的要求尚相当困难。而各级师范学校尤其是师范学院或大学，在师资力量和教育科研方面有较强优势，可以在这方面有所作为。师范学校承担在职培训，能够将职前与在职培训的内容作统一的考虑安排，形成有机的结合。而且在职培训更可以提供大量关于职前培训效益反馈信息，对于改革和调整职前培训极为宝贵。近几年各地师范学院及大学举办了许多业余大学、成人教育，对象当中有相当部分正是中小学在职教师。在此基础上进一步理顺关系，使在职培训与职前培训更紧密地结合，是师范教育未来发展中的极有意义的课题。

七　开拓师范教育服务对象的新领域

现代教育的发展，不断地突破、改变或冲击着人们关于教育这种社会活动的传统观念。教育机会不再被视为一次性的，正规学校不再被当作仅有的教育机构，继续教育和终身教育的思想愈来愈广泛地为人们所接受。社会各部门日益积极、自觉地致力于提供各种形式和内容的教育。制度化与非制度化的教育并行存在，共同繁荣，并日益成为中国教育发展的明显趋势。此外，社会生活的活跃，文化事业的丰富多彩，物质条件的改善，也提高着人们对生活质量的要求，不断追求个性的充实、完美，并向教育谋求个人提高、完善和发展的机会。所有这一切，使得教育为社会生产、社会生活服务的职能不仅日渐扩大，而且更为复杂化，更为多样化。对师范教育而言，只将培养中小学师资作为己任，显然已经不合时宜。师范教育必须顺应历史潮流，开拓自己新的服务领域以适应社会需求。既为广大中小学培养合格教师，也为社会各部门的各种教育机构提供称职的教师；也可以为街道、社区、企业、机关、民间团体培养所需要的本科生、研究生；同时还可以开办各类的短期培训，举办业余进修、脱产短训、面授与函授，培养所需人才。在教学内容上也应大大扩展，除引入社会生产和社会生活领域内容外，也应增加为人们的家庭生活、闲暇活动服务的内容。应当认识到，师范教育服务领域的扩展、服务对象种类的增加，虽然是由于社会的变革所导致的，但它从根本上也有利于师范教育自身的繁荣。因为这将大大密切师范教育与社会的联系，从而大大强化服务社会的功能。师范教育服务领域及对象的不断扩大，将是不可改变、不可逆转的必然趋向。

八 行政管理日趋灵活化和法制化

师范教育在管理体制方面的主要变化，是管理体制日益灵活多样，管理从经验化日趋法制化、科学化。改革开放导致各种社会经济力量的活跃，并且开始向教育事业渗透。以国家办学为主的局面将逐渐由国家与民间共同办学的局面取代。在国家教育行政主管部门的宏观、方向性调控下，企业集团、民间力量从自己利益出发会从各方面对教育进行干预。最直接的便是参与办学与管理活动，将自己对于人才的要求渗入到培养人才的机构中。对此，师范教育也不可能超然物外，事实上这种趋势将给师范教育注入强大的生命力。师范教育应当以灵活多样的措施去争取、吸引社会各界的关心、支持，为自己创造更理想的生存和发展条件。与其他的教育类型比较,师范教育为社会服务有自身特点,即它主要不是通过所培养的人才直接进入各行各业来实现,而是依靠再次培养人才来实现。这种间接性在某种程度上使师范教育与社会生产和生活之间的距离较之其他类型教育要远一些,因此在争取社会力量的支持方面就要付出更多努力,要求更加灵活、变通性强的管理体制。比如学校经费的筹集和使用、招生的来源及方式、毕业生分配的具体办法,乃至学制年限、课程结构等都要有较大的变通余地,为社会各界的参与提供条件,实行多种力量共同管理。使用人的部门从没有任何发言权和选择权的接受者,变为可以直接影响教育教学的管理者,大大提高他们的办学积极性。社会变革的动态正不断向人们显示,过去那种关起门来办学的方式注定要被淘汰,学校与社会的关系将日益密切。师范教育在这种变化中必须自觉地顺应这种趋势。

与其他教育部门一样,中国的师范教育几十年来主要是依靠行政规定而不是法律条文来推动的。教育行政部门所制订的一系列政策、文件,曾经对师范教育的发展产生过重大影响,然而今天的形势告诉我们,这种靠命令、文件管理教育的方式已大大落后,极不适应社会现实的需要。法制建设在整个国家物质与精神文明建设中的地位,决定了它对教育事业乃至师范教育这一分支也将发挥越来越重要的作用。目前,国家独揽办教育权力的状况正日渐为全社会参与教育的状况所取代,各级各类教育都表现出日益增加的多样性和灵活性,这就使得靠统一、刻板的行政管理,实质是经验管理的模式已很难适应。因此在加强教育管理科学化、民主化的同时,注重教育立法,以法治教的意义也比过去更突出,更为人们所接受。然而,正如有些同志所指出的那样,我国师范教育的立法工作既落后于世界主要国家的教育立法发展状态,也落后于我国总体法制建设的进程。毫无疑问,加强立法工作应当也必然会成为师范教育今后的重要任务。师范教育要利用法律的力量为自己的发展谋求机会、开辟道路,诸如保障自身的权益、协调自身内部及与社会各方面的关系、规范师范教育发展的标准与要求等等。从具体形式来说,可以建立专门的师范教育法,也可以在其他一般的或专门的教育法中附加有关师范教育的条文。但无论采取何种形式,都应当包括下面这样一些基本内容:首先,要肯定教师的应有地位,如教师的权利和义务、地位和待遇、资格和任务、培训和考核等。其次,应明确各级师范学校的培养目标,为实施和发展师范教育制定出具体的原则、要求。最后,也是最为重要的,是要为师范教育提供切实的资源保障和发展环境,而且这种保障应当是全面的、具体的。教育立法在我国仍然是新事物,师范教育对它不能观望、等待,而应当自觉地、积极地促进它的建设。我们相信,越是及早将师范教育置于有关法律的保护之下,就越是能够及早从中受益,促进师范教育的繁荣。

后 记

民族振兴的希望在教育,教育发展的关键在教师。师范教育在整个教育体系中处于十分重要的地位,而研究师范教育的师范教育学,却发展得比较迟缓,著作较少,论述不多,长期以来,凭借国家有关师范教育的政策和实践经验以及教育学的理论,来指导师范教育的工作。因此,有必要对师范教育的事实与问题进行理论探讨,取得一些规律性的认识,加速师范教育学的发展,以适应教育事业对提高师资队伍的要求。本着这一愿望,我们接受了《教育学丛书》编委会的委托,编写《师范教育学》一书,列为《教育学丛书》之一。

师范教育学还是一门年轻的教育分支学科。正因如此,可借鉴的论述与资料较少。我们查阅了有关师范教育的历史文献与资料,访问了有关部门和学校,进行了调查和研讨,在此基础上提出《师范教育学》的基本理论体系,并组织了一些有经验的教师和高师博士生进行编写。现在终于完成了这部还显得比较粗糙的著作,希望它能在师范教育学的发展上,起到一定的作用。

在编写过程中,我们力求做到以马克思列宁主义、毛泽东思想为指导,密切联系国内外师范教育发展的实际情况,反映党和国家在新的历史时期提出的教育方针、政策和师范教育决策精神,对师范教育的若干问题进行了理论分析,以使这本书能在理论的广度与深度上达到一个较好的水平,适应性更强一些,既可选作师范学校的教材,又可为广大教师、教育工作者、师范生和有志于师范教育理论研究的读者,提供自学和参考的内容。

需要说明的是,对"师范学校"一词的使用,一般泛指各级各类师范学校,而不是特指中等师范学校,对中师有关问题的论述,都标明了"中等师范学校"或"中师"的字样。

全书共 15 章,各章执笔者按章目顺序是:

张燕镜(首都师范大学教授):第1、6、11章;李友芝(首都师范大学副教授):第2、3、5章;赵洪海(北京师范大学博士):第4章;金生鈜(北京师范大学博士):第7章;杨爱程(西北师范大学副教授):第8章;刘会增(北京师范大学博士):第9章;李五一(北京师范大学博士):第10章;傅树京,(首都师范大学讲师):第12章;邵英侠(四川教育学院副教授):第13章;曹卫红(四川教育学院干部):第14章;丛立新(北京师范大学讲师):第15章。

书稿由张燕镜、李友芝进行审改,最后由张燕镜负责全书的统稿工作。

本书在编写过程中自始至终受到黄济教授的关怀与指导,并得到福建教育出版社的大力支持,在此一并致谢。

由于我们理论水平有限,对师范教育的研究不够深入,而编写人员又比较分散,探讨问题、交换意见受到一定局限,因此会有不少疏漏和不当之处,敬希广大读者和同行批评指正。

编 者
1993 年 10 月

图书在版编目（CIP）数据

师范教育学/张燕镜主编．—2版．—福州：
福建教育出版社，2013.10
　（教育学丛书）
　ISBN 978-7-5334-6230-7

Ⅰ.①师…　Ⅱ.①张…　Ⅲ.①师范教育－教育理论
Ⅳ.①G650

中国版本图书馆 CIP 数据核字（2013）第 210702 号

教育学丛书
师范教育学
张燕镜　主编

出版发行	海峡出版发行集团
	福建教育出版社
	（福州梦山路 27 号　邮编：350001　电话：0591－83733693　83706771
	传真：83726980　网址：www.fep.com.cn）
出版人	黄　旭
发行热线	0591－87115073　83752790
印　刷	福建省地质印刷厂
	（福州市金山工业区　邮编：350011）
开　本	720 毫米×1000 毫米　1/16
印　张	25
字　数	369 千
插　页	2
版　次	2013 年 10 月第 2 版　2013 年 10 月第 1 次印刷
书　号	ISBN 978-7-5334-6230-7
定　价	49.00 元

如发现本书印装质量问题，影响阅读，
请向本社出版科（电话：0591－83726019）调换。